2025
상장기업
업종 지도

일러두기

1. 연도별 지표를 비교하는 경우, 2024년 2분기로 표시된 수치는 2023년 3분기와 4분기, 2024년 1분기와 2분기를 더해서 작성한 연환산 수치다.

2. 업종별 '시가총액 상위 20개 종목의 지표 현황' 표에서 주가, 시가총액, PER, PBR은 2024년 11월 8일 종가를 기준으로 계산했다. 자본총계, 매출액, 순이익, 차입금 비율, ROE는 2023년 3분기부터 2024년 2분기까지 더한 연환산 수치를 사용했다. 배당수익률은 2024년 11월 8일 종가와 2023년 배당금으로 계산했다. 자본총계와 순이익이 비어 있는 기업은 합병이나 분할 등의 사유로 1년 치 재무지표가 없는 경우다.

3. 출처를 밝히지 않은 재무 자료는 '가치투자플랫폼'에서 제공한 valuetool로 작성했다.

4. 여러 업종에 중복 포함된 기업들이 있으므로 업종 전체 종목 수와 업종별 종목 수가 일치하지 않는다.

2025 상장기업

{엽종지도}

주식 투자자를 위한 종목 발굴 내비게이션

박찬일 지음

에프엔미디어

차례

업종을 알면
투자의 성공 확률이 높아진다

어느 맑은 봄날, 바람에 이리저리 휘날리는 나뭇가지를 바라보며 제자가 물었다.
"스승님, 저것은 나뭇가지가 움직이는 겁니까, 바람이 움직이는 겁니까?"

영화 '달콤한 인생'에 삽입된, 내가 가장 애정하는 대사다. 바람도 나뭇가지도, 나도 움직인다. 누가 움직였을까. 영화는 움직이는 사물을 바라보는 나의 마음이 움직였다고 말한다. 주식 투자를 하다 보면 이러한 느낌을 받을 때가 아주 많다. 내가 투자한 기업의 주가는 매일 움직이는데 원인을 해석하는 글들이 쏟아진다. 그리고 치명적인 결론을 내린다. '주가를 움직인 것은 ○○이다'라고.

매일매일의 주가 변동과 쏟아지는 정보 앞에서 움직이지 않기란 여간 어려운 일이 아니다. 모든 사물이 움직이듯이 나 역시 움직인다. 다만 넘어지지 않도록 중심을 잡아야 한다. 그리고 바람이 어디에서 어느 방향으로 향하는지, 움직이는 건 무엇인지 살필 수 있는 지혜가 필요하며, 불어오는 바람에도 꺾이지 않는 갈대와 같은 유연함이 있어야 한다.

업종 지도를 만들어온 몇 년 동안 나는 리서치 방식이 달라졌다. 내 주식 투자는 워런 버핏에서 시작했다. 더 정확히는 버핏의 주주 서한과, 버핏의 투자 방식을 소개하는 가치투자 관련 책들에서 배웠다. 태어날 때 접한 것이 평생 간다는 말이 있듯이, 행운인지 모르겠지만 가치투자 방식으로 시작했다.

기업의 가치를 분석하기 위해 재무제표를 열심히 보고 익혔고, 이를 보다 편리하고 깊게 분석하기 위해 엑셀 도구를 만지작거리며 'valuetool'을 만들고, 이후에는 2,000개에 이르는 기업의 사업보고서를 훑어보는 데에 이르렀다. 이것의 결과물이 2019년, 2021년, 2023년에 이어 올해 펴내는 《2025 상장기업 업종 지도》다.

이러한 나의 투자 공부와 쌓인 루틴은 valuetool과 업종 지도를 만들게 했을 뿐만 아니라 기업 분석과 선정 방식에 변화를 가져다주었다. 업종의 특성과 변화를 알면 기업에 미치는 영향을 보다 생생하게 이해할 수 있고 투자 대상을 선정하기도 훨씬 수월하다는 것을 체감했다. 이제는 개별 기업부터 접근하는 바텀업(bottom-up) 방식이 아니라, 업종 분석에서 출발해 개별 기업으로 좁혀가는 탑다운(top-down) 방식으로 종목을 찾고 분석한다.

바람은 금리나 유가 등의 영향을 받아 각 업종에 도달해 영향을 주며 업종 안의 각 기업으로 전달된다. 바람을 맞는 각 기업은 체질에 따라 견디는 정도가 다르다는 것이 내가 도달한 결론이다.

이러한 방식으로 전환한 후부터는 투자 종목의 선정과 분석, 투자 집행에 이르는 시간이 획기적으로 줄었고 성공 확률도 높아졌다. 그리고 개별 기업의 자잘한 주가 변동이나 뉴스에 흔들리지 않고 업종에 대한 뉴스를 좀 더 찾아보는 방식의 리서치와 편안한 기다림의 시간이 다가왔다.

주식 투자의 성공은 투자할 '종목'에 달려 있다. 독자들이 종목 선정에 들이는 시간을 절약하고 성공 확률을 높여주는 선택을 하는 데 이 책이 도움을 주었으면 한다. 나에게 일어난 일처럼 말이다.

업종 지도의 구성

25개 업종, 89개 섹터

업종 지도는 '업종-섹터-소분류' 체계로 분류한다. 25개 업종을 세분한 것이 '섹터'이고, 섹터를 다시금 세분한 것이 '소분류'다. 업종은 25개로 기존과 동일하게 분류했고 '섹터'와 '소분류'는 각 업종에 맞는 적절한 방식으로 수정했다. 섹터는 2023년 91개에서 2025년 89개로 압축했다.

섹터는 각 업종의 생태계를 이해하는 데 도움을 준다. 생태계는 업종마다 제각각이지만 두 가지 특성으로 구분할 수 있다. 하나는 공급사슬이고 다른 하나는 독립된 사업 분야다. 각 업종의 섹터를 보면 해당 업종이 공급사슬 관계인지, 사업 분야인지 알 수 있다.

예를 들어 공급사슬 관계를 형성하는 반도체 업종은 '소재, 장비, 분야'의 3개 섹터로 분류했다. 소재와 장비 섹터는 반도체 제조 공정에 따라 '웨이퍼, 포토, 세정, 식각, 증착, 패키징, 테스트'로 세분화했다. 반도체 분야 섹터는 반도체 제조 여부에 따라 'IDM, 팹리스, 디자인하우스, 파운드리, OSAT'로 분류했다. 반도체 업종을 잘 모르는 사람도 섹터와 소분류 체계를 보면 제조 공정과 제조 생태계의 큰 그림을 파악하고, 동등한 사업을 펼치며 경쟁하는 기업들을 확인할 수 있다.

테마

1부에서는 한국 주식시장의 역사를 주가지수로 풀어냈고, 2부에서 주목해야 할 4개 테마로 '에너지, 바이오, 뷰티, 방위산업'을 선정했다.

이슈와 생태계

업종과 섹터별로 최근 주목할 이슈를 정리했다. 공급사슬과 사업 분야로 이루어진 각 업종의 생태계 또한 한눈에 파악할 수 있도록 했다.

PBR 밴드 추가

이번 책에서도 각 업종의 'PBR 밴드'를 추가했다. PBR 밴드는 주가지수 그래프와는 다르게 업종의 과거와 현재 주가 수준을 자본과 비교하게 해주는 장점이 있다. 이를 통해 25개 업종 중에서 인기 업종과 비인기 업종을 비교할 수 있다. 89개 섹터의 PBR 밴드는 네이버 카페 '가치투자플랫폼(https://cafe.naver.com/valuetool)'에서 서비스하는 valuetool에서 확인할 수 있다.

업종별 20개 기업의 핵심 재무지표

25개 업종에서 시가총액 상위 20개 기업을 선정하고 각각의 주가, 자본총계, 매출액, PER, PBR 등 재무지표를 표로 정리해 수록했다. 각 업종을 대표하는 기업과 핵심 지표들을 한눈에 직관적으로 확인할 수 있다. 여기서 사용한 재무 데이터는 네이버 카페 가치투자플랫폼에서 제공하는 valuetool에서 가져왔으며, 에프앤가이드의 자료를 재가공해서 만들었다.

가시성 높은 업종 지도

업종에 소속된 기업들을 모은 업종 지도를 플로 다이어그램으로 제작해 가시성과 가독성을 높였다. 2021년 판까지의 마인드맵은 전체 흐름을 한 눈에 보기에 좋았지만 복잡한 가지 형태와 불규칙한 선, 작은 글씨로 인해 직관적으로 이해하기 힘들 수 있었다. 이번 업종 지도는 한층 이해하기 쉬울 것이다.

지주사

지주사는 업종으로 보기에는 무리가 있어서 마지막에 별도의 장으로 정리했다. 일반 기업처럼 연결재무제표상 매출액이 가장 큰 분야의 업종에 포함할 수도 있지만, 순수 지주회사는 이런 분류가 합당하지 않기 때문이다. 지주사를 표방하거나 지주사 성격이 강한 기업들을 '지주사'로 묶었고, 그중 매출액이 가장 큰 사업을 선택해 섹터로 구분했다.

찾아보기

기업(종목)이 속한 업종을 찾는 데 도움이 되도록 '찾아보기'를 실었다. 종목명을 가나다순으로 정리하고 해당 업종을 표시했다. 확인하려는 기업이 어느 업종에 속하는지 모를 때 활용할 수 있다.

업종 지도, 왜 필요할까?

산업 효과

기업은 영위하는 사업의 내용에 따라 산업 혹은 업종으로 분류된다. 업종은 각각의 특성을 가지는 동시에 기업 간 경쟁 관계 등을 담고 있으므로 개별 기업의 수익성에 영향을 미친다. 신시아 몽고메리 하버드 경영대학원 교수는 업종(산업)이 기업에 미치는 영향을 '산업 효과(industry effect)'라고 불렀다.

"경쟁 요인은 대부분의 개별 기업과 그 기업 경영자의 통제 수준을 벗어나 있다. 그것은 당신이 물려받은 것, 다시 말하면 당신이 처리해야 할 현실이다. 한 기업이 절대로 그 요인을 바꿀 수 없어서가 아니라, 대부분의 경우 그렇게 하기가 대단히 어렵기 때문이다."

– 《당신은 전략가입니까》 중에서

어떤 기업도 업종이 지닌 특성에서 자유롭지 않다. 워런 버핏과 필립 피셔 같은 투자 대가가 주장한 것처럼 '경영진의 탁월한 능력'조차도 업종 전반이 처한 객관적 환경 요인들을 극복하기엔 쉽지 않다.

버크셔 해서웨이는 뉴잉글랜드의 섬유회사로 시작했지만 현재는 섬유 사업을 영위하지 않는다. 버핏은 1962년 섬유회사였던 버크셔 해서웨이의 주식을 사들이기 시작해 결국 경영권을 획득했다. 그러나 당시 미국의 섬유 산업은 인건비가 싼 중국 등의 공세로 가격 경쟁력에서 밀리고 있었다. 버핏은 비용 절감과 추가 투자 등을 통해 섬유 사업을 지속하려고 했지만 결국 1985년 실패를 인정하고 사업을 접었다.

버핏은 이때 '거대한 파도에 맞서지 말라'의 의미를 깨달았는데 2020년에 또다시 이를 경험했다. 코로나19로 항공 산업이 극단의 어려움에 처하면서 버크셔 해서웨이가 보유한 항공사 지분 전량을 매도한 것이다. 항공사의 경쟁우위는 업종이 처한 환경에서 무력했다.

업종마다 경쟁의 정도, 시장 규모 등 처한 상황은 제각각이다. 이를 무시하고 전체 업종을 비교하는 일은 실익이 없고 방법론적으로 옳지 않아 보인다. 좋은 기업을 찾기 위해서는 합당한 절차를 밟아야 한다. 업종 내에서 기업을 비교하고, 그 안에서 경제적 해자를 구축한 탄탄한 기업을 발굴하고, 그 기업이 투자하기에 적정한 가격인지 확인하는 것이 올바른 절차다.

업종 지도의 역할

세상에는 드러냄으로써 아름다운 것이 있다. 자연은 자신을 드러냄으로써 아름다움을 인정받는다. 드러내지 않으면 세상이 그 아름다움을 알 길이 없다. 주식시장도 마찬가지다. 보석 같은 기업도 알아주는 사람이 없으면 제값을 받기 어렵다. 어느 기업이든 고유의 가치를 지녔지만, 그 가치를 알아보는 것은 투자자의 몫이다.

주식시장은 기업을 투자자에게 드러내는 공개 시장이다. 기업은 주식시장을 통해 자본을 조달하고 자사의 가치를 알린다. 국내 주식시장은 상장 기준을 달리해 코스피와 코스닥으로 구분된다. 주식시장에 상장된 기업은 '산업' 혹은 '업종'으로 분류된다. 투자자는 여러 지표로 기업들을 비교해 가치를 평가함으로써 나쁜 기업을 걸러내고 좋은 기업을 발굴한다.

그런데 일반적인 업종 분류는 기업의 모습을 충분히 드러내지 못한다. 가령 '롯데정밀화학, 화학 업종' 분류에서는 롯데정밀화학이 '화학제품을 만드는 기업이구나'만 알려줄 뿐, 업종 내에서 어떤 제품을 만드는지, 공급사슬의 어느 단계에 있는지 등의 추가 정보가 없다.

이와 달리 업종 지도는 롯데정밀화학을 '화학 업종-NCC 섹터-에틸렌 제품'의 순서로 분류하고 마인드맵으로 시각화한다. 그리하여 화학 업종 전반의 공급사슬을 파악하고, 각 단계의 제품군과 해당 기업은 물론 경쟁 기업까지 확인할 수 있다. 주식에 투자하려는 사람에게 가장 중요한 것은 투자할 기업을 정하는 것이므로, 업종 전반의 큰 그림을 그리면 투자 대상을 좁힐 수 있어서 기업 분석에 들어가는 시간과 에너지가 크게 절약된다.

코스피시장과 코스닥시장에는 2024년 11월 기준 2,400여 개 기업이 상장되어 있다. 이 중에서 개인 투자자가 지닌 정보와 지식으로 접근 가능한 기업은 제한적일 수밖에 없다. 또한 쏟아져 나오는 수많은 정보를 모두 알 수도, 해석할 수도 없다. 그래서 투자자는 투자할 종목을 찾고 선택하는 데 자신만의 합리적인 방식과 통찰력을 기를 필요가 있다. 아무리 유능한 사람도 모든 것을 갖추지는 못한다. 우리는 유한한 존재이기에 지식의 바다를 정복할 수 없다. 투자 지식도 마찬가지다. 내 능력범위에서 지식을 획득하고 사용하며, 부족한 것은 주변의 도움을 얻으면 된다.

이 책은 무질서하게 흩어져 있는 상장기업을 업종과 섹터 기준으로 분류해 시각화함으로써 투자에 유용한 정보를 주고자 했다. 쓸모 있는 도구로 활용되기를 기대한다.

업종 분류의 기준, 매출액

업종을 분류하는 기준은 한국거래소, 통계청, 에프앤가이드 등 제공 기관에 따라 다양하다. 기관마다 방식이 다를 뿐, 옳고 그른 문제는 아니기에 편리한 것을 취해 사용하면 된다. 다만 분류 기준을 일관되게 적용하는 것이 중요하다. 이 기준에 따라 각종 통계 수치를 얻고 분석하기 때문이다.

이 책에서는 업종 분류 기준으로 '매출액'을 적용했다. 매출액은 기업의 영업 활동을 가장 잘 나타내는 항목이다. 기업은 대부분 두 개 이상의 사업을 영위하는데, 이 경우 매출액이 가장 높은 사업 부문을 업종으로 선택했다.

예를 들어 삼성물산은 사업 부문을 6가지 영위하고 있어서 이 가운데 업종을 선택해야 한다. 2024년 2분기 기준 매출액 비중을 보면 건설 부문 48.16%, 상사 부문 28.92%, 패션 부문 4.73%이다. 따라서 삼성물산은 건설 업종으로 분류한다.

삼성전자는 2024년 2분기 기준으로 가전과 스마트폰, 통신 등을 합한 DX 사업 부문 매출액이 전체의 61.2%로 가장 크다. 매출액 기준으로는 스마트폰이나 가전 업종으로 분류하는 것이 합당하다. 그러나 삼성전자는 유일한 예외로서 매출액 2위 부문인 반도체 업종으로 분류했다. 반도체가 한국 경제에 미치는 영향이 지대할 뿐만 아니라 영업이익에서 반도체 부문이 삼성전자의 수익을 좌우하기 때문에 반도체 업종으로 분류하는 것이 좀 더 합당하다고 판단했다.

간혹 특정 테마로 분류된 기업을 보면, 당장 매출액이 없거나 전체 매출액 대비 미미한 수준인데도 앞으로의 성장성에 주목한다거나, 사업을 추진하기로 이사회 결의를 거쳤다거나, 정관에 사업 목적을 추가했다거나 하는 경우가 많다. 이런 기업은 매출액 기준에 합당하지 않기에 업종에 포함하지 않았다.

어떤 주식을 사야 해?

책을 출간한 후 이런 반응이 적지 않았다. 업종이 그렇게 분류되는 것은 알겠는데 '그래서 어떤 주식을 사야 하는가?'의 답은 찾을 수 없다는 것이었다. 결론부터 말하면 이 책은 특정 주식을 추천하지 않는다. 다만 업종의 기본 특성을 알려주고 업종 내에서 우월한 지위에 있는 기업에 주목하라고 제안한다. 투자할 주식은 상장기업 중에서 직접 찾는 방법과, 업종을 선택한 후 그 안에서 찾는 방법이 있다. 둘 중 어떤 쪽이 나은지 가릴 문제는 아니다. 투자자가 사용 가능한 방법을 선택하면 된다.

이 책은 업종을 선택한 후 투자할 주식을 효과적이고 빠르게 발굴하도록 돕는다. 이렇게 하면 특정 시기의 트렌드와 함께하는 장점도 있다. 업종마다 경제 순환 주기가 다르고 성장성이 다르다. 따라서 업종을 보면 특정 시기에 성장하는 업종을 선택함으로써 성장의 과실을 누릴 가능성이 높아진다.

이 책이 주식 투자자가 겪고 있을 어려움을 덜어주는 데 조금이나마 도움이 되길 소망한다. 바닷가 모래사장에서 잃어버린 반지를 찾는 것처럼, 수많은 상장기업 가운데서 투자할 만한 종목을 찾는 것은 내겐 쉽지 않은 일이었다. 그 어려움을 해소하고자 상장기업을 분류하기 시작했고 상장기업 업종 지도를 얻었다. 그러자 마침내 투자 기업 발굴은 쉽고 즐거운 과정으로 변했다. 내게 일어난 이 즐겁고 놀라운 변화가 독자에게도 그대로 일어나길 소망한다.

이 책의 기업 분류는 학문적으로 정밀한 내용을 토대로 한 것이 아님을 밝힌다. 업종과 섹터, 소분류는 각 업종의 생태계와 공급사슬 등을 고려했으나 나의 판단에 의한 것이다.

책에 있을 수 있는 오류는 전적으로 나의 부족함 때문이니 넓은 아량으로 이해해주시길 바란다.

주가지수로 읽는
업종의 역사

주식시장에서는 매일 뉴스가 만들어지고 그것은 역사가 된다. 그런데 무수히 많이 생성되는 사건 가운데 '무엇이, 무엇을, 어떻게, 얼마나 영향을 미쳤을까'를 따져보는 일은 그리 만만치 않다. 미래의 불확실성에 대처하기를 원하는 이들은 역사를 배우는 데 적극적이다. 주식시장의 역사에서 무엇을 배울 것인가는 학습자의 선택이다.

그래서 나는 주식시장의 과거에서 배울 핵심 주제로 업종을 선택해 들여다보기로 했다. 한국 주식시장이 개장한 이후의 전체 시기를 분석하는 것은 능력 밖의 일이라 시기는 '2000~2024년'으로 한정했고, 코스피지수가 상승한 시기에 주목받았던 업종을 찾으며, 코스피지수에 영향을 미쳤을 금리와 유가, 경제 성장률도 함께 분석했다.

무엇을 볼 것인가?

대한민국 주식시장은 1956년 12개 기업에서 2024년 2,400여 개 기업에 투자할 수 있는 시장으로 성장했다. 코스피시장과 코스닥시장으로 구분되며, 시가총액을 이용해서 주가지수를 산출한다. 코스피지수는 1980년 1월 4일의 시가총액을 기준으로 산출하기 시작했고, 코스닥지수는 1996년 7월에 산출하기 시작했다. 따라서 코스피지수는 45년, 코스닥지수는 30년이 되었다. 2024년 9월 30일 기준 연환산 수익률은 코스피지수 7.5%, 코스닥지수 7.1%다. 미국의 나스닥100지수 14.8%, S&P500지수 11.5%와 비교하면 한국 주식시장의 성과가 매우 저조한 것을 알 수 있다.

이제 분석할 한국 주식시장의 역사는 2000년부터 2024년까지로 한정했다. 이 기간은 각 업종의 경기 순환과 기업들의 생존 경쟁을 포함하고, 주가 역시 상승과 하락을 반복했기에 그에 따른 투자의 기회 또한 적지 않았다. 역사는 반복되지 않지만 비슷한 패턴을 보여주는 경우는 많다. 지난 시기에 남긴 여러 족적을 살펴 배운다면 실패보다는 성공 확률을 높일 수 있을 것이다.

주식시장에는 쉴 새 없이, 헤아릴 수 없을 만큼 많은 정보가 쏟아지며, 이를 받아 해석하고 활용할 수 있는 투자자의 시간과 지식은 한정적이다. 정보와 지식이 비대칭적인 시장에서 투자자는 어쩔 수 없이 자신의 강점이 있는 분야를 선택해 집중해야 한다.

이 책은 '업종-기업'으로 연결되는 탑다운 방식으로 지식과 정보를 취합하고 공부할 것을 추천한다. 2,400개가 넘는 개별 기업을 고르는 것이 쉽지 않다. 게다가 '산업 효과'로 알려진, 기업의 성장과 쇠락에 영향을 미치는 업종의 업황과 공급사슬을 우선 이해할 때, 투자할 기업을 선정하는 작업이 훨씬 수월하고 성공 확률이 높아질 것으로 확신한다.

따라서 현재의 업종을 소개하기에 앞서 한국 주식시장의 역사에 기록된 업종의 생사고락을 살펴보고자 한다. 분석 방식은 다음과 같다.

기간: 2000~2024년

지수: 코스피지수

분석 내용: 정치(정부), 경제(금리, 경제 성장률), 장세, 주도 업종

매크로 환경

금리(2001~2023)

금리는 화폐를 빌리거나 빌려줄 때 매기는 가격이다. 대개 금리는 만기가 긴 것이 짧은 것에 비해 높다. 만기가 길면 리스크가 크기 때문이다. 장기 금리는 경기 전망에 따라 움직이는 경향이 높아, 경기 침체를 예상하면 장기 금리가 하락하고 경기를 낙관하면 장기 금리가 상승한다. 통상적으로 장기 금리는 만기가 10년 이상인 국채의 금리를 뜻하며 여기서는 한국의 10년 만기 국채 금리를 사용했다.

한국의 장기 금리는 2000년 7%대에서 2003년 5%대, 그리고 2020년 1%대로 꾸준히 하락했다([그림 1-1] 참조). 2015년부터 2022년까지 이어진 3% 미만의 저금리 환경은 2023년 마무리되고 인상 추세로 전환했다. 이 기간에 저금리 기조를 유지했기 때문에 주식시장은 유동성 장세(돈이 넘쳐나는 장)를 형성할 기반을 갖췄다고 평가할 수 있다.

2008년 리먼브러더스(Lehman Brothers) 사태에 따른 금융위기와 2020년 코로나19 사태로 한국은 물론 전 세계 국가들이 돈 풀기에 적극적으로 나섰다. 시중에 풀린 돈은 주식시장의 유동성을 풍부하게 만드는 원동력이

[그림 1-1] 한국 장기 금리 추이(2001~2023)

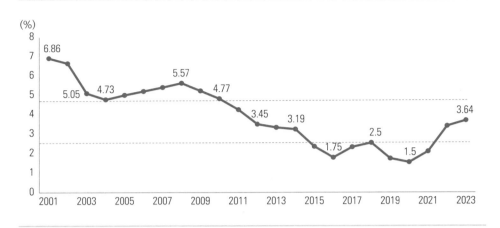

자료: 한국은행

되었고 곧바로 주식시장의 폭등세를 연출했다.

코로나19 이후 풀린 돈의 효과로 인플레이션 압박이 심해지자 2~3년간 금리 인상을 지속했으나 2024년 들어 금리 인하 쪽으로 무게가 실렸다. 저금리는 시중에 자금이 풍부해지는 유동성 장세를 연출하는 기반이 될 수 있지만 그 자금이 주식시장으로 흘러 들어온다는 보장은 없다. 대한민국은 주식보다 부동산이 더욱 매력적인 시장으로 부각되고 있으며 자금 규모도 월등히 크다. 저금리는 주식시장 활성화의 필요조건은 되지만 충분조건은 아니다.

유가(2010~2024)

원유는 현대 경제의 쌀과도 같다. 자동차와 기계 등의 에너지원인 석유를 비롯해 합성수지, 합성섬유, 합성고무, 의약품 등은 현대인의 삶에 깊숙이 뿌리내린 필수품이다. 이들 제품의 원재료인 원유의 가격 변동은 기업은 물론 국가 경제에 막대한 영향을 끼친다. 원유 가격 상승은 화학제품 가격 인

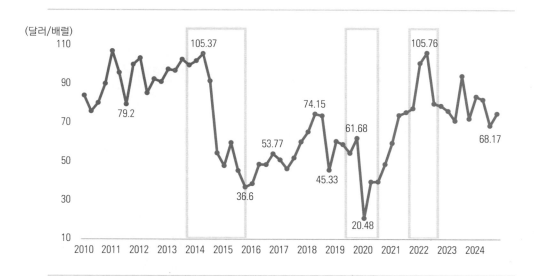

[그림 1-2] WTI 가격 추이(2010~2024)

(달러/배럴)

105.37

79.2

74.15

53.77

61.68

45.33

36.6

105.76

68.17

20.48

2010 2011 2012 2013 2014 2015 2016 2017 2018 2019 2020 2021 2022 2023 2024

자료: 에프앤가이드

상으로 이어져 가계 부담을 높이지만 기업 입장에서는 이익 증가로 이어진다. 반대로 원유 가격 하락은 경기 침체를 알리는 신호이기도 하다.

2010~2024년 기간에 서부 텍사스산 원유(WTI) 기준 국제 유가는 세 번의 급등락을 경험했다. 이 급등락은 한국 주식시장에 그대로 반영되었다. 첫 번째인 2014~2016년 하락기에는 코스피지수가 박스권에 갇혀 답답한 시간을 보냈다. 두 번째인 2020년 코로나19 하락기에는 유가가 배럴당 20달러까지 추락하기도 했는데, 이때 한국 주식시장은 폭락과 폭등을 경험했다. 세 번째, 유가가 100달러를 넘긴 2022년 상승기에는 한국 주식시장이 전년도 상승분을 모두 반납하며 어려움을 겪었다.

경제 성장률(1981~2023)

주식시장의 성장률은 그 나라의 경제 성장률에 수렴한다. 개별 기업의 성장률은 제각각이지만 총체적으로 보면 그렇다. 결승선을 향해 달려가는 말들의 속도와 순위가 다르듯이, 각 기업이 달성하는 성과의 차이가 존재한다.

한국의 경제 성장률은 1990년대(1998년 IMF 외환위기 제외) 10%, 2000년대 5%, 2010년대 3%대로 하향세를 기록했다. 이 기간에 '1998년 외환위기, 2008년 글로벌 금융위기, 2020년 코로나19'라는 커다란 사건을 경험했고, 그때마다 경제 성장률은 마이너스 혹은 0%대로 주저앉았다. 그러나 이듬해에 빠르게 회복했고 주식시장은 급등세를 연출했다.

대한민국은 2024년 기준 경제 성장률 2%대의 저성장 길목에 놓여 있다. 이것이 현실화하면 주식시장 역시 긍정적일 수 없다. 경제 성장률이 2011년부터 10여 년에 걸쳐 3%대에 머무는 동안, 주식시장도 오랜 기간 박스권에 갇혀 있었다. 그런데 경제 성장률이 추가 하락한다면 주식시장 역시 부정적인 영향을 받을 수밖에 없을 것이다.

[그림 1-3] 한국 국내총생산(실질 성장률) **추이**(1981~2023)

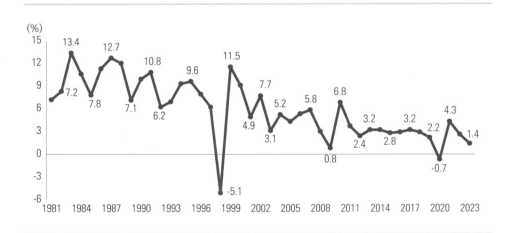

자료: 한국은행

한국 주식시장의 역사

한국 주식시장은 시기를 2000~2024년으로 한정하고 주요 사건 혹은 특징이 있는 시기 10개로 나누어 분석했다. 기업의 가치와 경쟁력은 스스로 갖춘 능력 외에 국가와 환율, 금리 등 수많은 외부 환경 요인에 영향을 받는다. 더욱이 기업의 주가는 수요와 공급의 영향을 받아 결정된다. 여기서 이 모든 요인을 고려해 분석할 수는 없으므로 시기별로 특징적인 정치적, 경제적 이슈들을 체크하고, 이 가운데 업종의 움직임을 주요하게 살펴보았다.

[그림 1-4]에 2000~2024년을 10개 구간으로 나누고 각 특징을 나타냈다.

1990년대: 저PER 혁명

2000년대를 분석하기에 앞서 초기 한국 주식시장을 환호하게 한 '저 PER(주가이익배수) 혁명'을 거론하지 않을 수 없다. 저PER 혁명은 1992년 한국 증시가 개방되어 외국인 투자가 허용되자 외국인들이 PER이 낮은 한국 주식을 대거 매수하면서 주가가 급등한 것을 일컫는다. 이때의 저PER 주식은 삼성화재, 한국타이어, 태광산업 등이었다.

1990년대는 한국 경제 성장률이 10% 안팎으로 고성장을 거듭했고, 우량 기업들이 널리 알려지지 않았다. 내재가치가 높지만 드러나지 않은 우량 기업들을 발굴하는 데 PER이라는 가치평가 지표를 활용한 투자 사례가 등장한 것이다. 이것은 한국 주식시장에 PER과 PBR(주가순자산배수) 등의 가치 지표 활용과 더불어 가치투자 방식이 널리 알려진 계기가 되었다.

2000~2002년: IT 버블 붕괴 이후

IT 버블은 기술 발전에 따른 PC 대중화와 이에 대한 과도한 기대가 만들

[그림 1.4] 한국 주식시장의 역사(2000~2024)

	김대중 정부			노무현 정부				이명박 정부	
특징	IT 버블 붕괴			가치주 조선주			금융위기	유동성 차·화·정	

| 2000 | 2001 | 2002 | 2003 | 2004 | 2005 | 2006 | 2007 | 2008 | 2009 | 2010 | 20 |

어낸 거품 현상이다. 1981년 IBM이 PC를 출시했고, 1984년 애플이 매킨토시를 선보였으며, 1985년에는 마이크로소프트의 윈도 시스템이 탑재되면서 대중에게 널리 보급되기 시작했다. PC 보급과 더불어 인터넷이 열렸고, 인터넷 속도를 높여줄 통신망이 고도화되기 시작했다.

한국은 1994년 초고속 통신망 구축을 본격화했고 1998년에 초고속 인터넷 서비스를 개시했다. 이러한 PC 대중화에 필요한 과학 기술이 발전했고 정부의 적극적인 투자가 이뤄졌다. 산업 부흥의 조건이 완벽하게 조성된 것이다. 이를 기반으로 주식시장에 기대감이 부풀면서 1999년에 코스닥의 IT 기업 투자 열풍이 시작되었다. 그러나 이 버블은 2000년에 붕괴했다. 기대와 달리 기술 수준이 부족했고, 매출과 이익이 없는 기업이 대부분

박근혜 정부				문재인 정부				윤석열 정부		
박스권		강세장		회귀	코로나19		태·조		AI	
체·화장품·바이오·가구				통신·제지	유동성		이·방·원		수출 주도주	
2013	2014	2015	2016	2017	2018	2019	2020	2021	2022	2023	2024

이기 때문이었다.

 IT 버블 붕괴의 결과는 참혹했다. 새롬기술은 1999년 8월 첫째 주 주가가 1,100원 대였는데 2000년 3월 15만 원대로 6개월여 만에 140배 상승하는 기염을 토했다. 그러나 또다시 6개월이 지난 그해 9월 1만 5,000원대로 10분의 1이 되었다. 현재는 사명이 솔본으로 변경되었다. 또한 실체가 없거나 실적을 동반하지 않은 기업들은 상장폐지되기도 했다. 2000년 IT 버블 붕괴 이후 이어진 2년은 주가 하락을 동반한 옥석 가리기 시간이었다.

2003~2007년: 가치주와 조선 업종

 이 시기 코스피지수는 꾸준히 상승해 550포인트대에서 2,000포인트대까지 4배 가까이 성장했고, 가치주와 조선 업종이 주목받았다.

IT 버블 붕괴 이후 주식시장은 기업 가치에 주목하기 시작했다. 특히 기업 가치 대비 싼 가격에 거래되는 저PER주, 저PBR주를 주목했다. 한국 경제는 연 5%대 성장해서 탄탄한 이익 능력을 겸비한 기업이 산재해 있었다. 이 시기 주가 상승률이 좋았던 아모레와 롯데칠성, 신세계 등은 내수에 기반한 저PER, 저PBR 기업이었다.

2001년 중국의 세계무역기구(WTO) 가입은 세계 해상 물동량이 급증하는 계기가 되었다. 해상 물동량 증가는 선박 수주와 선가 상승 등으로 이어져 조선업의 이익이 급증했다. 한국 조선업 부흥은 미국 제조업 쇠퇴와 관련이 깊다. 미국은 중국의 저렴한 제품을 수입하면서 성장을 구가했으나, 동시에 자국의 제조업 쇠퇴를 경험하게 되었다. 그 과정에서 한국과 일본의 조선업이 공백을 메웠고, 한국은 일본과의 경쟁에서도 우위를 차지하며 최대 호황을 구가했다.

하지만 한국 조선업은 2007년 전성기를 끝으로 10년이 넘는 장기 불황을 맞았다. 2008년 금융위기가 닥쳤고 중국의 조선업이 급부상한 것이다.

2008년: 금융위기

2008년 금융위기는 미국의 서브프라임 모기지(subprime mortgage) 사태에서 촉발되었다. 서브프라임 모기지는 신용등급이 낮은 저소득층을 대상으로 한 주택담보대출로서 부실 위험이 상대적으로 높다. 미국은 2000년 이후 저금리를 유지한 탓에 부동산에 자금이 쏠렸고, 대출이 증가했으며 주택 가격도 동반 상승했다. 이러한 상황에 금융회사들은 서브프라임 모기지를 엮어 부동산담보증권(MBS)과 부채담보부증권(CDO) 같은 파생상품을 만든 다음 전 세계에 팔았다.

하지만 2003년 1%대였던 기준금리가 2007년 5%대로 상승하자 대출자들의 부담이 급증하고 상환 능력이 부족해지며 서브프라임 모기지를 비롯한 파생상품의 부실로 이어졌다. 결국 2008년 9월 미국의 4대 투자은행 중 하나인 리먼브러더스가 파산하며 '리먼 사태'로 불리게 되었고 위기는 전 세계로 확산되었다.

한국은 코스피지수가 2007년 1,900포인트에서 2008년 1,100포인트대까지 추락하는 최악의 폭락을 경험했다. 하지만 미국을 비롯한 각국은 해결책으로 막대한 통화를 공급하기 시작했다. 이는 곧 2009년 유동성 장세로 이어졌다.

2009~2011년: 유동성 장세(차·화·정)

2008년 글로벌 금융위기가 닥치자 각국은 대규모 자금 공급에 나섰다. 한국에서는 이명박 정부가 출범했고, '토건 정부'라 불릴 만큼 인프라 공급 확대에 의한 경제 활성화 정책을 추진했다. 금융위기에 따른 유동성 공급과 인프라 공급 정책이 합쳐져 주식시장에 자금이 넘쳐나는 유동성 장세가 연출되었다.

그러자 주식시장에서 우량하면서 시장을 주도하는 업종과 기업에 자금이 쏠리기 시작했다. 그 업종이 바로 '자동차·화학·정유'였다. 2009년 초 WTI가 배럴당 34달러였는데 꾸준히 상승해서 2011년 100달러를 넘겼다. 유가 상승은 정유와 화학 업종의 이익을 함께 끌어올렸다. 기관투자가와 외국인의 우량주 자금 쏠림과 유가 상승이 어우러져 만든 유동성 장세였다.

이 시기 코스피지수는 1,200포인트에서 2,100포인트대까지 높은 상승률을 기록했다. 하지만 2011년 3월 동일본대지진으로 후쿠시마 원자력 발전소가 폭발하는 사고가 발생해서 세계에 큰 충격을 주었다.

2012~2016년: 박스권(개별 종목 장세 – 2014년 화장품, 인테리어, 2015년 바이오)

이 기간은 코스피지수가 2,000포인트대에 갇혀 있었고, 개별 종목과 업종의 상승이 박스권의 답답함을 해소해주었다. 따라서 업종 선택이 그 어느 때보다 중요한 시기였다. 경제 성장률이 5%에서 3%로 하락·정체했고 금리는 3%에서 1%로 하락해 초저금리였음에도 주식시장 상승을 이끌지는 못했다.

2012년에 세계 경제 침체가 거론되었고 한국 증시의 양극화가 나타나기 시작했다. 이때부터 주식시장을 옥죄는 굵직한 사건들이 연달아 발생했다. 2014년 미국연방준비위원회(연준)는 '테이퍼링(양적완화 축소 정책)'을 결정했고 연이어 신흥국들의 금융위기 소식이 들려왔다. 2015년 그리스가 디폴트를 선언했고, 중국에서는 메르스 발생과 동시에 경기 둔화 가능성이 언급되었다.

2016년에는 정치적 격랑이 극에 달했다. 대한민국 헌정 사상 최초로 대통령 탄핵이 결정되었고, 북한 핵 실험 등에 따른 남북 갈등 고조로 개성공단 운영이 전면 중단되었으며, 사드(THAAD, 고고도미사일방어체계) 배치 결정에 따라 중국 내 반한(反韓) 감정이 극에 달했다. 유럽에서는 영국이 브렉시트를 결정한 해이기도 하다. 참으로 많은 정치적 이슈가 등장했고 대체로 주식시장에 부정적인 영향을 미쳤다.

하지만 이처럼 답답한 상황 가운데 장세를 주도하는 업종과 기업이 등장했다. 2012년에는 삼성전자가 역대 최대 실적을 기록했다. 2014년에는 화장품 업종이 기염을 토했다. 이전까지 내수 기반 방문 판매를 주력으로 하던 화장품 기업들이 중국 화장품시장에 진출하면서 수출주로 변신해 폭발적인 이익 성장을 기록했다. 아모레퍼시픽은 시가총액이 2014년 16위에서 2015년 5위로 껑충 오르는 기염을 토했다. 2016년 사드 배치로 중국과의 관계가 나빠졌는데도 불구하고 '따이공(구매 대행 업자)'의 등장으로 성장세를 이어가기도 했다.

2014~2015년은 인테리어 업계가 호황을 맞은 시기이기도 했다. 2014년 이케아가 한국에 상륙하며 경쟁이 치열했지만 한샘은 인테리어 업계에서 독보적인 인기를 구가했다. 주가도 2014년 5만 원대에서 2015년 34만 원대로 1년 만에 6배 이상 상승했다.

2015년은 코스피지수가 3년째 2,000포인트대 박스권을 벗어나지 못하는 가운데 바이오 업종이 미래 먹거리 업종이 될 것이라는 기대감과 함께 쏠림 현상이 두드러졌다. 바이오 업종의 대표 격인 셀트리온은 시가총액이 2014년 4조 원에서 2015년 9조 원, 2016년 12조 원, 2017년 27조 원까지 상승했다.

2012~2016년 주식시장은 답답함의 연속이었다. 하지만 그 안에서도 성장을 구가한 업종이 있었고 투자자들의 선택을 받았다. 이전 시기 저PER 같은 방식으로 기업을 선별했다면 화장품과 가구 같은 상승 주식을 찾지 못했을 것이다. 성장과 쇠퇴를 달리하는 업종을 선별하고 평가하는 능력이 요구되는 시기였다.

2017년: 강세장

2017년 대한민국에선 문재인 정부가, 미국에선 트럼프 정부가 출범했다. 한국은 2016년 대통령 탄핵과 북한·중국과의 갈등 등 부정적 이슈로 넘쳐났던 정치가 안정되리라는 기대감이 형성되었다. 글로벌 경기도 개선되고 있었고 D램 수요가 넘쳐나 반도체 업종의 업황 개선세가 뚜렷했다.

2017년 말 삼성전자와 SK하이닉스의 당기순이익이 전년 대비 각각 84%, 260%나 급증했다. 주가도 2배나 상승했다. 바이오도 상승세에 올라탔다. 2016년 신규 상장한 삼성바이오로직스는 시가총액 10조 원에서 2017년 25조 원으로 껑충 뛰어오르며 시가총액 순위 13위에 등극했고, 셀트리온도 2016년 20위에서 2017년 7위로 올라섰다. 2017년 강세장은 정치 안정과 반도체 업종의 호황이 어우러진 결과였다.

2017년 이전 코스피지수는 2,000포인트대를 벗어나지 못한 채 횡보했으나, 2017년 연말 2,557포인트까지 치고 올라가서 2017년 상승률이 21%에 달했다. 2009년(유동성 장세)의 49.7% 이후 가장 높은 상승률이었다.

2018~2019년: 회귀 장세

2018년은 지난해의 달콤한 상승을 이어가지 못하고 오히려 예전으로 회귀하는 시간을 맞았다. 2,500포인트를 넘겼던 코스피지수는 2,000포인트대로 재차 하락했다.

주식시장의 악재 중 하나는 미·중 무역 분쟁이었다. 미국과 중국이 서로의 수입품에 25% 관세를 부과하고 미국이 화웨이에 대한 제재를 본격화하는 등 갈등이 표면화되었다. 미·중 갈등은 수출 중심의 한국 경제에 부정적이었고 이에 대한 우려가 깊어질 수밖에 없었다.

2019년에는 미국의 장·단기 금리가 역전(만기까지의 기간이 긴 장기 금리가 단기 금리보다 높은 것이 일반적이지만, 특정 이유로 단기 금리가 장기 금리보다 높아지는 현상. 경기 침체를 예고하는 것으로 판단하는 지표)되고, 한국 바이오 기업 신라젠이 임상에 실패하는 등 악재가 겹쳐 코스닥은 매도 사이드카가 발동되기도 했다.

이러한 악재 가운데에서도 상승하는 업종이 있었으니 통신과 제지 업종이었다. 통신 업종의 상승은 5G 기술과 화웨이 규제가 만들어낸 합작품이다. 2018년 5G 개화를 알리는 주파수 경매가 시작되었고, 국내 통신 장비 기업이 성장하리라는 기대감이 부풀어 올랐다. 5G는 곳곳에 무선 장비를 설치하고 이를 연결하는 유선 장비를 교체하는 신규 수요를 창출했다. 게다가 미국의 화웨이 규제에 따른 공백에 한국 기업이 혜택을 받으리라는 기대감이 커졌다.

그리고 실제 통신 장비 기업들의 매출도 늘어 기대가 현실화되었다. 통신 장비 기업 케이엠더블유는 전년 대비 매출액이 2018년 45%, 2019년 130% 급증했고 주가는 7~8배가 넘는 상승세를 기록했다. RFHIC, 오이솔루션, 이노와이어리스, 유비쿼스 등 통신 장비 기업들의 주가가 불타오르는 꿈의 시절이었다.

제지 업종의 주가 상승은 중국의 폐기물 수입 금지 조치에서 촉발되었다. 2018년 4월, 중국 정부는 12월부터 폐기물 수입을 금지한다고 발표했다. 그동안 중국은 세계 최대 폐기물 수입국으로서 폐기물의 60~70%를 수입했기 때문에, 폐기물 수입 금지가 현실화되면 폐기물 수출국들이 쓰레기 대란을 겪을 가능성이 컸다.

한국에서는 폐지 수출이 막히자 공급 과잉으로 인해 폐지 가격이 속절없이 무너져 내렸다. 톤당 폐지 가격은 2017년 21만 원에서 2018년 16만 1,800원으로 23%나 하락했다. 반면 제지 기업들의 제품인 원지와 원단 가격은 오히려 인상되었다. 온라인 상거래가 증가하며 택배 상자 등의 제품 수요가 넘쳐났기 때문이다. 원재료인 폐지 가격 하락과 제품 가격 상승으로 스프레드가 크게 벌어졌고, 이는 곧 제지 기업들의 영업이익 증가로 이어졌으며 주가도 2배 가까이 급등했다.

2020~2021년: 코로나19 팬데믹 이후

코스피지수는 코로나19 팬데믹 이후 급등과 급락을 반복했다. 코로나19는 현대인의 생활에 적지 않은 변화를 가져왔다. 인터넷 사용에 따른 온라인 경험이 부족하지는 않았지만, 코로나19 이후 온라인만으로 충족되는 경험이 축적되면서 경제활동 등의 전반에 영향을 미친 것이다.

인터넷 사용이 폭발적으로 늘어나자 글로벌 플랫폼 기업들은 데이터센터 확장에 공격적으로 나섰고 이에 따른 수혜가 곳곳으로 퍼져나갔다. 2020년 주식시장의 중심 테마로 BBIG(바이오, 배터리, 인터넷, 게임)가 부상했다. 코로나19 진단 키트와 백신 수요가 폭발해 진단 기업들의 매출액이 급증했고, 인터넷 사용 증가에 따라 네이버와 카카오가 주목받았으며, 사람들이 집에 있는 시간이 늘면서 게임 수요가 폭발했다.

2020년은 유동성 장세의 재현이기도 했다. 코로나19로 위축된 경제를 살리기 위해 전 세계 국가들은 돈 풀기에 나섰고 투자자들은 곧바로 패닉에서 벗어나 주식시장을 끌어올렸다. 코로나19 당시 코스피지수는 1,800포인트 아래로 곤두박질쳤으나 2021년 3,000포인트를 찍는 기염을 토했다.

코로나19는 또한 한국 해운업을 부활시킨 뜻밖의 사건이었다. 해운사 HMM은 이전 10년여에 걸쳐 적자를 지속해 생존을 걱정하는 상황이었으나, 전 세계 물동량 급증과 물류대란으로 운임이 폭등하며 이전에 경험하지 못했던 수준의 영업이익을 달성했다. HMM의 영업이익은 2020년 9,808억 원, 2021년 7조 3,775억 원, 2022년 9조 9,494억 원으로 2년 만에 10배 가까이 증가했다. 주가 역시 폭등해 저점 대비 20배 넘는 상승률을 보여주었다.

2020년 폭락 후 폭등했던 코스피지수는 2021년 재차 하락했다.

2022년: 태·조·이·방·원

2022년은 러시아가 우크라이나를 침공하며 세계 주식시장에 전쟁 국면을 조성했다. 러시아-우크라이나 전쟁의 여파로, 2020년 배럴당 20달러까지 하락했던 유가(WTI)는 2022년 100달러를 넘기는 초강세를 기록했다. 고유가와 러-우 전쟁은 방위산업과 에너지 산업에 대한 관심을 촉발하게 되었다.

2022년 한국 주식시장에서는 '태·조·이·방·원(태양광, 조선, 이차전지, 방위산업, 원자력)'이 인기 업종으로 떠올랐다. 태양광과 이차전지는 화석연료에서 신재생 에너지로 전환하는 데 핵심인 에너지 산업으로 부상했고, 전쟁을 계기로 한국 무기 수출에 청신호가 켜졌으며, 2020년 촉발된 해상 물류 호황에 따라 한국 조선 기업이 잇따라 선박을 수주했다.

2023년~: AI

2023년은 챗GPT로 상징된다. 코로나19 이후 사람들의 인터넷 기반 활동이 전방위로 확산되며 이를 기술적으로 재현할 수 있는 반도체 칩과 데이터센터 용량 확충이 필요해졌다. 엔비디아의 GPU가 그 자리를 차지했고, 이에 더해 컴퓨터에 인공지능(AI) 서비스가 등장하기 시작했으며, 그것을 알린 것이 챗GPT다.

AI는 빅데이터와 이를 반복 학습할 수 있는 고성능 반도체 칩을 기반으로 한다. 반도체 없이는 소프트웨어가 현실화할 수 없다. 따라서 AI 소프트웨어를 반도체 칩으로 구현하는 제조 능력을 갖춘 기업이 '갑'인 시대가 되었다. 파운드리인 TSMC가 전 세계 물량의 60% 이상을 점유하는 것도 제조 기술의 난도를 짐작하게 한다. 반도체 칩 없는 미래는 상상하기 어렵다. 반도체 업종을 지속적으로 주목해야 할 이유다.

두 패러다임, 에너지 전환과 노령화

지금까지 2000~2024년의 한국 주식시장을 살펴보았다. 이어서 앞으로 한국 주식시장에 큰 영향을 미칠 요소로 '에너지 전환'과 '노령화'를 제시한다. 두 요소는 정치와 경제, 사회, 문화 전 영역에 걸쳐 변화를 수반할 뿐만 아니라 현재 진행형으로 곳곳에서 영향을 미치고 있다.

첫째, 에너지는 2020년대 글로벌 국가들이 봉착한 최대 패러다임 중 하나다. 20세기 인류의 삶을 지탱했던 석탄과 석유의 화석연료는 지구의 환경위기를 초래했고, 친환경 에너지로의 전환을 모색하게 되었다. 하지만 태양광과 풍력, 전기차로 대변되는 신재생 에너지로 전환하는 과정은 매끄럽지 않다. 태양광과 풍력은 불안정한 전력 생산과 전력망 부족으로 수요를 대체하지 못하는 형국이고, 전기차는 충전 속도와 화재 등 해결해야 할 기술적 난제들로 성장 가도에 브레이크가 걸려 있다.

러-우 전쟁은 이러한 에너지 전환에 고민을 안겨준 상징적 사건이다. 그동안 세계는 석탄과 석유, 천연가스, 원자력 에너지를 사용해왔다. 유럽은 에너지 상당량을 러시아가 파이프라인으로 전송하는 천연가스(PNG)에 의지했으나 전쟁을 계기로 공급 중단 사태를 맞았다. 그 와중에 독일은 원자력 발전소를 완전 폐쇄하기까지 했다. 따라서 러시아의 PNG 공백을 신재생 에너지(태양광, 풍력)와 미국 등의 LNG로 대체할 수밖에 없었다. 그 결과 에너지 가격이 심각하게 폭등했고 공급도 불안정해졌다. 그래서 유럽 국가 상당수가 신재생 에너지 전환 계획을 수정하고 있다.

전기차 역시 중국을 제외한 국가 대부분에서 판매 부진 등의 캐즘(chasm) 현상이 목도되며, 기업들이 양산 계획을 미루는 사례가 등장했다.

게다가 글로벌 플랫폼과 반도체 등 제조 기업들이 요구하는 막대한 전력 수요를 현재의 공급망으로 채우지 못하는 공백을 경험하고 있다. 패러다임이 바뀔 때는 예기치 못한 변수들이 수시로 등장한다. 그리고 그 수혜와 악재가 때때로 뒤바뀌기도 한다. 에너지 업종은 현시대에 주목해야 할 최대 주요 분야다.

둘째, 대한민국이 맞게 될 노령화와 인구절벽이다. 저출산에 따른 인구절벽은 젊은 층 감소와 노령인구 급증으로 나타난다, 이는 국내 경제의 활력은 물론 소비 능력을 낮춰 내수 기반 업종의 생존을 위협할 수 있다.

2030년이면 대한민국 중위 연령이 50세에 달할 것으로 전망된다. 이는 사회가 함께 늙는다는 뜻이다. 일례로 2024년 국내 인기 가수는 트로트 가수 임영웅과 이찬원이다. 이들의 티켓 파워는 역대 최대급이며, 굿즈는 인기리에 판매되고 있다. 앞으로 맞게 될 노령화와 인구 감소로 내수 소비의 양상이 달라질 것이다.

이러한 상황 가운데 해외 수출로 성공한 기업들이 등장하고 있다. 화장품과 라면이 해외에서 폭발적인 인기를 얻고, 방산이 전례 없는 수출을 달성하고 있다. 내수가 아니라 해외에서 성장을 일구는 업종과 기업에 주목해야 할 시대다.

PART
2

2025년
주목할 테마

테마는 특정한 주제나 중심 내용을 뜻하는 것으로, 사람 사는 세상에서는 늘 만들어지고 사라진다. 특히 경제활동 영역에서 자주 등장하는데, 이익을 추구하는 자본주의의 특성상 거의 모든 시기에 테마는 자본의 쏠림과 소외를 동반한다. 테마는 특정 주제에 따라 형성되는 다양한 산업을 포함하기 때문에 업종보다 폭넓다.

이번에 소개할 테마는 '에너지, 바이오, 뷰티, 방위산업'이다. 기존과 다른 차별적 변화와 가파른 성장세를 기록하고 있다는 점에서 선정했다. 2부를 읽은 후 각 분야를 좀 더 세심하게 분석하고 관찰하는 과정을 거치기를 바라 마지않는다.

에너지,
혼란에서 기회를 찾다

2022년 러시아에서 유럽으로 천연가스를 공급하던 노르트스트림 가스관이 폭발했고, 2024년 미국은 최악의 원자력 발전소 사고가 발생했던 스리마일섬의 원자력 발전소를 재가동하기로 결정했다. 이는 유럽과 미국에 에너지 부족을 초래한 원인이 무엇인지, 에너지 부족을 해소하기 위해 어떻게 노력하는지 보여주는 상징적인 사건이다.

2000년대 들어 세계는 화력 발전과 원자력 발전을 줄이고, 친환경 에너지인 태양광과 풍력 발전 설비를 대폭 늘리는 등 '탈탄소-친환경' 에너지 전환을 적극 추진해왔다. '전환'의 과정은 대개 순탄치 않으며 고통의 터널을 통과했던 것이 역사적 사실이다.

현재 에너지 전환에 따른 혼란으로 여겨지는 상황들이 전 세계 곳곳에서 감지되고 있다. 신문이든 인터넷이든 펼쳐서 보라. 유럽 국가 대부분은 폭등한 에너지 가격에 신음하고, 한국 역시 원가를 보전하지 못하는 낮은 전기 요금으로 생존을 걱정하는 한국전력을 목도하고 있다. 부정적 상황을 담은 에너지 관련 뉴스들이 심심치 않게 보이고, 이 상황은 당분간 지속될 것이다.

에너지 전환은 자동화 시설에서 제품 찍듯이 단기간에 만들어낼 수 있는 결과물이 아니다. 에너지 설비를 세우고 공급하는 인프라를 갖추는 데 드는 시간과, 국가와 사회 구성원의 합의를 요구하기 때문이다. 이런 특성으로 에너지 전환에 따른 업종의 수혜는 장기간 지속될 가능성이 높다. 주목하되, 잘 살펴야 한다. 왜냐하면 호재와 악재가 동시에 발생하는 곳이기 때문이다.

혼란의 이유 하나: 에너지 수요 폭증

요즘 도로를 주행하다 보면 새삼 놀라게 된다. 파란색 번호판을 단 자동차가 생각보다 많기 때문이다. 바로 전기차다. 그동안 전기차 판매량이 전년 대비 50% 증가했다는 등의 뉴스를 자주 접했지만 실생활에서 전기차를 발견하는 체감의 정도는 미미했다.

전기차는 전기를 공급할 배터리만 필요한 것이 아니다. 방전된 배터리를 충전할 장소를 곳곳에 만들어야 한다. 충전소 인프라는 전기차 선택의 결정적인 요소다. 충전소는 증가한 전력량과, 이를 공급할 전력망이 있어야 한다. 전기차 충전소는 전력망을 새롭게 확충하는 수요를 만들었다.

AI도 실생활에 빠른 속도로 적용되고 있다. 아이폰과 갤럭시는 AI 기능을 광고 전면에 등장시켰고, 구글도 AI를 적용한 인터넷 검색 제미나이를 출시했다. 현대인에게 없어서는 안 될 스마트폰과 인터넷 영역에서 발견할 수 있는 AI 진화의 양상이다.

AI는 사용자가 요구하는 결과물을 출력하기 위해 배후에서 머신러닝 혹은 딥러닝으로 불리는 학습 과정을 수행한다. 이 과정에서 엄청난 전력이 들어간다. AI시장을 선점하려는 구글, 아마존 등 글로벌 플랫폼 기업들의 경쟁은 데이터센터 확충으로 나타나며, 미국뿐 아니라 인도 등 세계 곳곳으로 뻗어나가고 있다. 그리고 이들의 유치를 희망하는 국가들은 전력 인프라 확충에 국가적 역량을 동원하고 있다.

한국 경제의 핵심이라 할 반도체와 배터리, 자동차 기업들이 미국 등 해외에 제조 공장을 건립하고 있다. 미국은 리쇼어링(reshoring) 정책으로 자국은 물론 해외 기업까지 끌어들이고 있다. 애플이 중국에 이어 인도에 제조 기반을 확충하는 등 글로벌 제조 기반을 재배치하는 기업이 늘고 있다.

위와 같은 사례들은 이전에 없던 전력량과 전력망을 요구한다.

혼란의 이유 둘: 에너지 공급 부족

넘쳐나는 에너지 수요를 공급이 따라오지 못하고 있다. 공급 부족의 원인은 신규 전력이 제 역할을 하지 못하는 것이 첫째이고, 이를 적시에 공급할 전력망이 확충되지 못한 것이 둘째다.

전 세계 국가들은 기후위기를 극복하기 위해 화석연료 사용을 줄이고 신재생 에너지 사용을 늘리는 에너지 정책을 적극적으로 추진해왔다. 그 결과 화력 발전과 원자력 발전을 줄였고 태양광 발전과 풍력 발전을 늘렸다.

그런데 결과는 순탄치 않았다. 태양광과 풍력 발전이 불안정해서 전력이 안정적으로 공급되지 않는 것이다. 날씨의 변동성은 곧바로 전력 생산의 변동성으로 이어져 공급량 부족이나 과부하를 야기했다. 더구나 이들 발전소는 드넓은 평야나 바닷가 등에 위치해서, 도시와 기업으로 보내기 위한 전력망을 새롭게 확충하는 시간과 비용이 많이 소요되었다. 이에 따라 발전 설비는 만들어졌지만, 연결되지 않아 사용되지 않는 전력 설비가 넘쳐나는 것이 현실이다. 제주와 전남의 태양광 발전 설비가 그 예다.

한편 대체 전력으로 전망했던 신재생 에너지가 제 역할을 충분히 하지 못함에 따라, 화력 발전과 원자력 발전을 줄여온 국가들은 에너지 공급 부족 사태를 겪고 있다. 유럽은 신재생 에너지 도입에 적극적이고 특히 독일은 도입 속도가 매우 빠른 국가 중 하나다.

독일은 안정적인 전기 공급원인 원자력 발전을 전면 폐쇄했다. 태양광 발전 설비는 2024년 기준 90GW를 갖췄고 2030년까지 215GW를 목표로 하며 총전력 소비량의 80%를 차지할 것으로 예상한다. 이는 원자력 발전소 215기에 해당하는 용량이다. 주요 전력원이었던 천연가스는 러-우 전쟁 이후 공급이 중단되며 미국의 LNG가 대체했다.

이러한 독일의 선택은 에너지 가격 급등으로 이어졌다. 연합뉴스에 따르면 독일은 2024년 기준 소비자의 에너지 비용이 2021년 대비 40% 이상 올랐고, 전기요금이 유럽에서 가장 비싼 국가가 되었다.

미국은 어떤가. 바이든 행정부의 친환경 에너지 정책으로 신재생 에너지 투자가 크게 늘었지만 활용되지 못하고 있다. '태양광 발전은 전력망에 연결되기를 기다리는 발전량이 현재 전력망에 연결된 발전량보다도 많다'는 CNN 방송의 지적(연합뉴스 2024년 5월 29일 기사)은 현재 미국이 처한 현실을 적나라하게 보여준다.

위와 같이 글로벌 국가들은 신재생 에너지가 화석연료만큼 안정적이고 효율적인 전력 공급원으로 기능하지 못함에 따라 에너지 공급 부족 사태를 겪고 있다.

대안 하나: 공급 인프라 확충, 전력망

각 국가는 에너지를 공급할 수 있는 발전용량을 공격적으로 늘리고 있다. 그러나 이보다 더 시급한 것은 이미 완성된 발전 설비와 소비처를 연결해 전력을 공급하는 일이다.

노후한 전력망을 교체하고 새로 만드는 작업은 발전 설비 건설만큼이나 시간과 비용이 많이 든다. 우선 송전용 철탑이 지나는 땅에 거주하는 주민과 지자체의 협조가 없이는 불가능하다. 그 땅을 매입하는 자금도 만만치 않다. 한국은 2023년 '국가기간 전력망 확충 특별법' 제정안이 국회에 제출되었으나 처리가 무산되었다. 이는 곧 전력망 건설 시기가 더 늦춰진다는 소식이다. 미국도 2021년 이후 대규모 송전 설비 건설 사업을 시작했으나 속도가 기대만큼 빠르지 않다.

전력망은 '발전소-변전소-철탑-전선-변전소-배전기-소비처'로 이어진다. 이 과정에서 변압기와 전선, 배전 설비 등이 사용된다. 변압기는 전기 송전 과정에서 승압과 강압을 해주는 핵심 부품이며 한국 제조사들이 주목받고 있다. 한국 변압기 제조사들은 전력망 확충이 필요한 미국, 유럽, 인도 등으로 수출을 확대할 것으로 기대하며, 2023년부터 매출액과 이익이 급증하는 성장세를 보여주고 있다. 이들의 성장세는 단기간으로 끝나지 않을 것으로 생각한다. 전력망 확충은 비교적 오래 진행되고 대상 지역 역시 확장될 것으로 예측된다. 변압기와 전선 제조사에 주목하자.

대안 둘: 안정적 에너지원으로 회귀, 원자력 발전

2011년 발생한 일본 후쿠시마 원전 사고는 아직도 여파가 있다. 그만큼 사고의 충격이 큰 것이 원자력 발전이다. 그래서 많은 국가가 이 사고 이후 원자력 발전 축소에 적극적으로 나섰고, 한국도 건설 중이거나 계획 중인 원전 건설을 중단했다.

하지만 이러한 방향의 바람이 바뀌기 시작했다. 기존 설비로는 폭증하는 에너지 수요를 충족할 수 없는 지경에 이르렀기 때문이다.

미국과 프랑스는 원자력 발전 1, 2위 국가다. 미국은 1979년 스리마일섬 원전 사고 이후 원자력 발전 용량 증설 정책을 사실상 폐기했으나 다시 원자력 발전 산업 강화에 나섰다. 2024년 바이든 대통령은 원전 허가를 위한 절차 간소화와 수수료 감액 등의 내용을 담은 '원자력 발전법'에 서명했다. 프랑스는 2050년 탄소 중립 달성을 목표로 재생 에너지를 늘리는 한편 원자력 발전을 보강하고 있다. 폐쇄하기로 한 원전의 시기를 재검토하고 신규 원전 건설에 나선 것이다. 산유국인 사우디아라비아와 UAE조차 원전 건설에 나서고 있다.

　에너지 수요가 급증하자 전 세계는 이를 감당할 수 있는 원자력 발전에 다시금 주목하고 있다. 한국은 원자력 발전 강국에 속한다. 발전소 건설과 유지, 보수에 이르는 공급사슬이 보전되어 있는 흔치 않은 나라로 꼽힌다. 원자력 발전 설비는 10여 년에 걸친 장기 프로젝트다. 이 기간 중 예기치 않은 여러 상황이 전개될 개연성이 많다. 리스크와 호재가 혼재할 수 있다.

　원자력 발전소에 쓰이는 경수로와 보일러 등 기자재를 제조하는 기업들에 주목하자.

바이오,
기술과 환경이 만들어준 기회

2024년 2월 한국 바이오 기업 알테오젠이 미국 머크와의 계약을 변경해 마일스톤(신약 개발 과정에서 단계별로 성공하면 받는 금액)과 로열티(기술 이전으로 생산된 제품의 매출에 따라 받는 금액)를 증액했다. 2024년 3월에는 미국 상원이 중국 바이오 기업에 제재를 가하기 위해 '생물보안법'을 통과했다. 바이오 업종에 대한 한국 투자자의 관심을 끌기에 충분한 이슈들이다. 게다가 미국의 금리 인하 가능성까지 더해 바이오 업종에 더할 나위 없는 환경이 조성되고 있다.

한국 바이오 업종에는 신약 개발에 쓰일 후보 물질 발굴이나 약물 전달 기술과 같은 기술 등에 강점을 지닌 기업이 적지 않다. 글로벌 빅파마(거대 제약사)들은 신약 개발 능력을 높이기 위해 바이오텍이 지닌 기술에 관심을 보인다. 내부 역량만으로는 신약 개발 기간을 줄이고 성공 확률을 높이기가 효율적이지 않기 때문이다. 최근 글로벌 빅파마들이 바이오텍을 활발하게 인수하는 배경이다.

이러한 흐름으로 한국 바이오 기업들이 보유한 기술에 대한 관심이 높아지고 있다. 코로나19를 거치면서 한국 방역 시스템의 우수성이 널리 알려진 점도 영향이 있을 것으로 생각된다.

바이오 업종의 우호적인 환경은 모든 기업에 고르지 않을 것이다. 바이오 업종 전반에 대해 긍정적인 시각을 유지하되, 강점을 지닌 개별 기업을 철저하게 분석하는 것이 필요하다. 글로벌 바이오 업계에서 주목받는 기술과 관련 기업, 그리고 우호적인 외부 환경에서 혜택을 받을 분야를 살펴보자.

바이오 플랫폼: 약물 전달 기술

바이오 플랫폼은 약물을 원하는 부위에 정확하고 빠르게 전달하는 기술이다. 이 기술은 한 가지 약물에 한정되지 않고 여러 약물에 적용 가능해서 신약 개발용 후보 물질 발굴과 임상시험 등에 드는 비용과 시간을 절약할 수 있는 이점이 있고, 독점 계약이 아닌 한 여러 곳에 기술 수출이 가능하다. 최근 핫한 바이오 플랫폼 기술을 알아보자.

피하주사 제형 변경 플랫폼

제형은 약물의 형태를 말하며 '경구용(먹어서 몸 안에 투여하는 캡슐, 알약 등), 주사용, 연고용' 등 다양하다. 주사보다 알약이 편하듯이 환자는 투약이 쉬운 제형을 선호한다. 제형 변경 플랫폼은 제형을 바꾸는 기술이다. 최근 의학계가 주목하는 핫한 기술은 피하주사 제형 변경 플랫폼이다.

바이오 의약품을 환자에게 투여하는 방식은 주로 정맥주사(intravenous injection, IV)와 피하주사(subcutaneous injection, SC)가 사용된다. 정맥주사는 약물을 정맥에 투여하는 방식으로, 의료진이 직접 투여하며 오랜 시간이 소요된다. 반면에 피하주사는 약물을 피부 아래 지방 조직에 주입하는 방식으로, 병원을 방문하지 않고 집에서 직접 투약할 수 있고 투약 시간도 획기적으로 단축하는 장점이 있다.

피하 조직에서는 히알루론산이 약물 등 외부 물질이 들어오지 못하게 막는다. 그러나 피하주사 제형 변경 플랫폼은 '재조합 인간 히알루로니다제'를 이용해서 히알루론산을 분해함으로써 약물이 피하 조직을 통과해 체내에 흡수되도록 돕는다.

이 부문에서는 한국 상장기업 알테오젠과 미국 할로자임이 치열한 경쟁을 펼치고 있다. 정맥주사 제형을 피하주사 제형으로 바꿔주는 기술의 핵심이 위에서 설명한 '재조합 인간 히알루로니다제'이며 알테오젠은 '하이브로자임(Hybrozyme)', 할로자임은 '인핸즈(ENHANZE)'라 부른다.

알테오젠은 머크의 면역항암제 키트루다에 하이브로자임을 적용한 피하주사 제형 개발을 위한 라이선스 계약을 체결했는가 하면, 2024년 11월 8일에는 일본의 ADC 치료제 제조사인 다이이찌산쿄의 '엔허투'(HER2를 표적으로 한 치료제)를 피하주사 제형으로 개발하기 위한 라이선스 계약을 체결하는 쾌거를 이룩했다. 두 글로벌 제약사의 매출액 근간을 이루는 주요 치료제를 대상으로 라이선스 계약을 했다는 점에서 타 치료제로의 확장 가능성을 기대하게 되었다.

항체 약물 접합체

항체 약물 접합체(Antibody Drug Conjugate, ADC)는 특정 항원을 찾아 결합하는 항체에 약물을 붙여 보내는 기술로서 '항체-링커-약물'로 구성된다. 항체가 암세포를 찾은 다음 그 안에 약물을 투하하니 약물 폭탄으로 생각하면 이해하기 쉽다.

기존 화학 항암제와 표적항암제는 정상 세포보다 빠르게 분열하는 세포를 대상으로 하기 때문에 암세포뿐 아니라 소화기관과 혈액, 피부 등의 세포를 손상시키고, 면역 반응을 촉발해 감염 등에 취약하게 만든다. 그래서 탈모, 구토, 설사, 체중 감소 등의 부작용을 동반한다.

그러나 ADC 기술을 적용한 항암제는 특정 암세포를 찾아가 약물을 방출해 암세포를 죽이는 방식이기 때문에 기존 항암제의 부작용을 낮출 수 있을 거라는 기대가 높다.

2023년 바이오 업계를 흥분케 했던 빅 뉴스 중 하나는 미국 빅파마 화이자(Pfizer)가 신약 개발 기업 시젠(Seagen)을 430억 달러에 인수한 것이었다. 시젠은 ADC 분야 글로벌 선두로 평가되는 기업이다. 50조 원이 넘는 인수 금액을 투자할 만큼 빅파마들이 관심을 갖는 분야임이 입증되었다. 또한 아스트라제네카(AstraZeneca)와 다이이찌산쿄가 공동 개발한 항암제 엔허투 역시 ADC 기반 약물로 바이오 업계의 지대한 관심을 받고 있다.

한국에선 리가켐바이오가 대표적 ADC 플랫폼 기업으로 원천기술 특허를 보유하고 있고, 이를 기반으로 미국 암젠(Amgen)과 약 1조 6,000억 원 규모의 기술 이전 계약을 체결했다. 이어서 2024년 10월에는 일본 제약사 오노약품공업과 기술 이전·플랫폼 계약을 맺었다. 후보 물질은 암세포에서 많이 발현하는 단백질 L1CAM을 공략하는 ADC LCB97로 알려졌다.

이중항체 플랫폼

이중항체란 항원 2개를 동시에 인식하고 결합할 수 있는 특수한 항체로서, 하나는 암세포의 항원에 결합하고 다른 하나는 면역 세포의 항원에 결합하는 등의 방식이다. 항원 2개를 항체 1개로 결합한 단일체 구조여서 다양한 약물 조합이 가능한 장점이 있다.

이중항체 기술은 면역항암제 분야에서 주목받고 있다. 면역항암제는 몸 안의 면역 세포가 암세포를 인식해 공격하도록 유도한다. 인체의 면역 체계를 이용하기 때문에 약물에 의한 부작용이 적은 것이 특징이다. 키트루다, 옵디보, 티쎈트릭 등이 이에 해당한다.

한국 상장사 에이비엘바이오는 이중항체와 ADC를 결합한 기술에 집중

[표 2-1] 바이오 플랫폼의 유형과 기업

유형	기업
피하주사 제형 변경 플랫폼	알테오젠
항체 약물 접합체(ADC)	리가켐바이오
이중항체 플랫폼	에이비엘바이오
약효 지속 플랫폼	한미약품, 에이프릴바이오, 펩트론, 인벤티지랩

하고 있다. ADC에 단일항체가 아닌 이중항체를 사용하는 것이다.

약효 지속 플랫폼

약물은 인체에 들어가면 다양한 인체 내 효소를 만나 분해되거나 변형되어 약효가 떨어지는 한편, 엉뚱한 곳에 영향을 미쳐 부작용을 일으키기도 한다. 따라서 약물의 효과를 극대화하고 부작용을 줄이기 위해서는 원하는 부위에 정확하게 전달되어 적정 용량으로 치료할 수 있는 기술이 필요하다. 약효 지속 플랫폼은 약물의 분해나 방출 속도를 조절해 약효를 지속시키는 기술이다.

한미약품과 에이프릴바이오, 펩트론은 약물의 반감기(약물의 농도가 절반으로 주는 데 걸리는 시간)를 늘리는 기술을 보유하고 있다. 인벤티지랩 역시 장기 지속형 주사제 기술을 보유하고 있다.

미국 생물보안법이 안겨준 기회

미국의 중국 규제가 바이오까지 확산하고 있다. 2024년 9월 미국 하원

[표 2-2] 생물보안법에 적시된 중국 바이오 기업

기업	주요 사업	개요
우시바이오로직스	약물 위탁 생산(CMO)	북미 매출액 비중 48%
우시앱텍	임상시험 대행(CRO)	북미 매출액 비중 66%
BGI그룹	유전체 분석 서비스	세계 최대 유전자 은행 보유
컴플리트 지노믹스	유전체 분석	BGI 자회사
MGI	유전자 서열 분석 기기	BGI 분사

을 통과한 '생물보안법'은 본회의 의결과 대통령 서명만을 남겨둔 상황이다. 생물보안법은 미국 내에서 중국 바이오 기업과의 거래를 제한한다. '미국 안보에 우려가 될 만한 생명공학 회사가 생산 및 제공하는 장비나 서비스에 대한 계약을 맺거나, 대출 및 보조금 등의 형태로 미국 연방 자금을 지출하는 행위를 금지하는 것'을 골자로 하며, 우시바이오로직스를 비롯한 5개 기업이 대상이다. 법안이 통과하면 2032년 1월부터 시행된다. 규제 대상 목록에 포함된 중국 바이오 기업은 [표 2-2]와 같다.

이 법이 시행되면 규제 대상 중국 기업들의 주력 사업 분야인 위탁 생산(CMO)과 임상시험 대행(CRO) 부문에서 한국 바이오 기업들이 혜택을 받을 것으로 전망된다.

우시바이오로직스를 대체할 CMO로는 항체 치료제를 생산하는 능력이 세계 1위인 삼성바이오로직스가 유력하다. CMO의 주력 품목 중 하나인 항체 치료제는 규모의 경제가 필요한 품목이어서 삼성바이오로직스를 비롯한 글로벌 CMO 기업들이 동물 세포 생산 능력 확대에 나서고 있다. 2024년 기준 글로벌 CMO 기업의 생산 능력을 [표 2-3]에 정리했다.

[표 2-3] 바이오 CMO 기업의 생산 능력(2024년 기준)

CMO	생산 능력	국가
삼성바이오로직스	604,000L	대한민국
베링거인겔하임	500,000L	독일
론자	320,000L	스위스
우시바이오로직스	260,000L	중국
후지필름	140,000L	일본

자료: 한경 바이오인사이트

에스티팜은 원료 의약품을 주력으로 하는 CMO로 생물보안법의 수혜를 직접적으로 받은 기업 중 하나다. 2024년 8월, 중국에서 원료 의약품을 공급받던 글로벌 기업이 에스티팜을 원료 의약품 공급사로 선정한 것이다.

K-뷰티의 힘,
화장품에서 미용 의료기기까지

중국이 없어도 괜찮아

2016년 대한민국이 사드를 배치하자 한중 관계는 악화 일로로 치달았다. 당시 화장품 산업은 거대한 중국 시장을 바탕으로 성장을 일구어왔으나 이 사건을 시작으로 중국 내 한국의 이미지가 나빠지고 중국의 애국 마케팅이 전개되었다. 하지만 한국에서는 여전히 중국 '따이공'이 화장품을 대량 구매해서, 성장 흐름에 큰 변곡점을 만들지는 않았다.

2016년 사드 사태 이후에도 중국으로의 화장품 수출은 2021년까지 꾸준히 늘어 2021년 수출액은 2016년 대비 211% 증가했다([그림 2-1] 참조). 하지만 2020년 발발한 코로나19의 타격을 비껴가지는 못했다. 중국의 전방위적인 격리에 따라 소비 활동이 급감했고 한국 화장품도 직격탄을 맞았다. 2023년 대중 화장품 수출액은 2021년 대비 43%로 급감했다.

한국 화장품 산업의 성장 역사를 함께한 중국 시장의 축소는 LG생활건강과 아모레퍼시픽 등 대형 화장품 기업에 큰 타격을 안겼다. 이에 따라 한국 화장품 기업들은 생존하기 위해 중국이 아닌 다른 활로를 모색해야 하는 상황에 처했다.

아이러니한 점은 중국 시장 축소에도 불구하고 한국 화장품의 수출액이

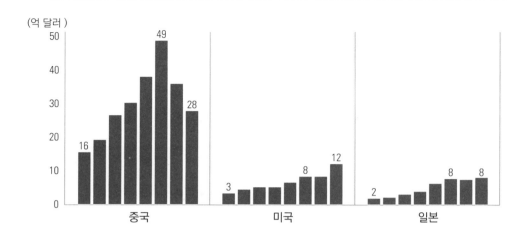

[그림 2-1] 한국 화장품의 주요국 수출액(2016~2023)

(억 달러)

꾸준히 증가했다는 점이다. 2016년 사드 사태 이후에도 수출액 성장세는 멈추지 않았다. 2022년에 잠시 꺾이긴 했으나 2023년에 코로나 이전 수준을 회복했다.

　이러한 회복세는 다양한 국가들로의 수출액 성장에 따른 것이다. 그중에서도 미국과 일본 시장의 수출 성장세가 놀랍다. 금액 수준은 중국 대비 미미하지만 성장률은 엄청나서 2016년부터 2023년까지 성장률이 미국은 250%, 일본은 339%에 달한다. 중국은 76%에 불과하다. 미국은 중국 시장의 28억 달러 대비 절반이 약간 안 되는 12억 달러까지 수출액을 키웠다.

미국과 일본에서 통하는 K-뷰티

　지금까지 중국에서 한국 화장품은 한류 인기를 바탕으로 따이공이 공급하고 인터넷과 오프라인으로 확산해왔다. 즉 화장품 기업이 적극적으로 마케팅해서 공략하고 확장한 것이 아니라 우호적인 외적 환경에 기반해서 확

[그림 2-2] 한국 화장품 수출액(2014~2023)

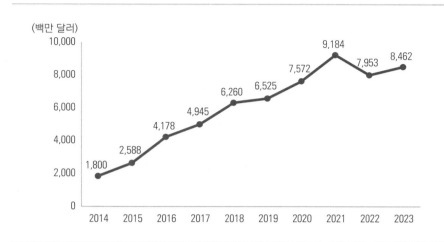

자료: 통계청

장된, 약간은 수동적인 시장이었다. 그렇다 보니 한국에 대한 이미지와 관심이 화장품 구매와 직결되어, 사드나 연예인의 대만 발언 등 정치적 이슈가 발생할 때마다 중국인의 애국 마케팅이 살아나 한국 화장품 매출에 타격을 가하곤 했다.

그럼에도 불구하고 중국에서의 화장품 산업 성장은 한국 화장품 기업의 경쟁력을 강화해주었다. 제조 인프라가 더욱 확장되었고, 화장품의 종류가 다양해졌으며, ODM 기업의 역량은 더욱 강화되었다. 이는 다양한 세대와 피부별 고객의 요구에 빠르게 대응할 수 있는 제조 역량을 갖춘 것을 의미한다.

이러한 한국 화장품 기업의 경쟁력이 미국과 일본 시장에서 성공을 거두고 있다. 하지만 중국에서처럼 대형 브랜드가 아니라 인디 브랜드가 성공하고 있다. 한국의 인디 브랜드는 해외의 젊은 층으로부터 호응이 높다.

요즘 젊은 층은 화장품 정보를 TV 등의 전통적인 광고 매체보다는 틱톡,

인스타그램, 유튜브 등의 SNS를 통해 접하는 것이 특징이다. 그래서 SNS에서 활동하는 인플루언서들의 화장품 광고는 TV보다 효과가 훨씬 크지만 비용은 훨씬 적게 든다. 또한 SNS에서의 화장품 인기는 매우 짧을 수 있으니 빠르게 변하는 고객 니즈에 맞춘 제품 공급과 마케팅이 가능해야 한다. 이러한 점이 인디 브랜드 업체들이 화장품시장에 진입하고 경쟁력을 갖출 수 있는 이유다.

어떤 제품이든 판매할 수 있는 유통망이 중요한데 대형 제조사는 자체 브랜드숍 등 유통망을 만들거나, 백화점 등의 타 유통망에 접근할 능력이 있다. 하지만 인디 브랜드는 그렇게 할 능력이 많지 않다. 다행스럽게도(?) 화장품 유통망의 다양화가 이루어지는 점이 인디 브랜드가 성장할 수 있는 큰 계기가 되었다. 아마존 등의 온라인은 물론 올리브영과 다이소처럼 다양한 브랜드를 판매하는 유통망이 생겼다. 이러한 유통망에 자사의 화장품을 공급하면 된다.

한국 인디 브랜드의 해외 유통이 가능해진 것은 실리콘투 같은 유통 전문 플랫폼이 등장했기 때문이다. 해외 유통 플랫폼은 고객사의 '판매, 마케팅, 물류'를 대행하는 서비스를 제공한다. 인디 브랜드가 자체적으로 할 수 없는 것들로, 유통 플랫폼은 인디 브랜드의 해외 진출을 돕는 조력자의 역

[표 2-4] 한국 화장품 업종의 밸류체인과 기업

인디 브랜드	ODM	유통 플랫폼
브이티 마녀공장 아이패밀리에스씨	한국콜마 코스맥스 씨앤씨인터내셔널 잉글우드랩 한국화장품제조 제닉	실리콘투

할을 담당하고 있다.

2024년 한국 화장품의 북미와 일본에서의 인기는 시장 변화를 빠르게 반영하는 인디 브랜드, 이들 제품을 제조하는 ODM, 해외 판매와 마케팅을 대행하는 유통 플랫폼이 합작해 만든 결과다. 이와 같은 밸류체인에서 핵심적인 역할을 하는 기업을 예의 주시할 필요가 있다.

미용 의료기기와 보톡스

한국은 성형으로 유명했고 지금도 그러하다. 아주경제의 기사에 따르면 2023년 서울을 찾은 의료 관광객은 47만여 명으로 역대 최고이고, 제일 많이 찾은 병원은 피부과와 성형외과였다. 이들이 찾는 것은 한국의 의료가 타국에 비해 저렴하고 수준이 높다고 평가하기 때문이라고 한다.

피부과와 성형외과의 높은 의료 수준은 곧 한국 미용기기의 수준을 업그레이드해주는 기반이 되고 있다. 이들을 통해 많은 사용 경험을 축적할 뿐만 아니라 업체 간 치열한 경쟁의 과정을 거칠 것이기 때문이다. 한국 미용기기가 전 세계로 수출되며 저변을 확대할 수 있었던 강점이기도 하다.

피부 미용은 약물과 기기를 사용해 이루어진다. 그래서 아주 많은 방법과 제품이 소개되고 있다. 미용 의료기기를 '약물'과 '기기'로 나누어 분류하면 [그림 2-3]과 같다.

약물을 사용하는 방식은 크게 보툴리눔톡신(보톡스)과 필러로 나뉜다. 보톡스는 보툴리눔톡신 A형 단백질을 사용한 제품으로, 미국 앨러간(Allergan)사의 상표명이었으나 보통명사화되었다. 보톡스는 인류가 발견한 독소 중 가장 독성이 강한 물질로서 특정 부위의 근육을 국소 마비시켜 미용 효과를 극대화한다. 효과가 좋은 부위는 이마, 눈가, 입가 등이다. 한국 보톡스 제조사는 휴젤, 메디톡스, 대웅제약이 있다.

메디톡스는 2022년 휴젤을 상대로 미국 국제무역위원회(ITC)에 '보툴리

[그림 2-3] 미용 의료기기 분류

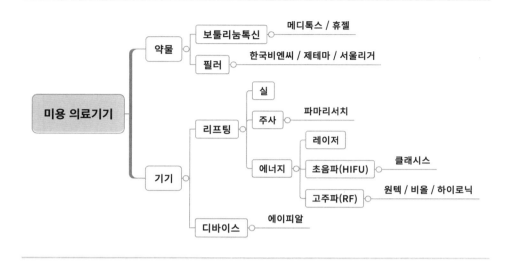

눔톡신 균주 절취' 소송을 제기했고, 2024년 미국 ITC는 '휴젤의 위반 사실이 없다'는 결정을 내렸다. 이에 따라 휴젤은 소송에 따른 불확실성을 해소하고 미국 시장 진출에 적극적으로 나설 것으로 보여 한국 기업 간의 경쟁도 치열해질 전망이다.

필러는 'fill'과 'er'의 합성어로 '채우는 것'을 뜻한다. 얼굴에서 볼륨감이 부족한 부위에 보충 성분을 주입해 주름 등을 개선한다. 필러에 사용하는 보충 성분으로는 실리콘이나 폴리메틸메타크릴레이트(PMMA), 히알루론산을 사용한다. 한국 필러시장은 상위 5개 사가 60% 이상을 점유하는 과점시장으로 추정하고, 미국 앨러간사의 '쥬비덤'이 대중적 제품으로 알려져 있으며, 휴젤과 메디톡스가 경쟁하고 있다.

의료기기를 사용하는 방식은 크게 '리프팅'과 '홈 뷰티 디바이스'로 분류할 수 있다.

리프팅은 피부 속을 자극해 피부를 팽팽하게 만드는 시술로서 '실, 에너지, 주사'를 사용한다. 우선 실 리프팅은 피부 수축을 돕는 고분자 물질을 실을 통해 주입함으로써 처진 피부 조직을 위로 당겨 올려 탄력을 증진하는 방법이다. 상장기업 제테마는 실 리프팅에 사용하는 실을 제조한다.

에너지를 사용한 리프팅은 에너지원이 무엇인가에 따라 레이저, 고주파(radio frequency, RF), 집속초음파(high-intensity focused ultrasound, HIFU)로 분류된다. 빛 에너지를 열 에너지로 변환하고 피부를 자극해서 효과를 내는 레이저는 파장이 단일해서 색소면 색소, 혈관이면 혈관 등 특정 질환 한 가지를 치료하는 데 효과적이다. 레이저토닝, 피코토닝 등이 이에 해당한다. 고주파는 전자기파를 이용해서 피하층을 자극해 콜라겐 생성을 촉진한다. 집속초음파(HIFU)는 고강도 초음파를 특정 부위에 쪼여 태우는 것으로 근막층을 수축시켜 리프팅 효과를 발생시킨다. 클래시스의 슈링크가 대표적이다.

리프팅 기기의 또 하나의 장점은 소모품 판매를 통한 수익률 상승이다. 이들 장비는 사용한 뒤 팁이나 카트리지 등 소모품을 교체해야 하는데 소모품의 이익률이 평균 60% 이상으로 알려져 있다. 한국 상장기업으로는 클래시스, 원텍, 비올, 하이로닉이 있다.

리프팅 기기 업체들이 인수합병시장에서 주목받는 점도 특징적이다. 2023년 한앤컴퍼니는 루트로닉을 인수해 상장폐지했고, 클래시스는 이루

[표 2-5] 리프팅 기업들의 2023년 실적

기업	매출액(억 원)	영업이익률(%)
클래시스	2,044	51.0
원텍	1,082	31.1
비올	489	58.0
하이로닉	349	13.9

다를 합병한 후 상장폐지했다. 동화약품은 하이로닉을 인수했고, 프랑스 운용사 아키메드는 제이시스메디칼을 인수한 후 상장폐지했다.

주사를 이용한 리프팅은 파마리서치의 '리쥬란'이 대표적인 제품이다.

홈 뷰티 디바이스는 소비자가 직접 피부 관리를 할 수 있는 전자 기기이며 업계의 경쟁이 치열해지고 있다. 2018년 무렵부터 LED 마스크가 선풍적인 인기를 구가한 바 있으며, 현재는 높은 가격에도 불구하고 화장대의 필수품으로 여겨질 만큼 대중화되었다. 에이피알의 '메디큐브'가 이에 해당한다.

이처럼 다양한 한국 미용 의료기기는 전 세계로 수출되며 사랑받는 제품으로 부상하고 있다. 미용 의료기기 업체들의 수출 비중은 클래시스 68%, 원텍 51%로 해외 시장이 주력이다. 최근 글로벌 셀럽들이 한국 화장품과 미용기기를 사용하고 후기를 SNS를 통해 소개하면서 더욱 관심이 고조되는 추세다. 파마리서치의 리쥬란은 미국의 뷰티 셀럽인 킴 카다시안이 시술 사실을 알려 더욱 유명해졌다.

세계 시장으로 저변을 확대하고 있는 한국 미용기기 기업들에 주목해보자. K-뷰티는 장맛비와 같은 짧은 시간의 유행이 아니다. 탄탄한 기술력과 연구개발 능력을 바탕으로 제품의 품질을 인정받았다. 더구나 인플루언서가 제품 사용 경험을 담아 전달하는 틱톡 등 SNS에 힘입어 더욱 빠르게 확산하며 세계인의 일상에 깊숙이 파고들고 있다.

화장품과 미용 의료기기의 차이

화장품은 인체에 바르고 문지르거나 뿌리는 등의 방법으로 사용하는 제품이며, 피부 내에 주입하면 안 된다. 의료기기와 의약품은 품질과 안전성, 유효성 등의 심사를 거치지만, 화장품은 이러한 심사 과정이 없기 때문에 인체에 해를 입힐 수 있어 피부 내에 주입하는 것을 허용하지 않는다.

의료기기는 질병의 진단, 치료, 예방의 목적으로 사용되는 의약품에 준하는 제품이다. 주름이나 탄력 개선, 피부 재생 등을 위해 피부 내에 직접 주입하는 제품이 이에 해당한다. 미용기기를 미용 의료기기라 부르는 이유다.

화장품과 미용기기 제품에는 '화장품, 의료기기, 의약품'의 사항이 표시되어 있다.

K-방산,
세계로 도약하다

2024년 지구촌에서는 두 곳의 포성이 멈추지 않고 있다. 러시아와 우크라이나는 휴전 기미가 보이지 않고, 이스라엘은 가자지구에 이어 시아파 국가들을 중심으로 한 '저항의 축'인 레바논, 시리아, 예멘, 이란 등으로 전쟁을 확산하는 양상이다.

[그림 2-4] 글로벌 방위비 지출 규모(2010~2023)

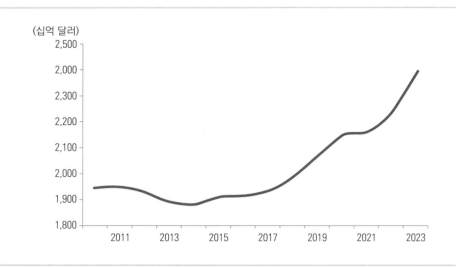

자료: SIPRI, SK증권

2024년 '탈냉전-세계화'의 시대가 저물고 '신냉전-탈세계화'의 시대로 나아가는 징후들이 곳곳에서 감지된다. 미·중 갈등이 수면 위에서 공공연히 펼쳐지고, 각국은 자국의 경제적 이익을 위해 관세 장벽 등을 높이 세우고 있다. 탈세계화는 곧 자주 국방력 강화를 뜻한다. 이에 따라 글로벌 국가들은 국방 예산을 증액했고 역대 최고 수준을 기록하고 있다.

세계로 도약하는 한국 방위산업

방위사업청의 자료에 따르면 2022년 한국 방산 기업의 수출 수주액이 173억 달러로 전년 대비 524%나 증가했다. 수출 순위 10위인 무선통신기기(172억 달러)를 넘어 핵심 산업으로 부상했다. 2022년은 폴란드와의 대규모 계약 성사로 일시적인 매출이었지만, 2024년에도 200억 달러 수출을 달성할 것으로 전망하고 있다. 이는 방산 매출이 안정화되고 있다는 긍정적인 신호다.

[그림 2-5] 한국 방산 수출 수주액(2018~2022)

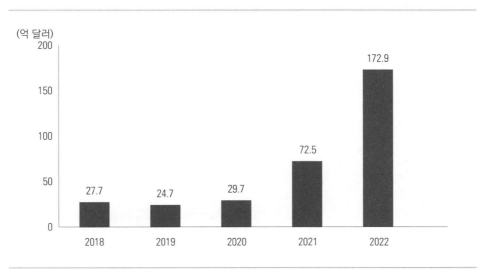

자료: 방위사업청

유럽 국가들은 러시아-우크라이나 전쟁 이후 국가 안보가 최상위 과제로 부상한 가운데, 폴란드가 한국 무기를 도입하기로 함으로써 다른 유럽 국가들에 한국 무기를 수출할 가능성이 높아졌다.

동남아시아는 미국과 중국 대립의 대리전을 띠어 국방 예산이 두 자릿수로 증가하고 있다. 중국이 일대일로(一帶一路) 정책으로 동남아 국가들에 대한 영향력을 확대하고, 미국은 대만을 중심으로 패권을 지키기 위해 열심이다. 이러한 가운데 동남아 각국은 자주국방의 필요성을 느끼고 있다. 동남아 국가는 친중 성향이 있는 국가와 없는 국가로 분류할 수 있으며, 이에 따라 무기 도입의 양상도 상이하다.

[표 2-6]에 2023년 기준 동남아 국가들의 무기 수입 대상국 현황을 정리했다. 필리핀은 한국과 미국, 말레이시아와 베트남(한국 비중 미미)은 러시아, 캄보디아는 중국에서 수입한다. 반면 태국은 미국과 중국 모두에서 수입한다. 이런 차이는 동남아 국가들을 둘러싼 정치적 영향에 따른다고 해석된다. 동남아에서 한국 방산 수출은 '인도네시아, 필리핀, 태국, 베트남'에 국한되며, 타 국가들로의 수출 가능성은 높지 않을 것으로 생각한다.

[표 2-6] 동남아시아 국가별 무기 수입 비중(2023)

국가	한국	미국	러시아	중국
인도네시아	17.0%	14.5%	14.0%	-
필리핀	30.4%	23.9%	-	-
태국	9.6%	17.1%	-	20.7%
캄보디아	-	-	-	61.2%
말레이시아	-	-	28.9%	-
베트남	1.4%	-	80.8%	-

자료: 국방과학연구소

[그림 2-6] 주요 국가의 중동 수주 비율(2010~2023)

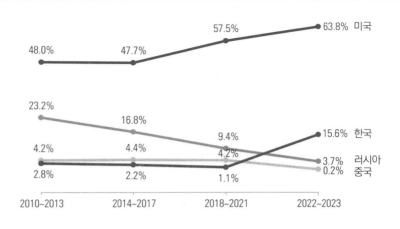

자료: 국방과학연구소

중동은 63.8%(2023년 기준)를 수주한 미국이 주도하는 곳이다. 중동은 이스라엘-하마스 전쟁이 확산 일로에 있다. 전쟁의 주요 원인은 복합적이지만 중동의 패권국은 사우디아라비아와 이스라엘, 이란이다. 이스라엘은 이란을 중심으로 한 저항의 축을 연이어 타격하고 있고, 사우디아라비아 등 타 중동 국가들은 침묵하고 있다.

이러한 중동 지역의 전쟁과 긴장 강화로 한국의 방산 수출이 증가했다. [그림 2-6]에 나타나듯이 중동 수주 비율이 2021년 1.1%에서 2023년 15.6%로 급증한 것이다. 미국 역시 수주 비율이 상승했다. 반면에 전쟁 중인 러시아는 2013년 23.2%에서 2023년 3.7%로 급감했다.

한국 방산의 경쟁력

한국 방산의 경쟁력은 크게 세 가지를 꼽는다. 첫째, 가격 대비 뛰어난 성능이다. 미국을 위시한 방산 선진국 대비 상대적으로 저렴한 것으로 알려져 있다.

둘째, '실전 기술'에 따른 우수한 성능이다. 한국은 북한과 언제든 전쟁 가능한 휴전 상태를 지속하고 있다. 이에 국가적 지원 아래 방위산업을 육성하며 방위산업의 기반을 구축하고 무기 국산화를 추진해왔다. 이러한 성과를 바탕으로 2000년대부터 무기 수출에 나섰다. 국가 전략 산업으로 육성해온 방위산업이 2020년대 들어 대규모 수출의 성과를 거두었다. 또한 미국 등의 무기와 호환이 가능한 점도 큰 장점이다.

셋째, 미국 등 군사 강국들이 자국 국방력에 힘쓰는 동안 발생한 공백이다. 미국, 독일, 영국, 프랑스 등은 러시아-우크라이나 전쟁에 소요되는 무기 공급에 여념이 없었다. 한국 방산이 침투할 공간이 생긴 것이다.

한국은 2020년부터 국방비 중 방위력 개선비에 매년 16조 원이 넘는 예산을 투입하고 있다. 방위력 개선비는 '감시정찰, 지휘통제통신, 화력, 함

[그림 2-7] 한국 방위력 개선비 지출 현황(2019~2023)

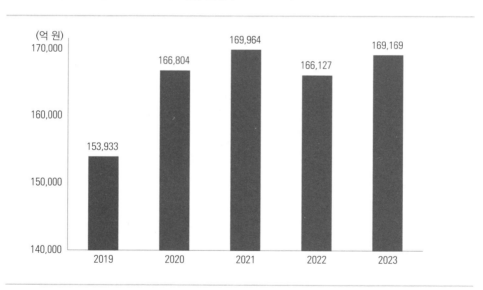

자료: LIG넥스원

[그림 2-8] 방위력 개선비 대비 방산 기업의 매출액(2019~2023)

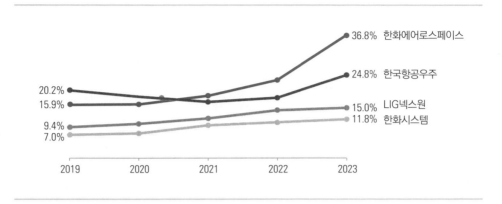

정, 항공기 등'에 쓰이는 것으로 방산 기업 매출과 직결되어 성장의 발판이된다.

[그림 2-8]을 보면 방위력 개선비 대비 방산 기업의 매출액이 2023년에크게 증가했다. 특히 한화에어로스페이스는 2023년 비중이 2019년보다20.9%포인트나 증가했다.

방산 기업 현황

한국 방위산업에서 한화를 빼놓을 수 없다. 지주사인 한화에서 한화에어로스페이스를 거쳐 '한화시스템, 한화오션, 쎄트렉아이'로 이어지는 지배구조를 갖추고 있다([그림 2-9] 참조). 한화에어로스페이스는 중간 지주사역할을 수행하고, 한화시스템과의 2024년 매출액(2분기 연환산 기준) 합산이7조 5,000억 원에 이른다. 한국 방위력 개선비의 절반에 가까워 한국 방산업종에서 한화가 차지하는 위치를 실감할 수 있다.

한화에어로스페이스는 베스트셀러 품목인 K9 자주포를 비롯해 다연장로켓(천무), 장갑차 등 다양한 포트폴리오를 갖춘 한국 대표 방산 기업이다.

[그림 2-9] 한화 그룹 계열사 지배구조

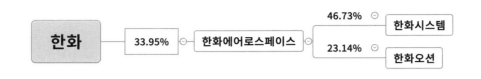

한국항공우주는 한국형 헬기의 대표 주자로 동남아시아와 중동에 수출한다. 방산 기업 중 수출 비중이 가장 높아서 2019년과 2023년에는 총매출의 50% 전후를 수출했다. LIG넥스원은 베스트셀러인 천궁을 보유한 기업으로 유도무기가 주력이다.

　네 기업의 매출액은 점진적으로 상승하는 추세이며 그중 한화에어로스페이스의 증가율이 독보적이다. 한화시스템과 LIG넥스원은 꾸준히 우상

[그림 2-10] 방산 기업 매출액 현황(2019~2023)

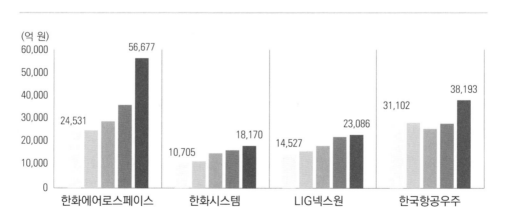

[표 2-7] 방산 기업과 사업 내용

기업	사업 내용
제노코	위성통신 부품
이엠코리아	항공 부품
퍼스텍	무인항공기 통제 시스템
빅텍	전자전 시스템
켄코아에어로스페이스	항공기 제조
아이쓰리시스템	적외선 영상 센서
아스트	민항기 제조
휴니드	전술 통신 장비
하이즈항공	민항기 부품, 조립

향하고, 한국항공우주는 하락 후 회복하는 양상이다.

　네 기업을 제외한 방산 기업의 사업 내용은 [표 2-7]과 같다.

PART
3

주식시장을 구성하는
25개 업종과 지주사

3부에서는 업종을 25개로 분류하고 가나다순으로 정리한 다음 지주사를 추가해 코스피와 코스닥에 상장된 기업 2,400여 개를 담았다. 상장기업 중 '우선주, ETF, SPAC, 선박 펀드, 중국 상장기업'은 포함하지 않았다. 3부의 주요 내용은 다음과 같다.

첫째, 각 업종의 공급사슬 혹은 사업 분야 등의 특성과 주요 이슈를 담았다. 공급사슬 관계를 형성하는 업종은 공급사슬 전반을 설명했고, 독립적인 사업 분야를 형성하는 업종은 사업 부문 중 일부를 선별해 설명했다. 현재 주목할 만한 이슈가 있다면 추가했다.

둘째, 업종 내에서 비교할 수 있도록 시가총액 상위 20개 기업의 재무지표 현황을 수록했다. 수록한 지표는 '주가, 시가총액, 자본총계, 매출액, 순이익, 차입금 비율, PER, PBR, ROE, 배당수익률'이다.

셋째, 각 업종의 PBR 밴드를 수록했다. PBR은 각 업종에 속한 기업의 자본과 시가총액을 합산해 계산했다.

넷째, 업종에 소속된 기업들을 모은 업종 지도를 담았다. 25개 업종 중 반도체와 화학은 업종 지도가 3종, 자동차는 2종으로 구성된다.

다섯째, 업종으로 볼 수는 없지만 별도로 분류한 지주사를 포함했다.

PBR 밴드를 보아야 하는 이유

투자자들은 코스피지수와 코스닥지수에 익숙하다. 지수는 매일의 주가 변동성을 확인하고 과거에서 현재까지의 흐름을 추적할 수 있어 유익하다. 그럼에도 주식시장을 이해하는 데 충분한 정보를 제공하지는 않는다. 단지 상장기업들의 주가 변동성을 나타낼 뿐, 주식시장의 가치 대비 주가 수준을 평가할 수는 없다. 이를 보완하는 것이 PBR 밴드다. 지수와 PBR 밴드를 간단하게나마 살펴보자.

지수는 시가총액 변동을 표현

한국 주식시장은 코스피시장과 코스닥시장으로 나뉘고, 각 시장에 상장된 기업의 주가를 지수화한 것이 코스피지수와 코스닥지수다. 코스피지수는 1980년 1월 4일 시가총액을 기준으로 해서 현재의 지수를 산출한다(기준 시점 지수=100). 코스닥은 IT와 바이오 등 벤처기업의 자금 조달을 목적으로 개설된 첨단 기업 중심의 시장이다. 코스닥지수는 1996년 7월 산출하기 시작했다.

지수 산출식은 아래와 같다.

지수 = (비교 시점 시가총액 ÷ 기준 시점 시가총액) × 100

지수는 가격의 변동성을 확인하는 것이며, 기업의 가치를 보여주지는 않는다. 가격은 수요와 공급이 만나 형성된 결과이자 외피로서, 과거 형성된 주가의 추세를 보여주는 자료에 불과하다.

PBR 밴드는 가격 수준을 표현

주가를 결정하는 요소는 다양하다. 우리가 매일 보는 주가 결정 요인에 대한 해석 역시 맞지 않을 수 있다. 왜냐하면 우리는 눈에 보이는 것들만을 가지고 평가하기 때문이다. 세상에는 눈에 보이지 않고 인식할 수 없는 요소가 많이 존재하고 주식시장은 더욱 그렇다. 복잡계로 불리는 주식시장은 다양한 요인에 의해 변동하므로 변동 원인을 단적으로 지목할 수 없다. 그럼에도 불구하고 주식시장에 참여하는 투자자는 주식시장의 변동성을 기업의 가치와 연관해서 해석하고 투자 판단을 내려야 한다.

주식회사는 주식 발행을 통해 여러 투자자로부터 자본금을 모아 만든 회사다. 따라서 자본금을 투자한 주주에게 가장 중요한 것은 자본의 이익률(ROE)이다. 자본의 이익률은 자본금으로 창출할 수 있는 이익의 크기로, 이익률이 높을수록 이익이 쌓이고 분배금이 증가할 것이다. 그렇게 되면 자본금의 가치가 높아진다. 기업의 수익성이 높아서 자본금의 가치가 올라가면 기업의 가격도 상승할 것이다. '자본금<주가'인 고PBR 기업은 ROE가 높고, '자본금>주가'인 저PBR 기업은 ROE가 낮은 것은 이런 이유다.

PBR(price book-value ratio, 주가순자산배수) 밴드는 가격 정보만 담은 주가 그래프가 아니라 자본 대비 주가의 변동성을 확인할 수 있는 그래프다. 이 그래프를 활용하면 주가가 자본금 대비 어느 위치에 있는지 파악하는 이점이 있다. PBR은 다음과 같이 계산한다.

PBR = 시가총액 ÷ 자본총계

PBR 밴드는 업종의 시가총액을 PBR 점수대로 비교할 수 있어 가격의 수준을 직관적으로 파악하게 해준다. [그림 3-1]에 있는 코스피지수의 PBR 밴드를 보면 2017~2024년 기간에 0.7~1.3 범위에서 움직였고 2024년 3분기에는 PBR 1에 근접했다.

상식적으로 자본 대비 주가는 터무니없이 움직이지 않는다. 이러한 사실에 동의한다면 PBR 밴드는 매수와 매도를 결정하는 데 매우 유용한 도구다. 복잡한 정보와 과정을 거친 것보다 단순한 것이 합리적일 수 있다. PBR 밴드를 그러한 시각으로 활용하면 좋을 듯하다.

[그림 3-1] 코스피지수의 PBR 밴드(2017~2024)

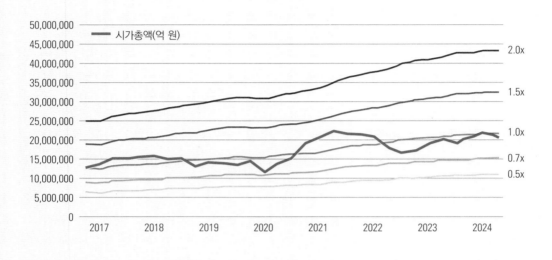

이 책은 25개 업종과 지주사의 PBR 밴드를 수록했다. 더욱 좁혀 섹터의 PBR 밴드를 보면 더욱 정확한 움직임을 포착할 수 있지만 지면 관계상 업종의 PBR 밴드로 한정했다. 네이버 카페 '가치투자플랫폼'에서 89개 섹터의 PBR 밴드를 확인할 수 있다.

업종 지도 활용법

섹터와 소분류를 확인하라

업종마다 독특한 생태계를 구성하고 있다. '원재료-제품'의 관계를 형성하는 업종이 있는가 하면, 성격은 비슷하지만 전혀 다른 사업 부문으로 이

[그림 3-2] 25개 업종의 생태계 분류

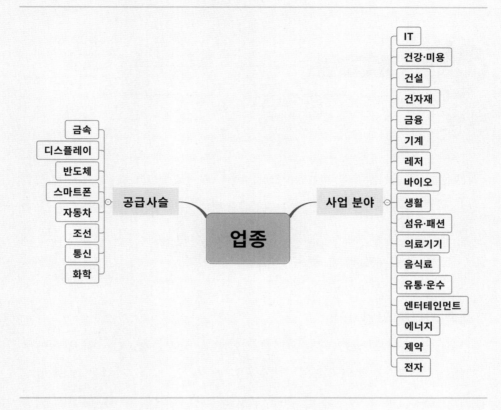

루어진 업종이 있다. 이 책에서 설명하는 25개 업종은 '공급사슬'과 '사업 분야'라는 잣대로 분류한 것이고 이를 다시 '섹터'와 '소분류'로 세분화했다. 이와 같은 대전제 아래 업종 지도를 보면 이해가 더욱 쉬울 것이다.

화학 업종을 예로 살펴보자. 화학 업종은 공급사슬 생태계를 갖추었고, 업종 지도는 'NCC, 방향족, 제품'이라는 3개 섹터로 분류된다. 방향족 섹터는 제품의 공급사슬에 따라 분류(소분류)했고, 각 단계에 해당하는 상장기업을 수록했다.

[그림 3-3] 화학 업종 방향족 섹터의 톨루엔 공급사슬

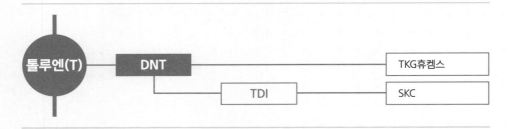

[그림 3-3]은 '톨루엔(원재료)-DNT(제품, 원재료)-TDI(제품)'의 공급사슬이다. 이 그림에서 DNT 제조사는 TKG휴켐스, TDI 제조사는 SKC임을 확인할 수 있다. 또한 DNT가 공급사슬 중간에 위치하며 TKG휴켐스에는 제품, SKC에는 원재료에 해당하는 것도 알 수 있다.

경쟁 기업을 확인하라

자본주의에서 경쟁은 피할 수 없다. 한국 상장기업들 역시 이 사실에서 벗어날 수 없다. 경쟁의 강도와 양상은 다를지라도 모든 기업은 경쟁 상대를 두고 있다. 이러한 기업 간 경쟁 구도를 바로 확인할 수 있는 점이 업종 지도가 지닌 장점 중 하나다.

경쟁 기업을 파악하는 것은 기업의 가치와 가격을 평가하기 위해서다. 주식시장에서 사용되는 PER, PBR, 주가매출액배수(PSR), EBITDA 등의 상대 가치지표는 적정한 상대를 골라 비교해야 신뢰할 수 있는 평가 결과를 얻을 확률이 높다. 기업의 사업 모델이 갖는 경쟁력과 진입장벽 등을 정성적으로 평가할 때도 마찬가지다.

'건강·미용 업종-화장품 섹터-ODM·OEM'의 업종 지도를 보자. ODM 사로 12개 상장기업이 연결되어 있다. 이들 기업은 화장품 ODM 사업을

[그림 3-4] 건강·미용 업종 화장품 섹터의 ODM·OEM

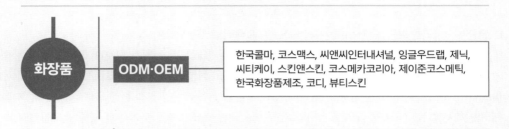

한국콜마, 코스맥스, 씨앤씨인터내셔널, 잉글우드랩, 제닉,
씨티케이, 스킨앤스킨, 코스메카코리아, 제이준코스메틱,
한국화장품제조, 코디, 뷰티스킨

영위하는 공통성을 지녔고, 가치를 평가할 때 비교 대상으로 사용할 수 있다. 하지만 사업 모델 면에서는 각 기업이 갖는 강점과 약점, 시장, 고객 등이 다를 것이다. 이러한 점을 찾아 세심하게 분석하고 비교하는 과정을 거쳐야 양질의 평가 결과를 이끌어낼 수 있다.

업종 지도는 투자자가 각 시장에 분포하는 상장기업들을 한눈에 파악하도록 돕는다.

IT 업종

01

IT 업종은 '인터넷, 보안, 소프트웨어, 서비스, 결제' 섹터로 구성했다.

IT는 'Information Technology'의 약자로서 정보기술로 불리지만 정의가 모호해서 산업 범위를 정하기 어려운 분야 중 하나다. 네이버 지식백과에는 '인터넷의 성장으로 발달한 새로운 영역으로서 컴퓨터 하드웨어, 소프트웨어, 통신 장비 관련 서비스와 부품을 생산하는 산업의 통칭'으로 정의한다. 이 정의에 기반해서 컴퓨터 하드웨어와 통신 장비 분야를 제외한 소프트웨어 분야를 IT 업종에 포함했다.

소프트웨어 섹터에는 '금융, 업무, 자동화'라는 용도에 맞는 소프트웨어 기업들을 묶었다. 서비스 섹터에는 IT를 이용한 광범위한 서비스를 담았다.

업종 분류

업종	섹터	종목 수	소분류
IT	인터넷	3	
	보안	37	정보 보안, 보안 서비스
	소프트웨어	49	금융, 업무, 자동화
	서비스	48	네트워크, AI, SI, 플랫폼, 정보, 리서치, 인프라, 스토리지
	결제	16	플랫폼, PG·VAN

PBR 밴드

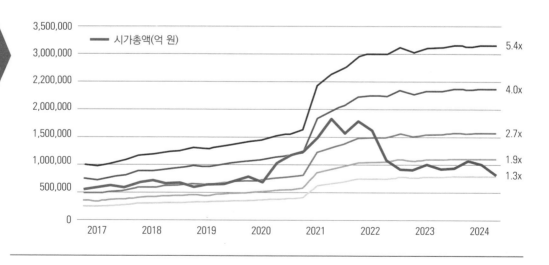

인공지능과 IT 산업

2022년 11월 미국 스타트업 오픈AI가 생성형 인공지능(AI)이라 불리는 '챗GPT'를 선보였다. 생성형 AI란 기존 데이터를 학습하고 이용자의 요구에 따라 새로운 데이터를 생성해내는 AI다. 이후 마이크로소프트의 코파일럿, 구글의 제미나이 등 글로벌 IT 기업들이 다양한 AI 모델을 공개하며 치열한 각축을 벌이고 있다. 이젠 IT에서 AI 도입은 선택이 아니라 필수다.

AI는 컴퓨터가 학습 과정을 거쳐 인간의 지능을 대신하는 결과물을 창출하는 기술이다. 이것이 가능하려면 인간처럼 학습할 수 있는 방대한 분량의 빅데이터(소프트웨어)와, 이를 학습할 수 있는 엄청난 성능의 칩(하드웨어)을 갖춰야 한다. 그리고 제대로 학습할 수 있는 정교한 알고리즘(프로그램)이 있어야 한다. 따라서 IT 업종에 국한해서 AI 수혜 기업은 플랫폼을 보유한 기업이다. 플랫폼 보유 기업은 빅데이터뿐만 아니라 활용 노하우도 보유할 가능성이 높다.

예를 들면 한국 상장기업인 솔트룩스는 빅데이터와 AI를 다루는 전문 기업으로서 디지털 정부, AI컨택센터, 금융 서비스 지능화 등의 사업을 전개한다. 더존비즈온은 전사적 자원관리(enterprise resource planning, ERP) 강자로서 자체 서버를 구축해 클라우드 사업을 전개하고 AI 프로그램을 도입해 판매한다. 한글과컴퓨터는 한국판 코파일럿 개념의 AI 제품을 2025년 선보인다. 이처럼 각 분야의 플랫폼 강소기업들이 AI 분야에 진출하는 것은 당연하며 성공 여부는 계속 지켜봐야 한다. AI를 구현해 수익을 창출하기까지는 아직 갈 길이 멀다. 반도체 칩과 서버 구현, 개발 인력 운용과 연구개발 등 투자해야 할 자금과 시간이 더 필요한 시점이라 생각한다.

주식시장은 준비된 기업에 환호한다. 플랫폼을 보유하고 연구개발 능력을 보유한 기업에 주목하되, 성과를 축적하고 있는지 관찰해야 한다. IT 상장기업은 예외 없이 AI 물결에 동참해서 각각의 스토리를 만들고 있다.

시스템 통합

시스템 통합(system integration, SI)은 기업의 생산, 인사, 재무, 고객 관리 등의 경영 업무 전반을 하나의 정보 시스템으로 통합하는 것이다. IT 기술이 하루가 다르게 발달하면서 기업 업무 전반의 혁신과 변화가 요구되는데 이때 SI가 작용한다. 이를 위해서는 시스템 설계와 개발, 응용 소프트웨어 개발, 시스템 유지·보수 등의 서비스가 필요하다.

예를 들어 포스코DX는 포스코 그룹의 디지털 전환을 주도하는 기업으로 POSCO 등 산업 현장의 스마트팩토리 구축, 네트워크와 보안 시스템 구축 등 IT 서비스를 전담하고 있다. 스마트팩토리는 공장 내 설비들을 인터넷망으로 연결해 통제하는 시스템이다. 포스코DX는 2020년 이전에는 매출액이 9,000억 원대에 머물렀으나 2023년 1조 4,859억 원으로 상승해 2021년 대비 70% 성장했다. 성장 배경에는 포스코 그룹의 디지털 전환과 이차전지 사업장의 스마트팩토리 수요가 있었다.

기업의 생산성 향상과 효율성 증대를 위해 생산과 물류 시스템의 자동화와 IT 전환이 필수 과제가 되었다. 산업 현장의 스마트팩토리와 디지털 전환이 SI 기업의 주요 성장 동력으로 부상하고 있다.

SI 기업은 그룹 내 물량을 바탕으로 하는 그룹 관계사와, 그렇지 않은 비관계사로 구분한다. SI 특성상 거대 기업에서 발생하는 경우가 많고, 내부 정보 접근 등 민감한 부분도 존재한다. 그래서인지 그룹사들은 SI 기업을 자회사로 둔 경우가 많다. 이들 기업은 그룹 내의 작업 물량으로 안정적인 사업을 유지할 수 있다. 반면 비관계사 기업은 이러한 수혜가 없어 취약한 영업 환경에 처해 있다.

그룹 관계사인 삼성에스디에스는 삼성전자의 물류와 IT를 책임지며, 국내 1위 스마트팩토리 사업자로서 '솔루션, 스마트팩토리, 애널리틱스, 클라우드 서비스'의 4대 전략을 중심으로 사업을 영위하고 있다. 특히 IT 부문의 수익성이 매우 높다. 2024년 2분기 현황을 보면 IT 부문의 매출액은 전체의 50.4%인 데 비해 영업이익은 83%를 차지했고 영업이익률도 10%였다. 물류 부문의 영업이익률은 2.7%에 불과했다. 앞으로도 삼성그룹의 대규모 설비 투자에 따른 수혜를 누릴 가능성이 높다.

정보 보호 산업, 보안

정보 보호 산업은 정보 보호 제품의 개발과 판매, 정보 보호에 관한 컨설팅, 보안 관제 등의 서비스를 수행하는 산업이다. 기술 영역과 제품 특성 등에 따라 정보 보안, 물리 보안, 융합 보안으로 분류한다.

정보 보안은 컴퓨터 또는 네트워크상 정보 유출과 훼손 등을 방지하기 위한 보안 시스템과 암호 인증 시스템을 뜻한다. 인터넷은 PC, 스마트폰, 데이터센터, 서버 등이 네트워크로 연결되어 수많은 정보가 넘나드는 공간이다. 그렇다 보니 무단 접근, 사생활 정보 누출 또는 훼손 등이 내부자 혹은 외부의 침입으로 발생할 수 있다. 정보 보안 기업은 이러한 위협으로부터 보호하기 위해 접근을 허용하거나 차단하는 장치를 만든다. 아이디나 주민등록번호 등을 통한 신분 증명이나 비밀번호 등의 약속된 정보, 혹은 지문 인식 등을 통한 인증 방식을 활용한다. 'IT 업종-보안 섹터-정보 보안'에 포함된 기업들은 이런 보안 업무를 수행한다.

인터넷은 광범위한 네트워크를 넘어 빅데이터에 기반한 AI의 시대를 맞이하고, 챗GPT를 비롯한 AI 프로그램이 다양한 분야에서 등장한다. AI는 엄청난 연산 능력과 함께 상상을 초월하는 빅데이터를 기반으로 한다. 또한 AI가 정교해질수록 인간과 구분하는 것이 더욱 어려워진다. 그래서 AI 시대에는 개인의 정보 보호가 더욱 중요하게 부각된다.

하지만 아쉽게도 정보 보안 분야 상장기업들의 매출액 규모가 크지 않다. 국내 정보 보안 분야의 2022년 매출액은 5조 6,171억 원이었다. 그런데 2024년에는 2분기 연환산 기준 총매출액이 1조 623억 원으로 집계되어 2022년의 20%에도 못 미친다. 그나마도 네트워크 분야의 안랩과 윈스만이 매출액 1,000억 원(2024년 1분기 연환산 기준) 이상이고, 나머지는 1,000억 원 미만으로 규모가 영세하다. 매출액 규모를 감안할 때, 업계를 주도할 기술력과 시장지배력을 지닌 상장기업은 아직 없어 보인다. [표 3-1]은 과학기술정보통신부의 정보 보안 분야를 분류한 것이다.

물리 보안은 실생활에서 발생할 수 있는 재난이나 재해, 범죄 등을 방지하기 위한 보안 시스템과 장비, 출동 서비스 등의 보안 서비스를 뜻한다. 과학기술정보통신부의 물리 보안 분류 체계는 [표 3-2]와 같다.

이 책에서는 물리 보안을 '보안 서비스'로 분류하고, 세부적으로 '관제, 장비, 인증서, 생체 인식'으로 구분했다. 과학기술정보통신부가 발표한 〈2023년 국내 정보보호산업 실태조사〉 보고서에 따르면 2022년 물리 보안은 정보 보호시장의 65.3%를 차지했고, 보안용 카메라와 저장장치가 물리 보안 매출액의 28.0%를 차지했다.

안전에 대한 욕구가 높아지면서 CCTV 등의 감시 시스템이 공공장소를 비롯해 유치원과 가정집까지 확장되고 있다. 하지만 물리 보안 시스템인 CCTV나 카메라 등의 하드웨어 분야는 기술적 진입장벽이 상대적으로 낮은 탓에 저가의 중국산 제품이 유입되어 경쟁이 치열하다.

보안 서비스는 물리 보안을 종합적으로 수행하는 분야로, 물리 보안과

[표 3-1] 정보 보안의 분류

정보보안 제품 **(솔루션)**	네트워크보안 솔루션
	엔드포인트보안 솔루션
	플랫폼보안/보안관리 솔루션
	클라우드보안 솔루션
	컨텐츠/데이터 보안 솔루션
	공통인프라보안 솔루션
정보보안 관련 **서비스**	보안 컨설팅
	보안시스템 유지관리/보안성 지속 서비스
	보안관제 서비스
	보안교육 및 훈련 서비스
	보안인증 서비스

[표 3-2] 물리 보안의 분류

물리보안 제품 **(솔루션)**	보안용 카메라
	보안용 저장장치
	보안장비 부품
	물리보안 솔루션
	물리보안 주변장비
	출입통제 장비
	생체인식 보안시스템
	경보/감시 장비
	기타 제품
물리보안 관련 **서비스**	출동보안 서비스
	영상보안 서비스
	클라우드 서비스
	기타 보안 서비스

통신사가 협업 관계를 맺으며 시너지를 기대하고 있다. 보안 서비스 상장 기업으로 에스원과 이노뎁, 카티스가 있고, 비상장기업으로 ADT캡스와 케이티텔레캅 등이 있다. ADT캡스는 SK텔레콤의 자회사이고 케이티텔레캅은 KT의 자회사다. SK텔레콤과 KT는 상장기업이지만 자회사의 매출과 이익의 비중이 아주 작기 때문에, 보안 서비스업을 염두에 두고 투자하려고 한다면 에스원이 대안이다.

결제를 대행하는 VAN과 PG

우리는 온라인상에서 물건을 사고파는 것에 매우 익숙하다. 구입하려는 물건을 선택한 다음 '무통장입금, 신용카드 결제, ○○페이 결제 등'의 방식을 선택하고 결제하면 거래가 종료된다. 우리는 이러한 거래로 구매자는 구매 상품을, 판매자는 현금을 전달받을 것이라는 데 의문을 품지 않는다.

이러한 신뢰의 기반에는 구매자로부터 판매자에게 현금을 온전히 전달해주는 결제 시스템이 존재한다. 구매자가 현금을 이체하건, 신용카드나 페이로 지불하건 간에, 중간에 매개하는 존재가 필요하다. 이 역할을 하는 곳이 전자 결제 대행사이며 VAN(Value Added Network, 부가가치통신망)과 PG(Payment Gateway)로 나뉜다.

VAN사는 카드사 등 금융기관과 가맹점 사이에 네트워크망을 구축해서 거래를 중개한다. 해당 카드가 정상적이고 신용 한도가 충분한지 등을 확인해 거래를 성사시키는 승인 업무와, 거래 내역 데이터를 카드사에 전송해 가맹점이 판매 대금을 받을 수 있게 하는 매입 업무를 한다.

세상에는 다양한 신용카드사가 있고 점포는 헤아릴 수 없을 정도로 많다. 신용카드사와 점포가 개별적으로 만나 계약하기란 쉽지 않은 일이다.

[그림 3-5] VAN사의 업무 흐름

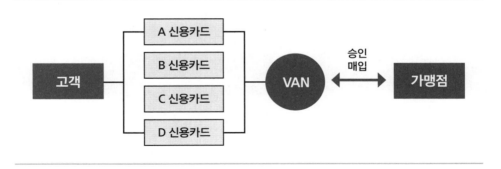

[그림 3-6] PG사의 업무 흐름

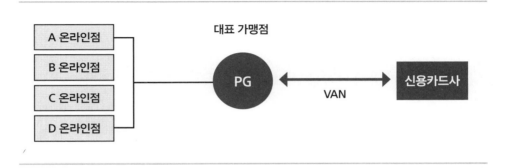

신용카드사와 점포를 이어주는 것이 VAN사다. VAN사의 단말기는 어떤 신용카드를 사용하든 거래가 가능하게 해주며, 이 과정에서 일정한 수수료를 받는다. 과거에는 1건당 100원의 정액제였으나 2018년 7월에 결제 금액의 0.28%를 지불하는 정률제로 바뀌었다. 따라서 소액 결제가 늘어나면 VAN사의 수수료 수입은 줄어든다. 수수료 체계가 정률제로 바뀌면서 VAN사의 이익 증가에는 결제 건수보다 결제 금액이 중요해졌다.

PG는 전자지급결제대행업으로 온라인 결제를 대행한다. 오프라인과 마찬가지로 온라인 역시 신용카드사와 점포가 개별적으로 계약을 맺기가 쉽지 않다. PG사는 온라인 가맹점을 모아 대표 가맹점 역할을 하면서 거래를 중개하고 수수료를 받는다. 온라인과 모바일 결제시장이 폭발적으로 확장되면서 국내 PG시장도 꾸준히 성장하고 있다.

그렇다면 최근 확산되는 ○○페이는 어떠한 시스템을 거칠까? 페이는 간편 결제로서 특정 단말기에서 구동되는 단말기형과, 앱과 웹사이트에서 구동되는 온라인형으로 나눈다. 단말기형 간편 결제로는 삼성 갤럭시 스마트폰에서만 사용 가능한 삼성페이가 있다. 온라인 간편 결제로는 네이버페이, 카카오페이, 페이코 등이 있다.

그런데 왜 오프라인과 온라인의 결제 대행이 VAN과 PG로 분리되어 있을까? 한국의 결제 시스템이 오프라인에서 카드 결제 단말기를 설치·운영하는 VAN사와, 온라인·모바일 결제를 중개하는 PG사 시스템으로 고착되었기 때문이다.

신용카드 결제의 생활화, 온라인·모바일 거래 증가와 함께 전자 결제 대행기업의 경쟁도 치열해지고 있다. 이들은 다음과 같은 기준으로 구분된다.

첫째, 결제 공간이 오프라인인가, 온라인인가? 앞에서 설명한 것처럼 오프라인 신용카드 결제는 VAN사의 중개가 필요하다. 상점마다 비치된 신용카드 단말기는 VAN사가 설치한 것이다. 온라인 거래는 PG사의 중개가 필요하고, 신용카드를 사용한다면 VAN사의 중개도 필요하다.

둘째, 결제 매체가 신용카드인가, 계좌 이체인가? 중국의 알리페이와 서울시의 제로페이처럼 페이의 이름을 붙였지만 계좌 이체 결제 방식이라면 VAN사가 필요하지 않다.

각종 페이의 전쟁터에서 VAN사는 정률제 전환과 온라인·모바일 거래 증가로 위협받고 있다. PG사는 상대적으로 성장이 기대되지만, VAN사의 영업 환경은 더욱 악화될 수 있다.

시가총액 상위 20개 종목의 지표 현황

연번	종목	주가 (원)	시가총액 (억 원)	자본총계 (억 원)	매출액 (억 원)	순이익 (억 원)	차입금 비율 (%)	PER (배)	PBR (배)	ROE (%)	배당수익률 (%)
1	NAVER	174,600	280,730	236,158	101,188	15,386	19.6	18.2	1.2	6.5	0.7
2	카카오	35,000	155,236	99,602	80,032	-9,157	117.1	-17.0	1.6	-9.2	0.2
3	삼성에스디에스	135,700	105,002	89,404	132,014	7,058	10.5	14.9	1.2	7.9	2.0
4	현대오토에버	143,500	39,353	16,246	32,946	1,457	13.9	27.0	2.4	9.0	1.0
5	카카오페이	24,550	33,048	18,857	6,869	30	6.2	1,093.8	1.8	0.2	-
6	에스원	65,700	24,965	15,912	26,980	1,843	2.0	13.5	1.6	11.6	4.1
7	더존비즈온	61,700	18,746	5,093	3,810	563	57.3	33.3	3.7	11.1	0.4
8	엠로	60,800	7,207	376	677	-36	106.2	-197.9	19.2	-9.7	-
9	안랩	62,600	6,965	2,773	2,382	307	0.3	22.7	2.5	11.1	2.1
10	한글과컴퓨터	19,500	4,715	3,550	2,960	170	15.8	27.8	1.3	4.8	2.1
11	갤럭시아머니트리	9,200	3,609	1,141	1,361	23	65.1	159.2	3.2	2.0	0.5
12	롯데이노베이트	22,900	3,465	4,042	12,044	357	45.8	9.7	0.9	8.8	4.4
13	케이아이엔엑스	66,400	3,240	1,762	1,241	202	35.3	16.0	1.8	11.5	0.9
14	DB	1,534	3,086	3,207	5,234	176	97.4	17.5	1.0	5.5	-
15	한국정보통신	8,050	3,014	2,899	7,836	321	4.1	9.4	1.0	11.1	-
16	셀바스AI	11,010	2,963	1,286	821	-38	17.5	-78.2	2.3	-2.9	-
17	NHN KCP	7,200	2,892	2,398	10,556	417	0.7	6.9	1.2	17.4	2.8
18	슈어소프트테크	5,130	2,699	836	794	134	44.6	20.2	3.2	16.0	-
19	솔트룩스	21,900	2,657	682	433	-80	28.1	-33.4	3.9	-11.7	-
20	폴라리스오피스	5,320	2,645	690	2,156	34	42.4	78.9	3.8	4.9	-

* 주가, 시가총액, PER, PBR은 2024년 11월 8일 종가를 기준으로 계산했고 자본총계, 매출액, 순이익, 차입금 비율, ROE는 2023년 3분기부터 2024년 2분기까지 더한 연환산 수치를 사용했다. 배당수익률은 2024년 11월 8일 종가와 2023년 배당 금으로 계산했다.
* 자본총계와 매출액, 순이익이 비어 있는 기업은 합병이나 분할 등의 사유로 1년 치 재무지표가 없는 경우다.

IT

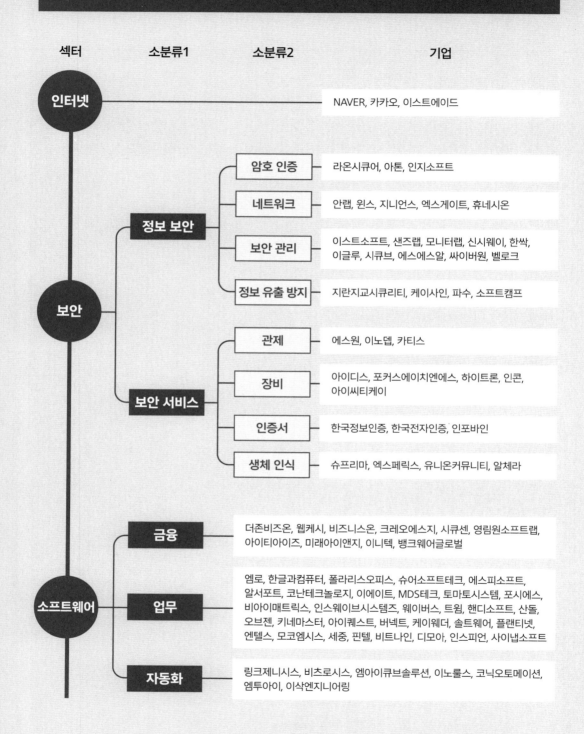

섹터	소분류1	소분류2	기업
인터넷			NAVER, 카카오, 이스트에이드
보안	정보 보안	암호 인증	라온시큐어, 아톤, 인지소프트
		네트워크	안랩, 윈스, 지니언스, 엑스게이트, 휴네시온
		보안 관리	이스트소프트, 샌즈랩, 모니터랩, 신시웨이, 한싹, 이글루, 시큐브, 에스에스알, 싸이버원, 벨로크
		정보 유출 방지	지란지교시큐리티, 케이사인, 파수, 소프트캠프
	보안 서비스	관제	에스원, 이노뎁, 카티스
		장비	아이디스, 포커스에이치엔에스, 하이트론, 인콘, 아이씨티케이
		인증서	한국정보인증, 한국전자인증, 인포바인
		생체 인식	슈프리마, 엑스페릭스, 유니온커뮤니티, 알체라
소프트웨어	금융		더존비즈온, 웹케시, 비즈니스온, 크레오에스지, 시큐센, 영림원소프트랩, 아이티아이즈, 미래아이앤지, 이니텍, 뱅크웨어글로벌
	업무		엠로, 한글과컴퓨터, 폴라리스오피스, 슈어소프트테크, 에스피소프트, 알서포트, 코난테크놀로지, 이에이트, MDS테크, 토마토시스템, 포시에스, 비아이매트릭스, 인스웨이브시스템즈, 웨이버스, 트윔, 핸디소프트, 산돌, 오브젠, 키네마스터, 아이퀘스트, 버넥트, 케이웨더, 솔트웨어, 플랜티넷, 엔텔스, 모코엠시스, 세중, 핀텔, 비트나인, 디모아, 인스피언, 사이냅소프트
	자동화		링크제니시스, 비츠로시스, 엠아이큐브솔루션, 이노룰스, 코닉오토메이션, 엠투아이, 이삭엔지니어링

IT

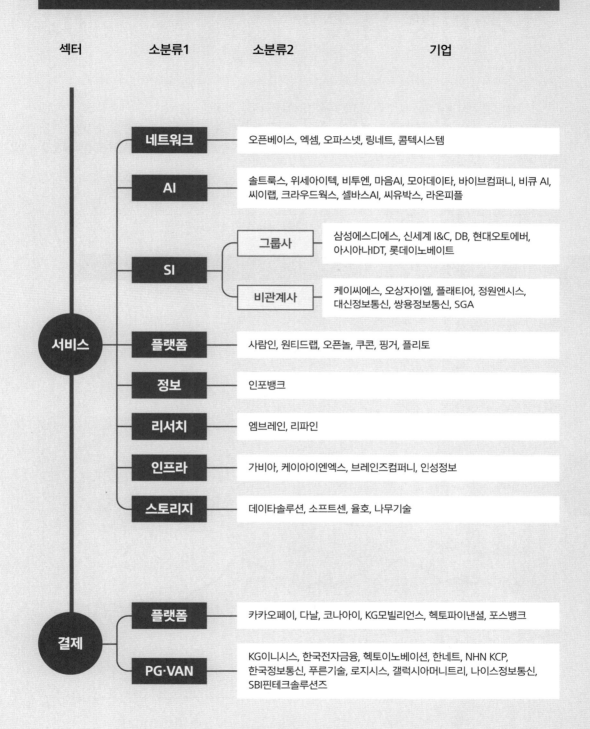

섹터	소분류1	소분류2	기업
서비스	**네트워크**		오픈베이스, 엑셈, 오파스넷, 링네트, 콤텍시스템
	AI		솔트룩스, 위세아이텍, 비투엔, 마음AI, 모아데이타, 바이브컴퍼니, 비큐 AI, 씨이랩, 크라우드웍스, 셀바스AI, 씨유박스, 라온피플
	SI	그룹사	삼성에스디에스, 신세계 I&C, DB, 현대오토에버, 아시아나IDT, 롯데이노베이트
		비관계사	케이씨에스, 오상자이엘, 플래티어, 정원엔시스, 대신정보통신, 쌍용정보통신, SGA
	플랫폼		사람인, 원티드랩, 오픈놀, 쿠콘, 핑거, 플리토
	정보		인포뱅크
	리서치		엠브레인, 리파인
	인프라		가비아, 케이아이엔엑스, 브레인즈컴퍼니, 인성정보
	스토리지		데이타솔루션, 소프트센, 율호, 나무기술
결제	**플랫폼**		카카오페이, 다날, 코나아이, KG모빌리언스, 헥토파이낸셜, 포스뱅크
	PG·VAN		KG이니시스, 한국전자금융, 헥토이노베이션, 한네트, NHN KCP, 한국정보통신, 푸른기술, 로지시스, 갤럭시아머니트리, 나이스정보통신, SBI핀테크솔루션즈

건강·미용 업종 02

건강·미용 업종은 '미(美)와 건강'의 관련 분야를 모아서 화장품과 건강기능식품의 2개 섹터로 구성했다. 화장품 섹터는 '제품, ODM·OEM, 소재, 유통, 기타'로 분류하고, 각 제품으로 구분할 수 있는 기업은 '제품'으로 분류한 후 재차 분류했다. 건강기능식품은 제품의 종류가 다양해서 별도로 구분하지 않았다.

화장품 섹터는 2부에서 설명했으니 여기에서는 건강기능식품 섹터만 설명하겠다.

업종
분류

업종	섹터	종목 수	소분류
건강·미용	화장품	52	제품, ODM·OEM, 소재, 유통, 기타
	건강기능식품	14	

PBR
밴드

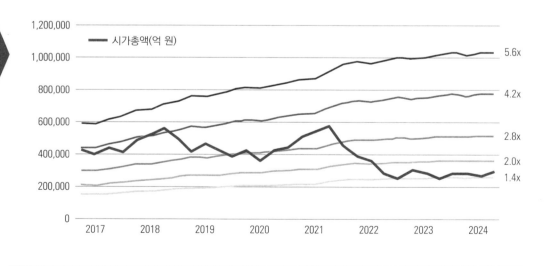

건강기능식품

건강기능식품(이하 건기식)은 '인체에 유용한 기능성을 가진 원료나 성분을 사용하여 제조(가공 포함)한 식품'으로 정의된다. 건기식에 사용되는 기능성 원료는 식품의약품안전처장이 별도로 인정한 '개별인정형 원료'와, 식품의약품안전처장이 고시한 '고시형 원료'로 나뉜다.

개별인정형 원료는 생산하고 판매하려면 원료의 안전성, 기능성, 규격 등의 자료를 심의받아야 한다. 고시형 원료에 비해 오랜 투자와 연구개발이 필요한 것이 진입장벽으로 작용해 마진율이 높다. 노바렉스는 한국에서 개별인정형 원료를 가장 많이 보유한 국내 1위 건기식 OEM(주문자상표부착생산)·ODM(제조업자개발생산) 기업이다.

반면 고시형 원료는 제조 기준과 규격 등의 요건에 적합하면 별도의 인증 절차 없이 생산 및 판매가 가능하며 프로바이오틱스, 비타민 등이 대표적이다. 진입장벽이 높지 않아 경쟁이 치열하다.

건기식은 제조업체와 판매업체로 구분해서 볼 필요가 있다. 제조의 OEM·ODM 업체가 있고, 유통과 판매를 전담하는 업체가 있기 때문이다. 국내 상장기업 중 OEM·ODM 기업은 '콜마비앤에이치, 서흥, 노바렉스, 알피바이오, 코스맥스엔비티'를 들 수 있다. 이 중 네트워크마케팅사에 공급하는 기업이 있다. 콜마비앤에이치는 애터미, 코스맥스엔비티는 암웨이와 관계하고 있다.

한국 건기식시장에서 제조업체와 판매업체의 현황을 좀 더 살펴보자. 식품의약품안전처 자료에 의하면 2022년 기준 건기식 업체는 12만 6,893개이며 이 중 제조업체는 566개, 판매업체는 12만 6,327개다([표 3-3] 참조). 제조업체는 전체의 1%도 안 되고 대다수가 판매 부문에서 경쟁하고 있다. 전년 대비 업체 수 증가율도 판매업체가 22%여서 제조업체보다 현저히 높

[표 3-3] 건강기능식품 업체 수

구분	2022년	증감률(전년 대비)
건강기능식품 제조업	566	5.0%
건강기능식품 판매업	126,327	22.1%

자료: 식품의약품안전처

았다.

판매업체가 많다 보니 제품도 많다. 2022년 건기식 제품은 3만 7,274개에 달한다. 건기식 기업은 물론 제약, 코스메틱, 식품 기업까지 이 시장에 뛰어들면서 건기식시장을 포화 상태로 만들고 있다. 많은 기업의 참전과 제품 출시에도 불구하고 한국 건기식시장은 단 한 개 품목이 지배하는 독특한 모습을 연출하고 있다.

2022년 기준 국내 건기식 매출액 1위는 홍삼이다. 2022년 매출액 상위 20개 품목의 판매액은 4조 260억 원이었고, 이 중 홍삼은 9,848억 원 팔려서 24.5%를 차지했다. 그다음으로 많이 팔린 개별인정형 제품은 여러 원료를 포함하기 때문에, 단일 품목인 홍삼과 비교할 수 없다. 독보적인 1위 자리를 차지한 홍삼은 판매도 KT&G가 사실상 독점하고 있다. KT&G의 홍삼 제품 브랜드인 '정관장'은 신뢰도를 바탕으로 타 경쟁사를 압도하는 경쟁력을 가지고 있다.

이렇듯 '홍삼-정관장'이 지배하는 국내 건기식시장은 타 기업들이 생존하기가 매우 어려운 환경이다. 뚜렷하게 각인된 홍삼과 달리 타 건기식은 대부분 이름부터 생소하다. 성능조차 확신할 수 없는 경우가 많기 때문에 판매사에 대한 신뢰가 가장 큰 영업 무기가 될 수 있다.

브랜드로 성공했다가 실패한 사례를 살펴보자. 내츄럴엔도텍의 '백수오' 제품은 갱년기 여성의 건강 개선에 효과가 좋다고 알려지며 선풍적인

[그림 3-7] 2022년 매출액 상위 건강기능식품

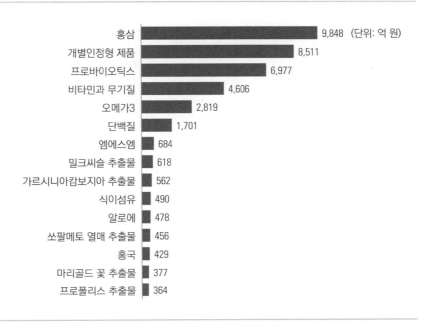

자료: 식품의약품안전처

인기를 구가했다. 그러나 2015년 한국소비자원이 이 제품에 이엽우피소가 혼입된 것을 적발하면서 '가짜 백수오' 파동이 일었다. 그러자 2014년에 1,240억 원이던 매출액은 2015년 445억 원으로 급감했고, 2016년 이후에는 100억 원 미만으로 줄면서 급기야 건기식시장에서 퇴출되는 불명예를 안게 되었다.

또 하나의 사례로 천호식품(비상장)의 '산수유'는 "남자한테 참 좋은데 설명할 방법이 없네"라는 광고로 신드롬을 일으켰다. 그러나 이 회사가 가짜 홍삼을 판매한 사실이 드러나자 산수유 제품의 신뢰도도 심각하게 손상되었다.

건강기능식품은 소비자에게 빠르게 잊히기도 하지만, 강렬한 소비를 끌

[표 3-4] 상장기업별 건강기능식품 매출액(2024년 2분기 연환산 기준)

	기업	매출액(억 원)	제품
1위	서흥	6,236	ODM
2위	콜마비앤에이치	6,112	ODM
3위	프롬바이오	3,230	개별인정형
4위	노바렉스	2,952	ODM
5위	쎌바이오텍	2,357	프로바이오틱스
6위	뉴트리	1,452	콜라겐
7위	코스맥스엔비티	1,416	프로바이오틱스
8위	휴럼	986	홍삼
9위	알피바이오	673	ODM
10위	에이치피오	541	비타민
11위	에이치엘사이언스	221	밀크씨슬
12위	비엘팜텍	190	비타민
13위	팜스빌	167	다이어트

어당길 수도 있다. 그런 점에서 국내 건기식 상장기업 중 강렬한 브랜드로 성장할 조짐이 있는지 소비 현장을 살펴봐야 한다.

　[표 3-4]에 국내 상장기업의 제품 현황과 매출액을 정리했다.

시가총액 상위 20개 종목의 지표 현황

연번	종목	주가 (원)	시가총액 (억 원)	자본총계 (억 원)	매출액 (억 원)	순이익 (억 원)	차입금 비율 (%)	PER (배)	PBR (배)	ROE (%)	배당수익률 (%)
1	아모레퍼시픽	123,100	72,005	52,860	36,311	6,808	7.1	10.6	1.4	12.9	0.7
2	LG생활건강	347,000	54,195	55,714	68,018	1,690	11.1	32.1	1.0	3.0	1.0
3	실리콘투	41,250	25,110	1,962	5,379	820	81.0	30.6	12.8	41.8	–
4	코스맥스	154,100	17,490	4,168	19,732	729	200.3	24.0	4.2	17.5	0.3
5	한국콜마	61,200	14,446	7,536	23,033	58	159.7	250.1	1.9	0.8	1.0
6	브이티	34,850	12,476	1,411	3,881	526	32.5	23.7	8.8	37.3	–
7	코스메카코리아	80,400	8,587	1,953	5,085	344	58.4	24.9	4.4	17.6	–
8	현대바이오	16,710	6,654	495	92	-66	74.0	-101.2	13.4	-13.3	–
9	씨앤씨인터내셔널	62,100	6,219	2,021	2,695	451	29.3	13.8	3.1	22.3	–
10	펌텍코리아	40,000	4,960	2,462	3,062	263	10.0	18.9	2.0	10.7	1.0
11	현대퓨처넷	3,800	4,188	7,382	1,720	-61	5.0	-68.1	0.6	-0.8	2.6
12	애경산업	15,330	4,049	3,910	6,924	468	0.9	8.6	1.0	12.0	3.8
13	콜마비앤에이치	13,650	4,015	4,013	6,112	178	57.6	22.6	1.0	4.4	2.3
14	클리오	21,450	3,876	2,262	3,601	360	5.4	10.8	1.7	15.9	1.9
15	한국화장품제조	78,200	3,544	634	1,379	136	25.1	26.1	5.6	21.5	0.1
16	마녀공장	20,850	3,415	1,070	1,255	162	3.8	21.1	3.2	15.1	–
17	아이패밀리에스씨	18,860	3,252	839	1,856	286	12.2	11.4	3.9	34.1	0.4
18	잇츠한불	11,780	2,583	3,785	1,402	129	1.0	20.1	0.7	3.4	1.3
19	잉글우드랩	11,750	2,334	1,305	2,101	223	11.0	10.5	1.8	17.1	–
20	노바렉스	10,380	1,947	2,073	2,952	222	15.7	8.8	0.9	10.7	1.9

건강·미용

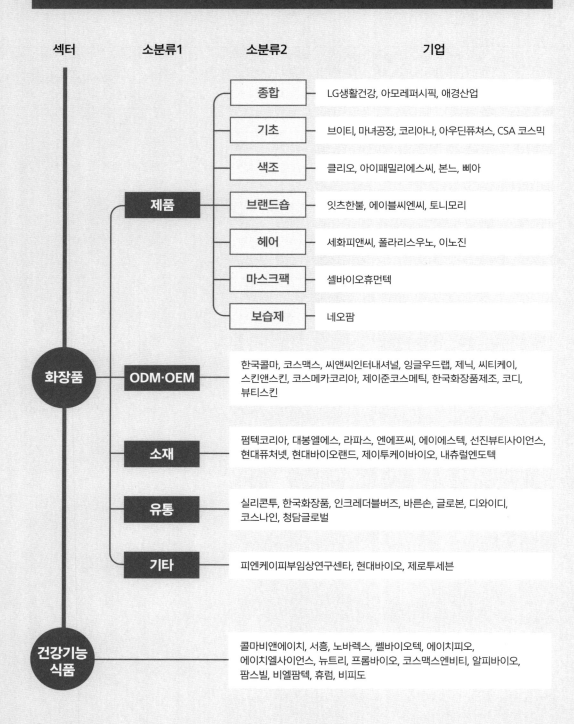

섹터	소분류1	소분류2	기업
		종합	LG생활건강, 아모레퍼시픽, 애경산업
		기초	브이티, 마녀공장, 코리아나, 아우딘퓨처스, CSA 코스믹
		색조	클리오, 아이패밀리에스씨, 본느, 삐아
	제품	브랜드숍	잇츠한불, 에이블씨엔씨, 토니모리
		헤어	세화피앤씨, 폴라리스우노, 이노진
		마스크팩	셀바이오휴먼텍
		보습제	네오팜
화장품	ODM·OEM		한국콜마, 코스맥스, 씨앤씨인터내셔널, 잉글우드랩, 제닉, 씨티케이, 스킨앤스킨, 코스메카코리아, 제이준코스메틱, 한국화장품제조, 코디, 뷰티스킨
	소재		펌텍코리아, 대봉엘에스, 라파스, 엔에프씨, 에이에스텍, 선진뷰티사이언스, 현대퓨처넷, 현대바이오랜드, 제이투케이바이오, 내츄럴엔도텍
	유통		실리콘투, 한국화장품, 인크레더블버즈, 바른손, 글로본, 디와이디, 코스나인, 청담글로벌
	기타		피엔케이피부임상연구센타, 현대바이오, 제로투세븐
건강기능 식품			콜마비앤에이치, 서흥, 노바렉스, 쎌바이오텍, 에이치피오, 에이치엘사이언스, 뉴트리, 프롬바이오, 코스맥스엔비티, 알피바이오, 팜스빌, 비엘팜텍, 휴럼, 비피도

건설 업종

03

건설 업종은 '건설, 전문, 환경'의 3개 섹터로 분류했다. 건설 섹터의 '종합'은 토목과 건축을 함께 영위하는 건설사를 한데 묶은 것이다.

업종
분류

업종	섹터	종목 수	소분류
건설	건설	59	종합, 토목, 건축, 플랜트, 설비, 엔지니어링
	전문	8	스마트홈, 인테리어, 해저 케이블, 환경 복원
	환경	5	폐기물, 수처리, 엔지니어링

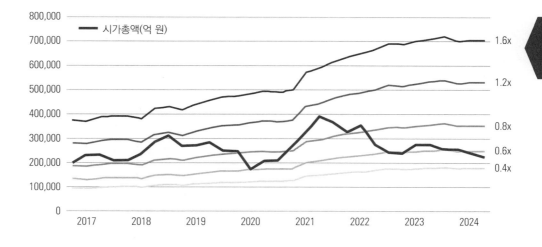

PBR
밴드

건설 업황의 주요 변수

금리와 분양률

건설업은 금융과 긴밀히 연결된다. 건설은 공급자와 수요자 모두 큰 자금을 필요로 한다. 필요 자금 중 부족분은 금융사를 통해 수혈한다. 건설사는 부동산 프로젝트파이낸싱(PF) 등을 활용하고 소비자는 대출을 이용한다. 이렇게 부채를 사용해 사업을 전개하고 수익을 극대화하는 것을 레버리지 효과라 하며, 건설 업종은 레버리지를 사용하는 대표 업종 중 하나다.

레버리지는 수익을 극대화할 수도 있지만 파멸로 이끌 수도 있다. 바로 금리 변동 때문이다. 수요자와 공급자 모두 일정 규모의 차입금을 사용하게 된다. 비용 부담보다 수익이 커질 기회라고 판단하면 레버리지를 이용한 부동산 구매로 연결된다. 금리 상승은 부동산 수요자의 구매력을 하락시키고 건설사의 금융 부담을 가중시켜 건설 업황에 부정적으로 작용한다. 반대로 금리 인하는 비용 부담 완화로 수요와 공급을 촉진할 수 있다.

금리 변동에 따른 수요 변화를 나타내는 지표인 민간 아파트 분양률을 금리와 비교해보자. [그림 3-8]은 2015~2023년의 장기 금리와 민간 아파트 초기 분양률(전국 평균값)을 비교한 것이다.

살펴보면 금리와 분양률은 반대 방향으로 움직인다. 2020년은 금리가 분석 기간 중 가장 낮은 1.5%였고 분양률은 96.6%로 최고치를 찍었다. 반면에 2년간 금리가 상승한 2022년에는 금리가 3.36%였고 분양률은 58.7%로 최저치를 기록했다. 2023년에 금리가 더 올라갔는데도 분양률이 예전 수준을 회복한 것은 금리 인하 기대감이 꾸준했기 때문으로 풀이된다.

2024년과 이후는 금리 인상보다는 인하 쪽에 더욱 무게감이 실리고 있다. 미국의 인플레이션에 대한 걱정보다는 경기 침체에 대한 우려가 더욱 커지는 상황이기 때문이다. 금리 인하로 방향을 튼다면 건설 업종에 드리

[그림 3-8] 한국 장기 금리와 민간 아파트 초기 분양률(2015~2023)

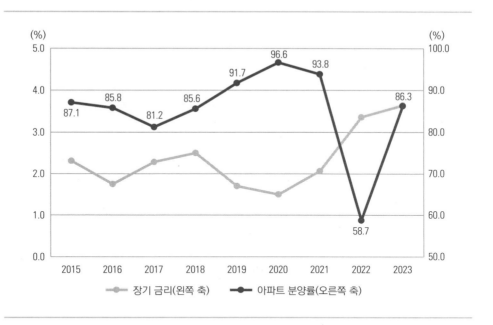

웠던 그림자는 얇아질 것이고, 오히려 업황 회복 기대감으로 주가에 긍정적으로 반응할 것으로 생각된다.

금리와 건설사의 영업이익

금리는 건설사의 수익성에 큰 영향을 준다. 건설사는 부동산 PF를 통해 자금을 조달한다. 저금리에는 이자비용이 줄고 자금 조달이 수월하지만, 고금리에는 이자비용이 늘어나는 동시에 자금 조달이 어려워진다.

한국 건설사는 국내외에서 토목과 건축을 함께 영위하는 데가 있는가 하면, 특정 부문에 치중하는 곳도 있다. 참고로 이 책은 국내외에서 토목과 건축 사업을 동시에 영위하는 기업을 '종합'으로 분류했고, 건설 부문의 비중이 높고 특정 지방에 치중한 기업은 '건축'으로 분류했다.

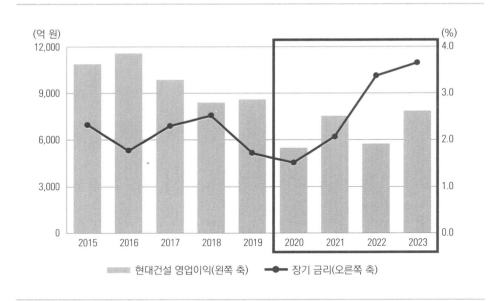

[그림 3-9] 현대건설 영업이익과 장기 금리(2015~2023)

범례: 현대건설 영업이익(왼쪽 축)　·ㅡ 장기 금리(오른쪽 축)

상장기업 중 국내외에서 건축과 토목을 함께 영위하는 대형 건설사인 현대건설과, 주로 특정 지방에서 영업활동을 전개하는 동원개발의 영업이익을 비교해보자. 현대건설은 국내 건축 부문이 전체 매출액의 47.6%(2024년 2분기 기준)를 차지해서 영업이익의 상당 부분에 영향을 미치고 있다. 동원개발은 경상도 지역을 주무대로 건축 부문이 90% 이상을 차지한다.

[그림 3-9]와 [3-10]을 보면 두 기업의 차별성이 금리 인상기의 영업이익에 반영된 것을 확인할 수 있다. 금리가 인상되는 추세로 전환한 첫해인 2021년, 동원개발은 전년 대비 영업이익이 큰 폭으로 감소했지만 현대건설은 오히려 증가했다. 2022년에는 두 기업 모두 영업이익이 감소했고, 2023년에는 동원개발은 더 크게 감소했지만 현대건설은 전년의 감소분을 만회했다.

[그림 3-10] 동원개발 영업이익과 장기 금리(2025~2023)

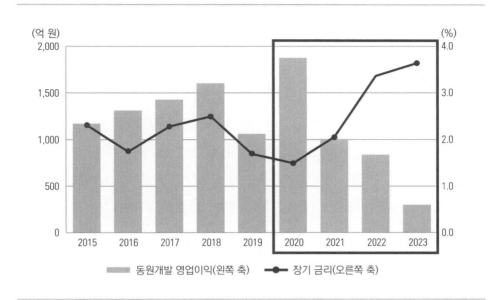

현대건설은 해외 수주와 정부의 인프라 부문 수주를 통한 토목 사업을 병행함으로써 민간 부문의 수요량 감소를 상쇄할 수 있었다. 그러나 동원개발은 오로지 민간 수요에 의지해야 하기 때문에, 금리 인상기에는 영업이익 감소라는 리스크가 있다.

따라서 금리 변화에 따른 건설 업황을 분석할 때는 추세를 보되, 기업별 사업 부문을 따져봐야 한다. 현대건설과 같은 대형 건설사들은 국내와 해외, 민간과 정부 부문으로 분산되어 있지만, 동원개발같이 지방을 주무대로 사업을 영위하는 소형 건설사는 민간 부문의 수요를 약화시키는 금리 인상에 취약할 수밖에 없다. 반대로 금리 인하 추세로 바뀌면 분양률이 높아져 지방 건설사들의 영업이익 전환이 빨라질 것이며, 주가도 빠르게 반응할 것이다.

건축 허가량, 국내 수주액과 매출액

건설 업황을 확인할 때 많이 보는 지표가 '착공, 준공, 허가 물량' 등이다. 그중 국내 건축 허가량과 국내 수주액을 건설 섹터('전문'과 '환경' 섹터 제외)의 매출액과 비교해서 어떻게, 어느 정도의 연관성을 갖는지 살펴보자.

먼저 국내 수주액과 건설 섹터의 합산 매출액을 비교해보자. 국내 수주액과 매출액은 2022년까지 거의 동행하다가 2023년에 방향이 갈렸다. 국내 수주액은 2022년 248조 원으로 분석 기간 중 정점을 찍은 후 2023년 206조 원으로 전년 대비 16.8%나 줄었다. 반면에 건설 섹터의 합산 매출액은 2022년 115조 원에서 2023년 133조 원으로 오히려 15.6% 늘었다.

왜 이런 현상이 벌어질까? 수주액과 매출액을 인식하는 시기가 다르기 때문이다. 아파트는 건축 기간이 약 2~3년 소요되므로 착공 이후 매출액을

[그림 3-11] 건설 섹터의 국내 수주액과 매출액(2015~2023)

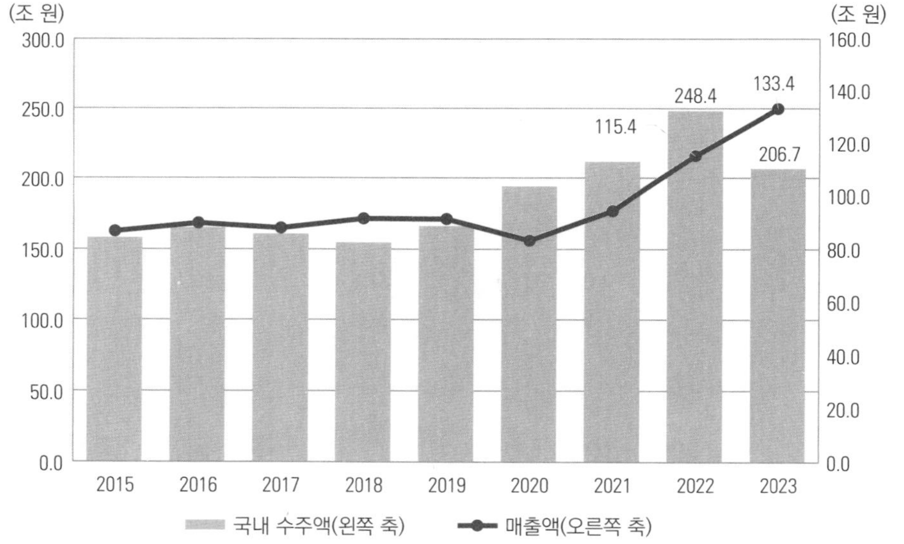

순차적으로 인식하면서 인식 시기가 지연된다. 그래서 수주액은 건설 업황의 선행 지표로 이용된다.

이 점을 감안하면 2023년 건설 섹터 매출액이 최고치를 경신한 것은 2020년부터 국내 수주액이 꾸준히 증가한 데 따른 누적 효과로 해석된다. 반면에 2023년 국내 수주액 감소는 향후 건설 섹터의 업황에 암울한 그림자를 예고한다.

이는 국내 건축 허가량을 보면 더욱 확연해진다. 전년 대비 국내 건축 허가량은 2022년 13%, 2023년 25%나 감소했다. 국내 수주량에 더해 허가량도 감소 추세가 완연하다.

2023년의 국내 수주액과 건축 허가량 감소는 2024년 이후 건설 섹터의 실적 전망이 좋지 않을 수 있음을 보여준다. 향후 예상되는 금리 인하가 시행된다면 반전이 있을 수 있으나, 그렇지 않다면 비관적인 시나리오가 현

[그림 3-12] 국내 건축 허가량(2015~2023)

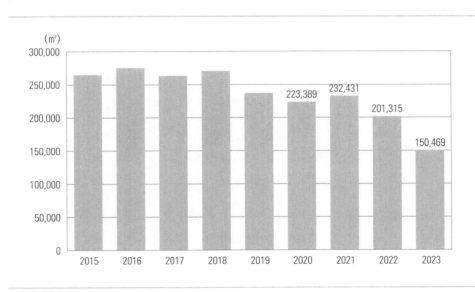

자료: 통계청

실화될 가능성이 높다.

폐기물

산업화의 혜택으로 생활이 편리해질수록 고통에 신음하는 곳도 생겨난다. 편리함 속에 불편한 사실이 숨어 있는 것이다. 산업혁명 이후 인류는 석유화학 제품의 사용량을 늘려왔고 앞으로도 사용량은 계속 늘어날 것이다. 일단 편리함을 알게 되면 불편한 과거로 돌아가기 어렵기 때문이다. 석유화학 제품은 편하게 쓸 수 있지만 폐기하기가 어렵다. '아무 데나, 누구나, 언제든지' 처리할 수가 없다.

우리나라는 석유화학, 조선, 철강, 자동차 등 제조업을 주축으로 성장의 역사를 써왔다. 울산, 여수 등 특정 지역에 산업단지가 구축되어 있고 이들 생산 설비는 매일 폐기물을 대량으로 쏟아낸다.

지금까지는 폐기물 처리에 어려움이 없었다. 그러나 국민의 건강을 보호하기 위한 환경 보호가 더욱 중요한 시대에 접어든 만큼, 제조업 중심의 성장 스토리에서 벗어나 환경 보호를 고려해야 한다. 폐기물 소각은 합법적으로 이뤄져야 하고, 매립은 허가된 곳에 일정 비용을 지불해야 가능하다. 그런데 폐기물의 양이 늘어나는 것과 반대로 매립장은 점점 줄어든다. 신규 매립장 건설은 해당 지역 주민의 반대로 쉽지 않다. 폐기물 매립장이나 소각 시설이 들어오는 것을 누가 반기겠는가.

기존 폐기물 처리 기업의 이익은 앞으로 더욱 좋아질 것이다. 신규 사업자의 진입도, 사업장 추가 확장도 쉽지 않다. 폐기물을 만들어내는 석유화학 제품의 수요가 더욱 늘어나고, 이에 따라 폐기물 매립 단가가 오른다. 그래서 폐기물 처리 기업은 영업이익률이 50%를 상회하는, 상상을 초월하는 수준이다. 폐기물 처리 사업의 신규 진출이 쉽지 않기 때문에 기존 폐기물 처리 기업들의 인수합병이 활발하게 진행되고 있다.

폐기물의 종류와 처리 방법

폐기물은 크게 생활폐기물과 사업장폐기물로 나뉘고, 이 중 사업장폐 기물이 2022년 기준 전체 폐기물의 87.6%로 대부분을 차지한다. [그림 3-13]에 2022년 기준 폐기물의 종류와 처리 방법, 처리 주체를 정리했다.

폐기물 처리 기업이 처리하는 폐기물은 사업장폐기물로서 여기에는 세 가지가 있다. 첫째, 건설폐기물은 토목, 건설 공사 등과 관련해 배출되는 폐 기물로서 전체의 46.7%를 차지했다. 건설폐기물은 서울과 경기, 인천이 전

[그림 3-13] 전국 폐기물 발생 및 처리 현황(2022년 기준)

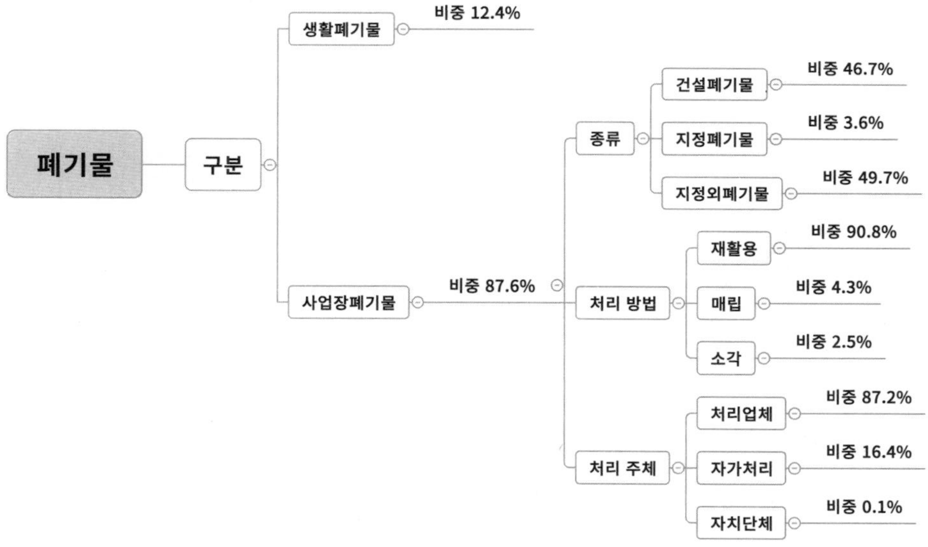

자료: 코엔텍

체의 48%를 차지할 만큼 지역 편중이 심하다. 인구가 밀집해서 주택이 집중되고 재개발과 재건축이 활발하게 진행되고 있기 때문이다. 둘째, 지정폐기물은 폐유, 폐산 등 주변 환경을 오염시킬 수 있는 물질과, 의료 폐기물 등 인체에 위해를 줄 수 있는 물질을 가리킨다. 울산, 여수 등의 석유화학단지 등에서 발생하며 3.6%를 차지했다. 셋째, 지정외폐기물은 사업장에서 발생하는 것으로 사업장 배출 시설계와 사업장 생활계 폐기물로 구분되며 49.7%를 차지했다.

사업장폐기물은 정부의 허가를 얻은 폐기물 처리 기업을 통해 재활용, 소각, 매립의 방법으로 처리된다. 90.8%가 재활용되었고 4.3%가 매립, 2.5%가 소각되었다. 소각 처리에서는 그 과정에 발생하는 스팀을 재판매함으로써 추가 이익이 발생한다.

폐기물 처리 기업 현황

상장기업 중 주요 폐기물 처리 기업은 6개다. [표 3-5]에 2023년 기준 상장기업의 폐기물 사업 부문 매출액, 총매출액에서 차지하는 비중, 지배회사를 정리했다.

SK에코플랜트는 매출액 기준 국내 최대 폐기물 처리 기업으로, (주)SK가 지분 42.86%(2024년 2분기 기준)를 보유하고 있다. 폐기물 처리 부문의 매출은 전체 매출액의 15%로 존재감이 미미하니 폐기물 처리 부문 투자에 적합하지 않을 것으로 생각된다.

에코비트는 태영그룹 지주사인 티와이홀딩스가 지분 50%를 보유한 관계기업이었다. 그러나 태영건설이 위기에 빠지자 티와이홀딩스는 2024년 8월 에코비트 지분 전체를 2조 700억 원에 매각했다.

아이에스동서는 폐기물 부문 매출액이 4,615억 원으로 전체의 23%를 차지해서, 건설 부문의 업황이 더욱 크게 좌우하는 기업으로 분류된다.

[표 3-5] 상장기업의 폐기물 사업 부문 매출액과 비중, 지배사(2023년 기준)

기업	매출액(억 원)	비중	지배회사
SK에코플랜트	13,569	15%	SK 42.86%
에코비트	6,744	100%	티와이홀딩스 50%
아이에스동서	4,615	23%	
인선이엔티	1,419	64%	
코엔텍	787	100%	
와이엔텍	347	29%	

　　중소형 폐기물 처리 기업은 '인선이엔티, 코엔텍, 와이엔텍'이 있고, 이 중 코엔텍이 폐기물 부문의 사업을 온전히 영위한다. 인선이엔티는 건설 폐기물을 다루는 기업으로 자동차 폐차 사업을 동시에 영위한다. 와이엔텍은 폐기물 부문이 29%이고 해운, 골프장, 레미콘 사업을 함께 하고 있다.

시가총액 상위 20개 종목의 지표 현황

연번	종목	주가 (원)	시가총계 (억 원)	자본총계 (억 원)	매출액 (억 원)	순이익 (억 원)	차입금 비율 (%)	PER (배)	PBR (배)	ROE (%)	배당수익률 (%)
1	삼성E&A	18,360	35,986	40,110	103,766	7,438	2.9	4.8	0.9	18.5	–
2	현대건설	29,250	32,572	84,876	336,234	5,461	166.2	6.0	0.4	6.4	2.1
3	GS건설	18,230	15,602	42,988	127,970	-1,592	140.9	-9.8	0.4	-3.7	–
4	대우건설	3,705	15,399	41,902	110,771	3,982	87.6	3.9	0.4	9.5	–
5	HDC현대산업개발	21,500	14,170	30,448	42,248	1,952	82.3	7.3	0.5	6.4	3.3
6	DL이앤씨	31,300	12,111	47,564	81,312	1,347	27.0	9.0	0.3	2.8	1.6
7	태영건설	3,170	9,127	4,305	31,466	-14,648	490.3	-0.6	2.1	-340.3	–
8	제이오	20,600	6,545	1,886	1,097	133	17.1	49.4	3.5	7.0	–
9	아이에스동서	20,450	6,173	15,727	17,553	438	96.0	14.1	0.4	2.8	7.3
10	LS마린솔루션	14,240	4,652	1,575	963	93	0.2	50.3	3.0	5.9	1.1
11	코엔텍	8,930	4,465	1,711	779	313	16.7	14.3	2.6	18.3	5.6
12	서희건설	1,406	3,231	9,212	15,569	1,416	14.0	2.3	0.4	15.4	3.2
13	SNT에너지	14,520	3,003	2,908	3,035	234	1.5	12.9	1.0	8.0	2.3
14	인선이엔티	5,500	2,561	3,495	2,107	-36	41.3	-71.4	0.7	-1.0	–
15	도화엔지니어링	6,950	2,344	2,718	5,896	227	22.7	10.3	0.9	8.4	4.0
16	동원개발	2,555	2,320	10,581	6,607	162	11.9	14.3	0.2	1.5	3.1
17	HJ중공업	2,750	2,290	3,132	22,081	-370	241.2	-6.2	0.7	-11.8	–
18	삼부토건	980	2,191	654	4,473	-1,521	277.5	-1.4	3.4	-232.7	–
19	HDC랩스	8,110	2,105	2,517	6,195	118	3.2	17.9	0.8	4.7	5.5
20	동신건설	23,050	1,936	978	754	80	0.7	24.3	2.0	8.1	0.7

건설

섹터	소분류1	기업
건설	종합	현대건설, GS건설, 대우건설, DL이엔씨, 코오롱글로벌, 금호건설, 동부건설, 계룡건설, HL D&I, 한신공영, 웰크론, 웰크론한텍, 태영건설
	토목	삼호개발, 우원개발, 하이드로리튬, 동아지질, 삼부토건, 동신건설, 특수건설, 남광토건
	건축	HDC현대산업개발, 아이에스동서, HJ중공업, 동원개발, 서희건설, 자이에스앤디, 진흥기업, 일성건설, HS화성, KCC건설, 서한, 범양건영, 이화공영, 대원, 신세계건설, KH 건설, 남화토건, 신원종합개발, 상지건설, 삼일기업공사, KD
	플랜트	삼성E&A, 제이오, 금양그린파워, 에쓰씨엔지니어링, SGC E&C, 성도이엔지, CNT85
	설비	SNT에너지, 제이엔케이글로벌, 누리플랜, 우진아이엔에스, KIB플러그에너지
	엔지니어링	한미글로벌, 희림, 도화엔지니어링, 한국종합기술, 유신
전문	스마트홈	코콤, 현대에이치티, HDC랩스
	인테리어	국보디자인, 시공테크, 베노티앤알
	해저 케이블	LS마린솔루션
	환경 복원	자연과환경
환경	폐기물	인선이엔티, 코엔텍, 와이엔텍
	수처리	한성크린텍
	엔지니어링	KC코트렐

건자재 업종 04

건자재 업종은 '내외장재'와 '자재'의 2개 섹터로 구성했다. 건자재는 특별한 분류 기준이 없는 듯해서, 내외부에 드러나는 종류를 '내외장재' 섹터로, 건축물 곳곳에서 부품과 같은 역할을 하는 종류를 '자재' 섹터로 분류했다.

업종
분류

업종	섹터	종목 수	소분류
건자재	내외장재	15	내장재, 창호, 유리, 목재, 도료
	자재	34	거푸집, 아스콘, 석재, 욕실, 배관재, 시멘트, 레미콘, PC, 데크플레이트

PBR
밴드

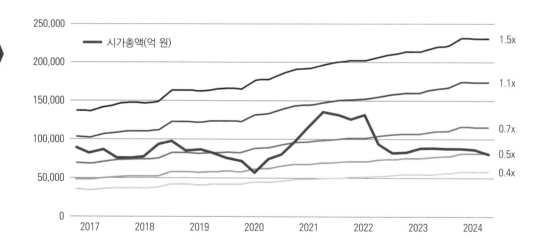

건자재 업종의 키워드

건자재는 대부분 건설 현장에서 쓰이기 때문에 건설업 업황에 영향을 받는다. 주택과 인프라 등의 공급량이 줄면 건자재 수요도 줄어들 수밖에 없다.

건자재의 소비 주체는 대체로 건설사다. B2B 성격을 갖고 있어서 특히 공급을 주도하는 대형 건설사의 영향이 크다. 따라서 건자재 업종을 분석할 때는 주택과 인프라 등의 공급 현황은 물론 대형 건설사들의 건설과 분양 시기 등을 함께 고려해야 한다. 건자재마다 사용 시기가 달라서 매출액과 이익으로 연결되는 시기가 다르기 때문이다.

주택은 대체로 '착공-준공-입주'의 과정을 거친다. 이 과정에서 시기마다 쓰이는 건자재가 다르다. 시멘트와 레미콘, 목재는 건물의 골격을 만드는 과정에 투입되고, 창호와 도료는 마감 단계에 투입되는 품목이다. 그러므로 주택의 착공과 준공, 수주잔고 등의 통계를 적용할 때는 시기의 차이를 감안해야 한다.

건자재 업종의 이익은 수요와 공급에 따른 가격 변동에 영향을 받는다. 건자재는 건설 업황을 후행하는 속성이 있으므로 특성도 비슷하다. 건설은 경기 순환의 대표적 업종이고 건자재 역시 그렇다. 호황과 불황이 반복되는 경기 순환에서 발생하는 가격 변동에 의해 이익의 크기가 결정된다. 이어지는 도료 부문에서 사례를 들어 설명하겠다.

건자재는 시장이 국내에 국한되면서 저임금 기반의 해외 저가 수입품과 경쟁해야 하는 어려움이 있다. 예를 들어 시멘트는 몇몇 기업이 살아남아 시장을 지배하는 독점의 이익을 누리는 반면, 유리와 목재는 저가 수입품 다수와 경쟁해야 한다. 이러한 특성은 기업의 가치를 가두는 역효과를 발산한다.

건자재 업종에 속하는 기업 대부분은 주가가 PBR 1배 미만의 박스권에 머물러 있다. 성장에 대한 기대와 ROE가 낮은 한계가 빚어낸 결과일 것이다. 따라서 저PBR에 매수해서 장기 보유하기보다는, 원재료와 제품의 가격 차이가 벌어지는데 주가에는 아직 반영되지 않았을 때 매수하는 전략이 유효하지 않을까 생각한다.

도료

도료는 '건설, 조선, 자동차' 산업을 전방으로 한다. 건설에서는 주택과 아파트의 외장 도색 수요가 존재한다. 신규 아파트와 10년 경과 아파트는 외장 도색을 하니, 신규 아파트 공급이 늘고 오래된 아파트가 많으면 도료 수요가 증가한다. 정부의 재개발·재건축 규제에 따라 신규 아파트 물량은 줄고 오래된 아파트가 늘어나는 추세다.

조선에서는 선박용 도료가 수주 물량과 깊게 연관된다. 한국은 선박 수주량에서 글로벌 1위 자리를 놓고 중국과 다투고 있다. 특히 최근 수요가 증가하는 LNG 선박 부문에서 뛰어난 경쟁력을 갖추었다. 선박은 수주에서 완성까지 3년 이상 걸리고 도료는 최종 단계에 투입된다. 이를 고려해서 도료 기업들의 매출액과 이익을 추정해야 한다.

국내 도료시장은 수요가 포화 상태인데 참여 기업이 많아 경쟁이 치열하다. 하지만 갈수록 대기업의 시장 지배력이 커지는 추세다. [그림 3-14]에 나타난 것처럼 KCC의 점유율이 압도적이다.

KCC는 실리콘 제조사인 모멘티브를 인수한 후 실리콘 사업 부문 비중이 전체의 51%(2024년 2분기 기준)로 증가해 화학 소재 기업으로 변모했다. 2024년 2분기 기준 도료 사업 부문 비중은 전체의 26%에 불과하다. 도료

[그림 3-14] 도료 기업의 시장점유율(2024년 2분기 기준)

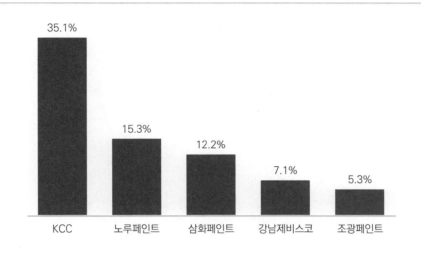

출처: 각 사 사업보고서

시장의 점유율이 1위이지만 도료 사업 부문이 차지하는 비중이 적어 도료 부문에서 제외했다. KCC를 제외하면 노루페인트와 삼화페인트가 지배하는 양강 체제다.

도료는 주요 원재료로 안료와 수지를 사용하며, 수지는 상장기업인 국도화학에서 주로 구입한다. 삼화페인트를 예로 들어보자. 삼화페인트는 원재료로 '안료, 용제, 첨가제, 수지, 기타'를 사용하며, 그중에서 수지가 26.84%(2024년 2분기 기준)로 가장 많이 쓰인다. 그러므로 수지의 원재료 가격(원/kg)과 건축용으로 판매되는 페인트 제품 가격(원/리터)의 차이(스프레드)를 도출한 후 영업이익과 비교하고 [그림 3-15]에 나타냈다.

스프레드가 커진다는 것은 제품 가격 상승이 원재료 가격 상승보다 크다는 의미다. 그러므로 스프레드가 커지면 영업이익이 증가하고, 스프레드가 작아지면 영업이익이 감소한다.

[그림 3-15] 삼화페인트 영업이익과 수지 스프레드(2016~2024/06)

스프레드가 상승한 시기는 2018~2020년과 2022~2024년 2분기(연환산)다. 2019년과 2020년에 원재료 가격은 전년 대비 각각 9.0%와 8.2% 하락했으나 제품 가격은 0.7%와 2.6% 인하하는 데 그쳤다. 원재료 가격의 하락 폭보다 제품 가격의 인하 폭이 상대적으로 적으니 영업이익이 증가했다. 게다가 2023년에는 원재료 가격이 17%나 하락했는데도 제품 가격은 오히려 3.1% 올렸다. 반대로 스프레드가 급격하게 줄어든 2021년은 원재료 가격이 전년 대비 32.2%나 올랐는데도 제품 가격은 고작 7.7% 오르는 데 그쳤다. 더구나 코로나19까지 겹쳐서 업황이 최악이었다.

이처럼 원재료와 제품 가격의 차이에서 발생하는 이익률 변동이 경기 순환형 업종의 특징이다.

시멘트 & 레미콘

우선 시멘트 제조 공정을 알아보자.

시멘트는 토목과 건축에서 모래와 돌 같은 골재를 접착시키는 물질로서 고온의 소성로에서 생산한다. 시멘트의 원재료인 석회석과 슬래그 등을 넣고 1,000°C 이상으로 가열하면 클링커라 불리는 덩어리가 만들어지고, 이를 분쇄해 시멘트를 제조한다.

레미콘은 굳지 않은 콘크리트로, 모래와 자갈 등의 골재에 시멘트와 중화제 등을 섞어 제조한다. 레미콘은 굳기 전에 운반해야 하므로 먼 지역까지 운반할 수 없다. 그래서 시멘트 제조사가 겸하는 경우가 대부분이다.

시멘트 부문이 지닌 특징은 다음과 같다. 첫째, 성숙 산업으로 신규 사업자의 진입이 거의 없고 소수 기업이 과점한 체제다. 대신 기존 사업자 간의 인수합병이 때때로 발생해 시장점유율이 달라진다. 2017년에 시멘트 사업을 영위하는 기업 간에 인수합병 3건이 동시다발적으로 발생했다. 쌍용

[그림 3-16] 시멘트 제조 공정

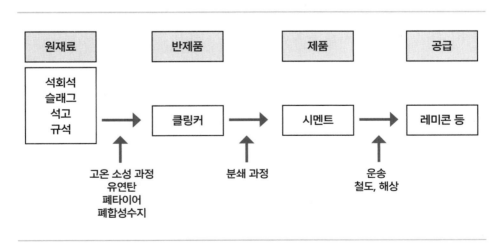

C&E의 대한시멘트(비상장) 인수, 한일시멘트의 현대시멘트 인수, 아세아시멘트의 한라시멘트(비상장) 인수다. 이로써 쌍용C&E(2024년 7월 자진 상장폐지), 한일시멘트, 아세아시멘트는 2019년 시멘트 생산량 기준으로 전체 시멘트시장의 64.4%를 차지하는 과점 체제를 형성했다. 신규 진입이 어려운 시멘트 부문의 특성상, 3사의 과점 체제는 이들 기업의 매출액과 이익률을 높였다.

둘째, 시멘트의 주요 원재료인 석회석은 산지에 편중된 반면 시멘트 소비처인 건설 현장은 대개 대도시에 있어서 주로 철도를 통해 운반한다. 따라서 시멘트 생산에 들어가는 매출원가에서 운반비가 적지 않은 비중을 차지한다. 시멘트 기업은 산지인 단양과 제천에 있는 내륙사(한일시멘트, 한일현대시멘트, 아세아시멘트, 성신양회, 강동씨앤엘), 동해와 삼척에 있는 해안사(쌍용C&E, 삼표시멘트, 한라시멘트)로 구분된다. 내륙사인 아세아시멘트는 2024년 2분기 기준 매출원가와 영업비용으로 지출된 운반비가 전체 지출의 10%를 차지했다.

셋째, 시멘트는 고온의 소성과 분쇄 과정에 에너지가 많이 들어간다. 또한 그 과정에서 환경 유해 가스를 배출해 처리 비용이 많이 발생한다. 시멘트 기업들은 에너지 절감을 위해, 일시적인 비용이 듦에도 불구하고 폐열발전 설비나 에너지 저장 장치(ESS)를 도입한다. 쌍용C&E는 동해공장에 1,000억 원을 투자해 폐열 발전 설비를 건설했고, 이를 가동함으로써 연간 전기료 270억 원가량을 절감하는 효과를 거두었다. 설비 투자 비용이 일시적으로 증가하지만 장기적으로 전력 비용이 절감되니 이러한 설비를 갖춘 기업의 이익률이 좋을 것이다. 실제로 쌍용C&E는 2021년 영업이익률이 15% 안팎으로 타 시멘트 제조사들에 비해 월등한 수준이다.

넷째, 시멘트 부문은 원재료와 제품의 가격 차이가 벌어질 때 기업의 가치와 가격의 괴리가 발생하므로 투자 적기로 활용할 수 있다. 시멘트의 원

[그림 3-17] 유연탄 가격(2015~2024)

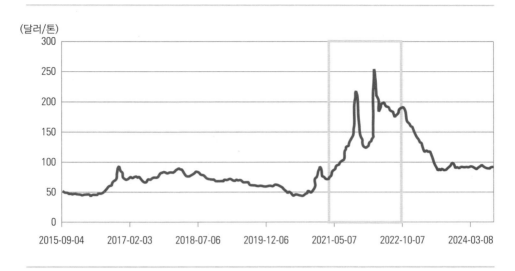

(달러/톤)

자료: 한국자원정보서비스

재료로 쓰이는 유연탄 가격과 시멘트 가격의 차이가 영업이익에 미치는 결과를 아세아시멘트를 사례로 살펴보자. 유연탄은 2021~2022년에 저점 대비 5배 가까이 급등했다가 2023년과 2024년에 상승분을 반납하는 큰 변동성을 나타냈다. 유연탄 가격 상승은 곧 시멘트 업계의 원가 상승으로 이어진다. 이 원가 상승 요인을 제품 가격에 제대로 반영했을까?

시멘트의 전년 대비 가격은 유연탄 가격이 본격적으로 상승한 2022년에 27.4%, 2023년 15.8%, 2024년 5.9% 인상되어 꾸준히 원재료 가격 상승분을 반영했다([그림 3-18] 참조). 특이한 점은 2023년에 원재료 가격이 하락으로 방향을 틀었는데도 제품 가격을 인상한 것이다. 원재료 가격 인상분이 워낙 커서 한 번에 제품 가격에 반영하지 못한 것으로 생각된다. 이러한 제품 가격 인상은 곧바로 시멘트 기업의 영업이익 증가로 나타났다. 특히 2024년 2분기 유연탄 가격이 안정되었지만 시멘트 가격이 인상됨에 따라

[그림 3-18] 아시아시멘트 영업이익과 시멘트 가격(2015~2024/06)

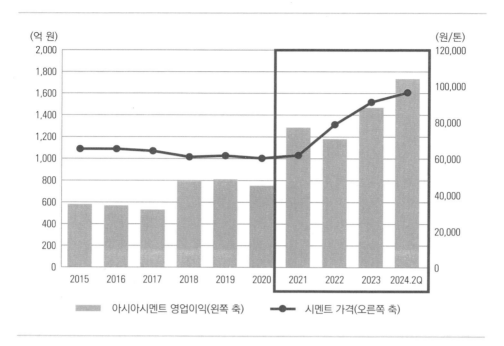

영업이익이 더욱 커지고 있다.

아세아시멘트의 영업이익 증가는 타 시멘트 기업들에도 나타난 공통된 특성이다. 시멘트 원재료와 제품 가격 변동의 시차적 적용에 따라 시멘트 기업들의 영업이익이 증가했지만 주가는 지지부진하다. 2021년에는 영업이익 증가에 힘입어 주가가 크게 상승했고, 2022년 영업이익이 하락하며 주가도 함께 꺾였다. 2023년에 영업이익이 재차 크게 상승했지만 주가는 그러지 못했다. 2024년에도 영업이익 증가가 지속되고 있는데도 주가는 2022년 당시 수준에 머물러 있다.

마지막으로 시멘트 기업의 레미콘 사업 비중을 살펴봐야 한다. [표 3-6]에 각 시멘트 기업의 시멘트와 레미콘 사업 부문 비중을 정리했다.

고려시멘트와 유니온은 레미콘 사업이 없고, 삼표시멘트는 무시할 만한

[표 3-6] 시멘트 기업의 사업 부문 비중 현황(2024년 2분기 기준)

기업	시멘트	레미콘
삼표시멘트	93.9%	6.0%
한일시멘트	47.8%	15.6%
아세아시멘트	82.4%	10.5%
성신양회	64.8%	15.4%

수준이며, 나머지 기업들은 10%대다. 시멘트사와 레미콘사는 시멘트 가격을 두고 대립하는 관계다. 레미콘사에는 시멘트가 원재료에 해당하기 때문에, 시멘트 가격이 오르면 수익성이 악화한다. 시멘트 가격과 레미콘 가격이 변동하는 시기에는 두 사업 부문을 병행하는 기업이 변동성을 완화하는 효과를 누릴 수 있을 것으로 보인다.

PHC파일

콘크리트파일은 건축물의 하중을 견디도록 연약한 지반을 보강하는 자재다. 아파트 등 건물의 층수가 높아져서 지반에 가해지는 하중이 커지면서, 지반을 단단하게 보강하는 데 콘크리트파일이 필수로 사용된다. 따라서 주택 착공 건수가 많을수록 콘크리트파일 사용량이 증가한다.

콘크리트파일은 PC파일과 PHC파일로 구분되고 고강도의 PHC파일이 많이 쓰인다. PHC파일은 콘크리트와 강재를 이용해 만들어지며 주요 원재료로 시멘트가 사용된다. 따라서 시멘트 가격과 주택 착공 건수에 직접적인 영향을 받는다.

2016~2017년 주택 착공 건수가 급격히 줄어들자 PHC파일 수요도 급격

히 감소했고, 그 여파로 2018~2019년에 PHC파일 가격이 큰 폭으로 하락하기에 이르렀다. 따라서 PHC파일 제조사들의 실적도 크게 감소했다. 그 예로 동양파일과 삼일씨엔에스는 2018~2020년 영업이익이 큰 폭으로 감소하며 적자로 돌아섰다. 그러나 2021년 주택 건설 수요 회복에 따라 PHC파일 수요가 증가했고 판매 가격도 2015년 수준을 회복하며 큰 폭의 영업이익 흑자를 달성했다.

PHC파일은 제조에 특별한 기술력이 들어가지는 않지만 넓은 생산 부지와 야적장이 필요한 장치 산업이어서 초기 투자 비용이 많이 드는 진입장벽이 존재한다. 또한 제품이 커서 장거리를 운반하려면 비용이 많이 들기 때문에 사업 모델이 내수 시장에 한정되고 건설 경기 변동에 직접적인 영향을 받는다. PHC파일은 상위 6~7개 기업이 과점하고 있으며 공급은 제한적이지만 수요는 열려 있다.

시가총액 상위 20개 종목의 지표 현황

연번	종목	주가 (원)	시가총액 (억 원)	자본총계 (억 원)	매출액 (억 원)	순이익 (억 원)	차입금 비율 (%)	PER (배)	PBR (배)	ROE (%)	배당수익률 (%)
1	한일시멘트	14,000	9,697	16,507	18,281	2,095	45.0	4.6	0.6	12.7	5.7
2	KCC글라스	38,900	6,213	14,874	17,671	599	35.4	10.4	0.4	4.0	5.7
3	동화기업	10,330	5,223	8,832	9,478	-757	105.5	-6.9	0.6	-8.6	-
4	아세아시멘트	11,180	4,305	10,761	11,718	1,079	64.8	4.0	0.4	10.0	2.3
5	LX하우시스	39,400	3,533	8,780	35,383	732	101.2	4.8	0.4	8.3	4.3
6	SG	3,635	3,430	853	946	-287	86.4	-11.9	4.0	-33.7	-
7	삼표시멘트	3,140	3,389	7,266	8,071	506	79.0	6.7	0.5	7.0	3.2
8	삼목에스폼	21,750	3,197	6,182	4,579	1,243	3.6	2.6	0.5	20.1	1.4
9	한일현대시멘트	13,960	2,698	4,076	5,010	492	83.7	5.5	0.7	12.1	5.0
10	유진기업	3,385	2,617	10,029	14,405	557	97.8	4.7	0.3	5.6	5.0
11	에스와이	4,185	2,047	1,700	5,702	-128	97.6	-16.0	1.2	-7.5	-
12	성신양회	8,070	1,978	5,547	11,741	691	87.8	2.9	0.4	12.5	4.3
13	삼화페인트	6,950	1,891	3,138	6,394	199	47.2	9.5	0.6	6.3	5.8
14	에스와이스틸텍	6,140	1,879	480	-	-	49.1	-	3.9	-	0.8
15	남선알미늄	1,426	1,841	3,128	3,113	27	6.8	68.4	0.6	0.9	-
16	동양	763	1,821	7,876	8,445	24	31.5	76.8	0.2	0.3	5.2
17	강남제비스코	26,300	1,710	6,178	6,447	197	22.2	8.7	0.3	3.2	1.9
18	노루페인트	8,530	1,706	3,926	7,892	302	14.3	5.6	0.4	7.7	3.8
19	보광산업	3,895	1,415	979	760	146	53.4	9.7	1.4	14.9	7.7
20	벽산	2,005	1,355	2,814	6,515	295	75.9	4.6	0.5	10.5	3.0

건자재

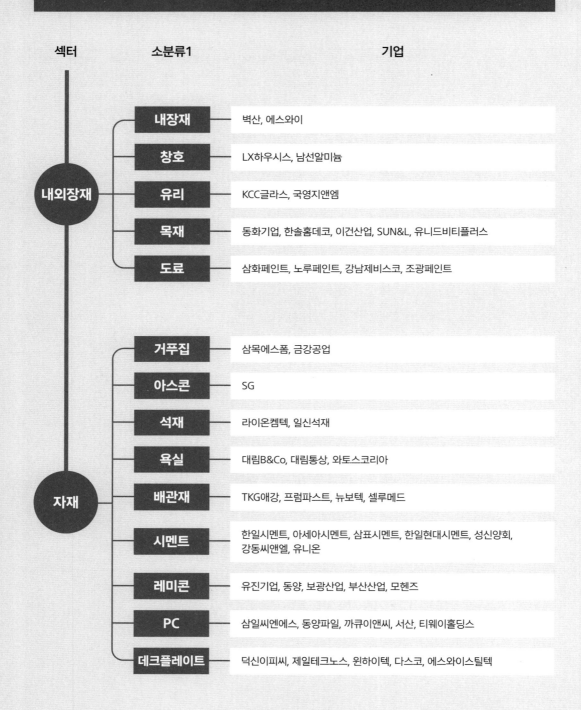

섹터	소분류1	기업
내외장재	내장재	벽산, 에스와이
	창호	LX하우시스, 남선알미늄
	유리	KCC글라스, 국영지앤엠
	목재	동화기업, 한솔홈데코, 이건산업, SUN&L, 유니드비티플러스
	도료	삼화페인트, 노루페인트, 강남제비스코, 조광페인트
자재	거푸집	삼목에스폼, 금강공업
	아스콘	SG
	석재	라이온켐텍, 일신석재
	욕실	대림B&Co, 대림통상, 와토스코리아
	배관재	TKG애강, 프럼파스트, 뉴보텍, 셀루메드
	시멘트	한일시멘트, 아세아시멘트, 삼표시멘트, 한일현대시멘트, 성신양회, 강동씨앤엘, 유니온
	레미콘	유진기업, 동양, 보광산업, 부산산업, 모헨즈
	PC	삼일씨엔에스, 동양파일, 까뀨이앤씨, 서산, 티웨이홀딩스
	데크플레이트	덕신이피씨, 제일테크노스, 윈하이텍, 다스코, 에스와이스틸텍

금속 업종

05

금속 업종은 '철강'과 '비철금속'의 2개 섹터로 구성했다.
철강 섹터는 '원재료-제품-유통-제조사'의 공급사슬에 따라 '종합, 원재료, 첨가제, 제품, 유통'으로
분류했다. 비철금속은 원재료를 전량 수입하기 때문에 이 섹터에는 2차 가공하거나 완제품을 만드는
기업들이 속하며, 원재료 종류별로 분류했다.

업종	섹터	종목 수	소분류
금속	철강	70	종합, 원재료, 첨가제, 제품, 유통
	비철금속	23	금, 아연, 동, 알루미늄, 공업용 다이아몬드

업종
분류

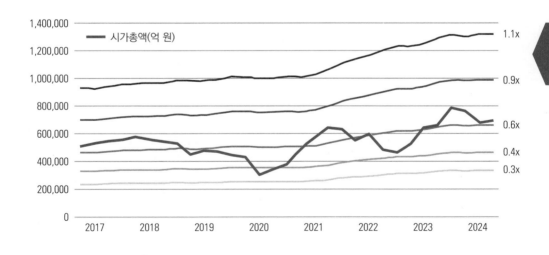

PBR
밴드

철강

철강 섹터는 제조 공정과 생산 방식에 따른 제품의 차별성을 이해하는 데서 출발해야 한다. 기업마다 주력 제품이 다르고 제품마다 소비처가 달라서 각 제품의 수요-공급 변화를 제대로 이해하기가 어렵기 때문이다

철강 제조 공정

철강은 철에 결합된 산소, 탄소, 불순물을 제거해서 제조한다. 높은 열을 가하고 중간에 합금철이나 탈산제 등의 첨가제를 넣어 원하는 철강 제품을 생산한다.

철강 제조 방식은 용광로를 사용하는 방식(고로)과 전기를 사용하는 방식(전기로)으로 나뉜다. 고로와 전기로 방식은 원재료와 제조 공정이 다르다. 방식별 제조 공정은 [그림 3-19]와 같다.

고로는 철광석, 석회석, 유연탄을 가지고 소결과 코크스 과정을 거친 다음 용광로에 넣어 쇳물을 얻는 방식이다. 소결은 가루 형태인 철광석을 덩어리 형태인 소결광으로 만드는 과정이고, 코크스는 유연탄을 숯으로 만드

[그림 3-19] 철강 제조 공정

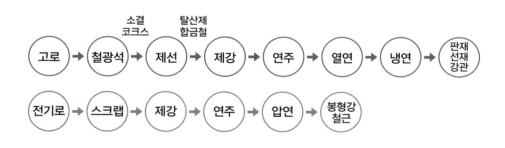

는 과정이다. POSCO홀딩스는 파이넥스 공법의 신기술로 소결과 코크스 과정을 생략해 중간 오염 물질과 관련 비용을 줄이고 있다.

제선은 고로에 철광석을 넣고 쇳물(용선)을 얻는 과정을 가리킨다. 전기로는 철스크랩(고철)을 원재료로 사용하기 때문에 제선 과정이 없다.

제강은 제선으로 얻은 쇳물(용선)에서 불순물을 제거하고 깨끗한 쇳물(용강)을 얻는 과정이다. 이때 잘 늘어나고 강한 반제품을 얻기 위해 합금철(합금강을 제조할 때 사용)이나 탈산제 등의 첨가제를 넣는다.

전기로는 철스크랩을 이용한 제강으로 공정을 시작한다. 성분이 일정하지 않은 고철을 사용하므로 표면이 매끄러운 제품을 생산하는 데 한계가 있어서, 전기로로 생산하는 철근과 봉형강 등은 건설 현장에 사용된다.

연주는 제강 과정을 거친 쇳물(용강)을 주형에 넣고 슬래브나 빌릿 등의 형태로 만드는 과정이다.

압연은 슬래브나 빌릿 등을 늘이거나 얇게 만드는 공정으로, 열간압연(약칭 열연)을 거쳐 냉간압연(약칭 냉연)으로 이어진다. 열간압연은 슬래브를 재결정 온도 이상으로 가열하는 과정으로, 결과물은 표면이 거칠고 두꺼워 조선, 파이프, 산업 기계에 사용된다. 냉간압연으로는 매끄럽고 얇은 강판이 생산되어 자동차, 가전, 사무용품 등에 쓰인다.

철강 제품의 종류와 기업

고로와 전기로는 원재료와 생산 방식이 달라서 단계마다 생산하는 제품이 다르다. 고로에서는 열연강판, 후판, 선재를 생산하고 이를 재가공해 냉연강판, 표면처리강판, 강관, 와이어로프 등을 만든다. 전기로에서는 철근, 봉강, 형강, 특수강인 스테인리스강판을 만든다.

[그림 3-20]은 철강 업종의 생산 방식에 따른 제품을 정리한 생산 계통도이며, 여기 속하는 기업을 분류해보면 다음과 같다.

[그림 3-20] 철강 생산 방식에 따른 계통

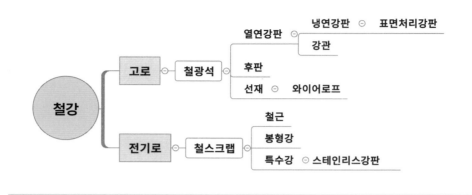

첫째, 고로 기업이다. 고로 방식의 일관 생산 시스템을 갖춘 기업은 POSCO홀딩스와 현대제철이다. 고로 방식은 초기 투자 비용이 매우 높고, 높은 기술력을 요구하며, 제품의 질도 높다. 또한 여러 철강 제품을 만들 수 있는 반제품을 공급하는 최상위 부문이어서 마진율이 상대적으로 높다. 고로의 주요 제품은 강판으로서 열연강판과 이를 재가공한 냉연강판, 후판이 있다. 강관과 냉연강판 등 재가공 제품을 생산하는 기업은 고로 기업에서 열연강판을 구입해야 한다.

둘째, 전기로 기업이다. 전기로는 고철을 원재료로 철근, 봉형강, 특수강을 생산한다. 전기로를 갖춘 기업은 현대제철, 동국씨엠, 세아베스틸지주, 한국철강, 대한제강, 한국특강이다. 전기로 생산 제품은 다소 품질이 떨어져 고로에 비해 마진율이 낮다.

셋째, 냉간압연 기업이다. 냉간압연 기업은 열연강판을 저온에서 도금하는 과정을 거친 냉연강판, 아연을 칠한 아연도금강판, 페인트를 칠한 컬러강판을 제조, 판매한다. 냉연강판과 표면처리강판은 표면이 매끄러워 자동차, 가전제품 등에 사용된다. 냉간압연 기업으로 KG스틸, 동국산업, 동국씨엠, 포스코스틸리온, TCC스틸 등이 있다.

넷째, 스테인리스강판 생산 기업이다. 스테인리스강판은 전기로의 철스크랩에 합금철 등의 원료를 섞어 만든 냉연강판으로 현대비앤지스틸, 황금에스티, 대양금속 등이 생산한다. 녹슬지 않고 내열성이 우수해 가전제품과 전자제품 등에 사용되며, 다른 냉연 제품에 비해 마진율이 좋다.

다섯째, 강관과 와이어로프 생산 기업이다. 강관은 열연코일로 제조해서 유류 등을 운반하는 데 사용된다. 미국에 셰일가스 개발 붐이 일었을 때 한국의 강관 수요가 폭발적으로 증가한 바 있다. 대표적인 강관 기업은 휴스틸과 세아제강이다. 와이어로프는 선재를 사용해 만드는 제품으로 고려제강과 만호제강이 생산한다.

여섯째, 제강 과정에 사용되는 첨가제를 생산하는 기업이다. 합금철은 합금강을 제조할 때 첨가하는 것으로 SIMPAC, 동일산업, 태경산업이 생산한다. 알루미늄 탈산제는 알루미늄 캔과 알루미늄 판재 등을 주원료로 해서 생산한다. 선철을 강철로 바꾸는 제강 과정에 첨가하면 과잉 산소를 없애 가공성이 우수한 강철이 만들어진다.

포스코엠텍과 피제이메탈이 주요 제조사로 POSCO홀딩스에 납품한다. 포스코엠텍은 알루미늄 탈산제 부문 매출이 총매출액의 34.3%(2024년 2분기 기준)에 불과한 반면, 피제이메탈은 60.1%로 포스코엠텍에 비해 비중이 크다. 포스코엠텍은 철강재 포장 사업이 비중이 높고, 피제이메탈은 알루미늄 탈산제 비중이 높다. 동일한 제품군을 보유하지만 매출액과 이익 변동 면에서 다르게 움직일 수 있으니 유의해야 한다.

일곱째, 철강 제품을 판매하는 유통 기업이다. 철강 제품을 구입해 철강 판매사에 재판매하는 기업으로서 이익이 마진에 좌우된다. 철강 수요가 좋을 때는 이익을 취하는 것이 수월하겠지만, 수요가 저조할 때는 밑지고 파는 경우도 발생한다. 최전방에 위치한 기업의 한계.

[표 3-7] 철강 제품의 사용처

	제품	사용처
강관	배관용, 기계용, 일반 구조용	유정관, 가스 파이프, 기계, 항공기 등
강판	후판, 중판, 박판	조선, 차량, 기계 등
봉강	원형강, 사각강	자동차, 조선
선재	강선, 로프	철망, 철사, 용접봉, 로프 등
형강	H형강, I형강, ㄱ형강, ㄷ형강	건축용 기둥재 등

철강 업종의 기업은 POSCO홀딩스와 현대제철에서 반제품을 구입해서 재가공, 판매한다. 따라서 철강 업종은 POSCO홀딩스와 현대제철을 상위로 해서 순차적으로 연결된 공급사슬이다. 상위 공정에 위치할수록 고로나 전기로 등의 시설 투자 비용이 많이 들고 기술력이 필요하기 때문에 경쟁이 적고 상대적으로 마진율이 높다.

[표 3-7]에 철강 제품의 사용처를 정리했다.

철강 업황을 좌우하는 것

철강 산업은 수요와 공급에 좌우된다. 철강은 현대 문명의 쌀이라고 표현할 만큼 다양한 곳에 쓰인다. 따라서 경기가 활황일 때 수요가 늘어나고 가격도 상승할 조건이 마련된다. 반대로 경기가 침체 국면이면 수요는 줄고, 팔다 남은 재고량이 넘쳐나 가격은 하락하지만 고정자산에 투입된 비용은 그대로여서 철강 기업들의 수익성이 더욱 악화한다. 철강 업황을 좌우하는 주요 요인을 살펴보자.

첫째, 철강의 수요와 공급처다. 철강의 생산과 소비의 최대 국가는 중국이다. 중국이 글로벌 철강 생산량의 절반 이상을 공급한다. 2023년 기준 전 세계 철강 생산량 18억 5,000만 톤 중 중국이 10억 2,000만 톤을 생산했고

[표 3-8] 한국과 세계의 조강 생산량(2022~2024/06)

(단위: 백만 톤)

	2022년	2023년	2024년 상반기
세계	1,832	1,859	955
한국(비중)	66(3.6%)	67(3.6%)	32(3%)

자료: POSCO홀딩스

한국은 3.6%인 6,700만 톤을 생산했다.

중국은 자국의 철강 소비 능력이 줄면 해외로 수출한다. 이렇게 되면 철강 수출국은 경쟁 심화와 더불어 철강 가격 하락을 겪게 된다. 2024년 기준 이러한 상황이 연출되고 있다. 중국이 부동산 침체 등에 따른 소비 감소로 철강 소비가 줄자 밀어내기식 수출이 증가했다. 이로 말미암아 한국 철강 업계는 중국 제품과 힘겨운 가격 경쟁을 펼치고 있다. 중국의 경기를 눈여겨봐야 할 대목이다.

둘째, 원재료 가격이다. 철강의 주요 원재료는 철광석과 유연탄, 철스크랩이다. 철광석은 고로에 사용되고 철스크랩은 전기로에 사용된다. 따라서 철광석 가격 변동에 따른 철강 제품 가격의 전가 정도가 철강 기업의 수익성을 좌우한다. POSCO의 냉연 제품과 뉴욕상품거래소에서 거래되는 철광석 선물 가격을 비교해 살펴보자. [그림 3-21]에서 보이는 것처럼 철광석 가격은 지난 2021년 고점을 찍은 후 평균 가격대로 회귀했다.

2021년 철광석 가격은 전년 대비 40.3%나 상승한 반면, POSCO에서 판매하는 냉연 제품의 가격은 겨우 36% 상승했다. 그럼에도 2021년 POSCO 영업이익이 최대치를 기록한 것은 2020년 철광석 가격이 전년 대비 50% 하락했기 때문이다([그림 3-22] 참조).

2021년의 철광석 가격 급등은 다음 해부터 영향을 미쳤다. POSCO 영업이익은 2022년 34%, 2023년 2분기 50% 감소했다. 철광석 가격이 급등했

[그림 3-21] 뉴욕상품거래소의 철광석 선물 가격(2015~2024)

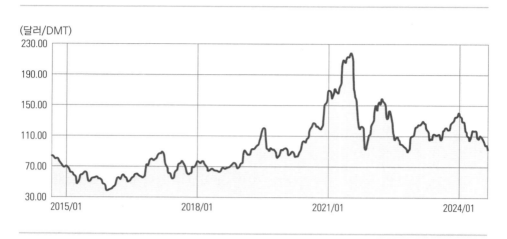

자료: 네이버

[그림 3-22] POSCO 영업이익과 철광석 스프레드(2015~2023)

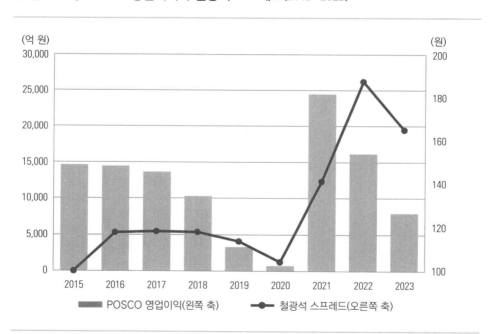

지만 제품 가격은 고작 50~70% 인상하는 데 그쳤기 때문이다. 2022년에 원재료-제품 가격 스프레드가 최대치로 벌어졌음에도 원재료 가격 상승이 워낙 커서 영업이익 감소 추세를 바꾸지는 못했다. 2023년 2분기 기준 냉연 제품 가격은 도리어 하락 추세여서 원재료 가격 부담이 지속될 가능성이 높아 보인다.

철강의 주요 플레이어인 5대 그룹

한국 철강 섹터에는 상장기업이 70개 있다. 이들은 대부분 그룹으로 묶여 있고, 그룹마다 제조하는 제품이 다르다. 철강 섹터는 공급사슬과 함께 철강 기업을 집단으로 아우르는 그룹을 알면 더욱 깊이 이해할 수 있다.

한국 철강업을 이끄는 것은 POSCO 그룹, 현대 그룹, 세아 그룹, 동국 그룹, KG 그룹의 5개 그룹이다.

① POSCO 그룹

POSCO 그룹 ➡ POSCO홀딩스
- POSCO: 철강
- 포스코인터내셔널: 유통
- POSCO이앤씨: 건설
- 포스코퓨처엠: 전기차 소재

POSCO 그룹은 지주사 역할을 하는 POSCO홀딩스와 '철강, 무역, 이차전지 소재, 건설'의 계열사를 포함하고 있다. 부문별 사업 비중은 [표 3-9]와 같다.

POSCO 그룹의 핵심 사업은 철강과 무역으로 매출액과 영업이익의 절반 이상을 창출하고 있다. POSCO홀딩스는 위 네 개 기업을 종속기업(실질적으로 지배하거나 50% 이상의 지분을 소유)으로 인식해 연결손익계산서상의

[표 3-9] POSCO 계열사의 사업 비중(2024년 2분기 기준)

사업 부문	매출액 비중	영업이익 비중	계열사
철강	49%	34%	POSCO(비상장)
무역	34%	24%	포스코인터내셔널
건설	8%	3%	포스코이앤씨(비상장)
이차전지 소재	3%	-1%	포스코퓨처엠

영업이익에 반영한다. 따라서 POSCO홀딩스의 영업 실적은 철강과 무역 부문의 업황에 지대한 영향을 받지만, 주가는 매출액 비중이 미미해도 성장 기대감이 컸던 이차전지 소재 부문의 업황에 큰 영향을 받는다.

POSCO는 비상장이므로 철강에 주목해 투자를 고려한다면 POSCO홀딩스를 매수해야 하지만 위와 같이 타 사업 부문의 업황도 함께 봐야 한다. 철강 제조사인 POSCO는 고로를 갖춘 종합 제철 기업으로 열연, 냉연(53% 비중) 제품을 주력으로 하고 있다. 철강 섹터의 유통사들은 대부분 POSCO 제품을 개량, 유통 판매하는 역할을 한다.

② 현대 그룹

현대 그룹 ➡ **현대제철** ➡ **현대비앤지스틸: 스테인리스강판**

현대 그룹은 국내 전기로 생산 1위 기업인 현대제철을 모기업으로 한다. 현대제철은 기아와 현대차가 각각 17.27%와 6.87% 지분을 보유하고 있으며 계열사로 현대비앤지스틸을 두고 있다. 봉형강과 판재(현대비앤지스틸 스테인리스 냉연강판)를 주력 제품으로 하며 기아, 현대차, 현대건설, 현대로템 등의 계열사에 공급한다. 봉형강과 판재는 건설과 자동차 부문에서 많이 쓰이는 제품이다.

③ 세아 그룹

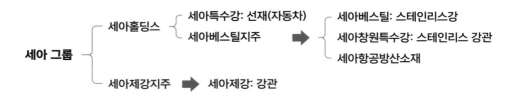

세아 그룹은 사촌지간인 오너 3세들이 '세아홀딩스'와 '세아제강지주'라는 지주사를 운영한다. 세아홀딩스는 '세아특수강, 세아베스틸, 세아항공방산소재'를 주력 기업으로, 세아제강지주는 '세아제강'을 주력 기업으로 지배하고 있다.

세아홀딩스 산하 기업들은 스테인리스강과 강판, 선재를 주력으로 생산한다. 최근 우주항공 산업이 성장하리라는 기대감이 높아지면서 세아항공방산소재의 성장성이 주목받고 있다.

한편 세아제강지주의 계열사인 세아제강은 배관과 유정에 사용되는 강관을 생산한다. 유정용 강관을 미국에 수출하며 수출하는 비중이 58%에 달한다.

④ 동국 그룹

동국 그룹은 지주사인 동국홀딩스가 동국제강, 동국씨엠, DKSM(멕시코

법인)을 지배한다. 동국제강은 봉형강, 동국씨엠은 컬러강판, DKSM은 냉연강판을 주력으로 한다. 봉형강은 건설 현장에서 쓰이고 컬러강판은 가전제품에 주로 쓰이므로 해당 업황에 큰 영향을 받는다. DKSM은 가전용 컬러강판, 도금강판을 생산하며 미국의 업황에 영향을 받는다.

⑤ KG 그룹

KG 그룹은 KG케미칼이 지주사 역할을 하며, KG에코솔루션을 통해 KG스틸을 지배한다. KG모빌리티와 KG스틸은 쌍용차와 동부제철을 인수한 후 사명을 바꾼 것이다. KG스틸은 냉연과 도금강판을 주력 제품으로 하며

[표 3-10] 철강사별 실적 비교(2024년 2분기 연환산 기준)

기업	매출액(억 원)	당기순이익(억 원)
POSCO	635,387	25,567
현대제철	243,766	-405
현대비앤지스틸	9,115	85
세아베스틸지주	37,715	854
세아특수강	10,102	10
세아제강	17,560	1,318
동국제강	40,690	1,555
동국씨엠	21,978	512
KG스틸	34,002	1,660

이들 제품은 가전제품과 자동차 등에 사용된다.

철강사별 실적을 [표 3-10]에 정리했다

비철금속

비철금속은 종류가 다양하지만 국내에서 생산되는 것은 거의 없고 전량 수입에 의존한다. 비철금속 부문의 상장기업은 '금, 동(구리), 알루미늄, 아연, 공업용 다이아몬드' 부문에 있다.

동(구리)은 전기 전도성과 열 전도성이 뛰어나 전선, 배선, 전자제품의 부품 등에 필수로 사용된다. 또 부식 방지가 탁월해서 자동차, 선박, 항공기 분야의 주요 부품에 사용된다. 그래서 경기에 민감하며 경기가 좋을 때 수요가 살아난다. 2020년 상반기 코로나19가 덮치면서 글로벌 경기 침체 우려가 높아졌고 구리 가격도 급락했다. 그러나 회복도 빨랐다.

한국 구리시장은 풍산이 50~80%를 점유하고 있다. 풍산은 구리 가격이 상승하면 이익도 함께 증가하는 경향을 띤다. 구리 가격이 2020년부터 상승해서 2022년 고점을 찍자, 풍산의 2020년과 2021년 영업이익도 전년 대비 194%, 159%로 크게 상승했다. 원재료 가격 상승분을 제품 가격에 반영한 덕분이라고 유추할 수 있다.

또한 풍산은 매출액 중 수출 비중이 50%가 넘어 원/달러 환율에도 적잖은 영향을 받는다. 2020~2022년 원/달러 환율이 1,000원대에서 1,400원대로 상승한 것도 영업이익 증가에 일조했다.

아연은 공기 중에서 막을 형성해 부식을 막아주므로 자동차와 가전제품의 외장재, 건설용 철강재의 부식 방지 도금 원료로 쓰인다. 2020년 코로나19 이후 가격이 2배 이상 급등하기도 했다. 아연은 고려아연과 영풍이 독점하고 있다. 아연은 전기차 배터리에 쓰이는 소재로 향후 성장성이 좋아서 비철금속계의 대표 주자로 손색이 없다.

알루미늄은 제련과 가공을 거쳐 봉, 섀시, 판, 박 등의 제품으로 탄생하는데, 원재료인 보크사이트를 전기 제련해 제조한다. 알루미늄 부문 상장기업들은 1차 제련 과정을 거친 알루미늄 잉곳을 수입한 다음 용해·주조 과정을 거쳐 제품을 만들어 판매한다.

공업용 다이아몬드는 연마와 절삭용 공구의 고급 소재이며, 흑연을 주원료로 해서 생산한다. 세계에서 3~4개 기업만이 제품을 생산하며 한국에서는 일진다이아가 유일하다. 제품의 기술에 대한 진입장벽이 매우 높기 때문이다. 일진다이아의 사업보고서에 따르면 일진다이아와 제너럴일렉트릭, 남아공 드비어스가 글로벌 시장의 90% 이상을 지배하고 있다.

시가총액 상위 20개 종목의 지표 현황

연번	종목	주가 (원)	시가총액 (억 원)	자본총계 (억 원)	매출액 (억 원)	순이익 (억 원)	차입금 비율 (%)	PER (배)	PBR (배)	ROE (%)	배당수익률 (%)
1	POSCO홀딩스	320,000	264,398	554,472	741,866	13,526	54.0	19.5	0.5	2.4	3.1
2	고려아연	1,146,000	237,260	95,020	101,413	5,504	15.9	43.1	2.5	5.8	1.3
3	현대제철	24,100	32,160	190,770	243,766	-405	80.2	-79.3	0.2	-0.2	4.1
4	풍산	63,700	17,851	21,071	42,416	2,054	44.5	8.7	0.8	9.7	1.9
5	TCC스틸	40,000	10,485	2,398	5,958	190	120.8	55.3	4.4	7.9	0.2
6	세아베스틸지주	23,950	8,589	19,792	37,715	854	50.0	10.1	0.4	4.3	5.0
7	영풍	449,000	8,271	38,564	34,187	-136	32.5	-60.8	0.2	-0.4	2.2
8	삼아알미늄	47,350	6,966	2,525	2,620	4	50.4	1,789.5	2.8	0.2	0.2
9	KG스틸	6,830	6,831	19,144	34,002	1,660	50.7	4.1	0.4	8.7	2.9
10	포스코엠텍	16,020	6,671	1,172	3,373	53	0.9	127.0	5.7	4.5	0.2
11	고려제강	19,580	4,895	17,403	17,635	720	14.0	6.8	0.3	4.1	1.8
12	동국제강	7,890	3,914	17,390	40,690	1,555	54.0	2.5	0.2	8.9	8.9
13	한국철강	9,220	3,914	7,988	7,330	407	0.0	9.6	0.5	5.1	4.3
14	동국산업	6,590	3,575	3,888	7,896	143	78.8	25.0	0.9	3.7	2.0
15	대한제강	14,940	3,498	7,657	12,475	590	6.9	5.9	0.5	7.7	3.3
16	세아제강	120,100	3,406	10,307	17,560	1,318	17.6	2.6	0.3	12.8	6.7
17	에이치브이엠	26,250	3,124	739	–	–	52.4	–	4.2	–	–
18	넥스틸	11,080	2,881	4,553	4,750	486	33.1	5.9	0.6	10.7	6.3
19	KG에코솔루션	5,190	2,574	13,043	70,999	660	104.1	3.9	0.2	5.1	2.3
20	SIMPAC	3,915	2,562	5,884	6,688	-39	39.4	-66.1	0.4	-0.7	2.6

금속

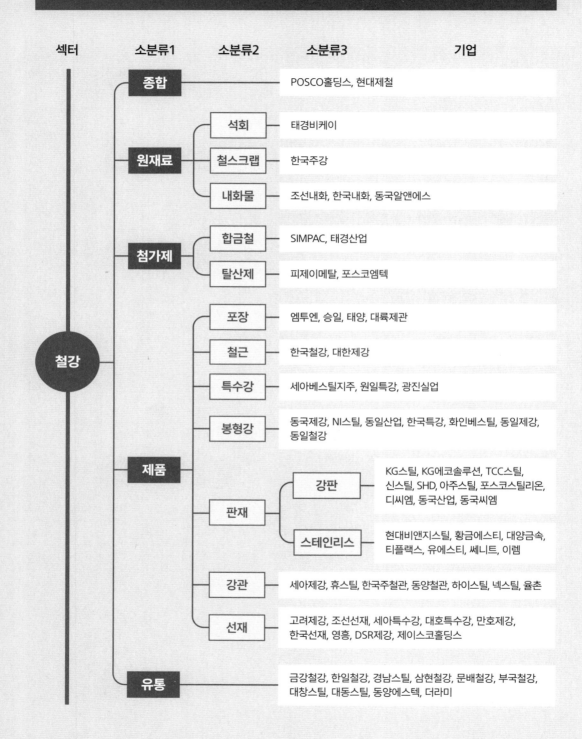

섹터	소분류1	소분류2	소분류3	기업
철강	종합			POSCO홀딩스, 현대제철
	원재료	석회		태경비케이
		철스크랩		한국주강
		내화물		조선내화, 한국내화, 동국알앤에스
	첨가제	합금철		SIMPAC, 태경산업
		탈산제		피제이메탈, 포스코엠텍
	제품	포장		엠투엔, 승일, 태양, 대륙제관
		철근		한국철강, 대한제강
		특수강		세아베스틸지주, 원일특강, 광진실업
		봉형강		동국제강, NI스틸, 동일산업, 한국특강, 화인베스틸, 동일제강, 동일철강
		판재	강판	KG스틸, KG에코솔루션, TCC스틸, 신스틸, SHD, 아주스틸, 포스코스틸리온, 디씨엠, 동국산업, 동국씨엠
			스테인리스	현대비앤지스틸, 황금에스티, 대양금속, 티플랙스, 유에스티, 쎄니트, 이렘
		강관		세아제강, 휴스틸, 한국주철관, 동양철관, 하이스틸, 넥스틸, 율촌
		선재		고려제강, 조선선재, 세아특수강, 대호특수강, 만호제강, 한국선재, 영흥, DSR제강, 제이스코홀딩스
	유통			금강철강, 한일철강, 경남스틸, 삼현철강, 문배철강, 부국철강, 대창스틸, 대동스틸, 동양에스텍, 더라미

금속

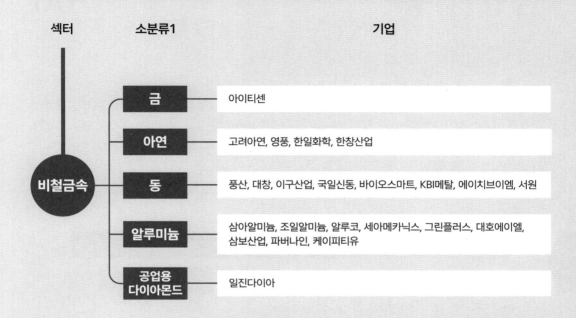

섹터	소분류1	기업
비철금속	금	아이티센
	아연	고려아연, 영풍, 한일화학, 한창산업
	동	풍산, 대창, 이구산업, 국일신동, 바이오스마트, KBI메탈, 에이치브이엠, 서원
	알루미늄	삼아알미늄, 조일알미늄, 알루코, 세아메카닉스, 그린플러스, 대호에이엘, 삼보산업, 파버나인, 케이피티유
	공업용 다이아몬드	일진다이아

금융 업종

06

금융 업종은 '은행, 증권, 보험, 부동산, 기타'의 5개 섹터로 구성했다.

핀테크(fintech)는 금융(finance)과 테크놀로지(technology)의 합성어로 금융과 IT 업종의 경계를 허물었고 결제 부문이 대표 분야다. 이전 책에서는 '금융' 업종으로 분류했으나 이번에는 IT 업종으로 분류했다. 금융 업무를 수행하고는 있지만 재무적·사업적 특성은 제조업과 더 가깝다고 판단했기 때문이다.

'기타' 섹터의 벤처캐피털에는 벤처기업을 발굴해 투자하는 기업을 모았다.

업종 분류

업종	섹터	종목 수	소분류
금융	은행	12	시중은행, 지방 은행, 저축은행
	증권	22	
	보험	13	생명보험, 손해보험, 재보험, 대리점
	부동산	29	리츠, 신탁, 개발 임대
	기타	31	벤처캐피털, 카드, 금융, 신용정보

PBR 밴드

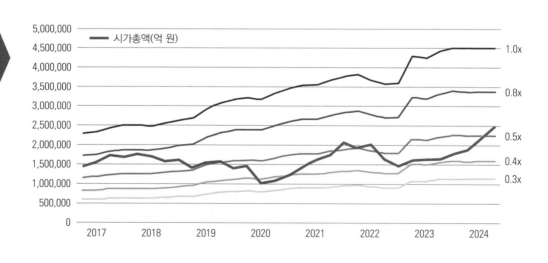

금융 업종의 수익과 부채

자본주의는 분업과 교환이 체제화된 사회다. 즉 필요한 재화는 시장에서 자유로이 구입해 사용하는 시스템이다. 이 시스템에서 화폐는 교환을 매개하고 가치를 측정, 축적하는 중추적인 역할을 담당한다. 화폐가 없으면 자본주의가 불가능하다.

오늘날 화폐를 다루는 일차적인 관문은 은행이다. 중앙은행은 화폐를 발행하고 조절하고, 시중은행은 신용을 창출해 자본주의 경제 시스템을 원활하게 기능케 한다. 자본의 규모가 커지면서 주식회사가 만들어지며 증권업이 탄생했고, 해운업과 같은 높은 리스크를 분산하는 보험업이 태동했다. '은행, 증권, 보험' 업종을 포함해 금융 업종이라 칭한다.

금융 업종은 돈을 다루는 기업이어서, 기업의 자산과 수익을 인식하는 재무제표 작성이 제조업과 사뭇 다르다. 그래서 금융 업종 재무제표의 차별성을 알아보고자 한다.

첫째, 금융사는 고객의 예치금을 기반으로 수익 활동을 펼친다. 고객의 예치금은 재무상태표의 예수부채(보험사는 보험계약부채)로 인식하고, 이 자산으로 대출과 유가증권 등의 투자활동을 통해 수익을 창출한다. 이는 손익계산서상에 이자수익, 수수료수익, 투자수익 등의 항목으로 인식한다. 이와 같은 활동을 [그림 3-23]에 간단하게 정리했다.

둘째, 금융사는 제조업 대비 부채비율이 높다. 상장된 은행, 증권, 보험업 기업들의 부채비율은 600~1,400%다([표 3-11] 참조). 이렇게 높은 것은 고객의 예치금을 부채 항목으로 인식하는 예수부채 때문이다. 향후 고객에게 돌려주어야 할 돈이므로 부채로 인식하는 것이다.

그러나 금융사 입장에서는 이 돈이 영업활동의 기반이 되므로, 많을수록 수익의 파이가 커질 수 있다. 금융사가 보다 높은 금리 혜택을 제공하는 등의 프로모션을 진행하는 것은 예수부채를 늘려 수익의 폭을 넓히려는 영업 활동의 일환이다. 그러므로 부채비율이 높다고 해서 위험한 기업이라고 판단하면 안 된다.

[그림 3-23] 금융사의 영업활동 흐름도

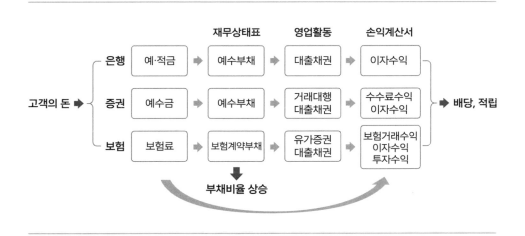

[표 3-11] 은행사별 예수부채와 부채비율(2024년 2분기, 연결 기준)

	예수부채(억 원)	부채비율
KB금융	4,129,844	1,116%
신한지주	3,949,313	1,128%
하나금융지주	3,770,103	1,373%
우리금융지주	3,552,662	1,391%
메리츠금융지주	25,414	1,309%
미래에셋증권	119,734	1,266%
NH투자증권	74,992	791%
삼성증권	146,843	753%
삼성생명	1,916,851	610%

셋째, 금융사의 손익계산서는 '매출액' 대신 '이자수익, 수수료수익, 보험 거래수익, 투자수익'으로 인식한다. 제조업의 손익계산서는 매출액이 첫 항목으로 기재되어 있다. 반면 '은행, 증권, 보험' 기업의 손익계산서는 '○○손익'이 첫 항목으로 등장한다. 제조업의 손익계산서 항목 흐름과 확연히 달라서 당황스럽기까지 하다.

금융사는 각 영업활동에서 발생한 수익 항목을 매출액에 대신한다. 은행은 대출로 벌어들인 수익을 이자수익으로, 증권은 거래 대행과 대출로 벌어들인 수익을 이자수익과 수수료수익으로, 보험은 보험 거래와 대출, 유가증권 등의 수익을 보험거래수익, 이자수익, 투자수익으로 인식한다. 그리고 이 과정에서 발생한 비용을 영업비용으로 차감한 후에 '영업이익'을 인식한다. 각 수익의 원천이 다르므로 수익 항목의 차이를 통해 각 기업의 영업활동을 파악할 수 있는 이점이 있다.

금리 인상으로 수익이 커지는 은행과 보험사

은행과 보험사는 금리가 상승할수록 이익이 증가한다. 금리가 상승할 때는 대출 금리가 예금 금리보다 빠르게 상승해서 예대 마진이 커지기 때문이다. 실제로 한국의 은행과 보험사들은 금리 인상이 시작된 2021년부터 당기순이익이 급증했다. [그림 3-24]는 국내 상장된 12개 은행과 22개 보험사의 합산 당기순이익과 장기 금리를 비교한 것이다.

2020년 1.50%였던 장기 금리가 2021년 2.06%로 0.56%포인트 상승하자 은행의 당기순이익은 2020년 13조 8,034억 원에서 2021년 19조 1,039억 원으로 38% 급증했고, 보험사의 당기순이익도 2020년 3조 5,330억 원에서 2021년 5조 9,255억 원으로 67.7%나 급증했다. 이후 2023년까지 인상된 금리가 유지되었고, 은행과 보험사의 당기순이익은 이익 수준을 유지하고 있다. 이렇게 당기순이익이 늘어나자 은행과 보험사는 배당금을 늘렸고

[그림 3-24] 장기 금리와 금융 업종의 당기순이익 비교(2016~2023)

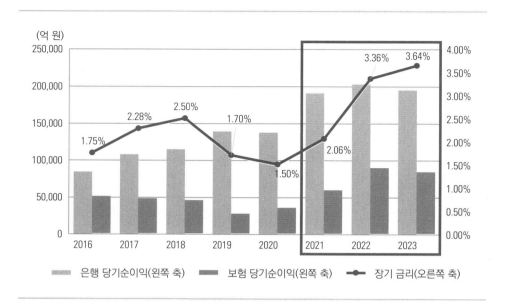

[표 3-12] 시중은행과 보험사의 주당 배당금(2018~2023)

(단위: 원)

	2018	2019	2020	2021	2022	2023
KB금융	1,920	2,210	1,770	2,940	2,950	3,060
신한지주	1,600	1,850	1,500	1,960	2,065	2,100
삼성생명	2,650	2,650	2,500	3,000	3,000	3,700
하나금융지주	1,900	2,100	1,850	3,100	3,350	3,400
삼성화재	11,500	8,500	8,800	12,000	13,800	16,000
우리금융지주	0	700	360	900	1,130	1,000
기업은행	690	670	471	780	960	984
DB손해보험	2,000	1,500	2,200	3,500	4,600	5,300
현대해상	1,130	880	1,000	1,480	1,965	2,063
BNK금융지주	300	360	320	560	625	510
JB금융지주	180	300	374	599	835	855

주주의 배당수익률이 높아지며) 주가도 한 단계 레벨업되는 선순환을 밟았다. [표 3-12]에서 보는 바와 같이 모든 은행이 2021년에 전년 대비 배당금을 대폭 늘렸다.

은행

은행은 예금을 받아 대출을 해주고 예금 이자와 대출 이자의 차이를 이익으로 취한다. 예를 들어 대출 금리 5%에 예금 금리 2%라면, 은행은 2%로 돈을 빌려 5%로 빌려주면서 3%포인트의 마진을 취하게 된다. 이것이 예대 마진이다. 은행 수익의 원천은 예대 마진이므로 대출을 늘려야 수익이 커진다. 대출을 늘리기 위해선 예금을 늘려야 한다. 은행들이 예금 수신에 힘쓰는 이유다.

그런데 예금 금리와 대출 금리는 왜 다를까? 은행은 주로 단기로 자금을 빌리고 장기로 대출해준다. 이때 예금과 대출의 금리를 좌우하는 요인이 달라서 금리 차가 발생한다.

금리는 만기가 긴 것이 짧은 것보다 높아서 대체로 양도성예금증서(CD) 91일물보다 국고채 10년물의 금리가 높다. 오랜 기간 자금이 묶이는 데 따른 위험을 보상하는 차원이다. 그런데 때로는 장기 금리가 단기 금리보다 낮은 경우도 발생한다. 단기 금리는 각 국가의 중앙은행 기준금리에 의해 결정된다. 우리나라는 한국은행이 기준금리를 통해 통화 정책을 편다. 기준금리는 은행 간에 돈을 빌려주는 금리인 단기 금리와 예금 금리에 영향을 준다. 장기 금리는 장기 경기 전망을 반영한다.

채권과 은행 간 대출 거래는 국경을 넘어 자유로운 공개 시장 내에서 이루어지고, 여기에서 3년 이상의 다양한 국채 금리가 결정된다.

이처럼 단기 금리와 장기 금리에 영향을 미치는 변수가 다르기 때문에 이 두 금리는 독립적이며 때로는 같은 방향으로, 때로는 다른 방향으로 움직인다. 단기 금리와 장기 금리가 같은 방향으로 움직인다면 장단기 금리 차는 변동이 없으므로 은행 수익에 영향이 없을 것이다. 그러나 단기 금리와 장기 금리가 서로 다른 방향으로 움직인다면 장단기 금리 차가 커지거나 작아진다. 금리 차가 커지면 은행 수익이 좋아지고, 작아지면 악화된다.

또한 장단기 금리 차가 커지면 코스피지수가 상승하고 금리 차가 작아지면 코스피지수가 하락하는 경향을 보인다. 금리 차가 커지면 은행의 수익성이 좋아지면서 주식시장도 동반 상승하는 경향을 보이는 것이다.

기준금리가 상승하면 은행은 제일 먼저 대출 금리를 상향 조정한다. 예금 금리는 아주 천천히, 조금 조정하는 데 그친다. 그래서 예대 마진이 극대화되면서 은행 수익이 급격히 늘어난다. 하지만 장기적인 금리 인상 추세는 은행에 바람직하지 않다. 대출 수요가 줄고, 부동산 가격이 하락하고, 기업이 부실해질 가능성이 커지기 때문이다.

그러나 2019년 같은 반대의 경우도 발생한다. 장단기 금리 차가 마이너스로 전환되었음에도 불구하고 코스피지수가 상승했다. 금리는 보통 경기 침체를 예고하지만 주식시장은 달아오른 경우였다. 금융시장에는 예상치 못한 상황이 언제든 벌어질 수 있다.

증권사

증권사는 자산 운용은 물론 주식 거래 중개, 신규 기업의 상장 업무 등을 통해 수익을 올린다. 증권사의 수익원을 세분하면 다음과 같다.

첫째는 위탁 매매 수수료다. 증권사가 주식을 위탁받아 매매를 대행하고

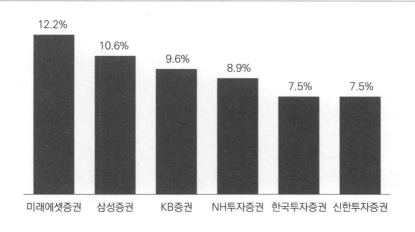

[그림 3-25] 주요 증권사의 수탁 수수료 시장점유율(2024년 1분기 기준)

미래에셋증권 12.2%
삼성증권 10.6%
KB증권 9.6%
NH투자증권 8.9%
한국투자증권 7.5%
신한투자증권 7.5%

자료: 삼성증권

수수료를 받는 것이다. 주식시장이 활황일 때 매매가 더욱 활발히 일어난다. 당연하게도 주식시장이 좋아야 증권사 이익이 증가한다. 그런데 증권사 간 경쟁이 치열해지면서 주식 매매 수수료를 줄이거나 아예 받지 않는 경우도 많아지고 있다.

[그림 3-25]는 2024년 1분기 기준 주요 증권사의 수탁 수수료(주식 거래 수수료, 파생 상품 거래 수수료, 해외 주식 거래 수수료 수익 등) 시장점유율을 비교한 것이다. 미래에셋증권이 12.2%로 1위를 차지했다.

둘째는 기업에 필요 자금을 조달하고 운용하는 활동, 즉 기업 금융 활동에서 발생하는 수익이다. 비상장기업의 주식시장 상장(IPO) 대행, 인수합병, 프로젝트파이낸싱 등이 대표적이다. 주식시장에 신규 상장하는 IPO가 활성화되면서 기업 금융은 증권사의 주요 수익원이 되고 있다. 코스닥 상장을 추진하는 기업이 증가해 기업 금융 부문의 수익 확보 기회 또한 더욱 늘어날 것으로 예상한다. 코스닥 공모시장은 바이오와 IT 업종 등을 포함한 고성장 기업의 자금 조달 수요가 증가하고 투자자의 관심이 커지면서 큰 폭으로 성장하고 있다.

셋째, 자기 매매에 의한 수익은 증권사가 보유한 자기 자본을 운용해 얻는 수익이다. 넷째는 펀드 등을 통해 모은 자산을 운용해 받는 수수료 수익이다.

보험사

보험은 '사람의 생사에 관해 약정한 급여의 제공을 약속하거나 우연한 사고로 인해 발생하는 손해의 보상을 약속하고 금전을 수수하는 것 등'을 업으로 한다. 보험 섹터는 생명보험, 손해보험, 재보험으로 분류된다.

생명보험은 '사람의 생존 또는 사망에 관한 보험'으로 2024년 1분기 기준 22개 기업이 사업을 영위하고 있다. 생명보험시장은 삼성생명, 한화생명, 교보생명이 50%를 점유하고 있다(출처: 삼성생명 사업보고서). 손해보험은 '우연한 사건으로 발생하는 손해로 인한 위험'을 보장하는 것으로 자동차보험, 화재보험, 해상보험, 보증보험 등이 이에 속한다. 재보험은 보험사의 계약을 다른 보험사가 인수하는 것으로 '보험을 위한 보험'이다. 즉 보험사의 보상 책임을 분담한다. 이에 따라 보험사는 위험 규모 대비 자사가 부담할 수 있는 책임 한도액을 정하고, 그 한도액을 초과하는 부분은 재보험을 통해 다른 보험사에 보상 책임을 전가해 경영 안정성을 확보한다.

보험사는 가입자가 낸 보험료를 운용해 수익을 창출한다. 고객에게 보험금을 지급한 후 남은 금액이 보험사의 수익이 된다. 보험사는 보험료를 부동산이나 채권 등에 투자, 운용하는데 저금리가 지속되면 투자 수익이 감소한다. 보험 업종은 금융 규제 때문에 주식 등 위험 자산 투자에 제약이

[표 3-13] 삼성생명의 자산 운용 비중(2024년 2분기)

종류	보유 비중	이익 비중
유가증권	80.1%	3.0%
대출	17.5%	3.7%
예금 및 신탁	0.8%	1.9%
부동산	1.5%	7.1%

자료: 삼성생명 사업보고서

따른다. 따라서 투자의 가장 많은 부분을 채권으로 운용하는데, 저금리 상황은 수익을 내기에 좋은 환경이 아니다. [표 3-13]에 정리한 삼성생명의 2024년 2분기 자산 운용 현황을 통해 이익 구조를 살펴보자.

보험사는 고객에게서 받은 보험료(예수부채에 해당)와 부채를 통해 자산을 형성하고 이를 다양한 상품에 투자해 수익을 만드는 영업 모델을 가지고 있다. 삼성생명은 자산의 80.1%를 유가증권 상품에 투자했고 이를 통해 총이익의 3%를 달성했다. 보험사는 통상 금리 인상에 유리한 업종으로 판단한다. 보험사가 보유한 채권 등의 유가증권과 대출에서 창출하는 수익이 증가하기 때문이다. 특이한 점은 부동산 자산으로, 보유 비중은 1.5%에 불과하지만 이익 비중은 7.1%로 가장 높았다. 부동산 가격 상승과 임대료 수익에 따른 것으로 보인다.

부동산 대체 투자 수단인 리츠

리츠는 부동산이나 부동산 관련 증권 등을 운용하거나 투자해서 수익을 얻은 다음 이를 투자자에게 돌려주는 회사다. 빌딩, 호텔, 오피스텔 등에 투

[그림 3-26] 리츠의 기본 구조

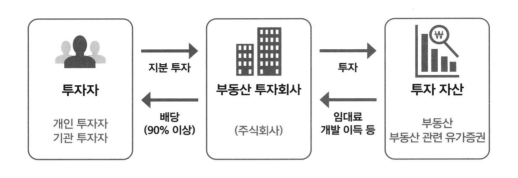

자료: 국토교통부 리츠관리시스템

자해서 임대료 수익과 배당수익을 얻고 매각 차익을 얻기도 한다. 투자자가 상장기업 리츠의 주식을 매입하면 소액으로 부동산에 직접 투자한 효과를 얻고, 리츠가 운용하는 부동산의 종류와 사업 전망에 따라 선별 투자함으로써 부동산에 대한 분산 투자 효과를 누릴 수 있다. [그림 3-26]에 리츠의 구조를 나타냈다.

리츠는 투자 유형에 따라 '위탁 관리형, 자기 관리형, 기업 구조조정형'으로 구분하며, 상장기업을 이 기준에 따라 분류한 것이 [표 3-14]다.

위탁 관리형 리츠는 자산의 투자·운용을 자산관리회사에 위탁한다. 자기 관리형 리츠는 임직원을 두고 자산의 투자·운용을 직접 수행한다. 기업 구조조정형 리츠는 위탁 관리형과 동일한 구조이지만 투자 대상 부동산이 기업 구조조정용 부동산으로 한정된다. 2024년 기준 기업 구조조정형 상장기업은 '이리츠코크렙' 한 곳으로, 뉴코아 3개점의 부동산 자산을 대상으로 한다.

리츠는 일반 기업의 주식에 투자하는 것과 다른 매력이 있다. 첫째, 간접적으로나마 부동산 투자를 할 수 있다. 대개 부동산에 투자하려면 직접 부

[표 3-14] 리츠 상장 현황

유형	상장기업
위탁 관리형(18개)	롯데리츠, ESR켄달스퀘어리츠, SK리츠, 제이알글로벌리츠, 신한알파리츠, 코람코라이프인프라리츠, 디앤디플랫폼리츠, 코람코더원리츠, NH올원리츠, 한화리츠, NH프라임리츠, 미래에셋맵스리츠, KB스타리츠, 삼성FN리츠, 이지스밸류리츠, 이지스레지던스리츠, 마스턴프리미어리츠, 신한글로벌액티브리츠
자기 관리형(4개)	케이탑리츠, 스타에스엠리츠, 신한서부티엔디리츠, 미래에셋글로벌리츠
기업 구조조정형(1개)	이리츠코크렙

동산을 매입해야 한다고 생각하는데, 그렇게 하려면 거액이 필요해서 부담이 크다. 리츠는 일반 주식처럼 원하는 금액을 투자할 수 있으니, 레버리지에서 발생하는 리스크가 없다는 것이 장점이다.

둘째, 부동산에 직접 투자할 때 발생하는 취득세와 재산세 등의 세금 부담이 없다. 리츠는 상장된 리츠 주식을 사고파는 거래 수수료 외에는 별도의 세금이 부과되지 않는다.

셋째, 배당수익의 매력이 있다. 리츠는 배당 가능 이익의 90% 이상을 배당하는 것을 의무화하고 있고, 보통 반기나 분기 배당을 실시한다. 또한 배당소득에 대한 세금조차 분리과세 혜택을 받는다. 리츠를 3년 이상 보유하면 최대 5,000만 원까지 세율이 14%에서 9%로 줄어든다. 안정적인 배당을 목적으로 하는 투자자라면 각 리츠의 배당수익률을 비교하고 자산 상태를 점검하는 것이 좋다.

넷째, 리츠의 투자 적기는 금리를 인하할 때다. 리츠는 부동산 자산을 보유하기 때문에 대개 차입금이 많고 이자비용 부담이 크다. 금리가 인하되면 리츠의 수익성이 개선되는 효과가 발생해서 주가에 긍정적이다.

배당성장주로 손색없는 신용평가사

신용평가사는 기업과 개인의 신용정보를 수집, 분류, 평가한 후 이를 필요로 하는 고객에게 제공하고 수수료를 받는다. 기업의 신용정보는 회사채나 어음을 발행할 때 필요하고, 개인의 신용정보는 마이데이터 사업 같은 핀테크나 금융회사들이 필요로 한다. 이런 신용정보는 아무나 다루지 못하고 정부의 승인을 얻은 기업에 한해 사업할 수 있다.

신용평가사는 무형 서비스를 제공하므로 유형자산이 필요하지 않고 추가 설비 투자 역시 불필요하다. 그리고 매년 벌어들이는 수익은 현금성자산으로 축적된다. 신용평가사 대부분은 매년 매출과 이익이 안정적으로 성장해왔다. 따라서 '매출과 이익의 안정성, 꾸준한 성장, 현금성자산 축적'의 특징은 배당성장주로 추천하기에 손색이 없다.

신용평가사 중 'NICE평가정보, 한국기업평가, 이크레더블'을 사례로 살펴보자.

NICE평가정보는 2015년부터 2024년 2분기까지 당기순이익이 178% 증가했고, 가장 낮은 증가율을 보인 이크레더블도 74% 증가했다. 더욱 인상적인 점은 매년 꾸준한 이익을 거둔다는 사실이다. 이렇게 꾸준히 이익을 내고 성장하니 배당도 안정적이다.

NICE평가정보와 한국기업평가는 지난 8년 동안 배당금을 매년 상향해왔고, 이크레더블만이 2022년부터 배당금이 감소했는데 당기순이익 감소에 따른 영향으로 보인다. 배당금을 유지 혹은 상향하기 위한 선결 조건은 당기순이익이다. 따라서 배당투자자에게 최우선 분석 사항은 당기순이익 유지 여부다.

배당성장주의 또 하나의 조건은 배당수익률이다. 배당을 많이 받더라도 비싸게 주식을 매수하면 배당금의 수익률이 떨어질 수밖에 없다. 그러므로

[그림 3-27] 신용평가사 3사의 당기순이익(2015~2024/06)

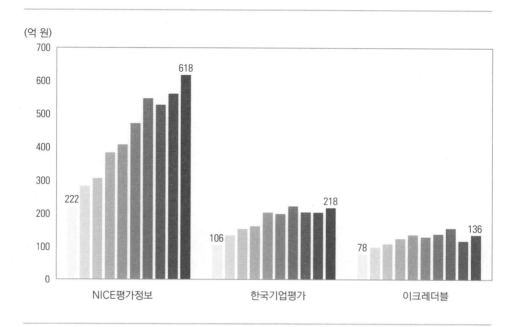

[표 3-15] 신용평가사 3사의 주당 배당금과 배당성향(2015~2023)

구분	연도	NICE평가정보	한국기업평가	이크레더블
배당금(원/주)	2016	130	1,947	530
	2017	140	2,250	530
	2018	190	2,360	670
	2019	230	8,618	740
	2020	275	2,907	700
	2021	330	3,397	2,720
	2022	370	5,100	1,040
	2023	410	5,131	780
배당성향(%)	2022	41.9	111.3	80.0
	2023	43.3	112.3	80.0

주가가 낮을 때 매수해서 배당수익률을 높여야 한다.

　NICE평가정보, 한국기업평가, 이크레더블의 주가는 2020년 고점을 형성한 후 2024년까지 내리막길을 걷고 있다. 반면 배당금은 오히려 늘렸고, 2024년도 큰 이변이 없는 한 전년도 배당금을 유지할 가능성이 높으니 배당수익률이 4~6%로 그 어느 때보다 매력적인 수준이다. 하지만 지난 시기 지속적인 주가 하락에서 보듯이 예상 배당금보다 주가 하락 금액이 더 커서 고통받을 수 있다는 점 역시 고려해야 한다.

시가총액 상위 20개 종목의 지표 현황

연번	종목	주가 (원)	시가총액 (억 원)	자본총계 (억 원)	매출액 (억 원)	순이익 (억 원)	차입금 비율 (%)	PER (배)	PBR (배)	ROE (%)	배당수익률 (%)
1	KB금융	93,200	366,768	571,528	303,734	44,057	0.0	8.3	0.6	7.7	3.3
2	신한지주	56,800	289,335	548,373	287,070	44,888	0.0	6.4	0.5	8.2	3.7
3	삼성생명	104,900	209,800	395,862	102,773	22,897	0.0	9.2	0.5	5.8	3.5
4	메리츠금융지주	105,800	201,782	96,339	40,633	22,549	0.0	8.9	2.1	23.4	2.2
5	하나금융지주	61,200	175,791	408,157	241,618	34,696	0.0	5.1	0.4	8.5	5.6
6	삼성화재	345,000	163,443	167,116	169,168	19,177	413.5	8.5	1.0	11.5	4.6
7	우리금융지주	16,180	120,151	334,666	215,516	27,229	0.0	4.4	0.4	8.1	6.2
8	기업은행	14,620	116,584	324,491	190,094	26,745	0.0	4.4	0.4	8.2	6.7
9	카카오뱅크	22,100	105,410	62,895	22,832	4,025	0.0	26.2	1.7	6.4	0.7
10	DB손해보험	108,500	76,818	97,085	153,004	19,355	0.0	4.0	0.8	19.9	4.9
11	미래에셋증권	8,750	52,090	113,586	21,355	3,212	0.0	16.2	0.5	2.8	1.7
12	삼성카드	40,300	46,691	82,289	28,010	6,816	0.0	6.9	0.6	8.3	6.2
13	NH투자증권	13,500	44,211	77,905	18,287	6,124	0.0	7.2	0.6	7.9	5.9
14	한국금융지주	77,200	43,020	90,145	35,479	8,069	0.0	5.3	0.5	9.0	3.4
15	삼성증권	46,450	41,480	69,489	18,518	6,542	0.0	6.3	0.6	9.4	4.7
16	JB금융지주	18,230	35,564	50,709	35,872	6,299	0.0	5.6	0.7	12.4	4.7
17	키움증권	128,300	32,751	52,513	12,822	4,886	0.0	6.7	0.6	9.3	2.3
18	BNK금융지주	9,470	30,345	106,317	69,664	6,719	1307.5	4.5	0.3	6.3	5.4
19	현대해상	30,200	26,999	53,305	135,131	9,274	0.0	2.9	0.5	17.4	6.8
20	한화생명	2,895	25,144	113,828	101,838	5,915	0.0	4.3	0.2	5.2	5.2

금융

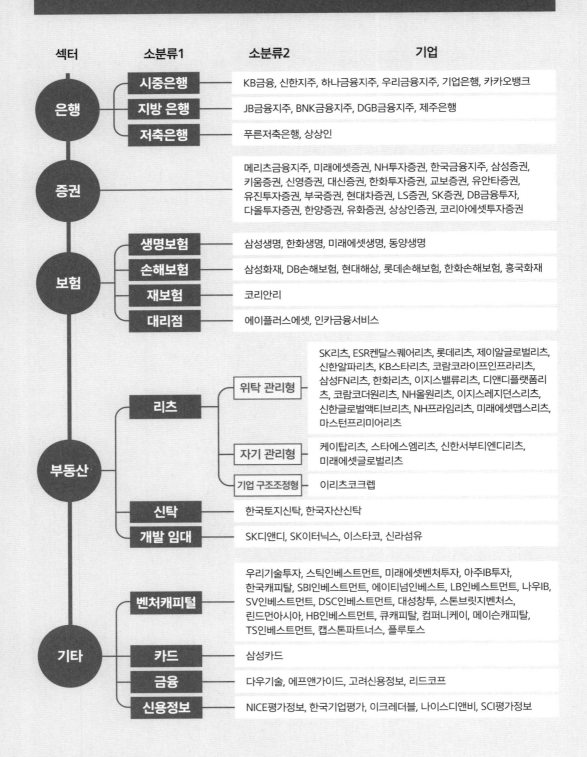

섹터	소분류1	소분류2	기업
은행	시중은행		KB금융, 신한지주, 하나금융지주, 우리금융지주, 기업은행, 카카오뱅크
	지방 은행		JB금융지주, BNK금융지주, DGB금융지주, 제주은행
	저축은행		푸른저축은행, 상상인
증권			메리츠금융지주, 미래에셋증권, NH투자증권, 한국금융지주, 삼성증권, 키움증권, 신영증권, 대신증권, 한화투자증권, 교보증권, 유안타증권, 유진투자증권, 부국증권, 현대차증권, LS증권, SK증권, DB금융투자, 다올투자증권, 한양증권, 유화증권, 상상인증권, 코리아에셋투자증권
보험	생명보험		삼성생명, 한화생명, 미래에셋생명, 동양생명
	손해보험		삼성화재, DB손해보험, 현대해상, 롯데손해보험, 한화손해보험, 흥국화재
	재보험		코리안리
	대리점		에이플러스에셋, 인카금융서비스
부동산	리츠	위탁 관리형	SK리츠, ESR켄달스퀘어리츠, 롯데리츠, 제이알글로벌리츠, 신한알파리츠, KB스타리츠, 코람코라이프인프라리츠, 삼성FN리츠, 한화리츠, 이지스밸류리츠, 디앤디플랫폼리츠, 코람코더원리츠, NH올원리츠, 이지스레지던스리츠, 신한글로벌액티브리츠, NH프라임리츠, 미래에셋맵스리츠, 마스턴프리미어리츠
		자기 관리형	케이탑리츠, 스타에스엠리츠, 신한서부티엔디리츠, 미래에셋글로벌리츠
		기업 구조조정형	이리츠코크렙
	신탁		한국토지신탁, 한국자산신탁
	개발 임대		SK디앤디, SK이터닉스, 이스타코, 신라섬유
기타	벤처캐피털		우리기술투자, 스틱인베스트먼트, 미래에셋벤처투자, 아주IB투자, 한국캐피탈, SBI인베스트먼트, 에이티넘인베스트, LB인베스트먼트, 나우IB, SV인베스트먼트, DSC인베스트먼트, 대성창투, 스톤브릿지벤처스, 린드먼아시아, HB인베스트먼트, 큐캐피탈, 컴퍼니케이, 메이슨캐피탈, TS인베스트먼트, 캡스톤파트너스, 플루토스
	카드		삼성카드
	금융		다우기술, 에프앤가이드, 고려신용정보, 리드코프
	신용정보		NICE평가정보, 한국기업평가, 이크레더블, 나이스디앤비, SCI평가정보

기계 업종

기계 업종은 '건설용, 산업용, 방위산업, 자동화, 부품'의 5개 섹터로 구성했다. 건설 부문에 쓰이는 기계는 건설용으로 분류하고, 제조업 전반에 사용되는 기계는 산업용으로 구분했다.
방위산업은 2부 주요 테마에서 다루었다.

업종	섹터	종목 수	소분류
기계	건설용	17	부품, 장비, 유통
	산업용	22	기계, 철도, 농기계, 소방 설비, 엘리베이터
	방위산업	21	
	자동화	29	스마트팩토리, 로봇
	부품	28	관 이음쇠, 밸브

업종
분류

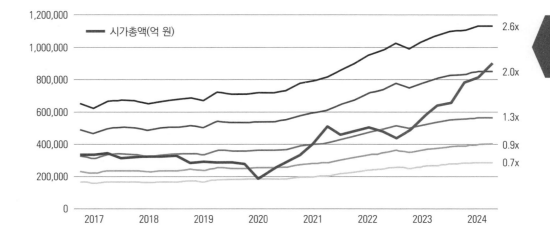

PBR
밴드

건설용 기계

건설용 기계는 굴삭기, 불도저, 로더 등을 지칭하는 것으로 도로, 건물 등 대규모 인프라 구축 현장과 광산, 농업, 산림 등 다양한 장소에서 굴삭, 자재 운반, 파쇄 등에 사용한다.

해외는 인프라 건설 풍년

건설용 기계는 도로 등의 인프라와 공장, 주택 등의 건설 현장에 쓰이므로 해당 업황을 살펴야 한다. 대표적인 제조사로 'HD현대인프라코어, HD현대건설기계, 두산밥캣'을 들 수 있고, 두산밥캣은 북미 시장을 주력으로 한다는 점에서 두 기업과 차별화된다. 하지만 두 기업도 국내보다는 해외의 매출 비중이 높으므로(2023년 기준 HD현대인프라코어 83%, HD현대건설기계 92.7%) 국내보다는 해외의 인프라와 건설 업황을 봐야 한다.

해외는 2024년 기준 인프라 풍년이다. 러시아와 우크라이나는 전쟁으로 많은 지역이 파괴되었으므로 복구가 필요하다. 미국은 리쇼어링 정책으로 글로벌 기업의 미국 공장 설립이 붐이다. 삼성전자와 현대차, SK 같은 한국 대표 제조사들조차 미국 내 공장 설립이 한창이다. 인도는 어떤가. 중국을 대체할 국가로 부상하며 반도체는 물론 데이터센터 등을 유치하고 있다. 이에 따른 전력망과 도로를 구축하기 위해 인프라 투자가 한창이다.

다만 지금까지의 성장 엔진이었던 중국만이 주춤하고 있다. 부동산 경기가 꺾이면서 경기 침체를 우려하고 있다. 미국-중국의 대립으로 촉발된 보호주의 무역은 세계화의 이름으로 구축했던 기존 무역과 생산 시스템을 뒤흔들며 각국의 인프라 투자를 촉발하고 있다.

이러한 흐름은 한국 건설용 기계 제조사들의 높은 실적으로 이어졌다. 전년 대비 2023년 영업이익이 HD현대인프라코어는 25.8%, HD현대건설

[표 3-16] 건설용 기계 부품 제조사의 사업 내용

기업명	사업 내용
진성티이씨	하부 주행체
대창단조	하부 주행체
흥국	하부 주행체
디와이파워	유압 기기
동일금속	굴삭기 부품 트랙슈
프리엠스	건설 중장비 하네스

기계는 50.8%, 두산밥캣은 29.7% 증가했다. 이러한 실적 호조에도 불구하고 주가는 지지부진해서 2024년 기준 PBR 1배 미만 수준을 유지하고 있다. 인프라 투자는 한 해로 끝나는 일회성 사업이 아니므로 당분간 좋은 실적을 기록할 것으로 기대된다. 낮아진 주가는 기업의 가치를 더욱 돋보이게 할 것이다.

건설용 기계 섹터에는 부품을 제조 공급하는 기업들을 '부품'으로 별도 분류했다. 이들 기업은 한국 완성차는 물론 북미의 캐터필러 같은 다양한 기업들과 납품 관계를 맺고 있다. 각 기업이 다루는 부품의 내역을 [표 3-16]에 정리했다.

로봇

어느 순간 로봇이 실생활에 들어왔다. 음식은 사람의 손으로 정성을 들여 만들어야 하는 것이었지만 이제는 로봇이 이를 대신한다. 손맛에 따라 달라지던 음식의 맛은 이제 로봇의 힘으로 균일한 맛과 품질을 제공한다.

실생활에서 조금씩 보이는 현실이다. 인간의 노동을 대신할 로봇은 제조업을 넘어 의료, 가전, 무기 등의 영역으로 널리 확산되리라는 것을 예고하고 있다.

로봇은 용도에 따라 산업용과 서비스용으로 구분된다. 산업용 로봇은 자동차 제조와 같은 제조업에서 쓰이는 제조용 로봇으로서 인건비가 높은 선진국에서 주로 사용한다. 로봇보다 인건비가 저렴한 곳에서는 비싼 로봇을 써야 할 이유가 없기 때문이다.

최근 들어 산업용 로봇 중 주목받는 분야가 물류 로봇이다. 물류 로봇은 정해진 공간에서 자율주행이 가능한 로봇으로, 물품을 이동하거나 적재하는 등의 업무를 수행한다. 아마존을 필두로 쿠팡 등 온라인 판매업체들은 물류 자동화 시스템을 도입해 운영 중이다. 로봇은 이곳에서 공간 활용과 물류 처리 속도를 크게 높이는 데 기여한다. 이제는 고객에게 직접 택배를 전달하는 자율주행 로봇 상용화를 위한 연구 개발이 한창이다.

작업자의 일을 보조하는 협동 로봇도 있다. 협동 로봇은 작업자와 같은 공간에서 사람의 움직임을 감지하고 업무를 보조함으로써 업무 효율을 높이고 사고 발생을 줄인다. 무엇보다 안전펜스 등 방호 장치 없이 사람과 작업 공간을 공유하며 물리적으로 상호 작용할 수 있는 산업용 로봇이라는 점이 가장 큰 특징이다.

서비스 로봇은 정부의 기준에 따르면 '돌봄, 의료, 웨어러블, 물류'로 분류된다. 식당에서 음식을 옮기는 로봇이나 공공장소에서 안내하는 로봇을 쉽게 접할 수 있다.

보행 로봇은 로봇의 완성 단계에 있는 로봇이다. 우리는 직립보행을 대단한 기술로 보지 않는다. 너무 당연하기 때문이다. 그러나 기계로 구현하기는 매우 어려운 기술이다. 사람과 같은 2족 보행과, 동물과 같은 4족 보행 로봇은 쓰임새가 매우 많다. 사람이 접근하기 어려운 현장에 투입되어 사람이 할 수 있는 많은 일을 대신 수행하는 것이다.

로봇의 부품

로봇은 '모터, 감속기, 구동기, 엔코더, 브레이크, 제어기, 소프트웨어' 등으로 구성된다. 로봇은 관절을 움직이는 기계여서 모터가 관절을 움직이고 감속기가 모터의 속도를 조절한다. 엔코더는 관절의 각도를 조종하고 제어기가 이를 제어한다. 브레이크는 로봇의 작동을 멈추게 하고 소프트웨어는 로봇을 제어하는 프로그램이다.

이 부품들 중 핵심은 '모터, 감속기, 제어기'이며 감속기가 생산 원가의 약 40%를 차지한다. 감속기는 모터와 기어를 연결해 힘을 변환하는 부품으로 로봇의 관절마다 사용되어, 관절이 많은 로봇은 감속기 사용량이 많고 높은 정밀도를 요구한다. 2021년 기준 로봇 감속기는 일본의 하모닉드라이브시스템즈(HDS)와 니덱-심포(NIDEC-SHIMPO)가 시장점유율 80% 이상을 기록했다.

산업용 로봇을 제외한 분야는 이제 태동 단계이며 이에 따른 부품사들의 실적은 아직 미미하다.

국내 3대 제조사는 삼성전자, LG전자, 두산로보틱스

삼성전자는 2019년 웨어러블 로봇을 시작으로 건강 관리 로봇, 가사도우미 로봇 등을 공개하며 로봇 사업을 본격화하고 있다. 이제 시작에 불과하지만 기업 규모와 자금, 인프라, 인적 자원을 볼 때 국내 기업 중 가장 빠르게 성장하리라고 기대한다. 국내 최대 대기업이 로봇시장에 진출함으로써 발생하는 낙수 효과를 기대해도 좋을 것이다.

삼성전자는 로봇 상장기업 레인보우로보틱스의 지분 14.71%(2024년 2분기 기준)를 보유하고 있고, 보유한 콜옵션을 행사한다면 59%까지 확대할 권

리도 갖고 있다.

LG전자는 2018년 가이드 로봇인 '클로이'를 선보인 이후 물류, 요리, 청소 로봇 등 다양한 종류의 로봇을 출시하고 있다. 2017년 엔젤로보틱스와 2018년 로보스타를 인수하며 로봇 사업의 속도를 가속화해 국내 서비스 로봇의 1인자로 우뚝 섰다. LG전자의 가전 사업과 자동차 전장 사업에서 축적된 기술력이 로봇 제조 능력의 바탕이 되지 않았을까 생각한다. 또한 LG전자는 로봇 상장기업인 로보스타의 지분 33.4%(2024년 2분기 기준)을 보유하고 있다.

두산로보틱스는 협동 로봇이 주력 제품이고, 경쟁사로는 레인보우로보틱스와 뉴로메카가 있다. 글로벌 협동 로봇 분야에서 매출액 기준 3.6%(2022년 기준)를 차지하고 있지만 2023년 매출액은 500억 원대로 아직 미미하다.

먼저 달린 주가, 실적은 아직

주식시장은 장밋빛 미래를 좋아한다. 로봇 산업이 주목받으며 관련 기업들의 주가도 높은 변동성을 보였다. 로봇시장에 대한 기대감과 달리 로봇 제조와 판매를 통한 수익은 아직 미미하기 때문이다.

로봇 산업의 수혜는 핵심 부품을 제조하는 일본 등 해외 기업들에 머물러 있다. 인건비 상승과 사고 위험, 비대면 서비스 증가 등으로 인간이 아닌 로봇의 수요가 증가한다. 로봇시장이 커지고 있으며 낙수 효과의 수혜 기업이 하나둘 등장할 것이다. 투자를 대비하는 자세로 로봇 산업을 대한다면 좋은 기회를 얻을지도 모른다.

[표 3-17]에 로봇 제조사와 감속기 제조사의 매출액(2024년 2분기 연환산 기준)을 정리했다. 로봇 분야의 기업들은 두산로보틱스와 로보스타를 제외하고 매출액이 500억 원 미만이다. 기대만큼 실제 제품 판매로 직결되고

[표 3-17] 로봇과 감속기 제조사의 매출액(2024년 2분기 연환산 기준)

분야	기업명	매출액(억 원)
로봇	레인보우로보틱스	146
	두산로보틱스	547
	유일로보틱스	349
	뉴로메카	207
	로보티즈	318
	로보스타	1,040
	유진로봇	383
	휴림로봇	903
감속기	에스피지	3,927
	하이젠알앤엠	772
	에스비비테크	53

있지 않음을 유추할 수 있다. 부품사는 로봇 제조사보다는 규모가 크다. 해외 제조사의 납품이 만들어낸 결과가 아닐까 생각된다.

시가총액 상위 20개 종목의 지표 현황

연번	종목	주가 (원)	시가총액 (억 원)	자본총계 (억 원)	매출액 (억 원)	순이익 (억 원)	차입금 비율 (%)	PER (배)	PBR (배)	ROE (%)	배당수익률 (%)
1	두산에너빌리티	21,450	137,400	75,898	172,578	1,590	78.5	86.4	1.8	2.1	–
2	현대로템	63,100	68,869	18,236	37,584	2,457	174.1	28.0	3.8	13.5	0.2
3	한국항공우주	63,000	61,409	16,405	41,489	2,746	42.1	22.4	3.7	16.7	0.8
4	LIG넥스원	261,000	57,420	11,157	25,842	1,899	44.9	30.2	5.1	17.0	0.7
5	한화시스템	23,200	43,829	21,836	26,346	1,666	128.8	26.3	2.0	7.6	1.2
6	두산로보틱스	67,400	43,689	4,331	547	-131	0.7	-333.7	10.1	-3.0	–
7	두산밥캣	39,850	39,949	65,983	93,115	7,804	26.3	5.1	0.6	11.8	4.0
8	포스코DX	26,100	39,681	4,846	15,033	839	1.0	47.3	8.2	17.3	0.4
9	레인보우로보틱스	131,200	25,453	1,301	146	-70	0.2	-364.9	19.6	-5.4	–
10	현대엘리베이	50,800	19,859	11,817	27,842	470	89.7	42.3	1.7	4.0	7.9
11	HD현대인프라코어	7,380	14,218	18,717	43,233	1,359	72.5	10.5	0.8	7.3	1.5
12	DN오토모티브	18,680	11,034	13,032	32,737	3,020	153.6	3.7	0.8	23.2	3.2
13	중앙첨단소재	10,530	10,526	813	263	-417	49.2	-25.2	12.9	-51.3	–
14	HD현대건설기계	57,200	10,471	16,373	36,067	754	47.5	13.9	0.6	4.6	1.2
15	에스에프에이	20,800	7,469	10,854	22,149	742	31.7	10.1	0.7	6.8	1.3
16	에스피지	21,550	4,779	2,408	3,927	86	29.8	55.5	2.0	3.6	0.9
17	성광벤드	14,720	4,210	5,306	2,452	443	0.4	9.5	0.8	8.3	1.0
18	다원시스	10,640	4,061	2,734	3,138	257	94.7	15.8	1.5	9.4	–
19	태광	13,960	3,699	5,500	2,848	449	1.9	8.2	0.7	8.2	1.2
20	현대무벡스	3,070	3,615	1,629	3,038	158	9.0	22.9	2.2	9.7	1.0

기계

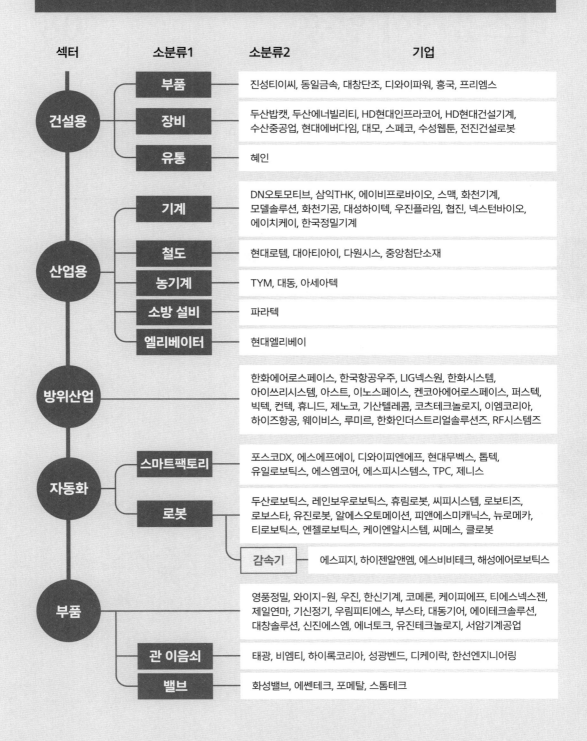

섹터	소분류1	소분류2	기업
건설용	부품		진성티씨, 동일금속, 대창단조, 디와이파워, 흥국, 프리엠스
	장비		두산밥캣, 두산에너빌리티, HD현대인프라코어, HD현대건설기계, 수산중공업, 현대에버다임, 대모, 스페코, 수성웹툰, 전진건설로봇
	유통		혜인
산업용	기계		DN오토모티브, 삼익THK, 에이비프로바이오, 스맥, 화천기계, 모델솔루션, 화천기공, 대성하이텍, 우진플라임, 협진, 넥스턴바이오, 에이치케이, 한국정밀기계
	철도		현대로템, 대아티아이, 다원시스, 중앙첨단소재
	농기계		TYM, 대동, 아세아텍
	소방 설비		파라텍
	엘리베이터		현대엘리베이
방위산업			한화에어로스페이스, 한국항공우주, LIG넥스원, 한화시스템, 아이쓰리시스템, 아스트, 이노스페이스, 켄코아에어로스페이스, 퍼스텍, 빅텍, 컨텍, 휴니드, 제노코, 기산텔레콤, 코츠테크놀로지, 이엠코리아, 하이즈항공, 웨이비스, 루미르, 한화인더스트리얼솔루션즈, RF시스템즈
자동화	스마트팩토리		포스코DX, 에스에프에이, 디와이피엔에프, 현대무벡스, 톱텍, 유일로보틱스, 에스엠코어, 에스피시스템스, TPC, 제니스
	로봇		두산로보틱스, 레인보우로보틱스, 휴림로봇, 씨피시스템, 로보티즈, 로보스타, 유진로봇, 알에스오토메이션, 피앤에스미캐닉스, 뉴로메카, 티로보틱스, 엔젤로보틱스, 케이엔알시스템, 씨메스, 클로봇
		감속기	에스피지, 하이젠알앤엠, 에스비비테크, 해성에어로보틱스
부품			영풍정밀, 와이지-원, 우진, 한신기계, 코메론, 케이피에프, 티에스넥스젠, 제일연마, 기신정기, 우림피티에스, 부스타, 대동기어, 에이테크솔루션, 대창솔루션, 신진에스엠, 에너토크, 유진테크놀로지, 서암기계공업
	관 이음쇠		태광, 비엠티, 하이록코리아, 성광벤드, 디케이락, 한선엔지니어링
	밸브		화성밸브, 에쎈테크, 포메탈, 스톰테크

디스플레이 업종　　08

디스플레이 업종은 '제조, 소재, 장비, LED'의 4개 섹터로 구성했다. 제조사를 중심으로 소재와 장비, 공정별 공급사슬 구조로 연결된다. LCD와 OLED는 제조 공정이 상당히 달라서 소재와 장비 또한 다르다. LED는 반도체의 일종이니 반도체 업종으로 분류할 수도 있으나, LCD 패널의 주요 부품인 백라이트로 쓰이는 점에 착안해 디스플레이 업종에 포함했다.

업종
분류

업종	섹터	종목 수	소분류
디스플레이	제조사	1	
	소재	33	공정, 패널, 필름, OLED, 부품, SMT
	장비	34	공정별 분류
	LED	11	산업용, 일반용

PBR
밴드

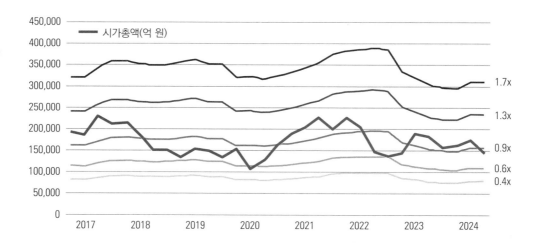

LCD와 OLED

LCD(Liquid Crystal Display)와 OLED(Organic Light Emitting Diode)는 발광 원리가 다르다. LCD는 빛을 쏘아 액정 등을 통과시켜 색을 표현하는 방식이고, OLED는 발광 소자를 이용해 빛이 나게 하는 자발광 방식이다. 이에 따른 구조 차이를 [그림 3-28]에 나타냈다.

LCD는 광원 역할을 하는 백라이트, 빛의 방향을 바꾸고 세기를 조절하는 편광판, 빛의 색을 표현하는 컬러 필터를 이용해 색을 구현한다. LCD와 유사한 방식의 LED는 화면 구현 방식과 기술이 동일하지만 LCD는 백라이트로 형광램프(CCFL)를, LED는 발광 다이오드(light emitting diode)를 사용하는 차이가 있다. QLED(Quantum Dot LCD)도 LCD 방식의 또 다른 버전으로서, 퀀텀닷이라는 백라이트를 사용해 빛을 더욱 밝게 한다. 따라서 LCD와 LED, QLED는 백라이트를 사용한 동일한 기술의 디스플레이이다.

OLED는 유기 화합물에 전류가 흐르면 빛을 내는 자체 발광 현상을 이용

[그림 3-28] LCD와 OLED의 구조

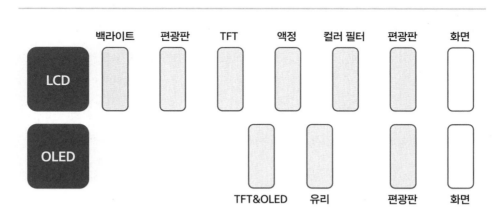

하는 차세대 디스플레이 소재로, 이를 사용하면 LCD보다 얇고 선명하며 휘어지는 디스플레이를 구현할 수 있다. OLED는 백라이트에서 나온 빛이 RGB 필터를 통과하는 방식이 아니라 형광 유기물질 자체로 색상을 구현한다. 그러므로 백라이트와 1차 편광판이 필요하지 않아서 얇게 만들 수 있다. 또한 검은색을 구현하는 데 뛰어나다. LCD는 백라이트가 항상 켜져 있어서 빛이 화면으로 새어 나오기 때문에 검은색을 완벽하게 구현할 수 없다. OLED는 소자에 신호가 없는 한 빛이 없어 어두운 상태이므로 검은색이 선명하다.

LCD 제조 공정

LCD는 빛을 쏘아주는 백라이트 유닛, 빛의 방향을 바꾸거나 세기를 조절하는 편광판, 통과한 빛의 색을 표현하는 컬러 필터가 필요하다. 백라이트 유닛의 빛을 비추면 들어온 빛을 보낼지 말지 결정하는 TFT(트랜지스터)와 액정을 통과한 후 빛의 색을 표현하는 컬러 필터를 거치는 것이다.

TFT LCD는 유리 기판의 픽셀마다 트랜지스터를 설치해 LCD를 구동하는 방식이며 박막트랜지스터 액정 표시 장치라고 한다. 이는 백라이트 유닛, 편광판, 컬러 필터, 액정의 움직임을 제어하는 박막트랜지스터, 액정으로 구성된다.

제조는 'TFT-컬러 필터-셀-모듈' 공정으로 이루어진다. 각 공정은 세부 과정으로 구성되며 정리하면 [표 3-18]과 같다.

[표 3-18] TFT LCD 제조 공정과 세부 과정

공정	공정 설명과 세부 과정
TFT 공정	유리 기판 위에 전기적 신호를 주는 트랜지스터 층 생성
	세정, 증착, 포토레지스트, 노광, 현상, 식각, 박리
컬러 필터 공정	유리 기판에 R(Red), G(Green), B(Blue)의 색을 입히는 공정
	ITO 증착, BM 생성, 화소 입히기, 코팅, 기둥 세우기
셀 공정	TFT 기판과 컬러 필터 기판을 합치고 절단
	배향, 합착, 절단, 연마, 세정, 검사
모듈 공정	편광판, 구동칩, PCB, 백라이트, 케이스 등의 조립
	편광판 부착, TAB, PCB 부착, 백라이트 부착, 검사

OLED 제조 공정

OLED 디스플레이는 자체로 빛을 내는 R(Red), G(Green), B(Blue) 색상의 유기 화합물을 이용해, 백라이트 유닛 없이 색과 빛을 표현하는 디스플레이다. R, G, B픽셀이 스스로 빛을 내기 때문에 색과 화질을 빼어나게 구현하는 장점이 있다.

OLED 제조는 'TFT 제조→유기물 증착→박막 봉지→기판 제거→모듈' 공정으로 진행된다. 이 중 LCD와 다른 부분은 유기물 증착과 박막 봉지 공

[그림 3-29] OLED 제조 공정

정이다.

유기물 증착 공정은 판 위에 빨간색(R), 초록색(G), 파란색(B)을 내는 유기 발광층을 만드는 공정으로, 체임버(chamber)라는 설비 안에서 진공 상태로 진행된다. 체임버 안에 LTPS 원판을 준비하고 파인 메탈 마스크(Fine Metal Mask)를 원판 아래에 설치한다. 마스크는 유기물이 특정 위치에만 증착되게 하는 장비다. 마스크가 준비되면 증착 물질을 놓고 적정 온도로 가열한다. 가열이 시작되면 분자 단위의 작은 유기물질이 마스크를 통과해 원하는 위치에 입혀진다.

박막 봉지 공정은 산소와 수분 등이 유기물에 침투하지 못하도록 밀봉하는 공정으로서, 유리판이나 폴리이미드(PI) 기판, 접착제, 레이저를 사용해 진공 상태에서 진행한다. PI 기판을 사용하면 휘어지는 디스플레이를 구현할 수 있다.

증착과 박막 봉지 공정에 쓰이는 장비와 소재, 이를 영위하는 상장기업을 [표 3-19]에 정리했다.

[표 3-19] 증착과 박막 봉지 공정의 장비와 소재를 생산하는 기업

	종류	기업
장비	마스크 인장기	케이피에스, 힘스
소재	봉지재	이녹스첨단소재
	유기물질	덕산네오룩스, 덕산테코피아
	마스크	핌스

중국이 독점한 LCD, 애플이 이끌 OLED

국내 디스플레이 패널 제조사의 양대 강자는 삼성디스플레이(삼성전자의 종속기업)와 LG디스플레이다. 두 기업은 2022년 LCD 사업에서 철수하고 OLED 패널에 집중하고 있다.

LCD는 일본에서 가장 먼저 상용화한 디스플레이로 소니, 샤프 등의 기업이 글로벌 시장을 주도했다. 이에 삼성과 LG가 1995년부터 LCD시장에 참전했다. 연이어 중국 기업이 정부의 전폭적인 지원을 등에 업고 LCD시장에 진출하며 3국의 경쟁이 본격화되었다.

저가를 무기로 한 중국은 2021년 글로벌 LCD시장의 절반 이상을 점유했고, 그동안 1위였던 한국은 2위 자리로 주저앉았다. 시장점유율 하락보다 심각한 것은 수익성 악화였다. 이에 삼성전자와 LG전자는 2022년 LCD 사업 철수를 단행하기에 이르렀다. 일본 역시 LCD 사업의 수익성 악화를 견디지 못하고 철수했다. 2012년 소니, 2016년 파나소닉, 2024년 샤프가 LCD 패널 생산을 중단했다. LCD 패널의 경쟁국이 사라진 2024년 기준 중국은 LCD 패널의 독점 생산국이 되었다.

OLED 패널은 삼성디스플레이와 LG디스플레이가 세계 시장에서 압도적인 1위 생산 기업이다. LCD에 분배했던 연구 개발과 투자의 여력을 OLED로 집중할 수 있는 여건이 만들어졌다. OLED 패널은 스마트폰과 태블릿 PC 등에 사용되는 중소형과, TV 등에 사용되는 대형으로 나뉘는데, 삼성디스플레이는 중소형 OLED 패널 분야의 글로벌 1위 기업이다.

〈전자신문〉에 따르면 2024년 기준 아이폰의 OLED 패널은 삼성디스플레이가 50%, LG디스플레이가 30%, 중국 기업인 BOE가 20%를 공급한다. 국내 양사의 점유율이 80%에 이르지만 BOE의 점유율 역시 무시할 수는 없는 상황이다.

[그림 3-30] 삼성디스플레이의 매출액과 영업이익(2015~2023)

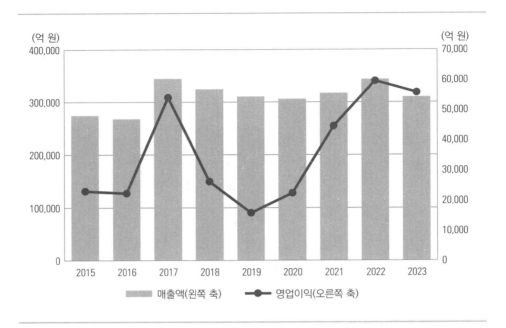

삼성디스플레이는 지난 10년 동안 안정적인 매출액을 유지했고 2020년 이후 큰 폭의 영업이익 성장을 지속하다가 2023년 잠시 주춤하는 양상이다. 2017년을 제외하고 2020년까지 10% 미만이었던 영업이익률이 2021년부터 두 자릿수로 올라서며 두 배 이상의 영업이익을 창출했다. 중소형 OLED 부문에서의 가격 경쟁력을 가늠해볼 수 있다.

LG디스플레이는 TV에 사용되는 대형 OLED의 절대 강자로 줄곧 대형 OLED 패널에 집중해왔다. 하지만 대형 OLED 패널은 여전히 고가품에 속하며 일반 소비자에게 접근이 쉽지 않다. 그래서 LG디스플레이도 스마트폰과 태블릿 등에 더욱 쓰임새가 다양한 중소형 패널시장에 진입했고 애플에 공급하기에 이르렀다.

그동안 LG디스플레이는 고난의 행군을 지속해왔다. 2015~2023년 기간

[그림 3-31] LG디스플레이의 매출액과 영업이익(2015~2023)

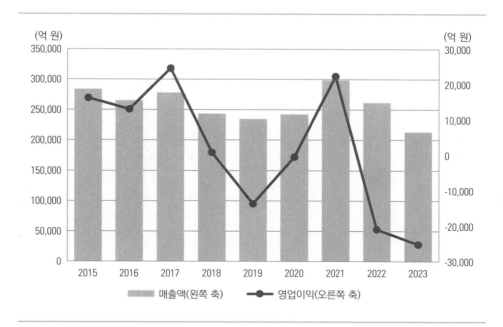

에 4년이 영업이익 적자였다. 연간 매출액은 삼성디스플레이의 30조 원대에는 미치지 못했지만 20조 원대를 꾸준히 유지해왔다. 하지만 영업이익은 2017년 이전에 2조 원 안팎을 기록한 이후 오히려 2조 원을 넘나드는 적자를 감당하기에 이르렀다.

게다가 디스플레이 산업은 설비 투자를 꾸준히 요구하는 분야다. 삼성디스플레이는 2023년에 2조 3,856억 원을, LG디스플레이는 2조 9,971억 원(유형자산)을 설비 투자에 투입했다. 차이가 있다면 삼성디스플레이는 영업이익으로 감당할 수 있었던 반면, LG디스플레이는 영업이익 적자로 감당할 수 없는 상황이었다는 점이다.

LG디스플레이는 2015년과 2021년을 제외하곤 설비 투자가 영업활동현금흐름(당기순이익과 감가상각비에서 운전자본을 차감한 금액)을 초과했다. 현금

[그림 3-32] LG디스플레이의 자본적지출과 영업활동현금흐름(2015~2024/06)

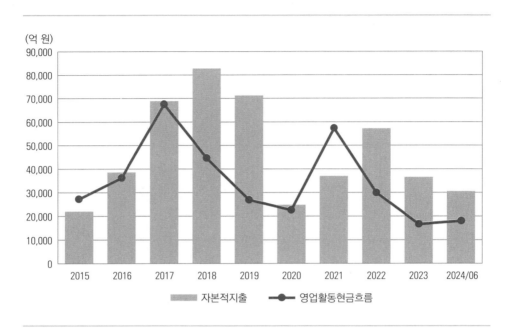

이 부족하니 2015년 34%였던 차입금 비율이 2024년 2분기 기준 212%로 껑충 뛰어올라 재무적 위험이 상당한 수준이다.

　OLED 패널의 양대 산맥인 두 기업은 국내 OLED 부품과 소재, 장비 기업으로 이어지는 공급사슬의 생명줄과 같다. 두 기업의 설비 투자는 곧 매출액으로 이어진다. 아이폰과 갤럭시의 판매량이 늘수록, 신규 제품이 출시될 때 OLED 공급사슬은 활력을 갖는다. 애플이 2025년부터 출시하는 아이폰 전 모델에 OLED 디스플레이를 채용할 것으로 알려지고 있다. 아이패드 역시 OLED 채용을 늘려갈 것으로 보인다. OLED 패널에 공급하는 유기물질과 증착 소재, 장비 기업들에 주목할 이유다.

시가총액 상위 20개 종목의 지표 현황

연번	종목	주가 (원)	시가총액 (억 원)	자본총계 (억 원)	매출액 (억 원)	순이익 (억 원)	차입금 비율 (%)	PER (배)	PBR (배)	ROE (%)	배당수익률 (%)
1	LG디스플레이	10,170	50,850	76,329	241,424	-19,515	212.7	-2.6	0.7	-25.6	-
2	덕산테코피아	39,600	8,109	2,186	967	-451	198.1	-18.0	3.7	-20.6	-
3	덕산네오룩스	25,700	6,382	3,720	1,977	386	8.3	16.5	1.7	10.4	-
4	서울반도체	8,750	5,102	6,669	10,767	-355	33.2	-14.4	0.8	-5.3	1.6
5	이녹스첨단소재	23,700	4,794	4,441	4,035	450	60.4	10.7	1.1	10.1	1.1
6	선익시스템	49,950	4,742	661	1,021	-47	143.8	-100.1	7.2	-7.2	-
7	미래나노텍	9,870	3,061	2,641	6,825	98	84.4	31.4	1.2	3.7	-
8	AP시스템	17,700	2,705	3,349	5,382	641	34.3	4.2	0.8	19.1	1.5
9	GRT	4,005	2,698	7,932	8,424	894	79.0	3.0	0.3	11.3	-
10	HB솔루션	3,600	2,633	2,442	897	361	5.2	7.3	1.1	14.8	0.8
11	디아이티	13,400	2,533	1,963	1,172	249	1.5	10.2	1.3	12.7	1.3
12	아바코	15,330	2,286	1,895	2,123	132	11.9	17.3	1.2	7.0	1.3
13	HB테크놀러지	2,250	2,086	3,127	996	468	31.7	4.5	0.7	15.0	0.9
14	풍원정밀	9,890	2,081	293	512	-456	276.3	-4.6	7.1	-155.5	-
15	예스티	9,900	2,072	1,087	955	-213	65.9	-9.7	1.9	-19.6	-
16	서울바이오시스	3,805	1,745	485	6,085	-291	653.3	-6.0	3.6	-60.1	-
17	미래컴퍼니	18,310	1,615	1,262	838	-88	5.3	-18.4	1.3	-6.9	0.5
18	아바텍	10,310	1,609	1,564	895	142	0.0	11.3	1.0	9.1	1.0
19	디이엔티	7,080	1,560	1,533	1,324	98	20.7	15.8	1.0	6.4	-
20	우리바이오	2,990	1,449	2,103	13,040	159	53.2	9.1	0.7	7.5	-

디스플레이

섹터	소분류1	기업
제조사		LG디스플레이
소재	공정	엘티씨, 와이엠씨, 유아이디
	패널	디티씨, 일진디스플, 인지디스플레
	필름	세진티에스, HB테크놀러지, 오성첨단소재, 엘엠에스, 상보, 나노캠텍, 미래나노텍, GRT, 코이즈, 아이컴포넌트, 신화인터텍, 에이치엔에스하이텍
	OLED	덕산테코피아, 덕산네오룩스, 이녹스첨단소재, 피엔에이치테크, 풍원정밀, 이엠앤아이, 핌스, 한컴, 에스켐
	부품	파인디앤씨, 삼진엘앤디, 위지트
	SMT	한국컴퓨터, 제이엠티
장비	포토	나래나노텍
	열처리	비아트론, 예스티
	식각	포인트엔지니어링, 아이씨디, 인베니아
	세정	DMS, 에프엔에스테크, 디바이스이엔지
	증착	선익시스템, 야스, 아바코, HB솔루션
	패널	선익시스템, 야스, 아바코, HB솔루션
	패키징	신도기연, 에스에이티이엔지, 파인텍, 디에스케이
	OLED	AP시스템, 케이피에스, 힘스, 동아엘텍, 이엘피
	검사	디아이티, 에스엔유, 영우디에스피, 소니드, 프로이천, 넥스트아이, 디이엔티
	기타	참엔지니어링, 엔젯
LED	산업용	서울반도체, 서울바이오시스, 금호에이치티, 우리바이오, 루멘스, 클라우드에어, 우리이앤엘, 우리엔터프라이즈
	일반용	아이엘사이언스, 소룩스, 금호전기

레저 업종

레저 업종은 '게임, 여행, 카지노, 스포츠, 음악'의 5개 섹터로 구성해서 여가·문화 활동과 관련된 분야들을 한데 모았다. 섹터들이 공급사슬로 연결되는 다른 업종과 달리 레저 업종은 상호 연관성이 적은 독립적인 섹터로 구성된다. 게임 섹터는 RPG, 소셜 카지노, 스포츠 등 게임 종류에 따라 분류할 수 있으나, 각 게임사가 서비스하는 게임의 종류가 다양해 분야를 특정하기가 어려우므로 한데 묶었다.

업종	섹터	종목 수	소분류
레저	게임	32	
	여행	8	여행사, 호텔, 텐트
	카지노	5	내국인, 외국인, 장비
	스포츠	7	골프, 자전거, 마케팅
	음악	2	

업종 분류

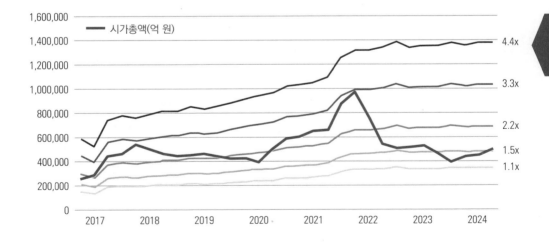

PBR 밴드

게임

인간은 판타지와 스릴을 찾아 모험의 주인공이 되기를 소망한다. 이러한 욕구를 충족해주는 것이 게임이다. 과거 오락실에서나 즐기던 게임이 IT 발전과 함께 손안으로 들어왔고, 수많은 사람이 동시에 같은 게임을 즐기게 되었다.

국내 게임 산업의 매출액은 2022년 기준 22조 2,149억 원이고 그중 모바일 부문이 13조 720억 원으로 전체의 58.9%를 차지한다. 국내 게임시장은 RPG(role playing game)가 다수를 이룬다. 유저가 게임 속 캐릭터가 되어 즐기는 방식으로서 스토리와 세계관이 있어서 영화와 웹툰, 타 게임 등의 소재로 활용할 수 있다.

유저가 캐릭터를 성장시켜야 만족하며 즐기고 게임도 오래 지속된다. 게임사는 이 과정에서 지적 재산권(IP)을 판매해 로열티 수익을 얻고 유료 아이템도 판매해 수익을 얻는다. 엔씨소프트, 넷마블, 펄어비스 등이 대표적인 기업이다.

게임사를 분석할 때는 이러한 사항을 살펴야 한다. 첫째, 게임의 흥행 여부를 예측할 수 없어서 투자 난도가 높다. 게임사의 매출액은 연속적이지 않고 이익도 안정적이지 않다. 개발 중인 게임의 흥행 여부는 누구도 예측하기 어렵다. 유력한 게임을 개발 중인 게임사의 흥행을 예측하고 투자하는 것은 주사위 숫자를 맞히는 것만큼이나 어렵다.

게임사는 신작 출시 전에 다양한 이벤트를 개최한다. 유저들도 유튜브 등을 통해 신작 게임을 다양하게 설명하기도 한다. 만약 신작 게임의 흥행을 염두에 두고 투자한다면 이러한 게임시장의 다양한 반응을 실시간으로 체크하는 것이 필요하다.

게임을 잘 모르는 사람이 신작 게임의 흥행을 기대하고 투자하는 것은 위험하다. 게임시장에서 발생하는 실시간 상황에 반응하지 못하고 투자에 적용할 수 없기 때문이다.

둘째, IP를 소유한 기업은 꾸준한 현금흐름을 발생할 수 있는 이점이 있다. RPG는 유저층이 두텁고 생명도 오래간다. 엔씨소프트의 '리니지'는 1998년 출시되어 2024년 현재 20년이 넘었지만 엔씨소프트에 가장 많은 수익을 안겨주고 있다. 그동안 시리즈 변화를 거듭했고, 해외로 진출했으며, 모바일 게임으로도 출시되었다.

넷마블의 '리니지 2 레볼루션'은 '리니지'의 IP를 활용해 만든 모바일 버전이다. 웹젠의 '뮤 오리진', 펄어비스의 '검은사막 모바일' 등도 IP를 기반으로 재탄생한 모바일 게임이다. IP를 보유한 기업은 추가 비용 없이 오랫동안 수익을 창출할 수 있다.

셋째, 주식 매수 선택권(스톡옵션) 발행을 확인해야 한다. 스톡옵션은 임직원이 액면가 또는 시세보다 훨씬 저렴한 가격에 주식을 매입할 수 있는 권리다. 성과에 대한 보상 차원이지만, 권리 행사로 주식이 늘어나면 주주의 주당순이익이 감소한다. 카카오게임즈와 넷마블, 위메이드 등 적지 않은 게임사가 스톡옵션을 부여했다.

예를 들어 위메이드는 2017~2024년 전체 발행 주식의 8.8%에 해당하는 299만 1,171주를 스톡옵션으로 부여했다. 그중 장현국 부회장에게 발행한 수량이 전체의 48.3%에 이른다. 전체 발행량의 절반에 가까운 스톡옵션을 받은 장현국 부회장은 2024년 2분기 기준 미등기임원으로 재직 중이다. 미등기임원은 법인 등기부등본에 등록되지 않아서 회사 업무로 인한 책임을 지지 않지만 특정 직함(부회장)을 사용해 영향력을 행사한다.

주주가치를 희석할 수 있는 스톡옵션과, 그에 따라 당사자에게 부여할 책임과 의무의 형평성이 과연 적절한지 의문이 드는 대목이다.

여행

여행사는 해외에서 국내로 들어오는 여행 상품을 취급하는 인바운드와, 국내에서 해외로 나가는 여행 상품을 취급하는 아웃바운드로 나뉜다. 한국 상장기업은 아웃바운드 여행을 취급한다. 따라서 여행사의 실적을 좌우하는 핵심 요인은 해외여행 출국자 수다.

해외여행객은 2016년부터 한 해 2,000만 명을 넘기는 등 매년 8%가 넘게 성장해왔다. 그러다 2020년 최악의 상황을 맞았다. 코로나19의 직격탄을 맞아 국내로 들어오는 여행객은 물론 해외로 나가는 여행객도 뚝 끊겼기 때문이다. 2021년 해외여행객 수는 2019년에 비해 95.7% 감소해 사실상 여행 중단 상태였다.

[그림 3-33] 한국의 해외여행객 수(2015~2023)

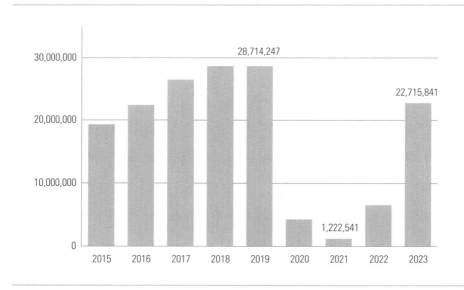

자료: 한국관광공사

[표 3-20] 하나투어와 노랑풍선의 당기순이익(2015~2023)

(단위: 억 원)

기업	2015	2016	2017	2018	2019	2020	2021	2022	2023
하나투어	317	80	132	87	-80	-1,720	-440	-668	470
노랑풍선	42	41	104	45	-17	-59	-102	-241	59

2020년 발생한 코로나19로 인해 2022년까지 국내 여행사 실적이 곤두박질쳤다. 하나투어와 노랑풍선은 2019년부터 2022년까지 연속 적자에 허덕이며 사업 축소와 인원 감축 등 구조조정에 나서야 했다. 지난한 인고의 시기를 감당한 국내 여행사들은 2023년 엔데믹을 맞아 드디어 흑자 전환에 성공했다.

하지만 이게 끝이 아니었다. 2024년 예상치 못한 악재가 여행사를 덮친 것이다.

여행사를 덮친 티메프 사태

2024년 7월, 전자상거래 업체인 티몬과 위메프의 판매 대금 미지급 사태가 수면 위로 떠올랐다. 그러자 해당 플랫폼에서 판매하던 여행 상품의 대금 미지급과 환불 사태가 발생했다. 결국 여행사들이 2024년 2분기부터 비용으로 인식하면서 2024년 영업이익과 당기순이익 감소가 불가피해졌다. 여행사 4곳의 손익계산서를 보면 모두 2024년 2분기에 대손상각비가 새롭게 등장하거나 증가했다. [표 3-21]에 여행사의 영업비용 항목인 대손상각비 현황을 비교했다.

대손상각비 11~55억 원이 크지 않다고 생각할지 몰라도 여행사들의 순이익 규모를 보면 생각이 달라질 것이다. 하나투어를 비롯한 여행사 4곳은 2024년 2분기 당기순이익이 전 분기 대비 급감하며 자릿수가 바뀌거나 적

[표 3-21] 여행사들의 대손상각비

(단위: 천 원)

기업	2024년 1분기	2024년 2분기
하나투어	-1,400,419	5,456,867
모두투어	-424,861	5,094,314
노랑풍선	-206,809	3,767,809
참좋은여행	-	1,143,816

[표 3-22] 여행사들의 2024년 당기순이익과 매출액

기업	당기순이익(억 원)			매출액(억 원)		
	2024년 1분기	2024년 2분기	전 분기 대비 증감률(%)	2024년 2분기	2024년 1분기	전 분기 대비 증감률(%)
하나투어	214	86	-59.6	1,833	1,317	-28.2
모두투어	76	-36	-147.2	793	520	-34.5
노랑풍선	31	-49	-259.0	383	306	-20.2
참좋은여행	18	1	-95.0	231	190	-17.8

자로 전환했다.

여행사는 자사 유통망은 물론 홈쇼핑, SNS, 전자상거래 등 다양한 판매 플랫폼을 이용한다. 탄탄한 영업망과 신뢰가 중요한 사업 모델이다. '티메프 사태'와 같은 돌발 사건은 여행사의 사업적 특성을 훼손할 수 있다.

이번 사건은 여행사들의 2024년 주가를 주춤하게 하는 변수가 되었다. 그러나 전 세계적으로 엔데믹을 맞아 여행 전성시대를 맞이하고 있는 것 또한 간과해선 안 될 일이다. 티메프 사태로 인한 손익계산서상의 손실 인식은 2024년 4분기쯤엔 거의 마무리될 것으로 보인다. 이번 사건으로 여행사 주가가 한 단계 하락한다면 좋은 매수 기회일 수 있다.

카지노

카지노는 외국인 전용 시설과 내국인 출입 허용 시설로 나뉜다. 외국인 전용 카지노는 사실상 관광객을 대상으로 영업하며 파라다이스, GKL, 롯데관광개발이 이를 영위한다. 내국인과 외국인의 동시 출입을 허용한 카지노는 강원랜드가 유일하다.

카지노는 여행객과 외국인을 대상으로 영업하므로 접근성이 좋은 지역을 중심으로 사업장을 전개하고 있다. 서울과 제주도, 부산, 인천공항에 인접한 영종도 등에 있는 이유다. 외국인 전용 카지노 기업 중 파라다이스는 매출액이 1조 원을 넘겼고, GKL과 롯데관광개발은 파라다이스의 3분의 1이 약간 넘는 수준이다.

[그림 3-34] 카지노사 현황(2024년 2분기 기준)

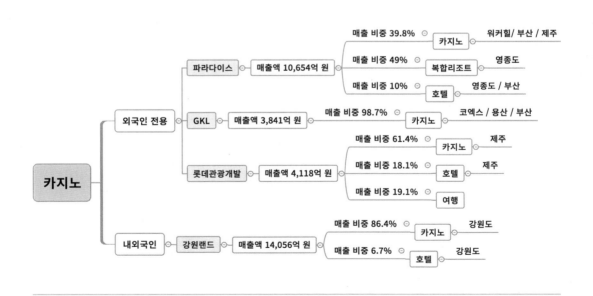

공기업에 가까운 GKL과 강원랜드의 독보적 배당성향

강원랜드와 GKL은 정부 주도로 설립된 카지노 기업이다. 강원랜드는 내국인은 물론 외국인도 출입이 가능하며, 2021년 '한국광해광업공단법' 시행에 의거해 통합 설립된 한국광해광업공단(지분율 36.27%)이 최대 주주다. GKL은 외국인 전용 카지노로 관광진흥법에 근거해 관광객 유치와 외화 획득을 목적으로 2005년 설립되었고 한국관광공사(지분율 51%)가 최대 주주다. 두 기업의 주요 임원은 정부 부처 고위 인사 출신이 대거 포진한 것이 특징적이다.

두 기업은 공기업적 특징에 따라, 벌어들인 현금을 사내에 유보하지 않고 주주들에게 매년 배당으로 돌려주기 때문에 배당성향(당기순이익 중 배당 비율)이 매우 높다. 2019년까지 배당성향이 40~60%를 기록했다.

그러나 강원랜드와 GKL은 2020년과 2021년에 배당금이 전혀 없었고 GKL은 2022년에도 배당을 하지 않았다. 이때 당기순이익이 적자였기 때문이다.

[표 3-23] 강원랜드와 GKL의 배당성향(2015~2023)

(단위: %)

	2015	2016	2017	2018	2019	2020	2021	2022	2023
강원랜드	45.0	44.2	45.9	61.4	54.5	0.0	0.0	61.4	55.3
GKL	56.0	54.1	56.1	56.5	56.3	0.0	0.0	0.0	49.8

[표 3-24] 강원랜드와 GKL의 당기순이익(2015~2023)

(단위: 억 원)

	2015	2016	2017	2018	2019	2020	2021	2022	2023
강원랜드	4,416	4,546	4,376	2,973	3,347	-2,759	-106	1,156	3,409
GKL	917	1,143	805	777	724	-643	-1,133	-227	438

[표 3-25] 강원랜드와 GKL의 배당수익률(연말 기준)

(단위: %)

	2015	2016	2017	2018	2019	2020	2021	2022	2023
강원랜드	2.6	2.8	2.8	2.8	3.0	0.0	0.0	1.5	5.8
GKL	3.4	4.9	2.5	2.9	3.4	0.0	0.0	0.0	2.6

배당은 주로 당해에 발생한 당기순이익을 바탕으로 지급한다. 2020년은 코로나19가 시작된 해다. 여행과 오프라인 모임 등이 자유롭지 못했으니 카지노 기업들이 직격탄을 맞았다. 그러나 2024년 기준 전 세계는 엔데믹을 즐기고 있다. 여행객이 너무 많으니 오지 말아달라고 부탁하는 지역이 생겨날 정도다.

안정적인 배당을 원하는 투자자라면 두 기업의 과거 배당수익률을 참조해서, 높은 배당수익률을 보일 때 투자를 고려하는 것도 좋은 방법이라 생각한다.

제주 카지노를 평정한 롯데관광개발

롯데관광개발이 카지노 사업 3년 만에 제주 카지노시장 80%를 차지하고, 2024년 상반기 매출액 1,000억 원을 돌파하는 기염을 토했다. 롯데관광개발은 2021년 6월 카지노 사업장을 롯데호텔제주에서 제주 드림타워 복합리조트로 확장 이전한 후 2022년부터 본격적인 매출을 인식했다.

제주도에는 롯데관광개발(드림타워)을 포함해 총 8곳의 카지노가 있다. 롯데관광개발이 제주도에 드림타워를 개장하기 전에는 홍콩 법인인 신화월드가 1위 사업자였다. 그러나 중국 시진핑 정부의 '반부패 운동' 여파로 2018년 신화월드 투자자인 란딩국제개발 회장이 체포된 후, 중국 VIP들의 신화월드 방문이 급격하게 줄었다. 3년 뒤인 2021년 롯데관광개발이 신화월드에 맞먹는 규모의 드림타워를 개장해 제주도 카지노시장을 잠식하기 시작했다. 롯데관광개발이 앞으로도 제주도 카지노시장의 강자 위치를 굳건하게 지켜나갈 수 있을지 특징을 살펴보자.

첫째, 롯데관광개발은 카지노와 호텔, 여행업을 병행하는 장점이 있다. 드림타워에 카지노와 1,600객실을 갖춘 그랜드하얏트호텔을 직접 소유, 운영하는 동시에 여행업을 영위하고 있다. 카지노와 호텔, 여행업 간의 시너지를 기대할 수 있는 대목이다.

둘째, 제주도 기반 최대 규모의 카지노와 복합리조트를 갖추고 있어서 고객 모집에 유리하다. 제주도에는 신화월드(5,641제곱미터)와 드림타워(5,529제곱미터)가 가장 큰 규모의 사업장을 갖추고 있다. 이 중 신화월드는 중국 반부패 운동의 여파로 사업 규모가 대폭 축소되어 2023년 매출액이 232억 원에 불과했다. 드림타워는 1,524억 원(롯데관광개발이 100% 지분을 소유하므로 카지노 부문 매출액으로 비교)에 달했다. 신화월드는 규모가 롯데관광개발보다 크지만 이익은 5분의 1에도 못 미쳤다.

제주도를 찾는 관광객 중 중국 VIP는 매우 중요하다. 신화월드의 공백을 롯데관광개발이 차지한다면 안정적인 성장세를 유지할 것으로 생각한다.

강력한 라이벌이 등장한 파라다이스

파라다이스는 외국인 대상 한국 카지노 업계의 대부와도 같은 존재다. 파라다이스는 서울, 인천, 부산, 제주에 1개씩 총 4개 카지노 사업장을 소유, 운영하고 있고 인천 영종도에 복합리조트인 파라다이스시티를 보유해 복합리조트와 호텔업을 병행하고 있다. 2024년 2분기 기준 매출 비중은 복합리조트 49%, 카지노 40%, 호텔 10%다.

복합리조트 사업 부문의 매출액 비중은 최초 인식한 2018년에 37.6%였는데 2024년에는 매출의 절반에 육박할 만큼 성장했다. 2017년에는 카지노 사업 비중이 87%에 달해 카지노 업황에 전적으로 의지하는 상황이었으나 이젠 복합리조트와 호텔업이 그 변동성을 완화하고 있다.

그런데 이러한 파라다이스에 도전장을 내민 국제 카지노 기업이 있다. 미국 기업 인스파이어가 영종도의 파라다이스 사업장 인근에 압도적인 자본을 투자해 대형 카지노와 복합리조트를 건설하고 2024년 1분기에 카지노 사업을 개시한 것이다.

2016년 인천 영종도 내 복합리조트 개발 사업자로 선정된 인스파이어는 2046년까지 동북아 최대 규모 복합리조트를 추가 조성한다는 목표를 발표했다. 파라다이스시티는 지척에 카지노는 물론 복합리조트와 호텔 전 영역에 걸쳐 강력한 경쟁자를 맞게 되었다. 2024년 2분기 기준 파라다이스와 인스파이어는 카지노 업장 규모가 비슷하다.

두 기업의 고객 유치 활동은 더욱 격렬해질 것이며, 이로 인한 비용 지출도 함께 증가하지 않을까 우려되는 대목이다.

이러한 상황을 의식한 것인지 파라다이스는 서울 장충동에 5성급 호텔을 조성하기 위해 5,000억 원 이상 투입할 계획이라고 밝혔다. 이후 주가가 내리막길을 걷고 있는데 자금 조달과 향후 사업의 불투명성에 따른 불안감이 커진 것이 아닌가 생각된다.

2024년 1분기 기준 파라다이스의 순현금(현금성자산에서 차입금을 뺀 금액)은 -4,304억 원이어서 차입금이 보유 현금보다 훨씬 많다. 게다가 차입금 비율도 93.8%에 육박한다. 따라서 차입금의 이자비용을 영업이익으로 감

[표 3-26] 파라다이스와 인스파이어의 카지노 업장 규모

기업명	테이블 게임(대)	슬롯머신(대)
파라다이스	180	332
인스파이어	150	374

[표 3-27] 파라다이스의 영업이익과 이자비용(2015~2023)

(단위: 억 원)

	2015	2016	2017	2018	2019	2020	2021	2022	2023
영업이익	583	658	-300	24	519	-862	-552	104	1,458
이자비용	30	35	251	330	520	546	645	669	706

당하기에는 부족해 보인다. 2015~2023년 기간에서 3년을 제외하고는 이자비용이 영업이익보다 컸으니 자본 운영이 매우 어려웠을 것이다.

이러한 상황에서 5,000억 원 이상을 투자하려면 차입하거나 전환사채를 발행해 조달해야 한다. 이는 재무 구조를 압박하거나 주주가치를 희석하기 때문에, 2024년 엔데믹에 따른 카지노와 리조트, 호텔 사업에 대한 기대감에도 불구하고 주가가 약세를 면치 못하는 것으로 보인다.

시가총액 상위 20개 종목의 지표 현황

연번	종목	주가 (원)	시가총액 (억 원)	자본총계 (억 원)	매출액 (억 원)	순이익 (억 원)	차입금 비율 (%)	PER (배)	PBR (배)	ROE (%)	배당수익률 (%)
1	크래프톤	325,000	155,675	60,929	23,578	8,910	9.4	17.5	2.6	14.6	-
2	엔씨소프트	212,500	46,652	32,115	16,276	1,967	16.2	23.7	1.5	6.1	1.5
3	넷마블	53,400	45,899	52,960	26,636	-218	35.4	-211.0	0.9	-0.4	-
4	강원랜드	17,280	36,969	37,380	14,056	4,017	1.6	9.2	1.0	10.7	5.4
5	시프트업	62,000	36,168	2,100	-	-	5.2	-	17.2	-	-
6	펄어비스	39,250	25,217	7,592	3,366	322	32.5	78.4	3.3	4.2	-
7	카카오게임즈	17,050	14,096	14,362	9,867	-2,429	90.8	-5.8	1.0	-16.9	-
8	위메이드	40,650	13,800	1,974	6,848	-1,926	189.0	-7.2	7.0	-97.6	-
9	더블유게임즈	50,700	10,898	9,974	6,167	1,719	4.8	6.3	1.1	17.2	1.7
10	넥슨게임즈	14,760	9,721	2,607	1,939	-88	35.9	-110.2	3.7	-3.4	-
11	파라다이스	10,180	9,342	14,403	10,654	666	92.7	14.0	0.6	4.6	1.0
12	하나투어	51,800	8,308	1,224	5,612	553	100.2	15.0	6.8	45.2	9.7
13	GKL	11,250	6,959	4,116	3,841	352	16.1	19.8	1.7	8.6	3.1
14	롯데관광개발	9,050	6,896	3,982	4,118	-1,016	342.7	-6.8	1.7	-25.5	-
15	컴투스	43,800	5,579	11,259	6,672	-352	32.6	-15.8	0.5	-3.1	5.9
16	웹젠	15,880	5,550	6,483	2,205	664	3.4	8.4	0.9	10.2	1.9
17	아난티	5,520	4,892	5,941	4,854	-82	108.0	-59.7	0.8	-1.4	-
18	네오위즈	20,950	4,579	5,109	4,110	482	0.8	9.5	0.9	9.4	1.2
19	데브시스터즈	35,500	4,274	1,497	1,866	-183	54.5	-23.4	2.9	-12.2	-
20	골프존	66,600	4,179	4,326	6,793	692	19.3	6.0	1.0	16.0	6.8

레저

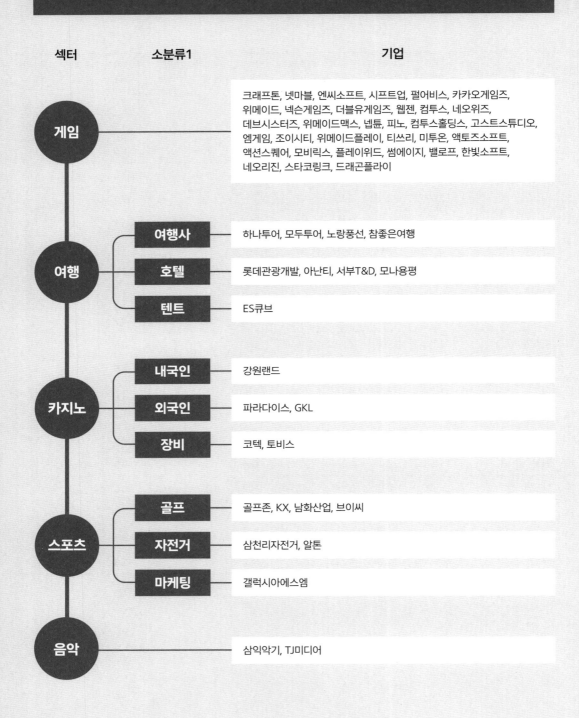

섹터	소분류1	기업
게임		크래프톤, 넷마블, 엔씨소프트, 시프트업, 펄어비스, 카카오게임즈, 위메이드, 넥슨게임즈, 더블유게임즈, 웹젠, 컴투스, 네오위즈, 데브시스터즈, 위메이드맥스, 넵튠, 피노, 컴투스홀딩스, 고스트스튜디오, 엠게임, 조이시티, 위메이드플레이, 티쓰리, 미투온, 액토즈소프트, 액션스퀘어, 모비릭스, 플레이위드, 썸에이지, 밸로프, 한빛소프트, 네오리진, 스타코링크, 드래곤플라이
여행	여행사	하나투어, 모두투어, 노랑풍선, 참좋은여행
	호텔	롯데관광개발, 아난티, 서부T&D, 모나용평
	텐트	ES큐브
카지노	내국인	강원랜드
	외국인	파라다이스, GKL
	장비	코텍, 토비스
스포츠	골프	골프존, KX, 남화산업, 브이씨
	자전거	삼천리자전거, 알톤
	마케팅	갤럭시아에스엠
음악		삼익악기, TJ미디어

바이오 업종 10

바이오 업종은 '바이오 의약품, 효소, CMO, 보톡스'의 4개 섹터로 분류했다. 바이오 의약품 섹터에는 각 치료제와 바이오시밀러, CRO(연구개발)를 포함했다. 효소 섹터에는 단백질의 일종인 펩타이드, 세포 배양에 쓰이는 배지, 효소를 제조하는 기업을 포함한다.

업종 분류

업종	섹터	종목 수	소분류
바이오	바이오 의약품	71	항체 치료제, 유전자 치료제, 세포 치료제, 단백질 의약품, 백신, 희귀 의약품, 약물 전달, AI, 바이오시밀러, CRO
	효소	9	
	CMO	7	
	보톡스	2	

PBR 밴드

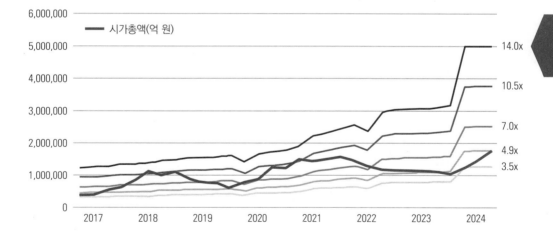

의약품의 분류

의약품은 화학 의약품과 바이오 의약품으로 나뉜다. 화학 의약품은 화학 반응으로 제조하는 합성 의약품이고, 바이오 의약품은 세포의 생물학적 반응을 이용해 제조하는 의약품이다. 화학 의약품과 바이오 의약품은 [그림 3-35]와 같이 분류된다.

화학 의약품의 개량 신약은 합성 신약을 개량하거나 진보성 있는 의약 기술을 적용해서 제조한 것으로, 바이오 의약품의 바이오베터가 이와 유사하다. 제네릭은 오리지널 약품을 복제한 것으로, 바이오 의약품의 바이오시밀러가 이에 해당한다.

화학 의약품과 바이오 의약품에 속하는 다양한 유형 각각의 개념을 [표 3-38]에 정리했다. 바이오 업종은 바이오 신약, 바이오베터, 바이오시밀러를 포함한다.

[그림 3-35] 의약품의 분류

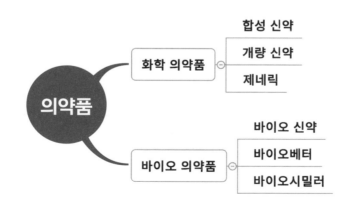

[표 3-28] 의약품의 유형

구분	설명
합성 신약	화학적 합성에 의해 생산된 의약품
개량 신약	이미 허가·신고된 의약품에 비해 개량되었거나 의약 기술에 있어 진보성이 있는 의약품
제네릭	합성 신약의 복제약
바이오 신약	세포를 배양하거나 인체 호르몬의 유전자를 재조합 및 조작해 만들어낸 약
바이오베터	효능, 안전성, 편의성 등 더 나은 효능을 보이는 바이오 의약품의 개량 신약
바이오시밀러	바이오 의약품의 복제약

바이오 의약품

바이오 의약품은 생물학적 원천에서 추출하고 유전자 재조합 기술이나 세포 배양 기술 등을 이용해 생산한 의약품을 말한다. 살아 있는 세포를 배양하고 단백질을 조합하는 등의 과정을 거쳐 생산하는 고분자 의약품으로 '생물학적 제제, 단백질 의약품, 항체 의약품, 유전자 치료제, 세포 치료제'가 있다. 각각을 간단히 살펴보면 다음과 같다.

생물학적 제제

생물학적 제제는 생물체에서 유래한 물질이나 생물체를 이용해 생성한 물질을 함유한 의약품으로 백신, 혈장, 독소 등이 해당한다.

코로나19 이후 새로운 유형의 백신이 주목받고 있다. 바이러스를 이용하는 생백신과 사백신 같은 기존 방식을 제치고, 처음 시도하는 유형인 RNA 백신이 개발되어 사용된 것이다. RNA 백신은 'mRNA 의약품' 가운데 한 유형으로 유전자를 활용한다. mRNA는 DNA의 유전 정보를 바탕으로 단

[그림 3-36] 바이오 의약품의 종류

1세대	2세대		3세대	
생물학적 제제	단백질 의약품	항체 의약품	유전자 치료제	세포 치료제
• 백신 • 항독소 • 혈액제제	• 유전자 재조합 • 세포 배양 의약품	• 단일 클론 항체 • 융합 단백질	• 유전자 치료제 • CAR-T 치료제	• 체세포 치료제 • 줄기세포 치료제

백질 합성이 일어나는 과정을 매개하는 생체 분자다.

단백질 의약품

단백질 의약품은 유전자 재조합 기술을 이용해, 생체에서 충분히 얻기 힘든 치료용 단백질 성분을 대량 생산한 후 치료에 사용하는 의약품으로, 세포 배양과 바이오 공정을 필요로 한다. 최초의 단백질 의약품은 1982년 출시된 인슐린이다. 인슐린은 체내에서 혈당을 조절하는 호르몬이다. 당뇨병 환자는 인슐린 분비가 부족하거나 인슐린이 제대로 역할을 하지 못하니 외부에서 인슐린을 공급해줘야 한다.

항체 의약품

항체 의약품은 세포 밖에서 신호 분자나 수용체에 결합해 질병을 치료하는 단백질 치료제다. 단백질은 우리 몸에서 DNA-RNA-단백질의 경로로 생성된다.

세포의 핵 속에 들어 있는 DNA는 전사라 불리는 과정을 통해 RNA를 합성해서 정보를 전달한다. RNA는 리보솜에 도착해 단백질을 합성한다. 리보솜은 단백질 생산 공장에 해당한다. DNA를 추출하면 단백질을 만들 수 있지만, 단백질로는 DNA를 만들 수 없다.

단백질은 아미노산으로 구성되고 구조가 복잡하며 분자량이 매우 크다. 아미노산이 2~50개 연결된 것을 펩타이드라고 하며, 건강기능식품이나 화장품 원료로도 사용된다. 이 책에서는 펩타이드 제조 기업을 '효소'에 포함했다.

항체 의약품은 바이오 의약품 중 가장 큰 비중을 차지한다. 대표 제품은 '휴미라, 레미케이드, 허셉틴, 엔브렐' 등이며, 이 제품들은 바이오시밀러 기업이 개발 대상으로 삼는 오리지널 바이오 의약품이다.

유전자 치료제

유전자 치료제는 '잘못된 유전자를 정상 유전자로 바꾸거나 치료 효과가 있는 유전자를 환부에 투입해 증상을 고치는 차세대 바이오 의약품'(출처: 한경경제용어사전)이다. 암세포만 선택적으로 공격하는 표적항암제와 면역력을 키워주는 면역항암제가 부상하고 있고, 자가면역질환 치료제 분야에서도 개발이 활발히 진행 중이다. 자가면역질환은 면역 세포가 정상 세포를 파괴해 염증과 통증을 유발하는 질환으로서 류머티즘 관절염, 당뇨병, 아토피 피부염 등이 여기 해당한다.

유전자 치료제는 화학 의약품이나 항체 의약품으로 치료할 수 없었던 질환의 근본적인 치료제로 주목받고 있다.

세포 치료제

세포 치료제는 살아 있는 세포를 체외에서 증식, 선별하거나 세포의 생물학적 특성을 변화시키는 등 일련의 행위를 통해 질병을 치료, 진단, 예방하는 데 사용하는 의약품이고 체세포 치료제와 줄기세포 치료제로 나눌 수 있다.

[그림 3-37] 세포 치료제의 종류

줄기세포는 여러 종류의 신체 조직으로 분화할 수 있는 세포다. 아직 분화하지 않은 배아 줄기세포와, 제한적인 분화만 가능한 성체 줄기세포로 나뉜다. 배아 줄기세포는 윤리적 문제로 연구가 제한적인 반면, 성체 줄기세포는 상대적으로 연구가 자유롭다. 줄기세포를 이용한 치료제 연구가 계속되며 줄기세포를 활용한 화장품 등으로 영역을 넓혀가고 있다. 예를 들어 메디포스트는 동종 줄기세포를 이용한 퇴행성 관절염 치료제를 판매하고 있고, 강스템바이오텍은 줄기세포를 이용한 아토피 치료제와 류머티즘 관절염 치료제를 출시했다.

바이오시밀러와 CDMO

바이오시밀러는 바이오 의약품의 복제 의약품으로, 오리지널 의약품과 효능은 비슷하지만 가격이 저렴하다.

세계 각국이 의료보험의 재정적자를 줄이는 방편으로 바이오시밀러 처방을 권고하고 있다. EU는 2005년 세계 최초로 바이오시밀러 관련 규정을 마련해 도입했다. 미국은 세계 의약품시장 1위 국가로서 오리지널 의약품을 다수 보유한 자국 제약사를 보호하기 위해 바이오시밀러 도입에 소극적이었으나, 2010년 오바마케어를 계기로 2015년부터 바이오시밀러 제품을 승인했다.

글로벌 시장 조사 기업인 아이마크그룹(IMARC Group)은 2032년 글로벌 바이오시밀러시장 규모가 1,645억 달러(약 215조 원)에 달할 것이라고 전망했다.

바이오시밀러는 바이오 의약품에 비해 개발 비용이 10% 수준이고 개발 기간도 절반에 불과하다. 또한 오리지널 의약품을 모델로 개발하기 때문에 성공 확률이 높다. 반면 대규모 생산 시설 마련과 과열 경쟁에 따른 단가 인하의 리스크를 안고 있다. 바이오시밀러의 경쟁력은 '누가 시장을 선점하는가'와 '가격 경쟁력이 우수한가'에 달려 있다. 특허가 만료되는 블록버스터 바이오 의약품이 속속 등장하니 이들 시장에 진출하기 위한 바이오시밀러 개발 경쟁이 뜨겁다.

셀트리온과 삼성바이오로직스는 바이오시밀러와 CDMO(위탁개발생산)의 선두 주자 입지를 굳히기 위해 생산 능력을 키우는 투자를 더욱 늘리고 있다. 바이오시밀러는 규모의 경제로 원가 경쟁력을 달성하는 기업이 생존하는 시장이므로, 이들의 대규모 생산 설비는 다른 기업에 높은 진입장벽이 된다. 한편 약가 인하에 따른 이익률 하락은 위험 요인이다.

시가총액 상위 20개 종목의 지표 현황

연번	종목	주가 (원)	시가총액 (억 원)	자본총계 (억 원)	매출액 (억 원)	순이익 (억 원)	차입금 비율 (%)	PER (배)	PBR (배)	ROE (%)	배당수익률 (%)
1	삼성바이오로직스	1,004,000	714,587	103,283	42,113	10,284	16.6	69.5	6.9	10.0	–
2	셀트리온	181,500	393,893	168,519	26,666	3,233	13.1	121.8	2.3	1.9	0.3
3	알테오젠	437,000	233,003	1,857	908	-13	64.9	-18,168.1	125.5	-0.7	–
4	리가켐바이오	130,600	47,813	6,250	762	-339	2.1	-140.8	7.7	-5.4	–
5	SK바이오사이언스	50,800	39,800	17,378	3,715	274	5.8	145.1	2.3	1.6	–
6	휴젤	296,000	37,308	7,768	3,435	1,112	6.1	33.6	4.8	14.3	–
7	보로노이	120,000	22,028	690	–	-361	18.6	-61.1	31.9	-52.3	–
8	펩트론	93,200	19,253	253	25	-196	36.4	-98.1	76.1	-77.6	–
9	에스티팜	94,900	19,100	4,269	2,729	217	44.5	88.0	4.5	5.1	0.5
10	에이비엘바이오	37,400	17,970	532	330	-400	81.8	-44.9	33.8	-75.3	–
11	네이처셀	20,950	13,483	633	267	-57	3.5	-237.9	21.3	-9.0	–
12	코오롱티슈진	16,570	13,168	1,628	47	-175	12.8	-75.4	8.1	-10.7	–
13	메디톡스	161,100	11,758	4,728	2,463	56	19.6	211.1	2.5	1.2	0.7
14	프레스티지바이오파마	18,000	10,817	4,391	7	-329	23.9	-32.9	2.5	-7.5	–
15	메지온	32,850	9,843	551	202	-89	2.8	-111.0	17.9	-16.1	–
16	케어젠	16,850	9,051	2,235	771	339	0.0	26.7	4.0	15.2	3.8
17	HLB테라퓨틱스	9,230	7,397	1,481	567	-264	16.7	-28.0	5.0	-17.8	–
18	바이넥스	20,800	6,798	1,845	1,283	-189	40.5	-36.0	3.7	-10.2	–
19	유바이오로직스	16,410	5,995	1,076	614	-211	18.7	-28.4	5.6	-19.7	–
20	지아이이노베이션	13,200	5,837	489	–	-468	7.4	-12.5	11.9	-95.5	–

바이오

섹터	소분류1	기업
바이오 의약품	**항체 치료제**	리가켐바이오, 에이비엘바이오, 메드팩토, 앱클론, 와이바이오로직스, 에이비온, 큐리언트, 카이노스메드, 샤페론, 브릿지바이오테라퓨틱스, 압타바이오, 하이퍼코퍼레이션, 압타머사이언스
	유전자 치료제	툴젠, 박셀바이오, 올릭스, 헬릭스미스, 네오이뮨텍, 유틸렉스, 소마젠, 지니너스, 디엔에이링크, 셀레믹스, 올리패스
	세포 치료제	코오롱티슈진, 큐로셀, 네이처셀, 메디포스트, 바이오솔루션, 테고사이언스, 안트로젠, 신라젠, 에스바이오메딕스, 바이젠셀, 에스씨엠생명과학
	단백질 의약품	제넥신, 지아이이노베이션, 아이진
	백신	SK바이오사이언스, HLB테라퓨틱스, 셀리드, 유바이오로직스, 큐라티스, 차백신연구소
	희귀 의약품	메지온, 티움바이오
	약물 전달	알테오젠, 펩트론, 에이프릴바이오, 인벤티직랩
	AI	보로노이, 큐라클, 파로스아이바이오, 지놈앤컴퍼니, 신테카바이오
	바이오시밀러	셀트리온, 프레스티지바이오파마, 선바이오
	CRO	코아스템켐온, HLB바이오스텝, 디티앤씨알오, 모비스, 강스템바이오텍, 바이오톡스텍, 드림씨아이에스, 디앤디파마텍, 씨엔알리서치, 현대ADM, 바이오인프라, 우정바이오, 셀비온
효소		케어젠, 아미코젠, 고바이오랩, CJ 바이오사이언스, DXVX, 애니젠, 엑셀세라퓨틱스, 제노포커스, 에이치이엠파마
CMO		삼성바이오로직스, 에스티팜, 바이넥스, 팬젠, 프레스티지바이오로직스, 진원생명과학, 이엔셀
보톡스		휴젤, 메디톡스

반도체 업종   11

반도체 업종은 '소재, 장비, 분야'의 3개 섹터로 구성했다. 반도체 제조 공정에 관여하는 기업을 '소재'와 '장비'로 분류했고, 반도체 제조 공정에 따른 '설계-제조-유통'을 '분야'로 분류했다.

업종 분류

업종	섹터	종목 수	소분류
반도체	소재	42	웨이퍼 연마, 세정, 포토, 식각, 증착, 테스트, 패키징, 기타
	장비	66	열처리, 현상, 식각, 세정, 증착, 패키징, 검사, 설비, 기타
	분야	49	IDM, 설계(팹리스, 디자인하우스), 제조(파운드리, OSAT), 유통

PBR 밴드

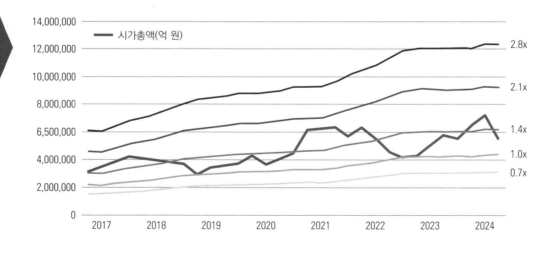

반도체의 역사와 AI가 이끌 미래

반도체는 21세기 경제와 현대인의 삶을 지탱하는 필수품이 되었다. 인터넷과 스마트폰은 일상이 되었고, 자동차도 자율주행이 도입되며 컴퓨터 기기 중 하나로 인식되고 있다. 더욱이 인터넷은 더욱 많은 기기와 연결되고, 더욱 많은 데이터를 저장하며, 더욱 빠른 속도로 처리해줄 것을 요청한다. 게다가 스스로 학습해 결론을 얻는 인공지능이 이미 시작되었고, 기업 간 경쟁이 더욱 치열하게 전개되고 있다. 이 모든 과정에 필요한 제품이 반도체 칩이다.

지금껏 반도체 산업의 호황을 이끈 주역들이 있다. 첫 번째 주역은 스마트폰이다. 2011년에 4세대 통신인 LTE가 시작되면서 통신 속도를 획기적으로 개선하고 스마트폰 기능의 혁신을 불러왔다. 이에 따라 스마트폰 이용자가 급증하며 판매량도 증가했다. 시장 조사 기업 IDC에 따르면 전 세계 스마트폰 판매량은 2012년 5억 4,520만 대에서 2015년 14억 3,290만 대로 263% 증가했다. 이러한 스마트폰 흥행은 애플리케이션 프로세서(AP)와 낸드플래시(NAND flash) 수요 증가로 이어져 반도체 산업의 부흥에 일조했다.

두 번째 주역은 암호화폐다. 2017년 전후로 비트코인 등의 암호화폐 채굴 열풍이 전 세계적으로 확산되었다. 컴퓨터 성능이 높을수록 채굴량을 늘릴 수 있으니 연산 처리 능력을 높여주는 그래픽카드(GPU) 사용량이 늘면서 GPU 제조사인 엔비디아의 실적도 날아올랐다.

세 번째 주역은 데이터센터다. 2020년 예기치 못한 코로나19 팬데믹은 전 세계인의 비대면 활동을 강제했고, 이로 인해 인터넷 수요가 폭발했다. 이에 따라 구글, 아마존 등의 글로벌 빅테크 기업들이 데이터센터 확장에 나서며 반도체 칩 수요를 끌어올렸다.

네 번째 주역은 AI다. 2022년 말 오픈AI의 챗GPT 출시 이후, 글로벌 빅테크 기업들의 경쟁이 격화되고 있다. AI는 빅데이터를 기반으로 무수히 많은 학습 과정을 거친다. 이 과정을 빠르게 처리할 수 있는 반도체 칩을 대량으로 요구한다. 이에 암호화폐 채굴에서 성능을 입증했던 엔비디아의 GPU가 이 시장을 선점하게 되었다.

AI에 사용되는 반도체를 AI 가속기라 할 수 있는데 GPU는 그중 하나다. AI 반도체를 필요로 하는 빅테크 기업들은 엔비디아의 GPU 사용에 그치지 않고 자체 칩 개발에 나서고 있다. ASIC(주문형 반도체)는 특정 용도에 맞춰 제작하는 반도체로서 애플의 A(스마트폰) 시리즈와 M(노트북과 컴퓨터) 시리즈, 테슬라의 도조 칩, 구글과 마이크로소프트, 아마존이 자체 개발한 칩이 여기에 해당한다. 이젠 인텔이나 퀄컴 등의 범용 칩 사용에 그치지 않고 자사의 필요에 따라 반도체를 설계 제작해 사용하는 시대로 접어들었음을 의미한다.

ASIC의 등장은 반도체 칩 제조사에 커다란 파장을 불러왔다. AI용 ASIC는 고성능 반도체여서 설계와 제조가 어려우므로 이에 특화된 기업들에 수혜가 집중되고 있다. 따라서 ASIC 제조가 가능한 파운드리가 첫째 수혜 부문이다. 글로벌 파운드리는 5개 사로 압축되고 현황은 [표 3-29]와 같다.

[표 3-29] 파운드리 기업별 시장점유율(2024년 2분기 매출액 기준)

	국가	시장점유율
TSMC	대만	62.3%
삼성전자	한국	11.5%
SMIC	중국	5.7%
UMC	대만	5.3%
글로벌파운드리	미국	4.9%

자료: 트렌드포스

TSMC는 글로벌 파운드리시장의 절반 이상을 점유한 절대 강자이며 시간이 갈수록 시장 지배력이 견고해진다. 현재 애플, 엔비디아, 기타 빅테크 기업들의 ASIC를 위탁 생산하고 있다.

둘째 수혜 부문은 디자인하우스로서 팹리스와 파운드리를 연결한다. 팹리스가 만든 칩 설계도를 파운드리 생산 공정에 적합하게 변환하는 일을 한다. 대만은 TSMC를 둘러싼 디자인하우스의 풍성한 생태계를 갖추고 있다. 파운드리의 경쟁력은 디자인하우스 없이 불가능하다. 삼성전자가 안고 있는 약점 중 하나다.

한국 반도체 산업을 이끄는 삼성전자와 SK하이닉스는 AI가 이끄는 반도체 산업의 어디에 위치해 있을까? 삼성전자와 SK하이닉스는 메모리반도체가 주력이고, 삼성전자는 파운드리 제조 역량을 높이기 위해 주력 공장 건설에 한창이었다. 그런데 2024년 평택 P4와 미국 테네시 공장 건축을 미뤘다. 또한 엔비디아의 AI 가속기에 사용되는 HBM 개발이 SK하이닉스보다 늦었다. 삼성전자의 HBM과 파운드리 제조 역량을 의심할 만한 사례들이 적지 않게 발견된 것이다.

반면 SK하이닉스는 HBM 분야에서 거침없는 질주를 보여주고 있다. 엔비디아향 HBM을 세계 최초로 공급했고, 세대를 거듭한 고사양 HBM 공급에도 선두 지위를 굳건히 지키고 있다. 이를 입증하듯 SK하이닉스는 2024년 1분기 영업이익이 전 분기보다 734% 급증했고, 2분기에도 1분기보다 89.5% 증가했다. 글로벌 빅테크 기업들의 서버향 메모리 수요는 향후에도 거침없는 성장이 기대된다.

삼성전자와 SK하이닉스는 ASIC 반도체에서는 고전하겠지만 과점하고 있는 메모리반도체에서는 위치를 공고히 유지할 것으로 보인다.

AI에 없어서는 안 될 반도체, HBM

2024년 삼성전자는 10만 전자에서 5만 전자로 추락했고, SK하이닉스는 삼성전자 시가총액의 50%까지 따라붙는 기염을 토하고 있다. 이러한 상반된 결과는 엔비디아 HBM 납품 때문이라고 해석해도 과언이 아니다.

HBM(High Bandwidth Memory, 고대역폭 메모리)은 AI가 등장하면서 필수적인 반도체 칩으로 인식되고 있다. AI는 방대한 데이터, 빠른 학습과 추론이 가능한 컴퓨터를 필요로 한다. 컴퓨터는 CPU와 GPU, 메모리를 통해 과제를 수행하니 이들 간의 데이터 교환이 빨라야 한다. 이를 위해 이들을 한데 묶고 메모리 사용량을 늘렸다.

그래서 등장한 것이 HBM이다. HBM은 D램을 수직으로 겹겹이 쌓고, 여기에 많은 구멍을 뚫어 건물 속 엘리베이터가 왕복하듯 데이터 출입 통로

[그림 3-38] SK하이닉스 HBM3 개요

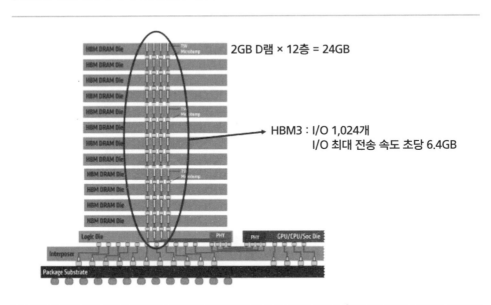

자료: 서울경제

를 만든 후 패키징한다. GPU 주변에 메모리를 병렬적으로 나열한 그래픽 D램(GDDR)에 비해 데이터 전송 속도가 획기적으로 빠를 뿐만 아니라, 많은 메모리를 적층함으로써 고용량을 탑재하는 장점이 있다.

HBM은 많은 D램을 탑재해서 미세한 구멍을 뚫고 패키징해야 하므로 고난도의 기술과 장비가 필요하다. 패키징 과정에 쓰이는 본딩 장비를 SK하이닉스에 납품하는 한미반도체가 주목받는 이유다.

2024년 기준 SK하이닉스는 엔비디아향 HBM 점유율을 더욱 높여가고 있지만 삼성전자는 여전히 테스트하는 중이다.

메모리반도체

컴퓨터는 작업 명령에 따라 연산과 저장의 과정을 반복하는데 이 과정에 쓰이는 반도체의 종류가 다르다. 저장에 쓰이는 반도체를 메모리반도체, 그 외의 목적에 쓰이는 반도체를 비메모리반도체라 한다. 비메모리반도체는 인간의 뇌와 같은 역할을 하는 CPU, 디스플레이의 화면을 만들어주는 GPU, 외부의 빛을 감지해 전기 신호로 바꾸어주는 이미지 센서, 전력을 제어하는 전력반도체, 통신반도체 등 종류가 매우 다양하다.

메모리반도체는 데이터를 임시로 저장하는 D램과, 영구적으로 저장하는 낸드플래시가 있다. 컴퓨터가 작업 명령을 수행할 때 CPU는 영구저장장치인 하드디스크나 낸드플래시에서 필요한 데이터를 불러온다. 그런데 CPU와 하드디스크의 처리 속도가 다르다. CPU는 매우 빠른 데 비해 하드디스크와 낸드플래시는 상대적으로 느려서 작업 병목 현상이 발생할 수 있다. 이때 사용되는 것이 D램이다. 작업 과정에서 임시로 데이터를 저장하며 CPU를 보조하는 역할을 한다. D램에 저장된 데이터는 컴퓨터의 전원이 꺼

[표 3-30] 메모리반도체와 비메모리반도체 비교

	종류	내용
메모리반도체	D램	임시저장장치
	낸드플래시	영구저장장치, SSD, USB 등
비메모리반도체	시스템반도체	CPU, GPU, AP, DDI 등
	광소자반도체	이미지 센서, LED

지면 소멸된다. 컴퓨터의 처리 속도를 높이려면 처리 속도가 빠른 CPU와 충분한 용량의 D램을 갖춰야 한다. D램은 데이터 저장이 필요한 모든 기기, 즉 컴퓨터, 노트북, 스마트폰, 차량, 데이터센터, 클라우드 등에 반드시 사용되고, 속도가 빠른 컴퓨터를 구현하는 데 필수다.

D램은 CPU의 성능과 보조를 맞춰야 한다. '인텔 CPU 연기, DDR5 난항' 등과 같은 신문 기사를 보았을 것이다. DDR5는 D램의 5세대 반도체로 2019년부터 스마트폰을 중심으로 채택되었다. D램의 성능을 높인 DDR5를 사용하려면 이를 지원하는 CPU 역시 개선되어야 한다. D램과 CPU를 함께 봐야 하는 이유다.

D램은 '삼성전자, SK하이닉스, 마이크론'이 지배하는 과점적 시장이다. 낸드플래시보다 제조가 어려워서 기술적 진입장벽이 높다. 3사의 D램 점유율은 2021년 기준 94%에 이르며, 삼성전자와 SK하이닉스의 합산 점유율은 71.3%로 이미 치킨 게임이 끝났다. 2024년 2분기 기준으로는 3사 합산 점유율 97.0%, 삼성전자와 SK하이닉스 합산 점유율 77.4%로 2021년보다 더 높아졌다.

낸드플래시는 비휘발성 메모리반도체로서 전원을 꺼도 데이터를 저장한다. 하드디스크보다 속도가 빠르고 작고 가벼워서 노트북과 소형 모바일

기기를 중심으로 사용처가 확대되고 있다. D램에 비해 상대적으로 기술적 난도가 낮고 '삼성전자, SK하이닉스, 마이크론, 키옥시아, 웨스턴디지털'의 5강 체제를 형성하고 있다(인텔의 낸드플래시 사업부는 2021년 말 SK하이닉스가 인수했다). D램에 비해 제조사가 많아서 치킨 게임의 여지가 남아 있다고 생각한다.

비메모리반도체는 메모리반도체를 제외한 것으로 CPU, GPU, AP 등이 있으며 각각 강점을 갖는 국가와 기업이 다르다. 한국 팹리스 기업들도 비메모리반도체를 설계한다.

반도체 기업의 유형

판매를 목적으로 하는 제품은 설계와 제조, 포장의 과정을 거친다. 반도체도 예외가 아니어서 반도체 칩 생산은 설계와 제조의 두 부분으로 나눈다. 설계와 제조를 함께 영위하는 IDM(Integrated Device Manufacturer, 종합반도체기업), 설계를 전문으로 하는 팹리스(fabless), 팹리스의 설계를 바탕으로 제조 공정용 설계도를 만드는 디자인하우스, 제조를 전문으로 하는 파운드리(foundry), 제조 공정 중 후공정에 해당하는 테스트와 패키징 공정을 처리하는 OSAT(Outsourced Semiconductor Assembly and Test)가 있다.

IDM

IDM은 자체적으로 설계해 칩을 제조하고 판매하는 기업을 말하며 삼성전자와 인텔이 대표적이다. 설계와 제조를 모두 한다는 것은 수직계열화를 이루었다는 뜻인데, 꼭 좋은 것만은 아니다. 설계와 제조에 높은 기술력과 자본력이 필요하기 때문이다. 반도체 성능이 높아질수록 초미세 공정이 필

[표 3-31] 반도체 기업의 유형

	명칭	내용
종합	IDM	설계와 제조를 모두 하는 종합반도체기업
설계	팹리스	설계를 전문으로 하는 기업
	디자인하우스	팹리스의 설계를 더욱 상세하게 설계하는 기업
제조	파운드리	제조를 전문으로 하는 기업
	OSAT	테스트, 패키징을 전문으로 하는 기업

요해서 설계와 제조에 고도의 기술력을 요구하며 천문학적인 투자를 집행해야 한다. 한 기업이 두 개를 동시에 충족하기 힘든 한계가 있고 효율성도 떨어질 수 있다.

팹리스

팹리스는 반도체 칩 설계를 전문으로 하는 곳을 가리킨다. 반도체 종류가 다양해짐에 따라 설계와 제조의 분업화가 요구되었다. 팹리스는 반도체 제조 설비를 위한 막대한 자본이 필요하지 않다. 대신 설계에 필요한 자산인 인력을 확보하고 연구개발에 집중한다. 이렇게 개발한 설계 자산을 IP라고 부르고 라이선스화해서 판매한다.

이들의 IP를 활용하면 칩 개발 시간과 비용을 절약하는 이점이 있다. 예를 들어 ARM의 IP는 스마트폰 대부분에 사용되고, 한국 상장사인 칩스앤미디어의 IP는 비디오 영상 처리에 쓰인다.

디자인하우스

팹리스의 설계도는 파운드리에서 바로 사용할 수 없고 디자인하우스의 상세 설계 과정을 한 번 더 거쳐야 한다. 팹리스의 설계에는 제조 공정이 담겨 있지 않기 때문이다. 파운드리에서도 제조 공정용 설계를 직접 할 수 있지만 모든 칩을 소화하지는 못한다. 팹리스와 파운드리의 재설계 수요에 따라 이를 의뢰받아 대행하는 곳이 디자인하우스다.

파운드리

파운드리는 칩을 전문적으로 제조하는 기업으로 삼성전자와 DB하이텍이 있다. 삼성전자는 파운드리 사업부를 통해 비메모리반도체 사업을 영위하고, DB하이텍은 이미지 센서(CIS), 전력반도체, 디스플레이 구동 센서(DDI) 등을 주로 제조한다. 글로벌 파운드리 1위 기업은 대만의 TSMC다. 초미세 공정으로 갈수록 TSMC의 파운드리 능력이 부각되며 폭풍 같은 성장세를 이어가고 있다. 삼성전자도 뒤질세라 파운드리 사업부에 막대한 투자를 집행하며 격차를 좁히기 위한 노력을 계속하고 있다.

OSAT

OSAT는 반도체 제조 공정 중 후공정에 해당하는 테스트와 패키징을 위탁받아 전문적으로 수행하는 기업이다. 테스트 공정은 반도체에서 불량 칩을 걸러내고 성능에 따라 등급을 구분하는 과정이다. 높은 등급은 SSD 등 비싼 제품으로 분류되고, 낮은 등급은 USB 등 저가형 제품에 쓰인다. 이처럼 반도체 칩을 등급에 따라 분류하는 테스트 장비가 핸들러다. 반도체에 고온과 저온의 스트레스 테스트를 하는 번인테스터(burn-in tester)도 있다.

메모리반도체와 비메모리반도체는 기능과 구조가 달라서 테스트 방식도 다르다. 메모리반도체는 수십억 개의 저장 공간이 정상인지를 반복적으로 테스트한다. 반면 비메모리반도체는 칩 내에서 다양한 기능을 담당하는 구역들이 정상인지 정밀하게 검사한다.

테스트 물량을 받아 테스트를 전문적으로 수행하는 테스트하우스도 이에 따라 구분한다. 메모리반도체 테스트하우스로는 '에이팩트, 윈팩'이, 비메모리반도체 테스트하우스로는 '하나마이크론, 두산테스나, LB세미콘, 네패스아크, 아이텍, 큐알티, 에이엘티'가 있다.

패키징은 반도체 칩을 기판에 연결하는 과정(본딩), 화학수지로 밀봉하는 과정을 포함한다. 여기에는 금속 소재를 사용한 본딩, 범프라 불리는 전도성 소재를 칩과 기판 사이에 넣어 전기가 통하게 하는 기술인 범핑이 있다. 범프를 칩과 기판 사이에 붙이려면 칩에 범프가 부착될 위치에 전극을 형성해야 하고, 이렇게 만들어진 것을 플립 칩이라 한다. 범핑 기술을 사용한 본딩은 와이어 본딩보다 성능과 안전성이 우수하다.

반도체 제조 공정

반도체 한 개는 머리카락 굵기의 1만분의 1보다 작기 때문에, 육안으로 확인해서 정밀한 기계로 깎는 방식이 아니라 여러 화학 물질과 미세 공정 기술을 이용하는 방식으로 제작한다.

반도체 제조는 여러 단계의 공정을 거치며 장비와 소재, 부품이 들어가는 공급사슬을 형성한다. 따라서 업종 분석은 제조 공정 이해에서 출발해야 한다. 공정마다 기술적 난도가 다르고, 장비와 소재를 공급하는 여러 기업이 존재하기 때문이다.

반도체 제조 공정은 '웨이퍼 제조-산화-포토-식각-증착-테스트-패키징'의 단계로 나누고, 웨이퍼 제조부터 증착까지를 '전공정', 테스트와 패키징을 '후공정'이라 부른다. 공정의 흐름은 [그림 3-39]와 같다.

[그림 3-39] 반도체 제조 공정과 장비

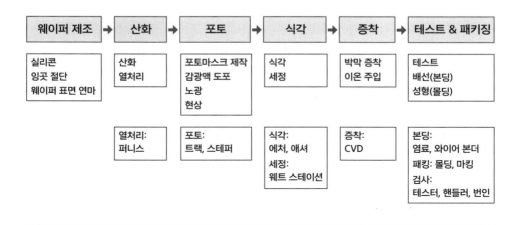

웨이퍼 제조

웨이퍼 제조 공정은 모래나 규석에서 추출한 실리콘으로 잉곳을 만든 다음 둥글고 얇게 절단해 반도체 원판으로 가공하는 것이다. 원판은 회로를 그려 넣을 수 있도록 표면을 매끄럽게 연마하는데 이때 연마제로 CMP 패드와 슬러리를 사용한다. CMP 패드는 폴리우레탄 계열이고, 슬러리는 연마제가 포함된 화학 물질이다.

산화

산화 공정은 웨이퍼를 보호하는 산화막을 형성하는 공정이다. 산화막은 회로와 회로 사이에 전류가 흐르는 것을 차단하고 이온 주입과 식각 공정의 오류를 막는다. 이 공정은 800~1,200℃의 고온을 사용하므로 열처리 장비가 사용된다.

포토, 노광, 현상

포토 공정은 리소그래피라고도 하는데 산화막을 입힌 웨이퍼 위에 회로를 그리는 공정이다. 회로를 그려 넣은 포토마스크를 먼저 제작하고(포토마스크 제작) 웨이퍼 위에 빛에 반응하는 감광액을 입힌 다음(감광액 도포) 포토마스크를 대고 빛을 쪼인다(노광). 이렇게 하면 포토마스크를 통과한 빛에 의해 웨이퍼 위에 회로가 그려진다. 그런 다음 웨이퍼에 현상액을 뿌려 빛이 통과한 영역과 그렇지 않은 영역을 구분해서 회로 패턴을 만든다(현상).

노광 공정에 사용하는 장비가 스테퍼다. 반도체 제조 공정에서 국산화 비율이 가장 낮은 공정이 포토 공정이다. 극자외선 노광 장비인 EUV는 네덜란드 기업 ASML이 유일한 제조사여서 전량 수입에 의존한다. 초미세 공정에서 경쟁하는 TSMC와 삼성전자는 EUV 생산량을 독점하기 위한 수주 경쟁을 펼치기도 한다.

식각

식각은 회로 패턴을 제외한 부분을 제거하는 공정으로서 세정을 함께 진행한다. 식각 방식은 습식과 건식으로 나뉘고, 방식에 따라 사용하는 장비가 다르다. 식각 장비는 에처(Etcher)와 애셔(Asher)로 불린다. 낸드플래시의 단수가 올라갈수록 식각 공정에 쓰이는 소재량이 늘어나기 때문에 식각 공정의 소재 기업에 혜택이 돌아간다.

증착

증착 공정은 웨이퍼 위에 박막을 입히는 과정이다. 박막은 회로를 구분하고 연결하며 보호하는 역할을 하는 얇은 막이다. 이때 화학적 기상 증착법(Chemical Vapor Deposition, CVD)을 주로 사용한다. 박막은 전기적 신호를 연결하는 전도층과, 내부 연결층을 분리하고 오염을 차단하는 절연막층으로 구분된다. 이온 주입 공정은 반도체에 전기적 성질을 부여한다. 순수한 반도체는 실리콘으로 되어 있어 전기가 통하지 않지만 이온을 주입하면 전도성을 가지게 된다.

테스트 & 패키징

테스트와 패키징은 '테스트, 금속 배선, 성형' 공정으로 이루어진다. 반도체의 불량 여부를 검사하는 테스트는 박막 증착 공정이 끝난 단계에서 행하는 EDS(Electric Die Sorting) 테스트, 조립 공정을 거쳐 패키지화한 상태에서 이루어지는 패키징 테스트, 출하하기 전에 소비자의 관점에서 실시하는 품질 테스트 등이 있다.

금속 배선 공정은 반도체 회로 패턴에 금속 선을 잇는 공정이다. 반도체의 수많은 소자를 동작시키며 각각의 신호가 섞이지 않고 잘 전달되도록 선을 연결한다.

성형 공정은 열과 습기 등의 물리적 환경에서 반도체 집적 회로를 보호하고 원하는 형태의 패키지로 만드는 과정이다. 수지로 구성된 EMC(Epoxy Molding Compound)에 고온을 가해 젤 상태로 만든 후 원하는 형태의 틀에 넣어 진행한다.

시가총액 상위 20개 종목의 지표 현황

연번	종목	주가 (원)	시가총액 (억 원)	자본총계 (억 원)	매출액 (억 원)	순이익 (억 원)	차입금 비율 (%)	PER (배)	PBR (배)	ROE (%)	배당수익률 (%)
1	삼성전자	57,000	3,402,776	3,736,696	2,811,685	277,888	4.4	12.2	0.9	7.4	2.5
2	SK하이닉스	200,500	1,459,645	598,333	492,245	24,987	49.6	58.4	2.4	4.2	0.6
3	한미반도체	94,200	91,368	5,690	2,842	1,578	26.7	57.9	16.1	27.7	0.4
4	HPSP	35,600	29,525	2,886	1,375	627	0.6	47.1	10.2	21.7	0.4
5	리노공업	177,100	26,994	5,621	2,572	1,070	0.0	25.2	4.8	19.0	1.7
6	이오테크닉스	151,100	18,615	5,751	2,929	320	1.6	58.1	3.2	5.6	0.3
7	테크윙	44,200	16,510	2,023	1,566	-120	128.2	-137.2	8.2	-5.9	0.3
8	DB하이텍	36,000	15,983	18,216	11,183	2,188	9.2	7.3	0.9	12.0	1.6
9	솔브레인	198,300	15,425	9,731	8,093	1,423	0.2	10.8	1.6	14.6	1.0
10	파크시스템스	215,000	15,015	1,574	1,482	304	24.4	49.4	9.5	19.3	0.2
11	주성엔지니어링	30,700	14,511	5,616	3,383	801	9.0	18.1	2.6	14.3	0.2
12	한솔케미칼	121,000	13,716	9,562	7,767	1,165	28.3	11.8	1.4	12.2	1.7
13	동진쎄미켐	26,250	13,496	9,040	13,220	1,404	73.5	9.6	1.5	15.5	0.5
14	원익IPS	25,200	12,369	8,505	6,741	-152	1.1	-81.6	1.5	-1.8	–
15	ISC	52,100	11,044	5,005	1,427	290	6.4	38.0	2.2	5.8	0.4
16	LX세미콘	60,200	9,791	10,315	18,687	1,452	2.0	6.7	0.9	14.1	3.0
17	와이씨	11,740	9,632	3,270	2,088	140	24.1	69.0	2.9	4.3	–
18	티씨케이	81,300	9,492	4,789	2,429	640	0.2	14.8	2.0	13.4	1.5
19	파두	18,870	9,312	1,497	142	-736	28.9	-12.7	6.2	-49.1	–
20	레이크머티리얼즈	13,900	9,137	1,182	1,200	192	171.6	47.6	7.7	16.2	–

반도체 소재

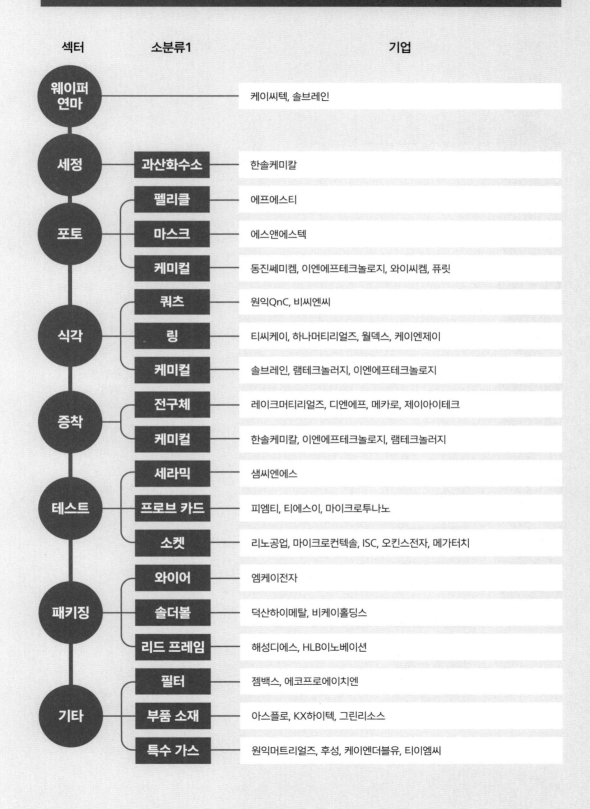

섹터	소분류1	기업
웨이퍼 연마		케이씨텍, 솔브레인
세정	과산화수소	한솔케미칼
포토	펠리클	에프에스티
	마스크	에스앤에스텍
	케미컬	동진쎄미켐, 이엔에프테크놀로지, 와이씨켐, 퓨릿
식각	쿼츠	원익QnC, 비씨엔씨
	링	티씨케이, 하나머티리얼즈, 월덱스, 케이엔제이
	케미컬	솔브레인, 램테크놀러지, 이엔에프테크놀로지
증착	전구체	레이크머티리얼즈, 디엔에프, 메카로, 제이아이테크
	케미컬	한솔케미칼, 이엔에프테크놀로지, 램테크놀러지
테스트	세라믹	샘씨엔에스
	프로브 카드	피엠티, 티에스이, 마이크로투나노
	소켓	리노공업, 마이크로컨텍솔, ISC, 오킨스전자, 메가터치
패키징	와이어	엠케이전자
	솔더볼	덕산하이메탈, 비케이홀딩스
	리드 프레임	해성디에스, HLB이노베이션
기타	필터	젬백스, 에코프로에이치엔
	부품 소재	아스플로, KX하이텍, 그린리소스
	특수 가스	원익머트리얼즈, 후성, 케이엔더블유, 티이엠씨

반도체 장비

섹터	소분류1	기업
열처리		HPSP
현상		더코디, 워트
식각		피에스케이, 브이엠
세정		코미코, 미코, 제우스, 한솔아이원스, 아이엠티
증착		원익IPS, 주성엔지니어링, 유진테크, 테스, 뉴파워프라즈마, 지오엘리먼트
패키징		한미반도체, 아이윈플러스, 프로텍, 레이저쎌, 다원넥스뷰
검사		넥스틴, 유니테스트, 와이씨, 테크윙, 기가비스, 인텍플러스, 디아이, 네온테크, 네오셈, 엑시콘, 티에프이, 제이티, 제너셈, 성우테크론, 미래산업
설비		한양이엔지, 신성이엔지, 케이씨, 케이앤솔, 세보엠이씨, 엑사이엔씨
기타	진공	엘오티베큠, 제이엔비
	레이저	이오테크닉스, 코세스
	장비 중고 매매	서플러스글로벌, 러셀
	계측	오로스테크놀로지, 파크시스템스
	자동화	에스티아이, 라온테크, 씨앤지하이테크, 로체시스템즈, 싸이맥스, 티이엠씨씨앤에스, 아진엑스텍
	스크러버, 칠러	에프에스티, 유니셈, GST, 지앤비에스 에코
	기타	한양디지텍, 위드텍, 3S, 제이스텍, 저스텀, 이엘씨

반도체 분야

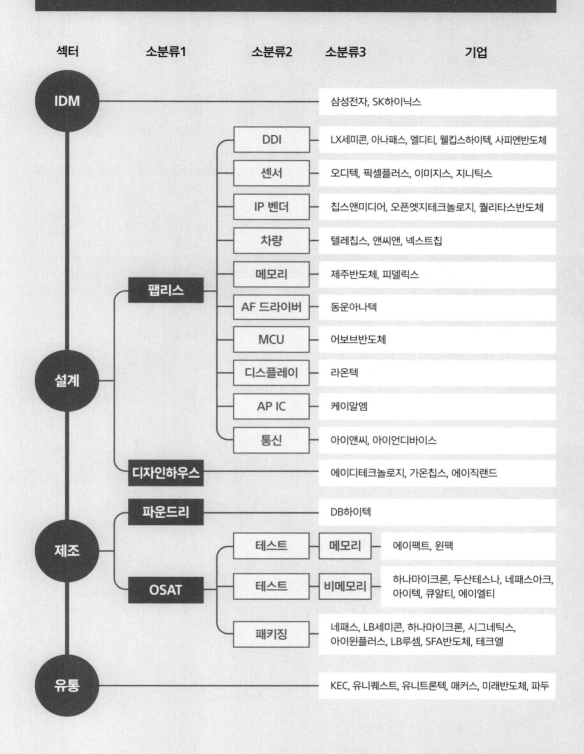

섹터	소분류1	소분류2	소분류3	기업
IDM				삼성전자, SK하이닉스
설계	**팹리스**	DDI		LX세미콘, 아나패스, 엘디티, 웰킵스하이텍, 사피엔반도체
		센서		오디텍, 픽셀플러스, 이미지스, 지니틱스
		IP 벤더		칩스앤미디어, 오픈엣지테크놀로지, 퀄리타스반도체
		차량		텔레칩스, 앤씨앤, 넥스트칩
		메모리		제주반도체, 피델릭스
		AF 드라이버		동운아나텍
		MCU		어보브반도체
		디스플레이		라온텍
		AP IC		케이알엠
		통신		아이앤씨, 아이언디바이스
	디자인하우스			에이디테크놀로지, 가온칩스, 에이직랜드
제조	**파운드리**			DB하이텍
	OSAT	테스트	메모리	에이팩트, 윈팩
		테스트	비메모리	하나마이크론, 두산테스나, 네패스아크, 아이텍, 큐알티, 에이엘티
		패키징		네패스, LB세미콘, 하나마이크론, 시그네틱스, 아이윈플러스, LB루셈, SFA반도체, 테크엘
유통				KEC, 유니퀘스트, 유니트론텍, 매커스, 미래반도체, 파두

생활 업종

12

생활 업종은 '교육, 가구, 제지, 가정용품'의 4개 섹터로 구성했는데 소비자와 밀접한 연관성을 갖는 부문을 모았다. 각 섹터는 별도 업종이라고 할 만큼 특성이 고유하지만 업종의 수를 줄이기 위해 생활 업종으로 묶었다. 업종이 많아지면 업종으로 묶는 이점이 사라지기 때문이다.

생활 업종의 각 섹터가 가지는 공통점이 있다. 첫째, B2C의 특성이 강하다. 둘째, 국내 시장을 대상으로 하는 경우가 많아서 성장을 제약하는 요인으로 작용할 수 있다.

업종 분류

업종	섹터	종목 수	소분류
생활	교육	24	학원, 어학, 학습지, 전문직, 문구류, 도서, 장비
	가구	12	종합, 사무용, 의자, 침대
	제지	22	골판지, 백판지, 위생용지, 신문용지
	가정용품	12	렌털, 생활용품, 필터, 보일러

PBR 밴드

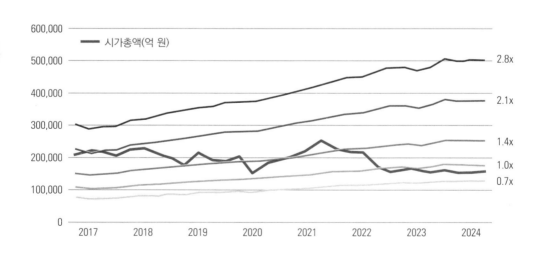

정체된 성장, 해외 시장을 뚫는 기업을 찾아라

주가 부양의 최고 재료는 기업의 성장(과 기대감)일 것이다. 기업의 성장은 이익 증가를 의미하고, 이익을 증가시키려면 판매량을 늘리거나, 제품 가격을 올리거나, 비용을 절감하거나 등의 노력이 필요하다.

생활 업종은 국내 소비자를 대상으로 제품을 제조하거나 판매하는 기업을 다수 포함하고 있어 국내 소비 수요의 변화가 곧 기업의 수익과 직결될 가능성이 높다. 따라서 국내 수요와 기업 간 경쟁 강도가 생활 업종 내 기업의 경쟁력을 좌우하는 주요 요인으로 작용한다.

우선 생활 업종 내 각 섹터가 성장하고 있는지 매출액 추이를 통해 살펴보자. [표 3-32]는 '교육, 가구, 제지, 가정용품' 섹터에 포함된 기업들의 매출액을 합산한 결과다.

[표 3-32] 생활 업종 섹터별 매출액 추이(2015~2023)

(단위: 억 원)

	교육	가구	제지	가정용품
2015	33,700	32,875	77,127	35,572
2016	35,405	39,806	79,968	37,084
2017	38,518	46,506	87,651	39,786
2018	41,870	52,036	94,482	46,444
2019	45,472	50,558	86,323	53,455
2020	35,233	57,317	83,004	59,610
2021	41,935	61,753	95,042	67,018
2022	44,908	61,086	116,353	69,701
2023	44,827	58,679	109,276	70,784
연평균 성장률	3.6%	7.5%	4.4%	9.0%

[그림 3-40] 생활 업종 섹터별 매출액 추이(2015~2023)

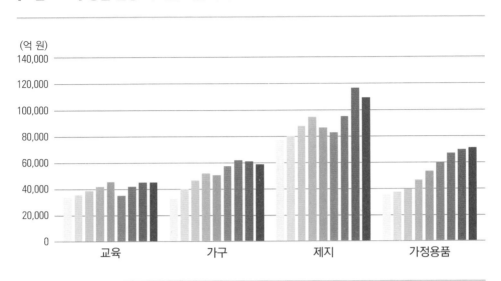

2015년부터 2023년까지 모든 섹터가 연 10% 미만의 저조한 성장률을 기록했다. 그중 제지 섹터는 2022년 매출액이 크게 상승했다. 한솔제지의 영업 성과 덕분이다.

한솔제지는 '제지' 섹터 내 기업 중 매출액이 가장 커서, 2023년 제지 섹터 22개 기업의 합산 매출액 10조 9,276억 원 중 20%인 2조 1,941억 원을 냈다. 2021년 코로나19로 인한 영업 환경 제약이 해소되면서 한솔제지가 2022년에 돋보이는 영업 실적을 기록하자 제지 섹터의 합산 매출액이 크게 증가하는 왜곡이 일어난 것이다.

그럼에도 불구하고 연평균 성장률이 4.4%에 그친 것은 제지 섹터의 성장 한계를 드러낸다. 그나마 한솔제지는 수출 비중이 50%(2023년 기준)여서 국내 시장의 한계를 극복할 가능성이 있다.

교육 섹터의 실적 부진은 출생아 수의 급격한 감소를 직접적 원인으로

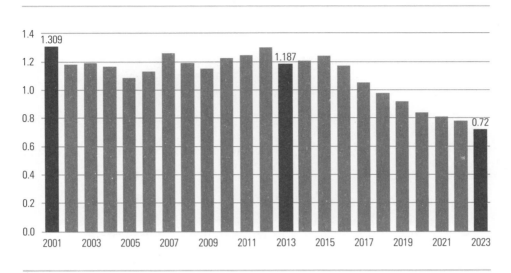

[그림 3-41] 한국 합계출산율(2001~2023)

자료: 통계청

생각해볼 수 있다. 2023년 기준 한국 합계출산율은 0.72명으로 10년 전 (2013년) 대비 40% 가까이 낮아졌다. 이러한 출산율 하락은 학령 인구 감소, 교육 섹터의 매출 하락으로 이어질 가능성이 매우 높다.

가구 섹터의 기업들은 건설사 등에 공급하는 B2B 제품보다 B2C 제품을 많이 취급한다. 따라서 국내 소비자들의 소비 여력과 가구 기업 매출의 상관관계가 높다. 2015~2023년 기간에 한국 1인당 국민총소득은 3,423만 원에서 4,725만 원으로 연평균 4.1% 증가했다. 같은 기간 가구 섹터의 합산 매출액은 연평균 7.5% 증가해서 국민총소득 증가율을 뛰어넘었다. 한샘, 현대리바트, 에이스침대와 같이 독점적 지위를 누리는 기업들의 성장성이 해당 섹터의 증가율을 높였기 때문이다.

한편 9.0%로 가장 높은 성장률을 기록한 가정용품 섹터는 코웨이와 경동나비엔의 해외 시장 성장이 주요 발판이 되었다. 경동나비엔은 2023년 기준 수출 비중이 67.6%이고 코웨이는 32.6%(말레이시아, 미국)다.

이처럼 생활 업종 내 기업들은 국내 수요에 기반한 성장의 한계를 안고 있다. 그러므로 국내를 넘어 해외에서 성과를 일구는 기업에 밸류업의 기회가 주어질 것으로 생각한다.

생활 업종은 우리가 일상생활에서 흔히 접할 수 있는 기업이 다수 포진해 있다. 익숙하다고 해서 투자가 쉬운 것은 절대 아니다. 이에 대해 피터 린치가 《전설로 떠나는 월가의 영웅(One Up on Wall Street)》에서 한 권고를 생각해볼 만하다.

"나는 당신이 어떤 상점에서 쇼핑을 즐긴다는 이유로 그 상점 주식을 사라고 권하지 않고, 당신이 좋아하는 제품을 만든다고 그 제조업체의 주식을 사라고 권하지 않는다. (중략) 상점, 제품, 식당이 마음에 든다면 (중략) 조사 목록에 올려놓으라. 그러나 이것만으로는 주식을 매입할 이유가 되지 못한다. 회사의 이익 전망, 재무상태, 경쟁상황, 확장계획 등을 조사하기 전에는 절대로 투자하지 말라.(중략) 우리는 회사의 미래 성장이 어디에서 오는지, 그리고 성장 속도가 언제 늦춰질 것인지 추적해야 한다."

교육

한국인의 교육열은 천연자원이 거의 없는 불모지에서 인적 자원의 능력을 최대한 이끌어낸 동력이었다. 한국전쟁 이후 최악의 빈민국에서 2024년 선진국 대열에 합류하기까지 인적 자원은 가장 큰 동력 중 하나였다.

그중에서도 대학 진학은 교육열의 최종 도착 지점으로 인식되고 있다. 한국 고등학생의 대학 진학률은 70%를 상회하며, 개인의 성공을 판가름하

[그림 3-42] 한국 출생아 수(2001~2023)

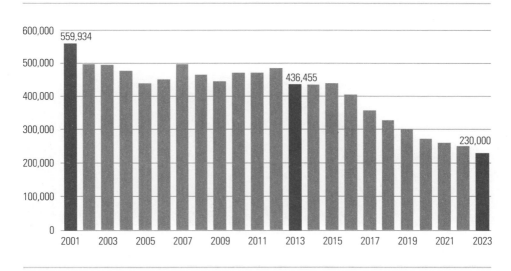

자료: 통계청

는 가장 큰 관문으로 자리 잡고 있다. 이에 따라 국내 교육 기업들도 대학 진학에 필요한 교육 콘텐츠에 집중되어 있다. 그러나 국내 출생아 수 급감에 따라 향후 학령인구 감소 추세가 확연할 것으로 보여 교육 기업들의 성장성에 의문부호가 달리고 있다.

향후 학생이 될 신생아 출생 현황을 살펴보자. 출생아 수는 2001년 이후 지속적으로 감소하는 추세다. 특히 2016년부터 감소 추세가 더 가팔라져서 2023년 출생아 수는 10년 전의 절반 정도다. 감소 폭이 클 뿐만 아니라 매년 감소세가 멈출 기미를 보이지 않으니 심각성이 더욱 크다.

이러한 출생아 수 감소는 곧 수능 응시생 감소로 나타나며 그 파장은 벌써 확인되고 있다. 2015년 수능 응시생은 64만 명이었지만 2023년 50만 명으로 20% 이상 줄었다. 2023년 출생아 수 23만 명을 감안하면 2041년쯤에는 수능 응시생이 30만 명으로 대폭 감소할 것으로 전망된다. 수능 응시생

[그림 3-43] 초중고 1인당 월평균 사교육비(2011~2023)

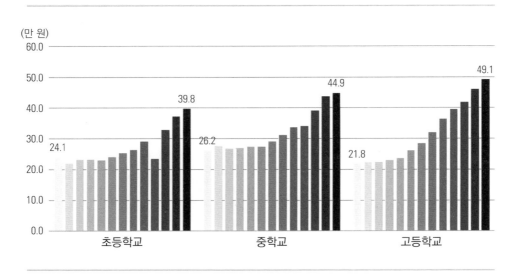

자료: 통계청

은 교육 섹터 기업들의 주요 소비층이니 매출과 이익에 커다란 타격을 줄 것이다.

　지금까지 국내 사교육시장은 가파른 성장 가도를 달려왔다. 2011~2023년 1인당 월평균 사교육비는 초등학교 65%, 중학교 71%, 고등학교 125% 증가했다. 고등학교 부문의 증가율이 월등하다. 2010년까지 출생아 수 변동이 크지 않았음을 감안하면 사교육시장이 크게 성장한 것이다.

　이 기간의 사교육시장을 '학원 수강, 방문학습지, 인터넷 강좌'의 카테고리로 분류해서 비교하면 학원 수강이 47%, 인터넷 강좌가 366% 성장한 반면, 방문학습지는 도리어 39% 감소했다. 학원 수강은 2020년 코로나19에 따른 집합 교육의 어려움에도 불구하고 꾸준한 증가세를 유지했고, 인터넷 강좌는 코로나19 이후 폭발적 성장(2021년에 전년 대비 64% 증가)을 기록한 것이 인상적이다. 반면에 초등학생이 중심이라고 할 수 있는 방문학습지는

[그림 3-44] 사교육 유형별 교육비 총액(2011~2023)

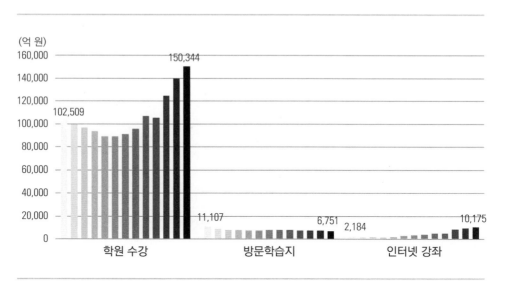

자료: 통계청

교육비가 상당히 감소했다.

　앞으로는 달라질 수밖에 없다. 2015년부터 출생아가 감소하니 2023년 초등학교 사교육시장을 시작으로 수요가 감소할 것이기 때문이다.

　그렇다면 교육 기업은 이 어려움을 어떻게 극복하고 있을까? 첫째, 인기 강사 보유와 온라인 강의 등 교육 콘텐츠를 다양화해서 수익원을 창출한다. 인기 강사가 있어야 수강생이 모여들고 그 효과가 다른 영역까지 파급될 수 있기 때문에 기업과 투자자에게 인기 강사는 절대적인 존재다. 인기 강사와 온라인 강의의 조합은 장소에 따른 매출액 한계를 뛰어넘는 무한 성장을 가능케 한다. 2020년 코로나19가 온라인 강의 성장에 큰 역할을 했다.

　둘째, 축소되는 국내 교육시장을 벗어나 해외로 진출한다. 그러나 국내 상장기업들의 해외 진출은 성과가 아직은 미미하다([표 3-33] 참조). 해외

[표 3-33] 교육 기업의 수출 비중

	수출 비중
YBM넷	2.7%
대교	2.6%
크레버스	0.8%
정상제이엘에스	0.7%
메가스터디교육	0.1%

매출이 있는 곳은 5개 사에 불과하며(2024년 2분기 매출액 기준), 매출 비중도 5% 안팎으로 존재감이 거의 없다시피 한다.

이로 미루어 볼 때 국내 상장기업들의 해외 진출은 좀 더 시간이 필요할 듯하다.

사례: 메가스터디 그룹

메가스터디 그룹은 국내 학원가의 최정상급 교육 그룹이며 상장기업 4개를 거느리고 있다. 메가스터디 그룹의 지분 구조는 아래와 같다.

[그림 3-45] 메가스터디 그룹의 지분 구조(2023년 2분기 기준)

손주은 메가스터디 대표이사는 메가스터디와 메가스터디교육의 지분을 동시 보유하며 기업을 지배하고 있고, 이 중 메가스터디가 그룹 내 기업들을 지배하는 지주사 역할을 한다. 이 지배구조에서 특이한 점은 아이비김영의 지분 구조다. 아이비김영은 메가스터디가 아니라 손주은 대표이사가 메가스터디교육을 통해 지배하는 구조다.

메가스터디 그룹에 투자를 고려한다면, 지주사의 성격이 강한 '메가스터디'와 개별 사업을 영위하는 '메가스터디교육, 메가엠디, 아이비김영'을 구분해 판단하는 것이 좋겠다.

가구

가구는 도시형 산업이다. 주거 공간은 식품 저장, 의류 수납, 휴식 등에 필요한 가구를 갖추고 있다. 경제력이 향상될수록 생활의 편리를 추구하게 되고 이에 필요한 가구를 찾게 된다. 중세에는 가구가 생활용품을 넘어 지위와 권위를 상징하는 수단으로 기능하기도 했다. 오늘날에도 가구는 기능성뿐 아니라 품위와 미적 취향을 드러내는 용품으로 사용된다.

가구는 종류가 다양한데 쓰이는 장소에 따라 구분할 수 있다. 가정용 가구는 집 안에서 주로 사용하는 가구류로서 침대와 소파가 대표적이다. 사무용 가구는 사무실이나 공공시설에서 사용하는 가구류로서, 사무실 공간을 분리하고 보호하는 파티션, 사무실 책상과 의자, 서랍 등이 대표적이다. 부엌 가구는 주방에서 사용하는 가구류로서 싱크대, 식탁, 붙박이장이 있다. 정리하면 [표 3-34]와 같다.

가구를 제작, 유통하는 기업은 대개 모든 분야의 가구를 다루지 않는다. 기업마다 주력 분야가 있으며, 분야마다 업황을 좌우하는 요소 또한 차이

[표 3-34] 가구의 종류

구분	종류
가정용 가구	침대, 장롱, 소파 등
사무용 가구	사무실용 책상, 의자, 파티션 등
부엌 가구	싱크대, 식탁

[표 3-35] 한국 상장기업의 주력 제품

	상장기업
종합	한샘, 현대리바트, 꿈비, 오하임앤컴퍼니, 스튜디오삼익, 에넥스
사무용	퍼시스, 코아스
의자	시디즈, 듀오백
침대	에이스침대, 지누스(매트리스)

가 존재한다. 가구 섹터 기업의 주력 제품 현황을 [표 3-35]에 정리했다.

종합은 '침실, 거실, 주방, 사무실 등'에서 사용되는 모든 제품을 제조, 판매하는 기업으로 한샘과 현대리바트가 대표적이다. 판매처를 기업(B2B)과 소비자(B2C)로 나눌 때, 2024년 2분기 기준으로 한샘은 B2C가 전체 매출액의 54.8%를 차지하는 반면 현대리바트는 16.5%에 불과했다. 따라서 실적을 분석할 때 한샘은 소비자의 수요를 촉발할 수 있는 아파트 거래량 등을, 현대리바트는 아파트 준공 승인이나 분양 실적 등을 주목해야 한다.

가구 구매 수요는 이사 등을 통한 거주지 변화의 과정에서 발생할 것으로 생각해볼 수 있다. 기존 거주지를 변화시키는 리모델링 수요 또한 상당할 것이다. 그래서 거주지 변화를 직접적으로 보여주는 '아파트 매매 거래' 현황을 통해 한샘과 현대리바트의 실적 상관관계를 살펴보았다.

[그림 3-46] 전국 아파트 매매 거래 현황(2018~2023)

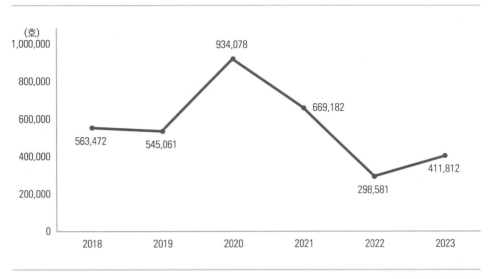

자료: 한국부동산원

[그림 3-46]은 2018~2023년의 전국 아파트 매매 거래 현황이다. 조사 기간 내 평균 거래량은 50만 호이지만 2020년에 93만 4,078호로 가장 많았고, 2022년에는 29만 8,581호로 2020년 대비 68%나 급감했다.

이렇게 급격한 거래량 변화가 가구 업체들의 영업이익에 어떤 영향을 미쳤을까? 한샘과 현대리바트는 아파트 매매 거래가 최저점을 기록한 2022년에 적자로 전환했고, 현대리바트는 다음 해에도 적자를 지속했다([그림 3-47] 참조). 반면에 침대와 사무용 가구를 취급하는 에이스침대와 퍼시스는 아파트 매매 거래에 그다지 영향을 받지 않았다.

이처럼 가구 기업들의 실적에 영향을 미치는 요인은 다양하며, 기업마다 다른 영향을 받는다는 것에 유념할 필요가 있다.

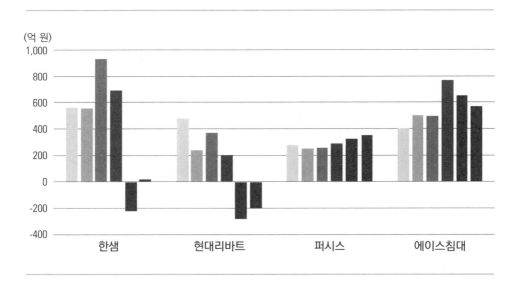

[그림 3-47] 가구 기업들의 영업이익(2018~2023)

제지

　제지 기업은 종이를 만든다. 그러나 종이라고 다 같은 것이 아니다. 쓰임새에 따라 재질이 다르고 들어가는 원료와 과정도 다르다. 따라서 제지 기업을 이해하려면 우선 종이를 이해해야 한다.

　종이는 식물 섬유나 기타 섬유를 고착해 만든 것으로 펄프 또는 폐지를 원료로 제조한다. 펄프는 목재, 짚, 대나무 등의 섬유에서 얻은 집합체다. 미국과 캐나다를 비롯해 브라질 등 남미, 인도네시아 등 동남아시아의 열대우림 국가에서 대부분 수입해 충당하고 있으며 국제 펄프시장에서 가격이 결정된다. 주로 인쇄용지의 원재료로 쓰이고, 국내 생산량이 적어 2023년 사용량의 88.2%를 수입했다. 폐지는 신문과 상자 등의 폐지를 재활용한 것으로 주로 골판지 제조에 사용한다.

[표 3-36] 종이의 종류

종류		내용
종이	신문용지	폐지를 원료로 제조
	인쇄용지	인쇄, 필기 목적의 종이
	특수지	벽지, 팬시 용지 등
	위생용지	화장지, 티슈, 타월, 생리대, 기저귀 등
	포장용지	시멘트, 쌀, 쇼핑백, 봉투, 식품, 약품 포장지 등
판지	백판지	화장품, 담배 포장 등 내부 포장지
	골판지 원지	라이너: 표면지와 이면지
		골심지: 가운데 주름으로 쓰이는 용지
	기타 판지	컵 원지: 일회용 컵이나 컵라면 등의 용지
		황판지: 공책 표지 등의 두꺼운 용지
		지관 원지: 화섬, 필름, 면방사 등에 사용하는 원지

자료: 한국제지연합회

종이는 종이와 판지로 나뉜다. 판지는 펄프 또는 폐지 등을 배합해 여러 층으로 겹뜨기한 두꺼운 종이다. 종이와 판지의 종류는 [표 3-36]과 같다.

위와 같이 종이의 쓰임새가 제각각인데 어떤 종류가 많이 쓰일까? 각 종이의 생산량 비교를 통해 알아보자. [그림 3-48]에 종이별 연간 생산 비중을 나타냈다.

종이별 생산 비중을 보면 몇 가지 특징이 드러난다. 첫째, 골판지 원지가 2023년 기준 전체의 51.1%로 가장 많이 생산되면서 제지 산업의 대표 종이로 우뚝 섰다. 골판지 원지는 택배 상자 등에 쓰이는 원재료다. 현대 소비 문화를 가능케 한 것 중 하나가 택배 문화이고, 특히 우리나라는 택배 시스템이 발달했다. 온라인 쇼핑이 일상화되면서 택배는 필수가 되었고, 이러

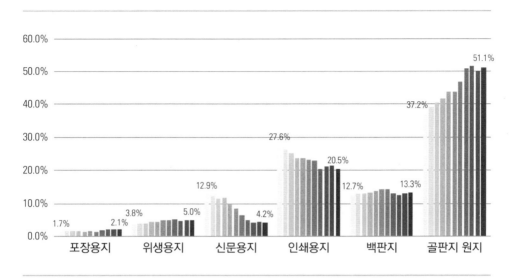

[그림 3-48] 종이별 연간 생산 비중(2013~2023)

자료: 한국제지연합회

한 소비문화가 골판지 원지의 수요를 촉발했다. 2013년 대비 2023년 생산 비중이 크게 증가한 것은 골판지 원지가 유일하다.

둘째, 신문용지와 인쇄용지의 생산량이 감소했다. 신문용지 생산량은 2013년 151만 톤에서 2023년 45만 톤으로 70%나 감소했다. 예전에는 지하철과 사무실, 집 등에서 종이 신문을 흔하게 볼 수 있었지만 이제는 스마트폰과 컴퓨터로 대체되었다. 인쇄용지 또한 기업과 관공서 등에서 환경 보호와 비용 절감 대책으로 사용량을 줄이고 있다.

셋째, '포장용지, 위생용지, 백판지'는 전체 생산량의 20% 안팎에 머물며 명맥을 유지하고 있다.

이에 따라 제지 섹터에서 눈여겨봐야 할 부문은 생산량이 크게 증가한 골판지 원지다. 그럼 각 부분을 나누어 살펴보자.

[그림 3-49] 골판지의 공급사슬

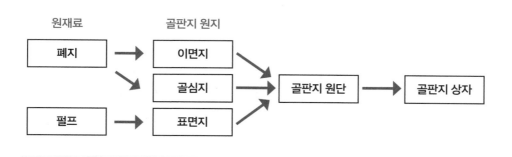

골판지의 공급사슬

폐지에서 시작되는 골판지 공급사슬은 [그림 3-49]와 같이 형성된다. 골판지는 폐지를 주 원재료로 해서 골판지 원지에 해당하는 라이너지(표면지와 이면지)와 골심지(표면지와 이면지 사이에 사용)를 만들고, 이들 원지를 접착해 골판지 원단으로 가공한 후 상자를 만든다.

골판지 제조사는 '골판지 원지, 골판지 원단, 상자' 중 다루는 제품에 따라 분류하고, 각 제품의 가격 변동에 서로 다른 영향을 받는다. 골판지 원지 제조사와 원단 제조사는 원재료와 판매 제품의 차이가 있기 때문이다. 골판지 원지 제조사는 원재료인 폐지 가격이 하락하고 제품인 골판지 원지 가격이 상승할수록 영업이익이 커지는 반면, 원단 제조사는 원재료인 골판지 원지 가격이 하락하고 원단 가격이 상승해야 영업이익이 커진다. 즉 골판지 원지 제조사와 원단 제조사는 원지 가격 변동에 정반대의 영향을 받는다. 시멘트 제조사와 레미콘 제조사의 관계와 유사하다.

그런데 국내 상장 골판지 제조사들은 대부분 골판지 원지에서 원단에 이르는 수직계열화를 이루고 있다. [그림 3-50]에 폐지와 원지, 원단의 가격 변동률(전년 대비)을 비교했다.

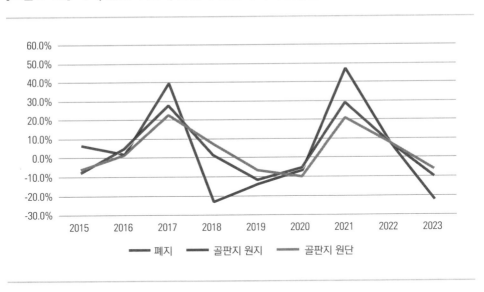

[그림 3-50] 폐지, 골판지 원지, 골판지 원단의 가격 변동률(2015~2023)

골판지의 최초 원재료인 폐지 가격을 중심으로 비교하면 폐지와 원지, 원단의 가격 변동은 동일한 방향을 나타낸다. 그러나 폐지 가격에 비해 원지와 원단 가격 변동은 상대적으로 적다. '폐지 가격 상승·하락률 > 원지와 원단 가격 상승·하락률'로 정리할 수 있다. 이로 미루어 보면 골판지 원지사는 폐지 가격이 상승할 때보다는 하락할 때 실적이 개선될 것이다.

2018년 폐지 가격이 급락했다. 폐지 대부분을 수입했던 중국 정부가 폐지 수입을 금지하고 나섰기 때문이다. 중국 정부는 환경 관련 규제와 자국 산업 보호 등을 근거로 2016년 1월 쓰레기 수입 제한 일정을 발표했고, 이어 2017년 7월 '외국 쓰레기 반입 금지와 고형 폐기물 수입 관리 개혁 실시 방안'을 발표하면서 쓰레기 반입을 전면 금지했다.

그러자 한국 폐지 가격이 급락했고, 폐지를 원재료로 골판지 원지를 제조, 판매하는 기업의 수익이 급증했다. 폐지 가격 급락에 따른 수혜는 골판지 공급사슬의 중간에 있는 골판지 원지 제조사에 집중되었다. 원가는 감소했는데 수요 증가와 더불어 골판지 원지 가격이 견조하게 유지되어 이익이 크게 증가했다.

골판지 제조사

한국에 상장된 골판지 제조사는 '원지-원단'의 수직계열화를 이루고 있다. 대표적인 상장기업은 '아세아제지, 신대양제지, 태림포장, 삼보판지'다. [그림 3-51]에 이들 기업의 계열사 현황과 원지와 원단 매출액 비중을 정리했다(2024년 2분기 기준).

골판지 원지 부문에서는 아세아제지가 매출액 비중 53%로 가장 높고, 원단 부문은 태림포장이 84%로 가장 높다. 신대양제지와 삼보판지 역시 원단 비중이 각각 60%와 71%로 높다. 골판지 원지 가격이 높을 때 아세아제지가 가장 큰 수혜를 입을 것으로 예상된다. 골판지 기업 4곳이 국내 골판지 원지 생산량의 80% 이상을 과점하고 있어 가격 결정력이 크다.

[그림 3-51] 골판지 제조사의 제품별 비중과 계열사 현황

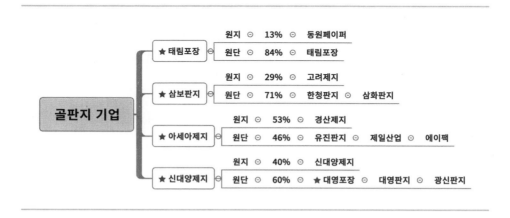

[그림 3-52] 폐지와 골판지 원지 가격과 아세아제지 영업이익 비교(2014~2023)

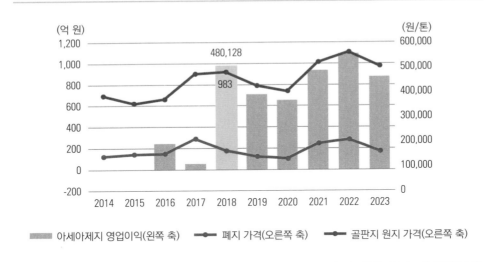

골판지 원지 제조사 중 아세아제지를 예로 들어 원재료-제품 가격 변동이 실적에 어떠한 영향을 미치는지 살펴보자. 아세아제지는 골판지 원지가 전체 매출액의 53%, 원단이 46%를 차지한다. 폐지를 원재료로 사용하므로 폐지 가격이 매출원가에 큰 영향을 미친다.

아세아제지는 2018년과 2021년, 2022년에 큰 폭의 영업이익을 창출했는데 원재료와 제품 가격의 스프레드가 커진 것이 원인이었다. [그림 3-52]에 나타낸 폐지와 골판지 원지 가격은 같은 방향으로 움직여서 가격 차이가 거의 없어 보인다.

그러나 [표 3-37]에서 전년 대비 가격 변동률로 비교하면 차이가 확연하다. 2018년 폐지 가격은 전년 대비 23%나 하락했으나 제품인 골판지 원지 가격은 오히려 1.6% 상승했다. 이처럼 원재료-제품 가격의 스프레드가 크게 벌어짐으로써 그해에 어닝서프라이즈를 기록할 수 있었다.

[표 3-37] 폐지와 골판지 원지의 전년 대비 가격 변동률(2015~2023)

(단위: %)

	2015	2016	2017	2018	2019	2020	2021	2022	2023
폐지	6.4	2.0	39.7	-23.0	-13.7	-6.6	47.3	8.0	-22.5
골판지 원지	-8.0	4.8	27.9	1.6	-11.5	-5.1	29.2	7.8	-10.1

이와 같이 골판지 원지 제조사는 폐지와 원지 가격의 변동을 추적하되, 스프레드가 얼마나 벌어지는지를 잘 살펴야 한다. 2017년과 2021년은 폐지 가격이 상승했다. 그러나 영업이익은 상반된 결과를 보여주었다. 폐지 가격과 골판지 원지 가격이 반영되는 시간과 가격 연동의 차이에서 나타난 현상이다.

다음으로 골판지 원지와 상자를 알아보자. 골판지 상자는 우리가 일상에서 볼 수 있는 택배 상자 등의 최종 제품이다. 골판지 원단과 상자는 골판지 원지가 원재료다. 원단 제조사는 태림포장(원단 부문 84%)과 삼보판지(원단 부문 71%)가 가장 크고, 이들의 영업이익은 골판지 원지와 원단의 가격 차이에 영향을 받을 것이다.

태림포장을 사례로 살펴보자([그림 3-53] 참조). 태림포장의 영업이익도 골판지 원지 제조사인 아세아제지와 유사해서 2018년 큰 폭의 어닝서프라이즈를 냈고 2021년과 2022년에도 양호한 영업이익을 기록했다.

골판지 원지와 원단의 일관된 생산 체제를 이룬 아세아제지와 태림포장은 영업이익 추세로 보아 원지와 원단의 가격 연동이 비교적 수월하게 이루어지고 있다.

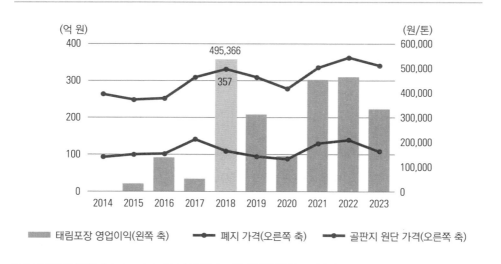

[그림 3-53] 폐지와 원단 가격과 태림포장 영업이익 비교(2014~2023)

펄프 제조사 무림P&P

펄프는 목재를 주원료로 제조하는 종이의 원료이며 2023년 국내 수요량의 88.2%를 수입했다. 그런데 우리나라에도 펄프를 제조·생산하는 주목할만한 기업이 있다. 무림그룹의 무림P&P다.

한국에서 유일하게 펄프를 제조하고 생산하는 기업인 무림P&P는 펄프 부문이 2023년 2분기 기준 전체 매출액의 26.7%를 차지했다. 그러나 영업실적에는 전체 매출액의 73%를 차지하는 인쇄용지 부문이 더 큰 영향을 미친다.

제지사는 펄프를 원재료로 백판지 등을 생산한다. 따라서 백판지를 제조하는 제지사와 펄프를 제조하는 펄프사의 이익은 반대로 움직이는 양상을 보인다. 제지사는 주 원재료인 펄프 가격이 상승하면 원가 부담이 커져서 수익성이 악화되는 반면, 펄프사는 제품인 펄프 가격이 상승하면 이익이

[표 3-38] 무림P&P 원재료와 제품의 가격 변동률과 영업이익(2015~2023)

	2015	2016	2017	2018	2019	2020	2021	2022	2023
원재료	5.7%	3.4%	-5.2%	-6.5%	17.2%	-9.6%	0.5%	53.0%	-6.3%
제품(펄프)	1.6%	-6.2%	47.1%	-12.4%	-31.4%	11.2%	13.4%	43.7%	-19.1%
제품(인쇄용지)	1.9%	-2.4%	1.7%	9.0%	-7.1%	-8.4%	9.6%	26.5%	4.5%
영업이익(억 원)	366	136	447	1,022	494	63	294	683	116

커지기 때문이다.

무림P&P는 침엽수와 활엽수 펄프와 칩을 원재료로 해서 펄프와 인쇄용지를 생산하고 공급한다. 원재료인 칩과 제품인 인쇄용지와 펄프의 전년 대비 가격 변동률과 영업이익을 비교해서 어떤 부문이 더욱 큰 영향을 미치는지 분석해보자.

무림P&P의 영업이익은 2016년과 2020년에는 어닝쇼크를, 2018년과 2022년에는 어닝서프라이즈를 기록했다. 이와 같은 영업이익이 변동하는 데 가장 큰 영향을 미친 요인은 전체 매출액의 73%를 차지하는 인쇄용지의 가격 변동이었다.

2018년은 원재료 가격이 6.5% 하락했고 펄프 가격도 인하했지만 인쇄용지 가격을 9% 인상해서 원재료-제품 가격 스프레드를 벌이는 주요인으로 작용했다. 2022년에는 원재료 가격이 무려 53%나 올랐지만 펄프와 인쇄용지 가격도 각각 43.7%, 26.5% 인상해 원재료 가격 상승분을 상쇄하며 실적 개선을 이루었다.

그러나 2020년에는 원재료 가격이 9.6% 하락하고 펄프 가격은 11.2% 인상했지만 영업이익은 어닝쇼크를 기록했다. 인쇄용지 가격을 8.4% 인하했기 때문이라고 해석된다.

무림P&P는 인쇄용지와 펄프 가격이 동행할 때는 더없이 좋은 실적을 기록했으나, 인쇄용지 가격이 좋지 않을 때는 영업이익이 악화했다. 펄프보다는 인쇄용지 가격이 더욱 중요한 기업이다.

시가총액 상위 20개 종목의 지표 현황

연번	종목	주가 (원)	시가총액 (억 원)	자본총계 (억 원)	매출액 (억 원)	순이익 (억 원)	차입금 비율 (%)	PER (배)	PBR (배)	ROE (%)	배당수익률 (%)
1	코웨이	62,100	45,830	28,242	40,962	5,207	48.2	8.8	1.6	18.4	2.2
2	경동나비엔	85,300	12,427	6,368	12,886	1,009	25.0	12.3	2.0	15.8	0.6
3	한샘	51,700	12,167	3,946	19,468	149	75.4	81.6	3.1	3.8	8.7
4	지누스	27,050	5,481	6,279	8,621	-295	54.1	-18.6	0.9	-4.7	0.3
5	메가스터디교육	45,400	5,204	4,559	9,340	820	19.3	6.3	1.1	18.0	4.4
6	쿠쿠홈시스	22,350	5,015	8,645	9,923	1,195	2.0	4.2	0.6	13.8	3.6
7	퍼시스	42,050	4,836	5,580	3,706	681	0.8	7.1	0.9	12.2	2.9
8	락앤락	8,660	3,752	5,049	4,750	-451	5.0	-8.3	0.7	-8.9	-
9	아세아제지	8,260	3,534	8,447	9,007	608	10.0	5.8	0.4	7.2	5.9
10	에이스침대	27,550	3,055	6,752	3,243	634	0.1	4.8	0.5	9.4	5.1
11	신대양제지	5,930	2,390	5,872	6,464	439	13.6	5.4	0.4	7.5	2.5
12	한솔제지	9,230	2,197	7,322	22,021	171	148.6	12.8	0.3	2.3	5.4
13	디지털대성	7,570	2,095	1,229	2,078	121	40.2	17.3	1.7	9.8	2.6
14	웅진씽크빅	1,778	2,054	3,070	8,805	-320	55.9	-6.4	0.7	-10.4	-
15	대교	2,415	2,046	3,150	6,506	-720	40.0	-2.8	0.6	-22.9	-
16	한국제지	959	1,824	4,486	7,883	-505	45.7	-3.6	0.4	-11.2	-
17	크레버스	15,680	1,746	405	2,310	92	323.6	18.9	4.3	22.8	12.8
18	현대리바트	8,450	1,735	4,128	18,186	-189	41.2	-9.2	0.4	-4.6	-
19	멀티캠퍼스	28,550	1,692	1,995	3,559	313	20.9	5.4	0.8	15.7	5.6
20	무림P&P	2,695	1,681	6,274	7,775	-145	132.3	-11.6	0.3	-2.3	3.7

생활

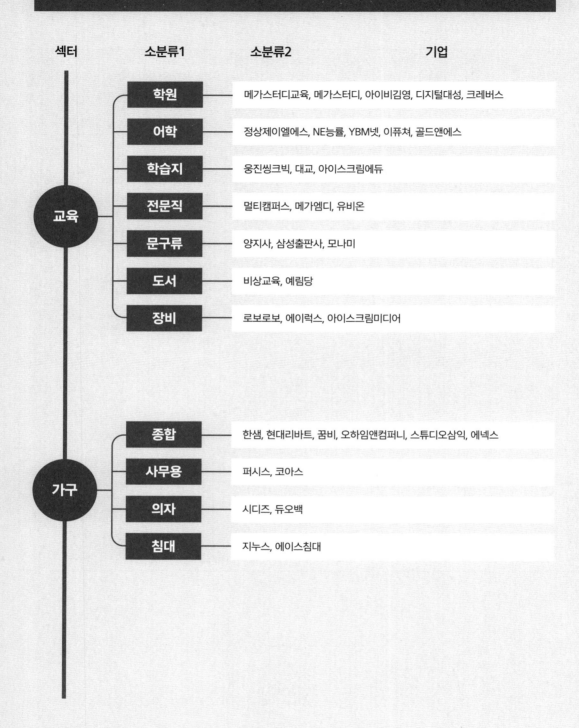

섹터	소분류1	소분류2	기업
교육	학원		메가스터디교육, 메가스터디, 아이비김영, 디지털대성, 크레버스
	어학		정상제이엘에스, NE능률, YBM넷, 이퓨쳐, 골드앤에스
	학습지		웅진씽크빅, 대교, 아이스크림에듀
	전문직		멀티캠퍼스, 메가엠디, 유비온
	문구류		양지사, 삼성출판사, 모나미
	도서		비상교육, 예림당
	장비		로보로보, 에이럭스, 아이스크림미디어
가구	종합		한샘, 현대리바트, 꿈비, 오하임앤컴퍼니, 스튜디오삼익, 에넥스
	사무용		퍼시스, 코아스
	의자		시디즈, 듀오백
	침대		지누스, 에이스침대

생활

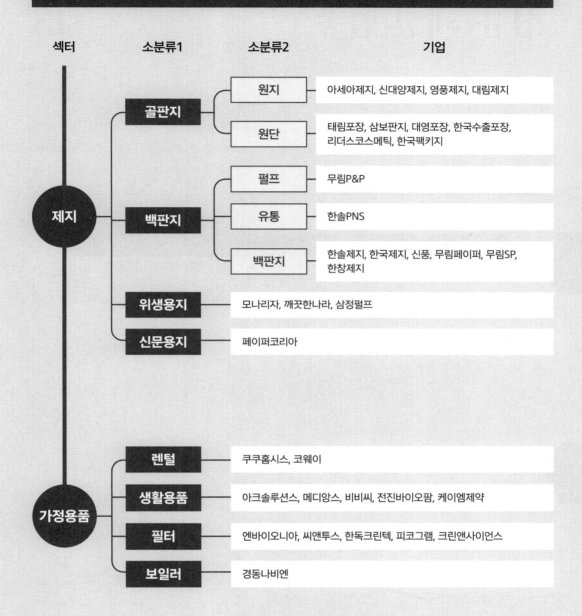

섹터	소분류1	소분류2	기업
제지	**골판지**	원지	아세아제지, 신대양제지, 영풍제지, 대림제지
		원단	태림포장, 삼보판지, 대영포장, 한국수출포장, 리더스코스메틱, 한국팩키지
	백판지	펄프	무림P&P
		유통	한솔PNS
		백판지	한솔제지, 한국제지, 신풍, 무림페이퍼, 무림SP, 한창제지
	위생용지		모나리자, 깨끗한나라, 삼정펄프
	신문용지		페이퍼코리아
가정용품	**렌털**		쿠쿠홈시스, 코웨이
	생활용품		아크솔루션스, 메디앙스, 비비씨, 전진바이오팜, 케이엠제약
	필터		엔바이오니아, 씨앤투스, 한독크린텍, 피코그램, 크린앤사이언스
	보일러		경동나비엔

섬유·패션 업종 13

섬유·패션 업종은 '의류, 잡화, 섬유, 피혁'의 4개 섹터로 구성했다.
의류 섹터에서 특정 브랜드를 지니고 여러 소비층을 대상으로 제품을 공급하는 기업은 '브랜드'로 분류했다. 특정 대상이나 부문을 대상으로 하는 기업은 '언더웨어, 스포츠'로 분류하고 '기타'에는 '모피, 방진복, 학생복, 유아'를 한데 묶었다.

업종 분류

업종	섹터	종목 수	소분류
섬유·패션	의류	47	브랜드, OEM, 언더웨어, 스포츠, 유통, 기타
	잡화	10	신발, 가방, 주얼리
	섬유	6	
	피혁	7	천연, 합성

PBR 밴드

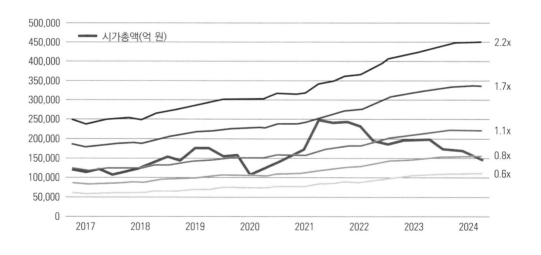

섬유와 의류 제조 공정

의류는 천연섬유와 화학섬유(인조섬유)에서 시작된다. 천연섬유는 식물에서 얻는 면과 마가 있고 동물에서 얻는 견과 모가 있다. 이 중 목화에서 얻는 면은 방직의 원재료로 여전히 많이 쓰인다. 미국, 인도 등 여러 나라가 생산하며 생산량은 날씨의 영향을 많이 받는다. 면의 가격 변동은 섬유와 패션 기업의 이익률에 영향을 미친다.

화학섬유는 원료에 따라 폴리에스터, 아크릴, 나일론, 폴리우레탄, 레이온 등이 있는데 이들은 화학 업종의 '합성섬유' 공급사슬에서 설명하겠다.

천연섬유와 화학섬유에서 뽑은 실을 '원사', 실을 뽑는 과정을 '방적', 원사에 '제직'과 '편직'의 방식을 적용해 만든 직물을 '원단'이라 한다. 제직은 가로와 세로로 교차하며 만드는 방식이고, 편직은 뜨개질과 같은 방식으로 엮어 만든다. 이러한 방적과 제직의 과정을 '방직'이라 통칭한다. 방직 과정을 거쳐 얻은 원단은 염색과 디자인, 봉제 과정을 거쳐 옷으로 완성된다. 이 과정을 그림으로 나타내면 [그림 3-54]와 같다.

의류 제조 공정의 각 단계를 간단하게 살펴보자.

[그림 3-54] 섬유·패션 업종의 가치사슬

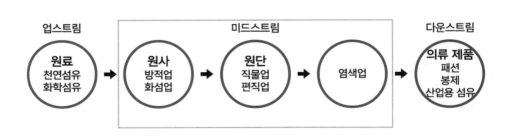

원료

원료는 원사와 원단을 사용하는 기업의 매출원가에 지대한 영향을 미친다. 원료는 크게 천연섬유와 화학섬유로 나뉘고, 천연섬유 중 면화는 기후에 따른 생산량 변화 등의 요인으로 가격이 달라진다.

화학섬유는 화학적 가공 공정을 거쳐 만들어진다. 합성섬유가 그중 하나로서 나일론과 폴리에스터(PET)가 대표적이다. 폴리에스터의 원료인 폴리에스터원사(PEF)는 1985년 동국합섬이 제조 붐을 일으켰고 1998년 한국은 세계 4위의 생산 규모를 갖추게 되었다. 그러나 중국 화섬 기업이 등장하자 공급 과잉의 끔찍한 결과로 이어졌다. 2000년 이후 국내 PEF 산업이 붕괴했고 지금은 명맥조차 확인하기 어려운 상황이다.

원사와 원단

원사와 원단은 섬유를 이용해 실을 만들고 천을 만드는 과정이다. 원사는 기본 단위의 실을 의미하며, 다양한 섬유를 늘이고 꼬는 등의 과정을 반복해서 제작한다. 예를 들어 면섬유로 면 원사를, 폴리에스터 섬유로 폴리에스터 원사를 만들고, 이 과정을 방적이라고 한다. 원단은 원사를 가로와 세로로 교차시키는 등의 방법으로 만들며 이 과정을 방직이라 한다.

방직 과정을 거친 원단은 용도와 제작 방식, 특성에 따라 다양하게 분류하고(면, 실크, 나일론, 니트 등), 의류 제작에 앞서 염색 등의 과정을 거친다. 국내 상장된 섬유 섹터의 기업들은 원사와 원단을 제조하는 방적과 방직을 한다.

섬유 산업 현황

한국 섬유 산업은 인건비 등 생산 여건이 좀 더 나은 동남아시아로 이전하는 양상이다. 그로 인해 섬유류의 수출은 감소 추세이나 수입은 꾸준한

[그림 3-55] 한국 섬유류 수출입 추이(2010~2023)

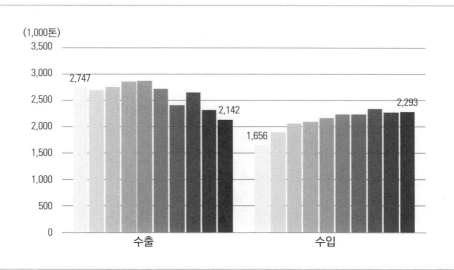

자료: 한국섬유산업연합회

증가 추세다. 섬유 수출량은 2010년 275만 톤에서 2023년 214만 톤으로 22.0% 감소했고, 수입량은 166만 톤에서 229만 톤으로 38.5%나 증가했다. 금액이 아니라 물량으로 비교한 것은 단가 변동으로 규모 변화를 제대로 반영할 수 없기 때문이다.

이러한 섬유류 수출 감소는 원사와 원단을 제조하는 섬유 섹터 기업들의 실적에 고스란히 반영되었다. 일신방직(섬유 부문), 방림, 대한방직, 전방의 매출액을 보면 2021년과 2022년을 제외하고 줄곧 하향세를 기록했다([그림 3-56] 참조).

2021년에는 섬유류 수출이 증가했다. 코로나19로 인해 동남아 국가들이 봉쇄됨에 따라 원사 공급량이 감소하며 원재료 가격이 상승했고 섬유 제품 가격도 동반 상승했다. 한국 섬유 기업들의 매출액도 감소 추세를 벗어나 일시적으로 증가하는 수혜를 입었지만 2023년에 또다시 감소했다.

[그림 3-56] 섬유 섹터 기업의 매출액(2015~2023)

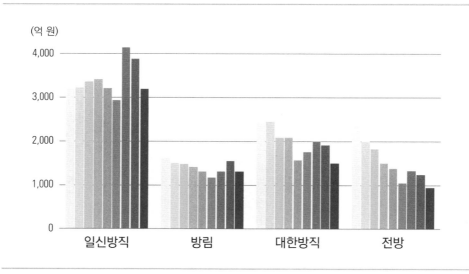

의류 섹터

의류 섹터는 원단을 사용해 각 사용처에 맞는 옷을 제작하고 유통, 판매하는 기업들을 모아놓은 부문이다. 의류는 내 몸에 걸쳐야 하는 필수품인 동시에 외적으로 나를 드러낼 수 있는 사치품이기도 하다. 그래서 소비자의 구매를 유도하기 위해 다양한 브랜딩을 거친다. 소위 브랜드 파워가 있는 제품은 다른 제품에 비해 비싼 가격에 팔리고 경기에 덜 민감하게 반응한다.

의류는 제조도 중요하지만 브랜딩과 유통도 잘해야 한다. 브랜딩과 유통에 집중하는 기업은 제조를 위탁하는 경우가 많은데, 이를 맡아 전문적으로 하는 기업을 OEM(주문자 상표 부착 표시 방식)과 ODM(제조업자 개발생산)이라 부른다.

OEM과 ODM은 대규모 생산 시설과 많은 인력을 필요로 한다. 그래서

[표 3-39] OEM사의 고객사 현황(2024년 2분기 기준)

기업	고객사	매출액(억 원)
영원무역	노스페이스, 룰루레몬, 파타고니아 등	33,584
한세실업	갭, 타깃, 월마트 등	17,275
제이에스코퍼레이션	갭, 올드네이비, 월마트 등	9,239
신원	갭, 타깃, 월마트 등	8,550
노브랜드	갭, 타깃, 올드네이비 등	4,591
호전실업	노스페이스, 언더아머, 룰루레몬 등	4,187
월비스	갭, 올드네이비 등	2,213
국동	H&M, 파나틱스 등	2,192

방글라데시 등의 동남아시아에 생산 시설이 집중되어 있으며, 미국의 GAP 등 글로벌 의류 기업들로부터 위탁받는다. [표 3-39]에 OEM사의 고객사 현황을 정리했다. OEM사 고객은 갭(Gap), 타깃(Target), 월마트(Walmart), 룰루레몬(lululemon) 등 겹치는 경우가 많다.

따라서 OEM사는 글로벌 고객사의 매출액 변화에 실적이 연동되는 특징이 있다. 미국 패션 기업들의 재고 현황을 분석하는 이유가 이것이다.

OEM사의 또 다른 특징은 매출액 변동은 미미하지만 당기순이익 변동이 크다는 점이다. 한세실업을 예로 살펴보자([그림 3-57] 참조). 한세실업의 매출액은 2015년 1조 5,865억 원에서 2023년 1조 7,088억 원으로 7.7% 증가했다. 반면에 당기순이익은 2015년 1,034억 원에서 2023년 1,120억 원으로 8.3% 증가했다. 매출액 대비 당기순이익 증가율이 높다.

하지만 2015~2023년의 당기순이익 현황을 들여다보면 얘기가 달라져서, V 자형 경기 순환 같은 변동성을 기록했다. 매출액 변화는 거의 미미했는데 말이다.

[그림 3-57] 한세실업의 영업 실적(2015~2023)

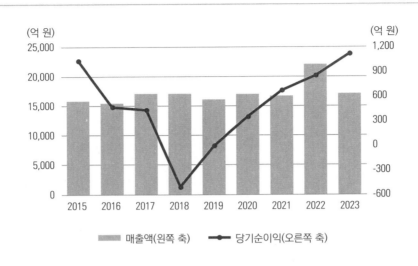

이를 통해 한세실업은 Q(매출액) 성장을 통해 이익을 회수하는 기업이 아니라, P(가격) 변화에 의해 이익을 향유하는 기업이라는 결론이 나온다. 즉 매출원가를 차지하는 재고자산과 인건비 등의 제조 비용 등이 이익에 중요한 요소다.

브랜드 보유 기업은 자체 브랜드를 운영하거나 글로벌 브랜드를 라이센싱한다. 라이센싱 방식은 라이센스 보유 기업과 계약하는 과정을 거쳐야 하므로 리스크가 존재한다. F&F의 MLB, 더네이쳐홀딩스의 내셔널지오그래픽이 이에 해당한다. 반면 자체 브랜드를 보유한 기업은 라이센싱 리스크가 없는 장점이 있지만 글로벌 브랜드만큼의 파워가 부족할 수 있고, 자체 브랜드를 각인시키기 위한 브랜딩 비용 지출이 따른다.

국내 시장을 주력으로 하는 한섬은 자체 브랜드를 여럿 보유해서 브랜드 파워가 높다. 하지만 국내 시장의 한계로 매출액 정체를 좀처럼 벗어나

[그림 3-58] 한섬의 영업 실적(2015~2023)

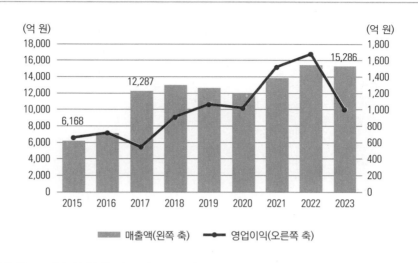

지 못하고 있다. 2015~2023년의 매출액 성장률을 보면 세 배 가까이 성장했지만 2017년 이후로 좁혀 보면 얘기가 달라진다. 2017년 이후 7년 동안 24% 성장하는 데 그쳤다. 2021년과 2022년은 코로나19 이후 엔데믹을 맞이해 잠시의 호황을 구가했지만 2023년 다시금 영업이익이 큰 폭으로 하락했다.

국내 의류시장은 향후 이어질 인구 감소의 파고를 맞이할 부문 중 하나로 생각되므로, 국내 시장의 한계를 극복하지 않는 한 성장의 열매를 맺기가 쉽지 않을 것으로 보인다.

스포츠 의류

스포츠 의류는 '등산, 골프, 수영, 헬스, 러닝' 등의 스포츠 활동 중 착용한다. 소비자는 스포츠 의류를 고를 때 일반 의류와 같이 기능성과 착용감, 디

[표 3-40] 스포츠 의류 기업의 브랜드 현황

기업	부문	브랜드
에코마케팅	레깅스	안다르
브랜드엑스코퍼레이션	레깅스	젝시믹스
크리스에프앤씨	골프	핑, 팬텀 등
까스텔바작	골프	까스텔바작
배럴	워터스포츠	배럴
감성코퍼레이션	아웃도어	스노우피크

자인 등을 꼼꼼하게 살핀다.

제조사는 각각의 스포츠 분야에 전문화되어 있다. 국내 스포츠 의류 부문 상장기업들을 스포츠 활동에 따라 분류해서 [표 3-40]으로 나타냈다.

스포츠 의류 중 골프 부문은 경쟁사가 많아 경쟁이 치열하다. 크리스에프앤씨와 까스텔바작은 2021년 호황 이후 2023년까지 역성장했다.

스포츠 의류 중 주목받는 부문은 레깅스다. 레깅스는 애슬레저룩으로 불리는 제품으로, 코로나19로 홈트족이 늘고 재택근무가 확산되며 국내 시장이 커지기 시작해 2020년 미국과 일본에 이어 세계에서 세 번째로 큰 시장이 되었다.

에코마케팅은 2021년 '안다르'의 유상증자에 참여해서 지분 56%를 확보하며 안다르 경영권을 인수했고, 브랜드엑스코퍼레이션의 '젝시믹스'는 2015년 요가복 브랜드로 론칭했다. 두 기업의 레깅스 판매 성장률이 놀랍다. 에코마케팅(광고 대행, 커머스 사업 부문이 혼재되어 있어 의류 부문만 따로 떼어 비교)은 2021년 대비 2년 만에 매출액이 3배 가깝게 증가했고, 브랜드엑스코퍼레이션 역시 40%가 넘는 증가율을 기록했다.

러닝, 요가, 헬스를 즐기는 인구가 늘면서 레깅스 소비가 증가하고 있다.

[표 3-41] 레깅스 제조사 매출액 비교(2021~2023)

(금액 단위: 억 원)

매출액	2021	2022	2023	증가율
에코마케팅	708	1,691	2,026	186.2%
브랜드엑스코퍼레이션	1,659	2,069	2,326	40.2%

이러한 흐름이 얼마나 지속될지는 누구도 예측할 수 없다. 하지만 건강과 행복을 인생의 중요한 포인트로 생각하는 최근 트렌드를 감안하면 스포츠 활동 인구가 급격하게 감소하지는 않을 것이다. 다만 경쟁사 등장은 성장성을 해치는 위험 요인이 될 것이다.

시가총액 상위 20개 종목의 지표 현황

연번	종목	주가 (원)	시가총액 (억 원)	자본총계 (억 원)	매출액 (억 원)	순이익 (억 원)	차입금 비율 (%)	PER (배)	PBR (배)	ROE (%)	배당수익률 (%)
1	F&F	58,800	22,525	13,809	19,741	3,906	15.7	5.8	1.6	28.3	2.9
2	휠라홀딩스	37,450	22,506	20,431	41,089	1,162	80.6	19.4	1.1	5.7	2.9
3	영원무역	41,250	18,278	34,128	33,584	4,901	22.7	3.7	0.5	14.4	3.2
4	한세실업	15,050	6,020	6,781	17,275	989	80.3	6.1	0.9	14.6	3.3
5	화승엔터프라이즈	9,720	5,889	4,660	13,235	-211	129.3	-27.9	1.3	-4.5	0.5
6	신세계인터내셔날	12,600	4,498	8,439	13,387	390	33.7	11.5	0.5	4.6	3.2
7	한섬	15,500	3,627	13,964	15,124	562	6.4	6.4	0.3	4.0	4.8
8	조광피혁	51,700	3,438	4,860	1,045	119	17.4	28.9	0.7	2.5	–
9	에코마케팅	10,490	3,301	2,281	3,364	383	15.8	8.6	1.4	16.8	1.9
10	신성통상	2,200	3,162	4,846	15,079	737	97.8	4.3	0.7	15.2	2.3
11	백산	13,820	2,971	2,280	4,507	536	65.0	5.5	1.3	23.5	2.2
12	감성코퍼레이션	3,255	2,963	892	1,940	297	12.3	10.0	3.3	33.3	–
13	LS네트웍스	3,315	2,612	5,927	10,708	-52	89.0	-50.7	0.4	-0.9	–
14	화승인더	4,300	2,379	3,229	15,899	-93	254.9	-25.7	0.7	-2.9	4.4
15	이월드	1,654	2,345	2,347	1,150	-122	58.7	-19.3	1.0	-5.2	–
16	브랜드엑스코퍼레이션	7,360	2,157	1,050	2,551	150	29.1	14.4	2.1	14.3	1.1
17	제이에스코퍼레이션	16,030	2,140	3,487	9,239	767	257.0	2.8	0.6	22.0	5.6
18	BYC	32,150	2,008	5,376	1,702	213	5.1	9.4	0.4	4.0	0.9
19	일신방직	7,850	1,827	8,804	5,272	294	14.1	6.2	0.2	3.3	1.3
20	폴라리스AI	2,510	1,815	911	547	-26	14.6	-69.5	2.0	-2.9	–

섬유·패션

섹터	소분류1	소분류2	기업
의류	브랜드		휠라홀딩스, F&F, 신세계인터내셔날, 한섬, 신성통상, 더네이쳐홀딩스, 공구우먼, SG세계물산, 대현, 한세엠케이, 메타랩스, 코데즈컴바인, 지엔코, 인디에프, 패션플랫폼, TBH글로벌, 에스티오, 원풍물산, 형지&C
	OEM		영원무역, 한세실업, 제이에스코퍼레이션, 신원, 노브랜드, 국동, TP, 호전실업, 윌비스, 씨싸이트
	언더웨어		폰드그룹, BYC, 신영와코루, 그리티, 비비안, 좋은사람들
	스포츠		에코마케팅, 크리스에프앤씨, 브랜드엑스코퍼레이션, 까스텔바작, 배럴, 감성코퍼레이션
	유통		포니링크, 애머릿지
	기타	모피	진도
		방진복	케이엠
		학생복	형지엘리트
		유아	아가방컴퍼니
잡화	신발		화승엔터프라이즈, 화승인더, 윙스풋, LS네트웍스, 토박스코리아
	가방		에스제이그룹, 폴라리스AI, 동인기연
	주얼리		이월드, 제이에스티나
섬유			대한방직, 일신방직, 방림, 전방, 성안머티리얼스, 아즈텍WB
피혁	천연		조광피혁, 삼양통상, 유니켐
	합성		백산, 대원화성, 덕성, 디케이앤디

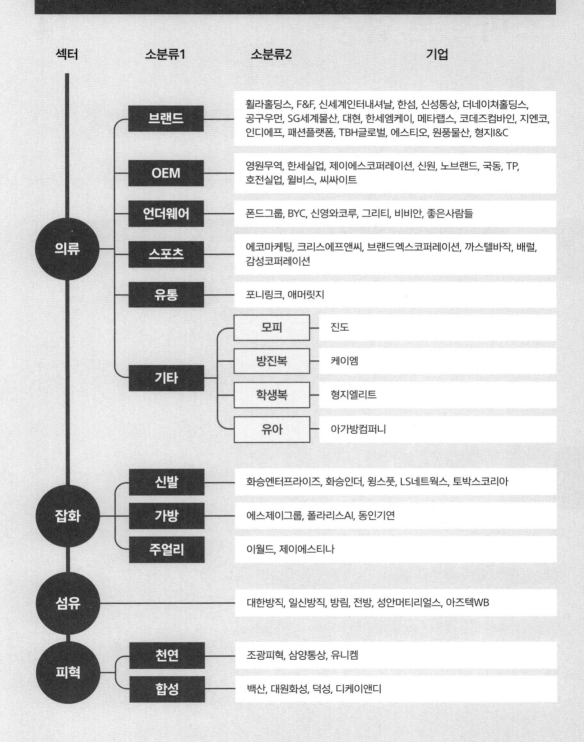

스마트폰 업종 14

스마트폰 업종은 '부품, 유통, 기타'의 3개 섹터로 구성했다. 기타 섹터에는 스마트폰 장비사와 액세서리를 묶었다. 액세서리는 스마트폰에 부가적으로 사용하는 '케이스, 스피커, 이어폰, 보조배터리, 충전기 등'을 지칭한다.

업종
분류

업종	섹터	종목 수	소분류
스마트폰	부품	58	카메라, FPCB, 키패드, 배터리 보호 팩, 케이스, 충전, 필름·시트, 커버 글라스, 금속, 통신
	유통	4	
	기타	9	장비, 액세서리

PBR
밴드

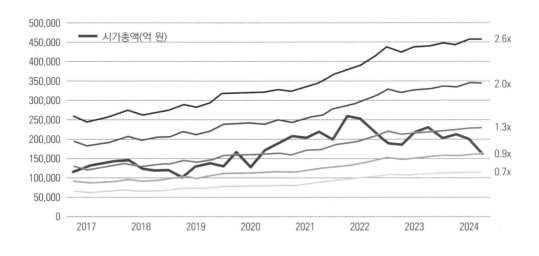

스마트폰 업황을 좌우하는 애플과 삼성전자

스마트폰 업종은 스마트폰을 구성하는 부품과 제조 장비, 유통, 액세서리로 분류할 수 있다. 스마트폰은 애플과 삼성전자, 중국 제조사로 삼분되어 있다고 봐도 무방하고, 국내 제조사는 LG전자가 스마트폰 사업을 접은 뒤 삼성전자가 유일하다. 따라서 스마트폰 업종을 분석하는 것은 신규 스마트폰의 출시와 그에 따른 부품의 변화를 추적하는 것이며, 그 부품을 어느 제조사가 핵심적으로 공급하는지를 살피는 것이다.

첫 번째로 스마트폰의 변천사를 알아보자. 스마트폰으로 불리는 제품이 등장한 것은 2007년 애플의 아이폰에서 시작했다. 그로부터 20년이 채 되지 않았지만 스마트폰은 혁신의 이름으로 발전을 거듭했다. AP에 AI 기능을 접목하고, 터치패널에서 OLED로 바뀌고, 폴더블폰이 등장하고, 탈착형 배터리에서 일체형 배터리로 바뀌고, 인쇄회로기판(PCB)에서 연성회로기판(FPCB)으로 진화하고, 방열 기능이 더욱 향상되는 등 이루 헤아릴 수 없는 기술적 발전을 이루었다.

이 과정에서 스마트폰에 장착되는 부품사의 변천사도 함께 진행되었다. 대표적인 변화는 디스플레이와 카메라, 폴더블폰 등장이다. 디스플레이는 LCD에서 OLED로 바뀌었고, 폴더블폰 등장으로 힌지, 필름, UFG(Ultra Flexible Glass)가 채용되었으며, 카메라 기능 향상을 위해 렌즈의 개수를 늘리고 화소 기능을 개선했다.

폴더블폰은 이를 구현하는 데 필수적인 부품을 제조하는 기업들이 새롭게 성장할 기회를 제공하고 있다. 스마트폰을 접었다 펴게 하는 힌지(KH바텍)와, 디스플레이를 보호하고 수명을 연장하도록 돕는 필름(세경하이테크), UFG 등이 대표적이다. 반면 스마트폰의 카메라 채용 개수 증가와 기능 개선은 매출액의 양적 증가를 이끌어냈지만 경쟁사 간 경쟁을 더욱 높였다.

[표 3-42] 제조사별 세계 스마트폰 판매 실적(2023)

	판매량(만 대)	시장점유율	전년 대비 증가율
애플	23,460	20.1%	3.7%
삼성전자	22,660	19.4%	-13.6%
샤오미	14,590	12.5%	-4.7%
오포	10,310	8.8%	-9.9%
트랜션	9,490	8.1%	30.8%

자료: ITWORLD(IDC)

카메라 모듈과 렌즈 부문 제조사들의 실적 변동성이 높은 이유 중 하나다.

두 번째는 애플과 삼성전자의 스마트폰 판매량이다. 두 기업은 세계 스마트폰시장을 양분하고 있으며, 한국 스마트폰 부품사들의 공급처다. 시장 조사 기업 IDC에 의하면 2023년 기준 애플은 2억 3,460만 대를 판매해서 전체 시장의 20.1%, 삼성전자는 2억 2,660만 대를 판매해서 전체 시장의 19.4%를 차지했고 두 기업을 더하면 40%가량을 점유한다. 그 뒤를 잇는 기업이 중국의 샤오미와 오포 등이다.

세계 판매량에서 2011년부터 줄곧 1위를 지켜왔던 삼성전자는 2023년 애플에 1위 자리를 내주었다. 애플이 삼성전자에 비해 프리미엄 폰을 판매하는 것을 감안하면 애플의 성과가 대단하다. 반면 삼성전자는 위기감이 고조되고 있다. 2023년의 결과는 애플의 중국 판매량 증가에 힘입은 바 크다. 세계 스마트폰 판매량이 연간 14억 대에서 12억 대가량으로 감소하는 추세와 미국 정부의 화웨이 제재에도 불구하고 애플의 중국 판매량이 증가했다.

이러한 애플의 판매량 호조는 애플향 부품사들의 실적이 좋아지는 계기가 되었다. 아이폰에 카메라 모듈을 공급하는 LG이노텍은 미국 정부의 중국 제재가 본격화된 2021년부터 매출액이 급증했다. 전년 대비 매출액이

[표 3-43] 스마트폰 부품별 제조사 현황

부품		아이폰향	갤럭시향
카메라	모듈	LG이노텍	LG이노텍, 삼성전기, 엠씨넥스, 드림텍, 파트론, 파워로직스, 캠시스, 나무가 등
	AF	자화전자	자화전자, 해성옵틱스, 아이엠 등
	렌즈		세코닉스, 옵트론텍, 엘컴텍
	검사	하이비전시스템	
FPCB		LG이노텍, 비에이치	LG이노텍, 비에이치, 인터플렉스
케이스			인탑스, 이랜텍
배터리 보호 회로		아이티엠반도체	
힌지			KH바텍, 에스코넥, 파인테크닉스
글라스			제이앤티씨, 유티아이
필름			세경하이테크

2021년 56%, 2022년 31%, 2023년 5%(기판 소재 사업부의 역성장에 의한 영향) 성장했다.

애플과 삼성전자의 신규 스마트폰 출시와 판매량 변동은 한국 부품 공급사들의 매출과 이익에 직결된다. 따라서 해당 제조사-부품사의 관계를 숙지해야 한다. [표 3-43]에 부품별, 제조사별 공급사를 정리했다.

주요 부품

스마트폰을 구성하는 부품은 종류가 매우 많다. 이 중에서 스마트폰의 기능적 차별화를 두드러지게 하는 부품을 중심으로 살펴보면 다음과 같다.

카메라 모듈

현대인들은 일상생활의 대부분을 SNS에 기록하고 저장하고 소통한다. 이러한 활동을 가능케 한 것이 스마트폰이다. 특히 카메라는 스마트폰 사용자에게 매우 중요한 도구다. 스마트폰 제조사들도 소비자의 취향에 맞춰 카메라의 기능을 높여왔고, 스마트폰에 부착하는 카메라 렌즈도 1개에서 3~4개로 증가했다.

카메라 렌즈를 늘리면 렌즈 하나로는 불가능한 다양한 기능을 구현할 수 있다. 가령 일반 카메라는 렌즈를 교환하는 방식을 통해 다양한 화각을 제공하지만, 스마트폰 카메라는 그런 방식을 실현할 수 없다. 따라서 광각, 일반, 망원용으로 렌즈 여러 개를 따로 제공하는 것이 현실적이다.

카메라는 스마트폰의 고사양화 추세를 이끄는 첨병 역할을 하는 만큼, 기능을 낮추거나 렌즈 개수를 줄이는 등의 일은 일어나지 않을 것이다. 다만 기술이 발전해 기존 기술이 평범해지거나 기업 간 경쟁이 격화되어 납품 단가 경쟁에 몰리는 경우가 발생할 수 있다. 카메라 부품 분야가 바로 그렇다. 카메라는 렌즈 등 부품을 모아 모듈로 완성된다. 카메라 모듈의 최상위 기업은 삼성전기와 LG이노텍이며, 그 외 기업 다수가 포진해 있다. 카메라 개수를 늘린 스마트폰에 납품하는 기업이라도 단가와 물량, 지속성 등을 꼼꼼하게 체크해 투자할 필요가 있다.

연성회로기판

연성회로기판(Flexible Printed Circuit Board, FPCB)은 스마트폰에 쓰이는 인쇄회로기판(PCB)이다. PCB는 가전제품에서 스마트폰에 이르기까지 전자기기 대부분에 사용되는 부품으로 전기적 신호를 전달한다. 스마트폰에 쓰이는 PCB는 좁은 공간에서 회로를 연결해야 하기 때문에 얇고 휘어지는 소재를 사용해 만든다. 그래서 구부러지고 유연하다는 뜻의 Flexible을 붙여 FPCB라 부른다.

FPCB 제조사 중 삼성전기가 2021년 해당 사업에서 철수함에 따라 남은 경쟁사들이 점유율 상승 효과를 기대하게 되었다. FPCB 제조사의 실적은 스마트폰 판매량과 동행한다. 애플의 아이폰과 삼성전자의 갤럭시 판매량을 주시하면 FPCB 업황을 예상할 수 있다.

적층세라믹콘덴서(MLCC)

콘덴서의 일종인 적층세라믹콘덴서(MLCC)는 전자제품 회로에 전류가 필요한 만큼 일정하게 흐르도록 제어하고 전자제품이 정상 작동하게 하는 핵심 부품이다. 스마트폰에 들어가는 MLCC는 머리카락 두께의 작은 크기로 세라믹과 금속(니켈)이 번갈아 쌓여 평균 700층에 이른다. 층을 많이 쌓을수록 전기를 많이 축적하고 카메라와 사물인터넷 등 여러 기능을 추가할 수 있기 때문에 MLCC를 최대한 작게 만들고 층수를 늘리는 것이 기술력의 핵심이다. 삼성전자의 스마트폰 한 대에 MLCC 1,000여 개가 들어간다.

MLCC는 스마트폰뿐만 아니라 자동차에도 쓰여서 자동차 전장용 수요가 급증하고 있다. 특히 전기차는 MLCC 사용량이 대당 1만 개가 넘어서 넘어 스마트폰 탑재량의 10배를 상회한다. 전기차 판매량 증가는 곧 MLCC 판매량 증가를 알리는 신호다.

2023년 글로벌 스마트폰 판매량은 12억 대가량이어서 기존 14억 대가량에서 감소 추세다. 스마트폰시장이 성숙기로 접어든 가운데 자동차 전장이 이를 대체할 중요 시장이다.

시가총액 상위 20개 종목의 지표 현황

연번	종목	주가 (원)	시가총액 (억 원)	자본총계 (억 원)	매출액 (억 원)	순이익 (억 원)	차입금 비율 (%)	PER (배)	PBR (배)	ROE (%)	배당수익률 (%)
1	LG이노텍	172,100	40,731	49,746	212,111	7,172	61.2	5.7	0.8	14.4	1.5
2	SK네트웍스	4,990	11,042	21,500	92,308	173	124.7	63.7	0.5	0.8	4.0
3	제이앤티씨	17,100	9,892	3,840	4,030	320	56.7	30.9	2.6	8.3	-
4	시노펙스	7,230	6,060	1,498	2,597	208	24.7	29.1	4.0	13.9	-
5	드림텍	8,620	5,938	4,209	10,756	268	53.1	22.2	1.4	6.4	2.3
6	비에이치	15,950	5,497	6,661	17,401	994	37.1	5.5	0.8	14.9	1.6
7	이엠텍	24,650	4,223	2,350	2,254	-156	54.9	-27.1	1.8	-6.6	0.4
8	파트론	7,150	4,213	4,889	13,554	394	11.7	10.7	0.9	8.0	3.5
9	아이티엠반도체	17,700	4,015	1,852	6,452	-96	172.2	-41.8	2.2	-5.2	-
10	자화전자	16,060	3,558	4,010	6,397	145	54.6	24.6	0.9	3.6	-
11	유티아이	21,400	3,485	165	200	-295	916.5	-11.8	21.1	-178.4	-
12	엠씨넥스	19,200	3,452	3,467	10,029	503	26.7	6.9	1.0	14.5	3.1
13	인탑스	20,000	3,440	6,533	6,071	302	6.2	11.4	0.5	4.6	1.2
14	켐트로닉스	18,750	2,875	1,960	5,907	198	137.5	14.5	1.5	10.1	0.5
15	하이비젼시스템	17,300	2,585	2,501	3,866	583	5.1	4.4	1.0	23.3	2.9
16	세경하이테크	6,970	2,499	1,674	3,497	14	73.9	177.6	1.5	0.8	2.4
17	인터플렉스	10,060	2,347	2,534	4,919	448	1.4	5.2	0.9	17.7	-
18	KH바텍	9,170	2,171	2,562	4,135	219	19.0	9.9	0.8	8.6	4.4
19	파인엠텍	5,780	2,138	1,565	4,436	143	53.5	14.9	1.4	9.2	-
20	나무가	12,370	2,012	1,652	3,958	233	18.9	8.6	1.2	14.1	-

스마트폰

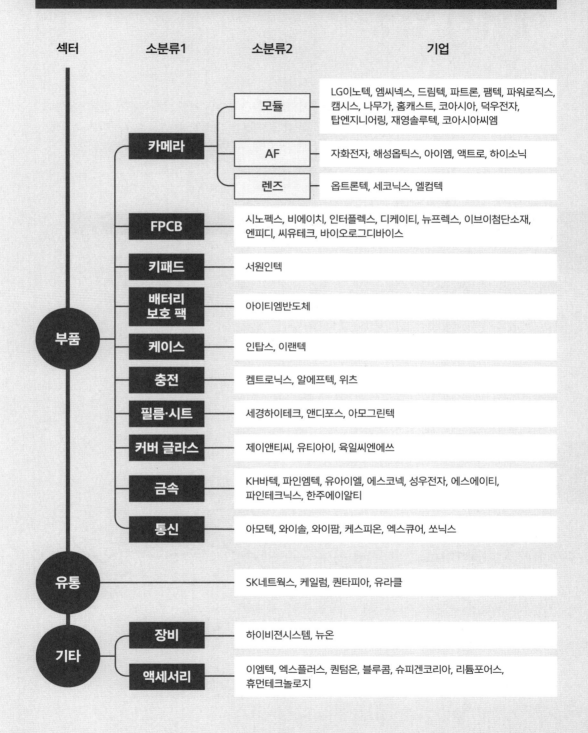

섹터	소분류1	소분류2	기업
부품	카메라	모듈	LG이노텍, 엠씨넥스, 드림텍, 파트론, 팸텍, 파워로직스, 캠시스, 나무가, 홈캐스트, 코아시아, 덕우전자, 탑엔지니어링, 재영솔루텍, 코아시아씨엠
		AF	자화전자, 해성옵틱스, 아이엠, 액트로, 하이소닉
		렌즈	옵트론텍, 세코닉스, 엘컴텍
	FPCB		시노펙스, 비에이치, 인터플렉스, 디케이티, 뉴프렉스, 이브이첨단소재, 엔피디, 씨유테크, 바이오로그디바이스
	키패드		서원인텍
	배터리 보호 팩		아이티엠반도체
	케이스		인탑스, 이랜텍
	충전		켐트로닉스, 알에프텍, 위츠
	필름·시트		세경하이테크, 앤디포스, 아모그린텍
	커버 글라스		제이앤티씨, 유티아이, 육일씨엔에쓰
	금속		KH바텍, 파인엠텍, 유아이엘, 에스코넥, 성우전자, 에스에이티, 파인테크닉스, 한주에이알티
	통신		아모텍, 와이솔, 와이팜, 케스피온, 엑스큐어, 쏘닉스
유통			SK네트웍스, 케일럼, 퀀타피아, 유라클
기타	장비		하이비젼시스템, 뉴온
	액세서리		이엠텍, 엑스플러스, 퀀텀온, 블루콤, 슈피겐코리아, 리튬포어스, 휴먼테크놀로지

에너지 업종 15

에너지 업종은 '발전, 전기, 가스'의 3개 섹터로 구분했다. 전기 섹터의 저장 장치 부문은 리튬이온배터리와 성격을 달리하는 1차전지와 연료전지 제조사를 묶은 것이다. 이전까지는 석유를 유통하는 주유소 사업을 영위하는 기업들을 묶어 '석유' 섹터에 포함했는데, 이번 책에서는 화학 업종에 수록했다.

업종
분류

업종	섹터	종목 수	소분류
에너지	발전	35	운영, 원자력, 태양광, 풍력, 기자재, 바이오, 정비·관리
	전기	30	기자재, 송수배전, 저장 장치, 유틸리티
	가스	10	도시가스, LPG

PBR
밴드

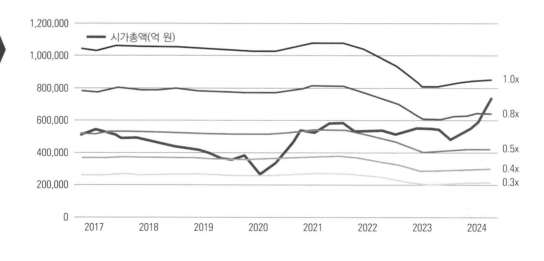

에너지 전환의 시대

현대 문명은 에너지 없이는 지탱할 수 없다. 그것도 엄청난 양의 에너지가 필요하다.

인류 최초의 에너지는 불이었다. 불이 있었기에 추위와 배고픔을 견딜수 있었다. 이후 석탄은 19세기 산업혁명을 이끌었다. 20세기는 석유의 시대였고 지금도 진행 중이다. 석유는 에너지뿐만 아니라 수지와 섬유 등 현대인 생활 전반에 사용하는 물건의 기반으로 사용되고 있다. 석탄과 석유(화석연료)는 인류에게 값싸고 편리한 에너지원으로 각광받았지만 그 이면엔 환경 파괴의 주범이라는 어두운 그늘이 공존해왔다.

이에 따라 21세기는 화석연료의 사용량을 줄이는 것에 초점이 맞춰져 있다. 화석연료의 최대 소비처 중 하나인 발전 분야에서는 신재생 에너지인 태양광과 풍력 발전 도입을 서두르고, 자동차는 전기차로 대체되고 있다.

한편 현대인의 삶을 지탱하기 위해 필요한 에너지의 양은 대폭 증가하고있다. 고성능 반도체 생산과 데이터센터 가동, 전기차 충전, 증가하는 가정용 수요 등은 에너지 증가 없이는 충족할 수 없다.

화석연료 사용량을 줄이기 위해 글로벌 국가들이 탄소 배출 규제와 친환경 에너지 도입을 서두르지만 곳곳에서 예상치 못한 문제들이 터져 나오고있다. 친환경 정책에 앞장선 독일은 국가적 위기라고 할 만큼 에너지 전환에 따른 어려움에 봉착했다. 독일은 자동차와 기계 부문의 글로벌 제조 강국이다. 제조 산업이 가능하려면 충분한 에너지가 공급되어야 한다. 그런데 안정적 에너지원이던 원자력 발전소를 완전 폐기했고, 러시아에서 공급받던 천연가스조차 차단되었다. 그 대신 머나먼 미국의 LNG를 구매하고태양광 등 신재생 에너지 발전을 늘려왔다. 그 대가로 높은 에너지 가격에직면했고, 폭스바겐이 공장 폐쇄를 검토하고 화학 기업을 매각하는 등 제조업체의 타격이 커지고 있다. 독일 국민의 에너지 비용 또한 상승했다.

독일은 화석연료에서 신재생 에너지로 전환하는 데 실패한 사례다. 신재생 에너지 발전량은 늘렸지만 전력을 공급할 전력망 확충이 미진했고, 발전량이 불규칙해서 전력망의 과부하나 과부족을 초래했다. 게다가 값싸고 안정적인 원자력 발전의 전면 폐쇄와 러시아 PNG 공급 차단으로 에너지 공급 공백이 발생했다. 에너지 전환은 순차적으로 서서히 진행되어야 함을 시사한다.

20세기 석탄과 석유에서 신재생 에너지로 전환하는 과도기적 시대다. 에너지 전환은 구조적 변화를 요구한다. 변화의 중심인 에너지 전환 가운데 투자 아이디어가 숨어 있다. 에너지 산업의 공급사슬로 들어가 보자.

에너지 산업의 공급사슬

우선 발전의 이해를 돕기 위해 개념을 명확히 해야 할 단어가 있다. '발전 용량(W)'과 '발전량(Wh)'이다. 2023년 기준 한국 발전용량 합계는 144GW이고 발전량 합계는 5,869,156GWh로 나온다. 발전용량과 발전량은 무엇을 뜻하는 것일까?

발전용량은 발전기가 생산 가능한 최대 전기 생산량을 뜻하고 단위로는 W(와트)를 사용한다. 발전량은 특정 기간에 실제 생산한 전기량이고 단위는 시간을 뜻하는 h를 붙여 Wh(와트시)를 사용한다. 발전량은 '설비용량×가동 시간'으로 구한다. 2023년에는 국내 발전용량 144GW로 특정 시간을 가동해 5,869,156GWh의 전기를 생산했다는 의미다. 발전용량과 발전량을 비교하면 특정 에너지원의 효율과 사용량을 알 수 있다.

[그림 3-59] 전력 계통도

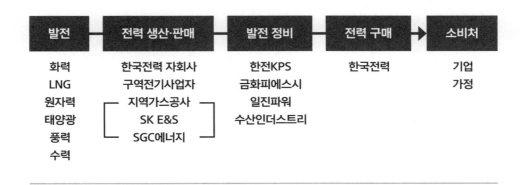

전력 계통

전력은 발전소의 전기 생산부터 소비처 공급에 이르는 공급사슬을 이루고 있다. [그림 3-59]에 전력 계통도를 정리했다.

국내 발전 현황

2023년 기준 국내 발전용량을 큰 것부터 나열하면 LNG 43.2GW, 유연탄 38.8GW, 원자력 24.7GW, 태양광 24GW, 풍력 2.2GW, 수력 1.8GW, 유류 0.86GW다([그림 3-60] 참조). 2014~2023년 기간에 발전용량을 가장 크게 늘린 것은 태양광과 풍력으로 각각 1,236%과 256% 증가했다. 반면 유류는 80% 감소했다. 특기할 점은 유연탄이 49.6%, LNG가 42.7% 원자력이 19% 증가했다는 점이다.

문재인 정부가 신재생 에너지 전환을 급격하게 추진하면서 신재생 에너지 발전용량이 크게 증가했지만, 유류를 제외하고는 화석연료 사용량이 줄지 않았다.

[그림 3-60] 국내 발전용량(2014~2023)

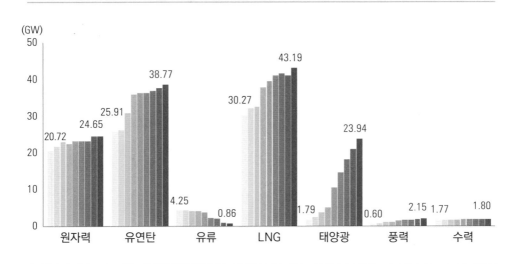

(GW)

원자력: 20.72, 24.65 / 25.91
유연탄: 25.91, 38.77
유류: 4.25, 0.86
LNG: 30.27, 43.19
태양광: 1.79, 23.94
풍력: 0.60, 2.15
수력: 1.77, 1.80

자료: 전력통계정보시스템

[그림 3-61] 국내 발전량(2014~2023)

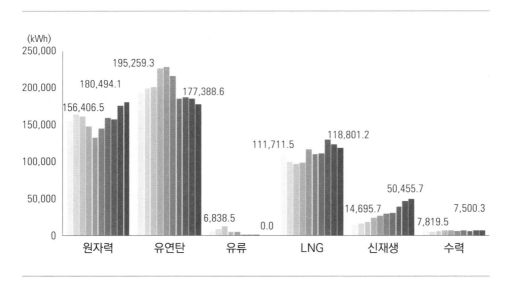

(kWh)

원자력: 156,406.5 / 180,494.1 / 195,259.3
유연탄: 177,388.6
유류: 6,838.5 / 0.0
LNG: 111,711.5 / 118,801.2
신재생: 14,695.7 / 50,455.7
수력: 7,819.5 / 7,500.3

자료: 전력통계정보시스템

그렇다면 실제 발전량은 어떠했을까. 2014~2023년의 발전량 증가율은 신재생 243%, 원자력 15.4%, LNG 6.3% 순서다. 신재생 에너지 발전용량이 증가한 만큼 발전량 역시 증가했지만 발전용량 증가율에는 미치지 못했다. 발전용량은 10배 넘게 증가한 반면 발전량은 3배 정도 증가하는 데 그쳤기 때문이다. 특히 태양광의 발전용량과 발전량 차이가 극심했다. 반면 원자력은 발전용량과 발전량이 함께 증가함으로써 국내 발전의 탄탄한 기반임을 확인할 수 있다.

전력 판매와 구매

우리나라는 발전소에서 생산된 전기가 곧바로 소비자에게 판매되지 않는다. 발전소에서 생산한 전기를 누군가가 일괄 구매 후 소비자에게 판매하는 구조다. 그래서 전력 판매자와 구매자를 연결하는 전력시장이 필요하다. 발전소에서 전기를 생산해서 판매하는 사업자를 '발전사업자', 이들의 전기를 구매한 다음 가정과 기업에 판매하는 사업자를 '판매사업자'라고 한다.

발전사업자는 전기를 일반 소비자에게 판매할 수 있는 독점적 지위를 가진 사업자로서 한국전력의 6개 자회사(한국수력원자력, 한국남동발전, 한국중부발전, 한국서부발전, 한국남부발전, 한국동서발전)와 구역전기사업자가 있다. 구역전기사업자는 특정 지역에 전기와 열을 공급·관리하는 사업자로서 지역난방공사와 SK E&S(비상장), SGC에너지와 같은 민간 사업자가 있고, 이들의 전기 판매 가격은 한전의 판매 가격에 의해 결정된다.

판매사업자는 발전사업자로부터 전기를 구매해 소비자에게 판매하는 사업자로 한국전력이 유일하다.

전력거래소는 발전사업자와 판매사업자가 전력을 거래하는 시장이다. 발전사업자와 판매사업자 사이에서 입찰, 가격 결정, 계량, 정산, 결제 업무 등 전력시장 운영을 책임진다.

전기요금

전기요금은 한국전력의 판매단가에 의해 결정된다. 2010~2023년 국내 전기요금은 주택용은 24.9%, 산업용은 100.6% 인상되었다. 주택용은 2010년 120원(kWh당)에서 2017년엔 109원으로 오히려 하락했다가 2022년 121원을 회복했고, 2023년에야 150원으로 소폭 인상되었다. 반면 산업용 전기요금은 2010년 77원에서 2023년 154원으로 100% 인상되었다.

10년 넘게 낮은 수준에 머무른 전기 판매 요금은 한국전력에 대규모 영업이익 적자로 전가되었다. 한국전력의 2018~2023년 누적 영업이익 적자는 무려 40조 4,415억 원에 이른다.

한국전력은 대규모 적자가 계속되자 기업 운영에 필요한 현금을 메우기

[그림 3-62] 한국 전기 판매 단가(2010~2023)

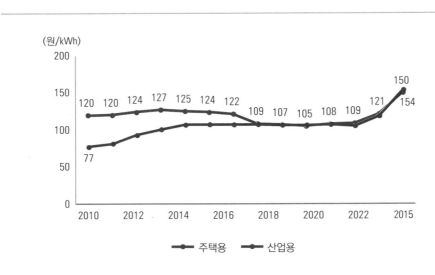

자료: 전력통계정보시스템

[표 3-44] 한국전력 영업이익(2015~2023)

연도	영업이익(억 원)	연도	영업이익(억 원)
2016	120,016	2020	40,863
2017	49,532	2021	-58,465
2018	-2,080	2022	-326,552
2019	-12,765	2023	-45,416

위해 매년 차입금을 늘리고 있다. 이에 따라 2024년 2분기 기준 차입금 비율이 368%로 치솟았고(2021년 133%) 한 해 이자비용은 4조 5,000억 원에 달한다. 기업 운영에 심각한 차질을 빚을 수밖에 없다.

발전소 정비와 운영

발전소는 정기적인 정비와 성능 진단, 발전 설비의 운전을 특정 기업에 위탁한다. 이를 위탁해 사업하는 곳이 발전소 정비업체들로 한전KPS, 금화피에스시, 일진파워, 수산인더스트리 등이 있다. 이들 기업은 큰 변동 없이 안정적인 매출과 영업이익을 창출하는 장점이 있다.

전력망

모든 제품은 생산자에서 소비자에게 이전되는 과정이 필요하다. 에너지 역시 그렇다. 에너지를 생산하는 발전설비로부터 소비처인 기업이나 가정까지 전달하는 유통망이 있어야 한다. 발전 분야에서는 이를 '전력망'이라 칭한다.

전력망은 발전원에서 소비처까지 오는 과정에서 발전소와 변전소, 송전탑을 거치는 송전과 배전의 과정을 거친다. 그 과정을 완결하는 것이 전선

[그림 3-63] 전력망 구성도

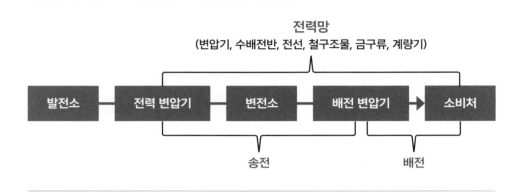

으로 연결하는 전력망이다. [그림 3-63]에 이를 도식화했다.

전력망은 '발전소-변압기(승압)-송전선로-변압기(강압)-수배전반-소비처'로 연결된다. 발전소의 전기는 전력 손실 방지를 위해 압력을 높이고 낮추는 과정(변압기)을 거쳐 소비처로 전송한다. 그리고 발전용량을 늘리면 이에 따른 송배전선로를 추가로 설치해야 한다. 발전용량 증가에 따른 전력망 확충은 '선로와 변압기, 수배전반'의 추가 설치를 의미한다.

에너지 전환 수혜: 전력망

2024년 기준 미국을 비롯한 전 세계 국가들이 전력 인프라 확충에 나서면서 한국 전력망 관련 기업들이 호황을 누리고 있다. 이유가 무엇일까?

첫째, 미국의 리쇼어링 정책에 따라 자국 기업은 물론 해외 기업의 북미 공장 신축이 증가하고 있다. 한국 삼성전자와 현대차, SK그룹이 미국에 생산 공장을 확충하는 것도 이러한 흐름 중 하나다. 미국의 리쇼어링이 현실화되기 위해선 노후 전력망을 교체하고 신규로 설치해야 한다. 이에 미국 행정부는 2024년 4월 향후 5년간 16만 킬로미터 규모의 송전선을 개선하겠다는 계획을 발표했다. 그동안 미국은 중국의 싼 제품을 이용하는 대가로 자국 제조업이 쇠퇴하는 현실을 맞이했다. 미국 전력망 관련 기업의 공백이 곧 한국 전력망 기업들의 수혜로 이어졌다.

둘째, 탄소 배출 저감 정책에 따라 전 세계 국가에 태양광, 풍력 등을 사용하는 신재생 에너지 발전소가 급증하면서, 이들 전기를 소비처로 연결할 전력망 확충이 시급하다. 신재생 에너지 도입에 적극적인 유럽은 2030년까지 신재생 에너지 비중을 42.5%까지 늘리는 것을 목표로 하는 지침을 만들었다. 이에 따라 전력망 확충 수요가 급증하며 글로벌 전력망 업계의 '슈퍼 사이클'을 전망하고 있다.

셋째, AI 열풍이 막대한 전력을 필요로 한다. AI는 '전기 먹는 하마'로 불릴 만큼 상상 이상의 전력을 사용한다. 구글과 아마존, 마이크로소프트 등 글로벌 플랫폼 기업들이 AI를 구현하기 위한 경쟁이 그 어느 때보다 치열하며, 이를 위해 데이터센터의 성능을 높이고 용량을 늘리고 있다. 그러려면 전력망 연결이 필수여서 글로벌 빅테크 유치에 열심인 인도와 베트남 등의 전력망 인프라 확충 수요가 넘치고 있다.

전선

전력망을 연결하는 것은 전선이다. 한국의 전선 전체 길이는 2023년 기준 22만 2,025킬로미터여서 2014년의 20만 4,423킬로미터 대비 8.6% 증가했다([그림 3-64] 참조). 같은 기간에 발전용량은 54.9%, 발전량은 12.6% 증가했다. 발전용량 대비 전선 길이 증가율이 매우 낮다.

발전용량과 발전량의 증가량 차이는 전력망이 확충되지 않아서 발생한 것임을 유추할 수 있다. 증가한 전기량을 공급할 전선을 추가로 깔지 않으

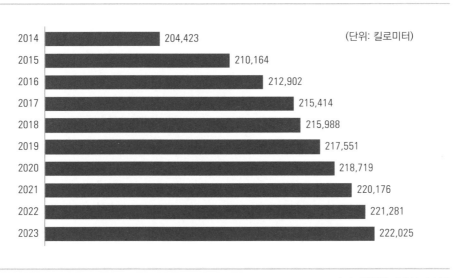

[그림 3-64] 한국 전선 길이(2014~2023)

연도	길이 (단위: 킬로미터)
2014	204,423
2015	210,164
2016	212,902
2017	215,414
2018	215,988
2019	217,551
2020	218,719
2021	220,176
2022	221,281
2023	222,025

자료: 전력통계정보시스템

면 추가된 발전 설비는 무용지물이 된다. 태양광과 풍력의 발전량 증가율이 발전용량 증가율보다 낮았던 원인이다. 신재생 에너지를 광범위하게 도입하기 위해 풀어야 할 숙제는 발전 설비를 늘리는 것이 아니라, 이미 만들어진 설비에서 소비처로 끌어올 전력망을 확충하는 것이다.

전선은 국내보다 데이터센터와 제조 공장을 적극적으로 수용하는 미국, 인도, 베트남 등의 국가에서 수요가 폭발하고 있다. 국내 전선 제조사는 '대한전선, 일진전기, LS에코에너지(구 LS전선아시아), 가온전선, 대원전선, 서남'이 있다. 이들 중 수출 비중이 있는 기업을 살펴볼 필요가 있다.

변압기

전기는 발전소에서 선로를 거쳐 소비처로 공급하는 과정에 전력 손실이 발생한다. 이러한 전력 손실을 줄이기 위해 전압을 높이는 승압과 낮추는 강압의 과정을 거친다. 국내에서는 발전소에서 승압 변전소를 거쳐 765kV 까지 올려 송전한 후 일반 가정에 220V로 낮춰 공급한다. 이러한 승압과 강압을 해주는 전력 기기가 변압기다. 변압기는 승압에 사용하는 초고압변 압기, 강압에 사용하는 주상변압기로 대략 구분하며, 이 중 전력 기기 업체 의 수익성을 높여주는 것은 초고압변압기다.

변압기는 제조 과정에서 숙련된 노동자를 필요로 한다. 미국에서는 제조 업 쇠퇴와 더불어 숙련공도 함께 사라졌다. 이에 따라 한국 변압기 제조사 들의 경쟁력이 부각되며 해외 수출이 급격히 증가하기 시작했다.

한국 변압기 제조사인 HD현대일렉트릭과 LS ELECTRIC은 2023년 영업이익이 전년 대비 각각 136.9%와 73.2% 급증했다. 초고압변압기의 해외 수출 증가 덕분이었다. 해외 수출 비중을 보면 HD현대일렉트릭은 2022년 57%에서 2024년 2분기 70%로. LS ELECTRIC은 2022년 42.8% 에서 2024년 2분기 50%로 늘었다. 초고압변압기는 타 변압기에 비해 단 가가 높고 이익률이 높다고 알려졌다.

전력망의 슈퍼 사이클은 당분간 이어질 것으로 보여 변압기 제조사들의 수익 전망도 지속될 듯하다.

신재생 에너지는 풀어야 할 숙제가 많다

2023년 더불어민주당 김성환 의원이 한국전력공사에서 받은 자료에 의 하면, 2023년 8월 31일까지 재생 에너지 접속 신청량 중 62.8%만이 송배 전망에 접속되었다. 나머지 37.2%는 전력 생산 설비를 갖추었으나 전기를 생산하지 못했다는 것이다. 2023년 기준 송배전망 접속 지연으로 발전사 업자가 입은 피해액은 10조 5,000억 원에 달할 것으로 추산했다.

[표 3-45] 2023년 발전 유형별 전기 거래 현황(거래 발전기 대상)

	발전용량(W)	거래량(W)	거래율
태양광	68,678,304	9,684,710	14.1%
풍력	17,222,736	3,379,097	19.6%
원자력	216,438,000	171,684,904	79.3%
유연탄	347,234,664	177,248,674	51.0%

자료: 전력통계정보시스템

그런가 하면 제주도와 전남은 태양광 전력이 남아돌아 신규 태양광 발전의 허가를 제한하고 있다. 2024년 7월 〈제주일보〉에 의하면 제주도의 태양광 발전용량은 1,625개소의 538MW, 전남은 2만 3,553개소의 5,478MW에 달한다. 전남은 제주도 대비 10배 가까운 발전용량을 갖추고 있다.

문제는 이들 지역에 넘쳐나는 태양광 발전 설비에 비해 송전망이 부족해서, 남아도는 전력을 사용할 수 없다는 점이다. 태양광과 풍력 발전용량이 타 발전에 비해 과도한 것은 이들의 전기 거래량을 비교해보면 알 수 있다. [표 3-45]에 2023년 기준 발전 유형별 발전용량과 생산된 전기의 거래량을 나타냈다.

태양광은 발전용량 대비 거래량이 14%에 지나지 않고 풍력도 20%를 넘지 않는 반면, 원자력과 유연탄은 거래율이 매우 높다. 태양광과 풍력 발전은 생산한 전기를 보낼 변전소와 선로를 확충하지 못했기 때문이다.

태양광과 풍력 발전사업자가 생산한 전기를 소비자에게 보내려면 한전의 송배전망에 연결해야 한다. 그러나 기존 전력망 상당수가 기존 생산 전력을 중심으로 구축되어 있어, 태양광·풍력을 연결하려면 변전소와 변압기, 배전선로 등의 전력망을 보강해야 한다. 이는 한국전력이 할 일이지만 영업적자가 대규모로 누적되어 설비 투자 여력이 낮아졌다. 이 상황이 지속된다면 신재생 에너지 발전 설비 무용론이 지속될 수밖에 없다.

이제 해외 상황을 살펴보자. 중국은 세계 태양광 산업의 80~90%(2022년 기준 세계 시장에서 폴리실리콘 88.2%, 웨이퍼 97.2%, 셀 85.9%, 모듈 78.7% 점유)를 차지하는 독점 국가다. 이로 인해 타국의 태양광 산업이 초토화되었고 한국 태양광 산업도 적지 않은 타격을 받았다. 그나마 한화솔루션은 모듈 부문에서, OCI는 폴리실리콘 부문에서 경쟁하고 있다.

중국 태양광 산업의 경쟁력 비밀은 낮은 가격으로, 저렴한 전기요금과 규모의 경제를 통해 생산 효율성을 유지하고 있다. 원가 경쟁력에 의한 태양광 산업의 독점적 지위는 유럽과 미국 등 경쟁국들이 대체할 수 없는 상황이다.

미국 역시 신재생 에너지 도입이 한창이지만 노후화된 전력망이 큰 걸림돌로 작용하고 있다. 바이든 행정부 기간 태양광과 풍력 발전에 투자가 크게 늘었지만 생산된 전기를 기업과 가정에 연결하지 못하는 문제가 발생하고 있다. 2024년 기준 태양광 발전은 전력망에 연결되기를 기다리는 발전량이 현재 전력망에 연결된 발전량보다도 많다.

더구나 미국은 리쇼어링에 따른 제조 기업과 빅테크 기업의 데이터센터 등에서 요구하는 전력 설비를 갖추는 동시에 전력을 사용할 수 있게 만들어야 하는 상황이다. 이에 따라 태양광 발전을 현실화하기 위한 전력망 인프라에 소요되는 제품들의 수요가 폭발하며, 이에 따라 한국 전력 기기 업체들의 수혜가 집중되고 있다.

전 세계 국가들이 탄소 배출 규제에 따른 신재생 에너지 확대를 목표로 추진하면서 태양광 발전이 급격히 늘고 있다, 하지만 태양광 산업의 공급사슬에 위치한 기업보다는 태양광 발전을 현실화할 수 있는 전력망 기업들에 수혜가 집중되고 있다.

원자력 발전의 부활

2011년 일본 후쿠시마 원전 사고 이후 거셌던 세계적 '탈원전'의 방향이 바뀌고 있다. 원전 산업 부활을 기대할 환경이 조성되는 것이다. 국제에너지기구는 2025년 글로벌 원자력 발전량이 사상 최고치에 이를 것으로 전망하고, 많은 국가가 원자력 발전 프로그램을 재가동하고 있다.

글로벌 원전 발전용량 1, 2위 국가인 미국과 프랑스는 폐쇄했던 원자로를 재가동하고 신규 원전을 건설하겠다는 계획을 발표했다. 미국은 미시간주 팰리세이드 원전을 2025년 말, 스리마일섬 원전을 2028년 재가동하기로 결정했다. 1979년 원전 사고로 폐쇄했던 스리마일섬 원전은 마이크로소프트의 데이터센터에 20년 동안 전력을 공급할 것이다.

또한 국민투표를 통해 탈원전을 결정했던 스웨덴, 이탈리아, 스위스가 원전 도입에 필요한 법 개정에 나섰다. 그 외에 신재생 에너지에 적극적인 유럽 국가들도 원전 축소에서 원전 가동과 건설 쪽으로 방향을 선회하고 있고, 후쿠시마 사고를 겪은 일본마저 원전 가동 연장과 재가동에 나섰다.

전 세계 국가들을 원전으로 회귀시킨 계기는 첫째, 막대한 전력 수요다. AI 시스템은 복잡한 연산과 빠른 처리 속도를 요구해 매우 많은 전력을 소모한다. 이 과정에서 발생한 열을 식히기 위해 냉각하는 과정에서 또한 전력을 사용한다. 글로벌 빅테크들은 AI 시스템을 적용한 데이터센터를 확충하고 있으며 끊김 없고 안정적인 전력망을 요구한다. 둘째, 원자력 발전은 저렴한 비용과 안정적 전력 생산에 최적화된 에너지다. 에너지원별 발전원가는 '신재생 > LNG > 원자력' 순서다. 원자력 발전은 전력 단가를 낮춰 소비자들의 비용을 절감할 수 있다.

원자력 발전을 완전 중단함으로써 에너지 위기에 봉착한 국가가 독일이다. 독일은 2023년 원자력 발전을 완전 중단했는데 러시아의 LNG 공급마

저 끊겼다. 이를 미국의 LNG와 태양광·풍력 에너지로 대체하고 있으나 불안정한 전력 공급과 전기요금 인상이라는 결과를 맞았다. 〈아시아경제〉 기사에 따르면 독일의 전기요금은 EU에서 가장 비싸고, 전기요금이 가장 싼 헝가리보다 4배 비싸다. 이러한 전기요금은 독일의 경쟁력을 약화하는 요인 중 하나다.

바야흐로 전 세계는 화석연료에서 신재생 에너지로 전환하는 시대를 맞아 비싼 전기요금이라는 부작용을 경험하고 있다. 전환기에 발생한 공백을 메울 대안으로 원자력 발전이 부각되고 있다.

한국은 2024년 기준 원자력 발전기 26기, 발전용량 26GW를 갖추었고 건설 중인 새울 원전 3호기와 4호기는 2025년 완공 예정이다. 발전량 기준으로 세계 6위이며, 한국수력원자력(한국전력 자회사)은 세계 2위의 원자력 발전 회사다(위키백과).

한국 원자력 발전의 경쟁력은 지속된 발전소 건설 경험과 운영, 그에 따른 공급사슬 유지에 있다. 원자력 발전 경쟁국인 미국과 유럽 국가는 원자력 발전을 폐쇄하거나 감축하는 과정에서 자국의 원자력 발전 산업이 쇠퇴한 반면, 한국은 원자력 발전소 26기 운영과 2기 건설로 원자력 발전의 밸

[표 3-46] 한국 원자력 발전 현황

	기수	현황
한울(울진)	8기	1~6호기, 신1호기, 신2호기
월성(경주)	5기	2~4호기, 신1호기, 신2호기
새울(울산)	2기	1호기, 2호기
고리(부산)	5기	2~4호기, 신1호기, 신2호기
한빛(영광)	6기	1~6호기

자료: 열린원전정보

류체인을 보존하는 동시에 강화하고 있다.

이를 바탕으로 외국의 원자력 발전소 수주를 지속하고 있다. 2009년에는 UAE 바라카 원전을, 2022년에는 이집트 엘다바 원전을 수주했다. 2024년에는 체코의 신규 원전 수주를 위한 입찰이 진행 중이다.

대규모 원자력 발전용량을 갖춘 나라는 '미국, 프랑스, 중국, 러시아, 한국, 캐나다'의 순서다. 이 중 미국과 대립 지점에 있는 중국과 러시아를 제외하면 미국과 프랑스, 한국, 캐나다가 실질적인 원자력 발전 건설과 운영 능력을 갖춘 국가로 볼 수 있다. 그러나 미국은 오랜 기간 탈제조업을 진행했고, 프랑스는 친환경 에너지 기조에 따라 원자력 발전 유지 정도에 그쳤다. 이렇게 보면 한국이 타국 대비 경쟁력 우위를 갖추고 있다.

원자력 발전은 건설 규모가 크고 국가적 결정 사업이다 보니 고려해야 할 변수가 많다. 하지만 원자력 발전 수요가 확대 추세인 만큼, 한국 원자력 발전 건설사와 부품사에 지속적인 관심을 갖고 지켜보면 좋겠다.

시가총액 상위 20개 종목의 지표 현황

연번	종목	주가 (원)	시가총액 (억 원)	자본총계 (억 원)	매출액 (억 원)	순이익 (억 원)	차입금 비율 (%)	PER (배)	PBR (배)	ROE (%)	배당수익률 (%)
1	한국전력	22,200	142,516	368,188	907,694	26,533	368.5	5.4	0.4	7.2	-
2	HD현대일렉트릭	363,500	131,031	12,844	32,096	4,477	43.8	29.3	10.2	34.9	0.3
3	LS ELECTRIC	162,000	48,600	18,031	42,240	2,250	56.6	21.6	2.7	12.5	1.7
4	효성중공업	461,500	43,033	11,155	45,097	1,347	341.7	31.9	3.9	12.1	0.5
5	한국가스공사	41,550	38,356	104,332	388,429	-1,676	372.6	-22.9	0.4	-1.6	-
6	한화솔루션	19,090	32,814	86,563	118,966	-11,597	143.7	-2.8	0.4	-13.4	1.6
7	한전기술	69,700	26,639	5,468	5,714	376	0.3	70.9	4.9	6.9	0.7
8	대한전선	12,370	23,064	14,648	30,386	943	32.1	24.4	1.6	6.4	-
9	한전KPS	44,700	20,115	12,593	15,442	1,791	1.1	11.2	1.6	14.2	4.8
10	씨에스윈드	46,750	19,715	9,876	23,487	594	128.8	33.2	2.0	6.0	1.1
11	SK가스	206,500	19,060	26,075	67,257	2,169	129.7	8.8	0.7	8.3	3.9
12	산일전기	62,500	19,028	1,386	-	-	66.1	-	13.7	-	1.5
13	서진시스템	29,450	16,565	7,618	10,531	502	74.7	33.0	2.2	6.6	-
14	일진전기	28,850	13,757	4,867	14,171	455	32.6	30.2	2.8	9.3	0.7
15	두산퓨얼셀	16,840	11,029	5,107	2,800	-107	88.3	-103.5	2.2	-2.1	-
16	제룡전기	60,500	9,718	1,657	2,501	820	0.3	11.9	5.9	49.5	0.8
17	LS에코에너지	28,800	8,820	1,613	7,798	225	119.2	39.2	5.5	14.0	0.7
18	SK오션플랜트	12,910	7,642	7,016	7,486	226	33.6	33.9	1.1	3.2	-
19	DS단석	128,300	7,520	2,832	10,406	217	130.2	34.6	2.7	7.7	-
20	OCI	61,000	5,461	11,793	20,514	1,055	58.3	5.2	0.5	8.9	3.3

에너지

섹터	소분류1	소분류2	기업
발전	운영		한국전력, 지역난방공사, SGC에너지
	원자력		한전기술, 오르비텍, 우리기술
	태양광		한화솔루션, OCI, HD현대에너지솔루션, SDN, 에스에너지, 캐리, 파루
	풍력	플랜트	SK오션플랜트, 대명에너지, 유니슨, DGP
		부품	씨에스윈드, 동국S&C, 씨에스베어링, 태웅
	기자재		비에이치아이, 삼영엠텍, 에어레인
	바이오		제이씨케미칼, 지오릿에너지, 에코바이오, 에스아이리소스, DS단석
	정비·관리		한전KPS, 한전산업, 수산인더스트리, 일진파워, 금화피에스시, 우진엔텍

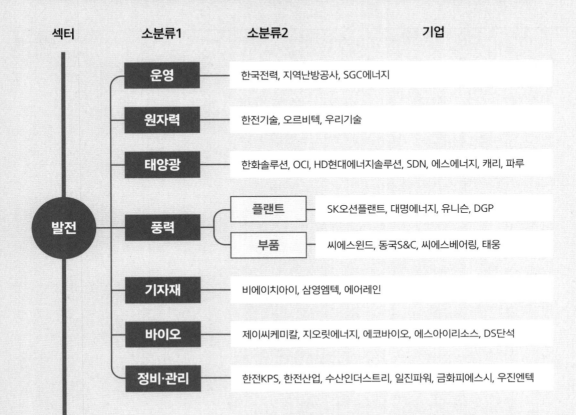

에너지

섹터	소분류1	소분류2	기업
전기	기자재	가정용	제일일렉트릭
		철 구조물	보성파워텍
		비상 발전기	지엔씨에너지
		금구류	제룡산업, 세명전기
		계량기	피에스텍, 누리플렉스, 옴니시스템
		전선	대한전선, 일진전기, 가온전선, LS에코에너지, 대원전선, 서남
	송수배전		LS ELECTRIC, HD현대일렉트릭, 효성중공업, 산일전기, 제룡전기, 광명전기, 서전기전, 지투파워, 피앤씨테크
	저장 장치		두산퓨얼셀, 비츠로셀, 비츠로테크, 서진시스템, 범한퓨얼셀, 에스퓨얼셀
	유틸리티		그리드위즈
가스	도시가스		한국가스공사, 예스코홀딩스, 대성에너지, 지에스이, 서울가스, 경동도시가스, 인천도시가스, 삼천리
	LPG		SK가스, E1

엔터테인먼트 업종   16

엔터테인먼트 업종은 '플랫폼, 콘텐츠, 인프라'의 3개 섹터로 구성했다. 이 업종은 특성이 전혀 다른 여러 부문이 묶여 있다. 영화, 음원, 연예기획사 등으로 분류하는 것도 의미가 있지만 엔터테인먼트의 특성을 드러내기에는 한계가 있다. 방송, 영화, 음악, 웹툰, 광고 등은 내용과 형식은 달라도 '특정 콘텐츠를 특정 플랫폼을 통해 전달한다'는 점이 공통된다. 이에 착안해 콘텐츠와 플랫폼 섹터로 분류하고 사업 분야를 연결했다.

**업종
분류**

업종	섹터	종목 수	소분류
엔터테인먼트	플랫폼	30	방송, 영화, 음원, 연예기획사, 신문, 커뮤니케이션
	콘텐츠	51	제작, 광고, 웹툰, 캐릭터, 특수효과
	인프라	11	솔루션, 장비, 유통

**PBR
밴드**

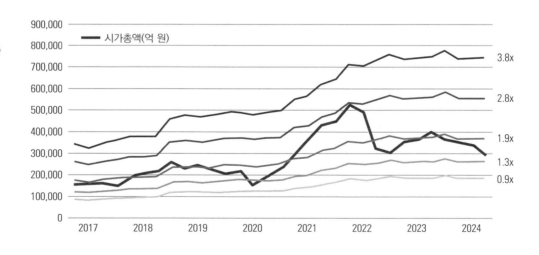

플랫폼과 콘텐츠

엔터테인먼트 업종은 방송, 영화, 신문, 웹툰, 음악, 광고의 분야를 담고 있다. 이들은 각 형식을 통해 소비자에게 콘텐츠를 전달한다. 방송은 TV를 통해, 영화는 영화관 스크린을 통해, 웹툰은 인터넷과 모바일을 통해, 음악은 앨범과 모바일, 공연 등을 통해 전달한다. 이 과정에 담긴 공통 특성은 '콘텐츠를 플랫폼을 통해 전달한다'로 요약된다. 그래서 이 책에서는 엔터테인먼트 업종의 사업 분야가 아니라 '플랫폼'과 '콘텐츠'로 섹터를 분류한 다음 사업 분야로 세분했다.

방송과 영화의 예를 들어보자. 접할 수 있는 매체가 한정적이던 지난날에는 TV와 영화관 등 플랫폼이 콘텐츠를 결정했다. 하지만 인터넷과 스마트폰이 등장하고 이를 자유롭게 활용하는 시대가 되면서 TV와 영화관 등의 기존 플랫폼은 힘이 약해졌고, 콘텐츠가 얼마나 매력적인지에 따라 선택받는 시대로 바뀌고 있다.

TV는 인터넷의 OTT(Over The Top), 유튜브, 틱톡, 스마트폰과 경쟁해야하며, 이들 매체에 비해 시공간적 제약과 불편이 더욱 크게 느껴진다. 각 플랫폼은 소비자의 선택을 유인할 매력적인 콘텐츠를 담지 못하면 외면받을수밖에 없다. 이는 곧 플랫폼이 소비자를 유인하고 묶어둘 수 있는 콘텐츠를 필요로 한다는 의미다.

이 책에서는 엔터테인먼트 업종에 속한 기업을 플랫폼과 콘텐츠 중 역할이 크다고 생각하는 섹터로 분류했다. 예를 들어 콘텐츠 섹터의 '제작' 부문은 콘텐츠를 제작한다는 특성으로 기업을 묶었고, 영화와 드라마 등을 제공하는 플랫폼은 따로 구분했다.

연예기획사는 플랫폼의 성격도, 콘텐츠의 성격도 있어서 분류가 애매할수 있다. 여러 아티스트를 플랫폼에 제공하는 매니지먼트를 부각하면 콘텐츠의 성격이 강하지만, 아티스트 입장에서 보면 플랫폼의 성격이 강하다. 나는 아티스트를 콘텐츠로 제공하고 수익을 취하는 것을 부각하는 것이 합당하다고 생각해서 연예기획사를 플랫폼 섹터로 분류했다.

넷플릭스발 OTT 경쟁, 콘텐츠 제작 업계에 훈풍 부나

OTT는 인터넷을 통해 방송을 수신하는 방식이다. 인터넷이 연결된 곳이면 누구나, 어디서든 연결이 가능하며 방송국이나 케이블TV, IPTV 사업자를 필요로 하지 않는다. OTT의 장점은 소비자가 원하는 콘텐츠를 시간에 구애받지 않고 언제든 시청할 수 있다는 점일 것이다. 그래서 OTT를 영위하는 기업의 경쟁력은 보유한 콘텐츠에 달려 있다. 신구 콘텐츠를 끊임없이 제공함으로써 소비자를 유인하고 붙잡아야 한다.

미국의 넷플릭스는 글로벌 최대 OTT 기업이다. 1998년 비디오 대여점으로 시작한 넷플릭스는 2007년부터 온라인 스트리밍 서비스를 제공해서 OTT시장을 개척했다. 한국 넷플릭스 월간 이용자는 2024년 8월 기준 1,121만 명에 육박한다. 국내에서도 적지 않은 OTT 기업들이 넷플릭스와 힘겨운 경쟁을 펼치고 있다. [그림 3-65]는 넷플릭스와 OTT들의 국내 월간 이용자수(MAU)다.

국내 1위 OTT는 티빙(최대 주주 CJ ENM)으로 월간 이용자는 800만 명이 채 안 된다. 그 뒤를 잇는 쿠팡플레이가 인상적이다. 2020년 시장에 진출한 지 4년 만에 국내 2위 사업자로 우뚝 섰기 때문이다. 반면 지상파 3사(KBS, MBC, SBS)와 SK텔레콤의 합작사인 웨이브는 의외다. 3개 지상파의 풍부한 콘텐츠를 안고 있는데도 티빙과 쿠팡플레이에 한참 못 미치기 때문이다.

이와 같이 국내 OTT는 넷플릭스와의 경쟁에서 밀리는 상황에서 티빙과

[그림 3-65] 주요 OTT 월간 활성 이용자수

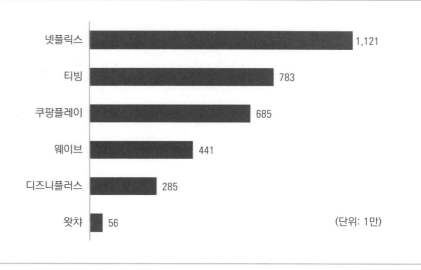

자료: 모바일인덱스

웨이브가 2023년 12월 양사 합병을 위한 양해각서를 체결했다. 합병이 성사된다면 넷플릭스와 유사한 규모의 이용자수를 확보할 것으로 기대된다. 티빙(2024년 3월부터 한국 프로야구 온라인 독점 중계권 확보)의 스포츠와 웨이브의 지상파 콘텐츠가 결합되어 경쟁력을 강화할지 여부가 주목된다.

넷플릭스와 국내 OTT 기업의 경쟁은 콘텐츠 제작업에 긍정적이다. OTT는 생존을 위해 콘텐츠를 끊임없이 제작, 공급해야 하는 '멈출 수 없는 기관차'와 같다. 지상파에 국한했던 콘텐츠 제작시장이 확대되었다. 국내 콘텐츠 제작 1위 기업 스튜디오드래곤을 예로 들면 연 25편 전후에 머물던 방영 편수가 2022년 33편, 2023년 30편으로 증가했다. 이에 따라 영업이익도 2022년 652억 원으로 상장 이후 최대 실적을 기록하기도 했다. 2016년 상장 당시 매출액이 1,544억 원이었는데 2024년 2분기 연환산 매출액이 7,000억 원을 상회할 만큼 폭발적인 성장세를 구가했다.

하지만 아쉬운 점은 그 외 콘텐츠 제작 업계는 훈풍이 불지 않고 있다는 점이다. 한국 상장 콘텐츠 기업의 매출액은 1,000억 원이 넘지 않고 그조차 감소 추세다. OTT와 지상파의 생존 경쟁이 중소형 콘텐츠 업계의 제작 편수 증가와 영업이익 증가로 연결되지 않고 있다. 아무래도 검증된 인기 작가와 스튜디오에 몰릴 수밖에 없는 특성에 따른 것으로 생각된다.

OTT는 소비자가 빠르게 많은 콘텐츠를 소비하게 만든다. 분명 콘텐츠가 더 많이 필요해진다. 하지만 국내 콘텐츠 업계에서 스튜디오드래곤을 제외한 나머지 기업들은 안정적인 제작과 이에 따른 영업 실적이 뒷받침되고 있지 않다. 그렇다 보니 특정 콘텐츠 한두 편에 실적과 주가가 좌우될 가능성이 높다.

방송

방송 사업자는 유료 방송 사업자, 지상파, 방송 채널 사용 사업자(PP), 콘텐츠 제작자, 광고 사업자, 인터넷 방송 사업자로 분류할 수 있다.

방송을 수신하려면 장비가 필요하다. 안테나를 이용한 지상파, 셋톱 박스를 이용한 케이블 방송, 통신망을 이용한 IPTV, 인터넷을 이용한 OTT, 위성을 이용한 위성방송으로 구분할 수 있다. 방송 사업자와 제작자, 광고 사업자가 한데 어우러져 방송 생태계를 구성하고 있다.

유료 방송 사업은 유료 방송 플랫폼을 통해 다채널 방송 서비스를 제공하고 가입자를 확보하는 것이며 아날로그와 디지털로 구분된다. 아날로그 방송에는 종합유선방송 사업자가 있고, 디지털 방송에는 IPTV 제공 사업자와 위성방송 사업자 등이 있다.

종합유선방송은 케이블 방송을 일컫는 것으로, 전국 78개 권역에서 허가

[그림 3-66] 방송 사업자 분류

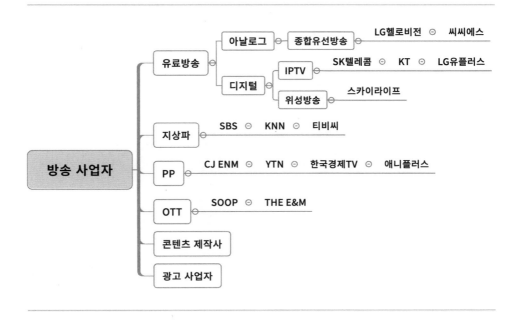

를 받아 독과점으로 사업을 영위한다. 'LG헬로비전, SK브로드밴드, 딜라이브, 씨엠비, 에이치씨엔'의 5개 사업자가 시장의 89%를 점유하고 있다. 2024년 가입자 수는 2020년 대비 7% 감소해 쇠퇴기에 접어든 모습이다.

위성방송 사업자는 KT의 자회사인 스카이라이프가 유일하다. 2024년 가입자 수는 2020년 대비 13% 감소해 종합유선방송과 같이 쇠퇴하는 양상이다. 그럼에도 스카이라이프는 해당 부문의 유일한 사업자로 독점의 혜택을 누리고 있다.

IPTV(Internet Protocol Television)는 초고속 인터넷망을 이용해 제공하는 양방향 텔레비전 서비스로 'KT, SK텔레콤, LG유플러스'의 통신 사업자가 제공한다. 인터넷과 TV의 결합 상품 등 다양한 마케팅을 통해 종합유선방송 영역을 파고들며 점유율을 높이고 있다. IPTV 가입자 수는 4년 동

[그림 3-67] 유료 방송 사업자별 가입자(2020~2024)

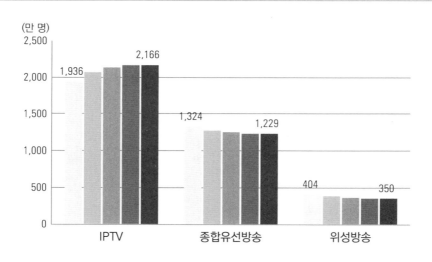

자료: LG헬로비전

안 12% 증가해서 종합유선방송과 위성방송에 비해 괄목할 만한 성장세다. [그림 3-67]은 유료 방송 사업자별 2020~2024년(2024년 1분기 연환산 기준) 가입자다. 종합유선방송과 위성방송은 감소했고 IPTV는 증가했다. 가정마다 초고속통신망이 보편화되면서 종합유선방송 가입자와 지상파 가입자들이 인터넷과 연결 가능한 IPTV로 전환한 것으로 추정된다.

지상파 방송은 선택된 방송 사업자만이 할 수 있는 업종으로 'SBS, KNN, 티비씨'가 이를 수행한다. 이들의 주 수입원은 시청료, 광고 수입, 콘텐츠 판매료 등이다.

방송 채널 사용 사업자(Program Provider, PP)는 지상파 방송 사업자, 종합유선방송 사업자, 위성방송 사업자 등과 특정 채널 사용 계약을 한 사업자로서 프로그램 공급자라 불린다. 이 사업자는 자신의 채널을 가지고 프로그램을 제작하고 편성한다. 해당 기업으로는 여러 홈쇼핑 채널 사업자,

tvN과 Mnet 등의 채널을 보유한 CJ ENM, 뉴스를 제공하는 YTN, 주식 전문 채널이라 할 수 있는 한국경제TV 등이 있다.

OTT는 인터넷을 통해 볼 수 있는 TV 서비스로서 인터넷망을 활용하며 별도의 셋톱 박스가 필요한 경우도 있다. 인터넷 방송이 대세로 자리 잡으면서 개인의 방송 참여가 보편화되고 이를 통해 수익을 올리는 사람이 많아졌다. OTT는 개인에게 공간을 만들어주고 수수료를 받아 수익을 올린다. 글로벌 플랫폼으로는 유튜브가 대표적이며, 국내 상장사로는 SOOP, THE E&M이 있다. 개인 방송 플랫폼은 누구나 진입할 수 있는 자유 경쟁 시장이지만, 방송 플랫폼을 비롯해 브랜드, 방송인과 청취자를 관리하는 운영 능력 등 무형의 가치가 진입장벽을 만들고 있다.

방송에서 콘텐츠의 중요성은 날로 커지고 있다. 과거 KBS, MBC, SBS 등으로 한정되었던 방송은 현재 셀 수 없이 많은 사업자와 채널을 가진 시장으로 확장되었다. 지상파 3사는 콘텐츠의 70% 이상을 외주로 제작하며 콘텐츠 제작사를 계열사로 두었는데 MBC의 iMBC와 SBS의 SBS콘텐츠허브가 이에 해당한다.

콘텐츠 제작사는 연출과 작가의 능력이 절대적으로 중요한 만큼 능력 있는 연출가와 작가를 보유하는 것이 핵심 경쟁력이다. 그러나 유능한 작가와 연출진이라도 항상 흥행하는 것은 아니기 때문에 이익의 안정성이 매우 낮다. 히트작을 많이 배출하는 스튜디오드래곤조차 매출과 이익의 변동이 크다.

영화

2020~2021년은 영화 산업의 암흑기였다. 폐쇄된 공간인 영화관이 코로

[표 3-47] 영화관 관객 수와 매출액(2014~2023)

연도	관객(만 명)	매출액(억 원)	연도	관객(만 명)	매출액(억 원)
2014	21,506	16,641	2019	22,668	19,140
2015	21,729	17,154	2020	5,952	5,104
2016	21,702	17,432	2021	6,053	5,845
2017	21,987	17,566	2022	11,281	11,602
2018	21,639	18,140	2023	12,514	12,614

자료: 영화진흥위원회

나19로 인한 집합 금지로 직격탄을 맞은 것이다. 2010년대의 10년간은 연 2억 명 이상이 영화관을 찾았지만 2020~2021년은 연 6,000만 명 수준으로 격감했다.

영화 관객 수가 줄어듦에 따라 극장 매출액도 2019년 1조 9,000억 원에서 2020년 5,100억 원으로 급감했다. 영화관을 운영하는 상장기업의 매출액은 관객 수와 직결된다. 엔데믹 시대를 맞아 영화관은 관객 수 회복으로 이어지리라 기대했지만 2023년에는 코로나19 이전을 회복하지 못했다.

영화 산업의 위기를 겪는 대표적 기업이 CJ CGV다. 2020~2022년 3년 동안 누적 적자 7,000억 원을 기록했고, 부족한 현금을 채우기 위해 차입과 유상증자, 감자를 거듭했다.

극장은 극장 간의 경쟁이 아니라 인터넷과의 경쟁으로 힘겨운 양상이다. 집에서 비교도 되지 않을 만큼 많은 양의 콘텐츠를 시간과 공간의 제약 없이 즐기는 OTT가, 한 편의 영화만 선택해서 봐야 하는 극장이 맞서야 할 경쟁 상대다. 시청의 양상이 변화하고 있는 만큼, 선택의 폭이 크지 않은 극장이 취할 수 있는 생존 전략이 많지 않아 보인다.

연예기획사, 아이돌이 전부다

2024년 K-POP은 여전히 글로벌 무대에서 사랑받고 있다. 그러나 K-POP을 만들고 공급하는 국내 연예기획사의 실적은 주춤해졌고 주가는 처참하게 무너져 내렸다. 대체 무슨 일이 벌어진 걸까?

글로벌 아이돌의 아이콘 BTS는 하이브 소속이며, 멤버들의 군 입대로 완전체 활동이 중단되었다. 2025년 말쯤에야 완전체 활동이 가능할 것으로 보인다. 또한 하이브 소속인 뉴진스는 대표와의 대립으로 그룹 이미지에 심각한 영향을 받고 있다.

YG는 블랙핑크와의 계약이 만료되자 2024년 재계약을 체결했고 전속계약금이 400억 원이 넘었다고 알려졌다. 블랙핑크의 글로벌 인기를 감안할 때 YG의 재계약에 따른 이익 규모는 이전보다 더 축소되지 않았을까 추정된다.

JYP는 트와이스, GOT7, 스트레이키즈 등 인기 아이돌 다수의 활동이 부진해 실적이 크게 줄었다. 2024년 2분기 매출액이 957억 원이어서 2023년 4분기 매출액 1,571억 원 대비 39%나 감소한 것이다. 타 기획사 대비 감소 폭이 매우 컸다.

연예기획사는 주식시장의 돋보이는 섹터에서 추락의 아이콘으로 바뀌어버렸다. 연예기획사는 아이돌의 인기와 그에 따른 앨범, 공연, 굿즈 판매로 수익을 얻는다. 따라서 아이돌의 왕성한 활동과 이들에 대한 신뢰는 기업의 생존과 직결된다. [표 3-48]에 연예기획사별 아이돌 그룹 현황을 정리했다.

[표 3-48] 연예기획사별 아이돌 그룹 현황

연예기획사	아이돌 그룹
하이브	BTS, 투모로우바이투게더, 세븐틴, 프로미스나인, 르세라핌, 뉴진스, 엔하이픈, 보이넥스트도어, ILLIT
JYP Ent.	트와이스, DAY6, 스트레이키즈, ITZY, NMIXX, NiziU, 2PM, Xdinary Heroes
에스엠	동방신기, 슈퍼주니어, 소녀시대, 샤이니, 엑소, 레드벨벳, NCT, 에스파, 라이즈
와이지엔터테인먼트	YG패밀리, 블랙핑크, 트레저, 베이비몬스터, 위너, 악뮤
큐브엔터	(여자)아이들, 펜타곤, LIGHTSUM, 나우어데이즈

시가총액 상위 20개 종목의 지표 현황

연번	종목	주가 (원)	시가총액 (억 원)	자본총계 (억 원)	매출액 (억 원)	순이익 (억 원)	차입금 비율 (%)	PER (배)	PBR (배)	ROE (%)	배당수익률 (%)
1	하이브	198,600	82,721	30,193	21,478	774	35.5	106.8	2.7	2.6	0.4
2	제일기획	18,030	20,742	13,240	43,327	1,906	14.6	10.9	1.6	14.4	6.2
3	JYP Ent.	54,900	19,507	4,091	5,289	716	2.5	27.3	4.8	17.5	1.0
4	에스엠	74,800	17,469	6,729	9,913	599	19.7	29.2	2.6	8.9	1.6
5	CJ ENM	57,800	12,675	32,945	46,894	-1,443	100.9	-8.8	0.4	-4.4	-
6	스튜디오드래곤	41,000	12,324	7,175	7,077	298	18.4	41.3	1.7	4.2	-
7	SOOP	93,100	10,702	3,286	3,897	872	3.2	12.3	3.3	26.5	0.9
8	디어유	39,850	9,460	1,864	796	283	2.2	33.4	5.1	15.2	-
9	CJ CGV	5,540	9,173	9,045	15,769	-574	273.4	-16.0	1.0	-6.3	-
10	와이지엔터테인먼트	44,200	8,261	4,590	4,308	133	5.5	62.3	1.8	2.9	0.7
11	이노션	20,300	8,120	9,524	21,460	1,018	30.9	8.0	0.9	10.7	5.8
12	YG PLUS	4,550	2,886	1,641	1,992	65	9.5	44.7	1.8	3.9	-
13	SBS	15,270	2,833	8,903	9,927	374	38.2	7.6	0.3	4.2	3.3
14	쇼박스	4,405	2,759	1,315	1,053	-41	37.4	-66.5	2.1	-3.2	-
15	스카이라이프	4,990	2,371	6,900	10,288	-1,157	41.4	-2.0	0.3	-16.8	7.0
16	디앤씨미디어	18,790	2,353	863	728	77	3.0	30.7	2.7	8.9	-
17	위지윅스튜디오	1,372	2,347	2,040	747	-388	28.3	-6.1	1.2	-19.0	-
18	큐브엔터	15,280	2,227	1,265	1,767	115	5.0	19.4	1.8	9.1	-
19	아티스트유나이티드	16,200	2,165	246	234	-25	49.3	-87.1	8.8	-10.1	-
20	덱스터	8,100	2,058	512	615	0	37.0	-4,685.6	4.0	-0.1	-

엔터테인먼트

섹터	소분류1	소분류2	소분류3	기업
플랫폼	**방송**	OTT		SOOP, THE E&M
		지상파		SBS, KNN, 티비씨
		유료	위성	스카이라이프
			유선	LG헬로비전, 씨씨에스
		PP		CJ ENM, YTN, 한국경제TV, 애니플러스
	영화			CJ CGV, 콘텐트리중앙
	음원			NHN벅스, 드림어스컴퍼니, 지니뮤직, YG PLUS, 알비더블유
	연예기획사			하이브, JYP Ent., 에스엠, 와이지엔터테인먼트, 에프엔씨엔터, 큐브엔터, 판타지오, 엔에스이엔엠
	신문			아시아경제, 디지틀조선
	커뮤니케이션			디어유
콘텐츠	**제작**			스튜디오드래곤, 위지윅스튜디오, 에이스토리, NEW, 삼화네트웍스, 빅텐츠, 아티스트스튜디오, 팬엔터테인먼트, 키이스트, 쇼박스, 아센디오, 바른손이앤에이, 캐리소프트, 엔투텍, 닷밀
	광고			제일기획, 이노션, SM C&C, 아티스트유나이티드, 나스미디어, 엔피, HS애드, 인크로스, 오리콤, 플레이디, 엔비티, FSN, 이엠넷, 모비데이즈, 와이즈버즈, 드림인사이트, 차이커뮤니케이션
	웹툰			디앤씨미디어, 미스터블루, 키다리스튜디오, 핑거스토리, 와이랩
	캐릭터			스튜디오미르, SAMG엔터, 대원미디어, 손오공, 오로라
	특수효과			자이언트스텝, 덱스터, 이노시뮬레이션, 포바이포, 스코넥, 맥스트, M83, 케이쓰리아이
인프라	**솔루션**			디지캡, 알티캐스트, 메쎄이상
	장비			휴맥스, 가온그룹, 탑코미디어, 알로이스
	유통			코퍼스코리아, iMBC, 블리츠웨이스튜디오, SM Life Design

유통·운수 업종 17

유통·운수 업종은 '유통'과 '운수'의 2개 섹터로 구성했다. 유통과 운송의 밀접한 관계에 착안한 것이다. 유통 섹터 중 소매점은 백화점과 편의점 등 오프라인 매장을 한데 모았고, 전자상거래는 온라인몰을 운영하거나 지원하는 등의 기업을 한데 모았다.

업종	섹터	종목 수	소분류
유통·운수	유통	44	홈쇼핑, 면세점, 소매점, 무역, 전자상거래, 기타
	운수	37	육상, 항공, 해운

업종 분류

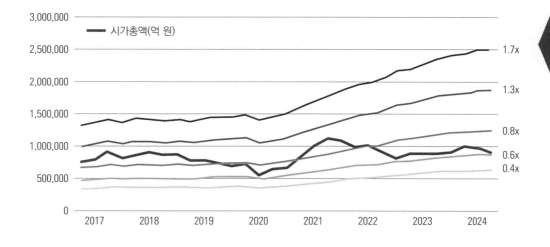

PBR 밴드

소매점의 경쟁자는 누구?

요즘 소비자는 쇼핑의 선택지가 많다. 손안에는 24시간 안에 배달하는 로켓배송과 새벽 배송이, 집 앞에는 편의점이, 근거리엔 대형 마트가 있고, 조금 더 나가면 백화점을 갈 수 있다. 상황에 따라, 쇼핑 목록에 따라 다양해진 플랫폼으로 소비자는 보다 쉽고 편리한 세상을 즐기고 있다. 하지만 각 플랫폼에 갇힌 기업들은 처절한 경쟁에 직면해 생존 전략 수립에 안간힘을 쏟고 있다.

최근에는 '틱톡, 쿠팡, 알리, 테무, 다이소, 올리브영, 무신사' 등, 오프라인의 대형 마트나 백화점과는 결이 다른 쇼핑 플랫폼들이 부상하고 있다. 게다가 유튜브도 '유튜브 쇼핑' 기능을 추가해 온라인 쇼핑시장에 뛰어들었다. 오프라인에 국한되었던 쇼핑이 온라인 중심 플랫폼 기업으로 옮겨가고 있다.

이들 플랫폼은 특화된 전략과 상품으로 소비자를 끌어모은다. 쿠팡은 로켓배송, 다이소는 저렴한 생활 품목, 올리브영은 화장품, 무신사는 패션, 틱톡과 유튜브는 인플루언서 결합의 강점을 내세웠고 이를 더욱 강화하고 있다. 반면에 오프라인의 백화점과 대형 마트는 온라인을 추가하고 점포 수를 줄이는 등의 구조조정과 혁신을 동시에 추진하고 있다.

그럼 최근 부상하고 있는 쇼핑 플랫폼인 '쿠팡, 올리브영, 다이소'부터 살펴보자. 이들 실적과 비교하기 위해 오프라인 대표격인 이마트를 추가했다.

쿠팡(원/달러 환율 1,300원 적용)은 2023년 매출액 31조 6,979억 원, 영업이익 6,149억 원으로 흑자 전환했고, 2019~2023년 성장률은 288.7%를 기록했다. 올리브영은 화장품 전문 매장이며 매출액 3조 8,682억 원, 영업이익 4,607억 원으로 영업이익률이 11.9%에 달한다. 다이소는 생활용품 판매 기업으로 매출액 3조 4,604억 원, 영업이익 2,617억 원, 영업이익률은

[표 3-49] 쇼핑 플랫폼 기업별 2023년 실적

	매출액(억 원)	영업이익(억 원)	영업이익률
쿠팡	316,979	6,149	1.9%
올리브영	38,682	4,607	11.9%
아성다이소	34,604	2,617	7.6%
이마트	294,722	-469	-0.2%

7.6%로 올리브영에는 미치지 못한다.

쇼핑 전통 강자였던 이마트는 어떤가. 매출액은 29조 4,722억 원으로 쿠팡에 근접하고 올리브영과 다이소의 7~8배 수준이지만 영업이익은 적자를 기록했다. 이마트는 쿠팡과 올리브영, 다이소에서 판매하는 품목을 다루고 있지만 한 품목에 특화된 전문점 성격이 강한 올리브영과 다이소에 비할 수 없고, 빠른 배송과 거의 모든 물품을 취급하는 쿠팡에 비해 오프라인 중심인 한계가 드러났다.

여러 품목을 다루는 대형 마트와 백화점이 온라인 쇼핑과 특정 품목의 강점을 지닌 플랫폼 기업들을 상대하기에는 버거운 시대가 되었다. 쇼핑 트렌드가 바뀌었다. 그렇다면 백화점과 대형 마트는 어떤 상황일까?

백화점은 '롯데쇼핑, 신세계, 현대백화점'과 지역 백화점인 '대구백화점, 광주신세계'로 구분할 수 있다. 2017~2023년 매출액 증가율은 현대백화점 127.7%, 신세계(백화점사업부) 40.1%, 롯데쇼핑(백화점사업부) 3.1% 순이었다([그림 3-68] 참조). 현대백화점과 신세계는 쇼핑객 모객을 위해 명품점 입점은 물론 맛집 유치와 예술 행사 등 다양한 활동을 펼치고 현대백화점이 그 효과를 누리고 있다.

반면 지역 백화점은 명암이 엇갈렸다. 대구백화점은 매출액 감소로 쇠락하는 양상이지만 광주신세계는 33% 성장했다([그림 3-69] 참조).

[그림 3-68] 백화점 매출액(2017~2023)

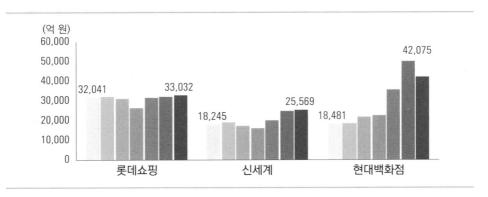

[그림 3-69] 지역 백화점 매출액(2017~2023)

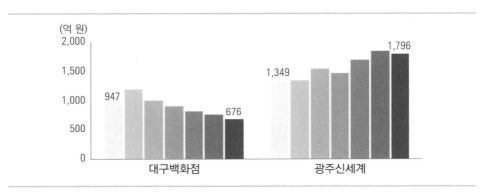

[그림 3-70] 대형 마트 매출액(2017~2023)

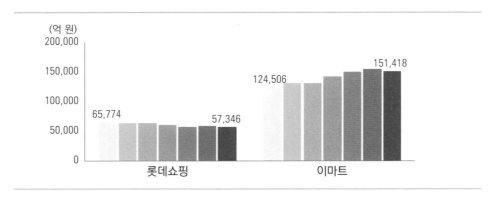

대형 마트에는 롯데쇼핑(롯데마트)과 이마트가 있는데, 이들은 여러 사업부를 병행하고 있으므로 대형 마트 매출액만 떼어 비교했다. 2017~2023년 매출액이 롯데쇼핑은 12.8% 감소했고 이마트는 21.6% 증가했다.

위 결과를 놓고 이마트가 롯데쇼핑을 이겼고 시장의 승리자라고 만족할 수 있을까? 대형 마트라는 울타리에 갇혀서 보면 당연한 결론이고 합당하다. 하지만 우물 밖으로 시선을 돌리면 상황은 매우 다르다. 롯데쇼핑과 이마트는 전혀 다른 전략으로 치고 들어오는 경쟁 상대들에 맞서 힘겨운 경쟁을 이어가는 형국이다.

롯데마트와 이마트는 '신선식품, 옷, 생활물품, 화장품' 등 거의 모든 물품을 취급하지만 범용 제품으로 묶일 수밖에 없다. 그리고 공간의 한계가 있다. 쿠팡처럼 빠른 배송과 새벽 배송을 하고 있지만 물류 시스템과 품목 수가 아직 부족하다. 롯데쇼핑과 이마트가 극복해야 할 과제다.

편의점

국내 편의점은 점포 수와 더불어 매출액도 증가하는 특성을 보인다. 한 집 건너 편의점이라는 말이 무색할 정도로 많다는 기사도 많이 보였지만 2023년 기준 편의점 매출 성장세는 견고하게 유지되고 있다. [그림 3-71]은 국내 편의점 점포 수와 매출액 현황을 나타낸 것이다. 2016~2023년에 점포 수와 매출액은 각각 67.9%, 67.0% 증가해서 성장률이 비슷했다. 지금까지는 점포 수 증가는 곧 매출액 증가로 이어졌다.

그렇다면 국내 상장 편의점 기업들의 실적은 어떨까? 편의점 사업을 영위하는 기업은 'GS리테일(GS25), BGF리테일(CU), 이마트(이마트24)'다. 점포 수는 GS리테일과 BGF리테일이 비슷해서 치열한 경쟁을 펼치고 있다.

[그림 3-71] 한국 편의점 점포 수와 매출액(2016~2023)

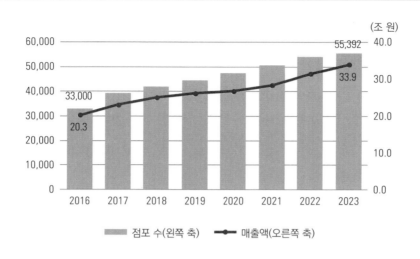

[그림 3-72] 편의점 기업별 편의점 점포 수(2020~2023)

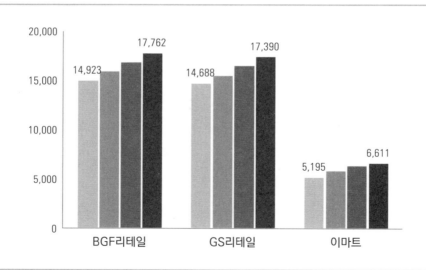

영업이익률도 2~3%로 비슷한 수준이다. 반면 이마트는 편의점 후발 주자의 불리함을 극복하기 위해 맹렬하게 점포를 늘려왔다. 2020~2023년 점포 수 증가율이 27.3%여서 GS리테일의 18.4%, BGF리테일의 19.0%를 압도하는 증가세다.

GS리테일과 BGF리테일은 점포 수는 비슷하지만 매출액은 차이가 크다. 2023년 기준 GS리테일이 11조 6,125억 원, BGF리테일은 8조 1,948억 원으로 GS리테일이 더 많다. GS리테일은 편의점 사업에 '슈퍼마켓, 홈쇼핑, 호텔' 사업을 더했기 때문이다.

면세점

면세점은 해외로 출국하는 내·외국인에게 면세 혜택을 주는 매장이다. 정부의 면허를 받은 기업만 영위할 수 있으며 일정 기간의 영업권을 보장받는다. 한국은 1979년에 면세점을 개설했고, 한국면세점협회에 따르면 2019년에 국내 면세점 총매출액 24조 8,000억 원으로 사상 최고치를 찍은 후 2023년에는 13조 7,000억 원으로 감소했다.

면세점은 사전 면세점과 사후 면세점으로 나뉜다. 사전 면세점은 내·외국인 모두 이용 가능하지만 사후 면세점은 외국인만 이용 가능하다. 사전 면세점은 시내와 공항의 출국장에 위치하며 '호텔롯데(비상장), 호텔신라, 신세계, 현대백화점, HDC'가 영위하고 있다.

호텔신라는 2024년 2분기 기준 면세점 매출액 비중이 84%로 핵심 사업으로 자리하고 있고, 신세계는 30.6%로 백화점 매출 비중 40.7%에 비해 낮다. 하지만 2022년에는 면세점이 44%로 백화점 31.8%를 앞지르기도 했다. 현대백화점도 2024년 2분기 기준 면세점이 23.5%로 백화점 59%에 비

[그림 3-73] 면세점 분류

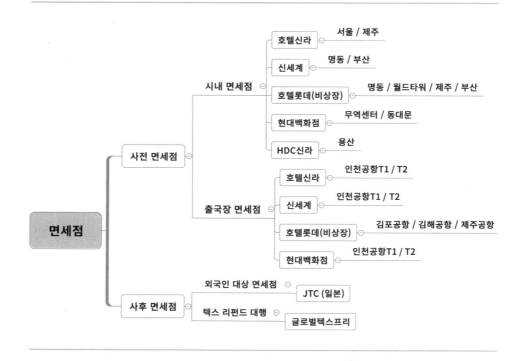

해 낮지만 2022년에는 면세점 43.8%, 백화점 44.5%로 비슷한 실적을 냈다. 이처럼 면세점은 외국인 입국자 수 증감에 따라 실적이 크게 변동하는 특성을 지닌다.

2020~2021년은 코로나19로 인한 여행객 단절의 시기였다. 2023년부터 엔데믹을 맞아 한국 입국자 수도 빠르게 회복했고, 이에 따라 면세점 사업도 예년 수준으로 부활할 조건을 맞았다고 볼 수 있다.

사후 면세점은 국세청에 지정 권한이 있으며 외국인만 이용 가능하다. 3만 원 이상 구입한 고객에게 부가세와 개별 소비세를 환급해준다. 고객을 유치하기 위한 경쟁이 치열해 리베이트 비용이 만만치 않다고 알려졌

[그림 3-74] 한국 입국자 수(2015~2023)

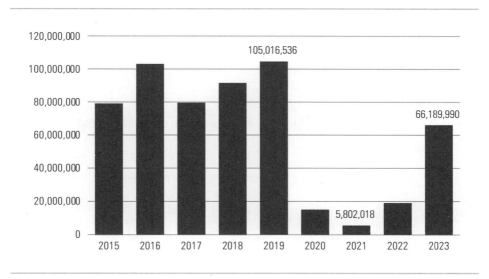

자료: 한국관광공사

는데, 유일한 상장기업인 JTC는 한국이 아니라 일본에서 사업을 영위하므로 일본 내 관광객 수에 영향을 받는다

택스 리펀드 사업은 사후 면세점에서 물건을 구입할 때 부과했던 부가세와 소비세 등을 환급해주는 서비스다. 관광객 유입이 많아야 해당 기업의 수익이 증가한다. 택스 리펀드 기업으로 글로벌텍스프리가 있다.

해운

해운사는 선박을 기반으로 화물 운송 서비스를 제공하고 수익을 얻는다. 선박은 상선, 여객선, 특수선으로 분류할 수 있고 해운업은 상선에 속하는 '컨테이너선, 벌크선, 탱커선, 가스선'을 활용한다.

[표 3-50] 선박의 종류

상선	컨테이너선, 벌크선, 탱커선, 가스선
특수선	해양 시추 설비, 쇄빙선, 군사용 함정
여객선	여객선, 페리

컨테이너선은 컨테이너를 운반하는 선박으로서 규격화된 컨테이너를 사용한다. 20피트짜리 컨테이너 하나를 가리키는 단위가 TEU이며, 10,000TEU급 선박은 20피트짜리 컨테이너를 10,000개 실을 수 있다. 대형선일수록 건조 기술 난도가 높다. 해운사 HMM의 주력 선종이다.

벌크선은 곡물과 철광석 등 건화물을 운반하는 선박이다. 화물 특성상 운반이 쉽고 선박 내부도 대형 창고와 같다. 팬오션의 주력 선종이다.

탱커선은 원유와 화학제품을 운반하는 선박으로 VLCC급 이상의 초대형 탱커선이 등장하고 있다. 흥아해운, 와이엔텍의 주력 선종이다.

가스선은 LNG나 LPG를 운반하는 선박이다. LNG는 -162℃로 액화해서 운반해야 하며 폭발을 방지하는 특별한 기술이 필요하다. KSS해운의 주력 선종이다.

[표 3-51] 해운사의 선종별 매출액 비중(2024년 2분기 기준)

	컨테이너선	벌크선	탱커선	LNG 운반선
HMM	83.9%	13.8%		
팬오션		70.5%		
대한해운		39%	8%	19%
KSS해운			11%	89%
흥아해운			100%	
와이엔텍			100%	

[그림 3-75] 해운사의 매출액(2024년 2분기 연환산 기준)

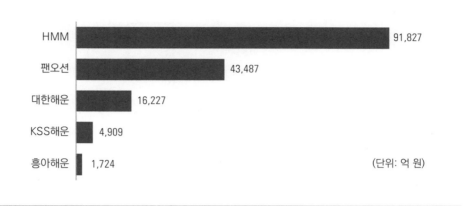

해운사들은 선박을 직접 보유하는 것(사선) 외에 선주에게서 빌리는 방법(용선)으로도 영업한다. 선박 건조 기간이 화물량 증가 속도를 따라잡지 못하니 화물 수요에 유동적으로 대처하기 위해서다. 레버리지를 활용한 부동산 임대업과 비슷한 방식이다. 용선은 운임료가 상승하면 레버리지 효과에 따라 수익이 더욱 커지지만, 운임료가 하락하거나 용선료(용선 비용)가 오르거나 물동량이 줄면 수익이 악화할 위험이 있다.

해운의 수익성은 운임지수를 통해 알아볼 수 있다. 컨테이너선은 상하이발 지역별 항구의 컨테이너 운임을 나타내는 지수인 SCFI(Shanghai Containerized Freight Index)를 주로 사용하고, 벌크선은 발틱운임지수(Baltic Drybulk Index, BDI)를 보면 된다.

벌크선 비중이 높은 팬오션을 사례로 해서 해운사의 수익성과 BDI의 관계를 살펴보자([그림 3-76], [그림 3-77] 참조). BDI는 2021년 최고치를 찍고 하락했다가 횡보하고 있다. 팬오션도 그에 맞추어 2021~2022년에 최고의 이익을 달성한 후, BDI가 하락한 2023년에 예년 수준으로 돌아왔다.

[그림 3-76] BDI(2014~2024)

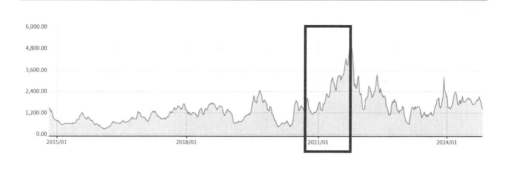

자료: 네이버 증권

[그림 3-77] 팬오션의 실적(2015~2024/06)

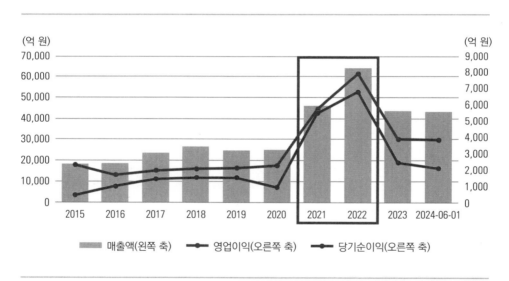

시가총액 상위 20개 종목의 지표 현황

연번	종목	주가 (원)	시가총액 (억 원)	자본총계 (억 원)	매출액 (억 원)	순이익 (억 원)	차입금 비율 (%)	PER (배)	PBR (배)	ROE (%)	배당수익률 (%)
1	삼성물산	123,100	218,852	363,490	428,715	22,624	71.6	9.7	0.6	6.2	2.1
2	HMM	17,050	127,711	236,743	91,827	15,043	15.8	8.5	0.5	6.4	4.1
3	포스코인터내셔널	52,300	92,008	63,827	319,981	6,363	99.7	14.5	1.4	10.0	1.9
4	대한항공	23,950	88,189	100,167	173,361	12,003	211.1	7.3	0.9	12.0	3.1
5	현대글로비스	115,400	86,550	82,420	264,983	11,063	45.0	7.8	1.1	13.4	2.7
6	GS리테일	20,800	21,781	41,058	118,733	441	69.3	49.4	0.5	1.1	2.4
7	CJ대한통운	88,300	20,143	34,984	119,782	2,280	101.6	8.8	0.6	6.5	0.6
8	팬오션	3,620	19,351	52,356	43,487	2,100	53.9	9.2	0.4	4.0	2.3
9	BGF리테일	109,800	18,978	10,865	84,037	1,905	130.5	10.0	1.7	17.5	3.7
10	롯데쇼핑	63,200	17,878	93,459	143,131	-43	212.5	-414.9	0.2	0.0	6.0
11	이마트	60,900	16,976	105,961	293,285	-1,314	132.0	-12.9	0.2	-1.2	3.3
12	호텔신라	39,950	15,680	6,383	39,329	-138	266.6	-113.8	2.5	-2.2	0.5
13	신세계	141,500	13,931	43,477	64,269	2,018	119.2	6.9	0.3	4.6	2.8
14	LX인터내셔널	29,350	11,376	24,841	152,237	1,214	108.9	9.4	0.5	4.9	4.1
15	현대백화점	44,350	10,379	43,791	41,150	-2,314	63.6	-4.5	0.2	-5.3	2.9
16	제주항공	9,370	7,556	3,396	19,302	939	234.0	8.0	2.2	27.6	-
17	아시아나항공	9,870	7,344	3,600	80,746	-1,020	1,961.8	-7.2	2.0	-28.3	-
18	카페24	28,050	6,803	1,905	2,819	270	20.7	25.2	3.6	14.2	-
19	티웨이항공	3,135	6,752	1,747	14,528	659	238.9	10.2	3.9	37.7	-
20	진에어	11,490	5,998	2,014	14,041	1,255	185.8	4.8	3.0	62.3	-

유통·운수

섹터	소분류1	소분류2	기업

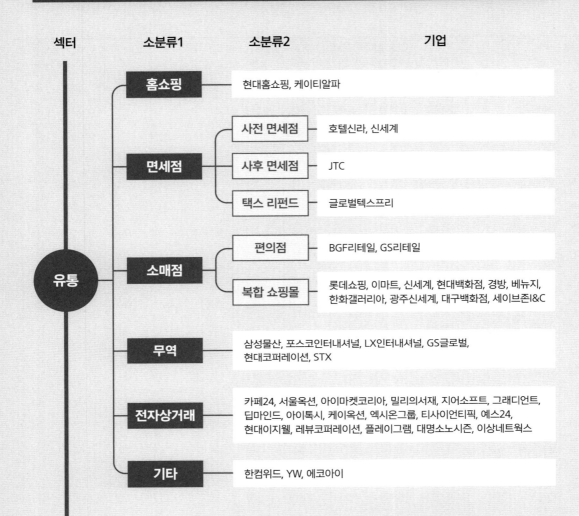

유통

홈쇼핑 → 현대홈쇼핑, 케이티알파

면세점
- **사전 면세점** → 호텔신라, 신세계
- **사후 면세점** → JTC
- **택스 리펀드** → 글로벌텍스프리

소매점
- **편의점** → BGF리테일, GS리테일
- **복합 쇼핑몰** → 롯데쇼핑, 이마트, 신세계, 현대백화점, 경방, 베뉴지, 한화갤러리아, 광주신세계, 대구백화점, 세이브존I&C

무역 → 삼성물산, 포스코인터내셔널, LX인터내셔널, GS글로벌, 현대코퍼레이션, STX

전자상거래 → 카페24, 서울옥션, 아이마켓코리아, 밀리의서재, 지어소프트, 그래디언트, 딥마인드, 아이톡시, 케이옥션, 엑시온그룹, 티사이언티픽, 예스24, 현대이지웰, 레뷰코퍼레이션, 플레이그램, 대명소노시즌, 이상네트웍스

기타 → 한컴위드, YW, 에코아이

유통·운수

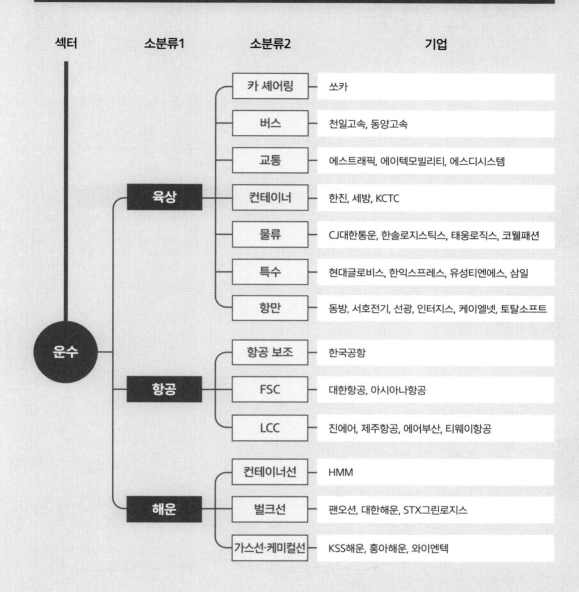

섹터	소분류1	소분류2	기업
운수	육상	카 셰어링	쏘카
		버스	천일고속, 동양고속
		교통	에스트래픽, 에이텍모빌리티, 에스디시스템
		컨테이너	한진, 세방, KCTC
		물류	CJ대한통운, 한솔로지스틱스, 태웅로직스, 코웰패션
		특수	현대글로비스, 한익스프레스, 유성티엔에스, 삼일
		항만	동방, 서호전기, 선광, 인터지스, 케이엘넷, 토탈소프트
	항공	항공 보조	한국공항
		FSC	대한항공, 아시아나항공
		LCC	진에어, 제주항공, 에어부산, 티웨이항공
	해운	컨테이너선	HMM
		벌크선	팬오션, 대한해운, STX그린로지스
		가스선·케미컬선	KSS해운, 흥아해운, 와이엔텍

음식료 업종 18

음식료 업종은 '음료, 식료품, 기호식품, 포장류, 유통'의 5개 섹터로 구성했다. 사료는 가축의 필수 식료품이므로 생육 부문이 속한 식료품 섹터에 포함했다.

업종
분류

업종	섹터	종목 수	소분류
음식료	음료	15	음료, 술
	식료품	46	소재, 생육, 사료, 종자, 식재료
	기호식품	11	스낵, 라면, 담배
	포장류	9	포장재, 우유팩, 병뚜껑
	유통	13	위탁식당, 외식, 식자재

PBR
밴드

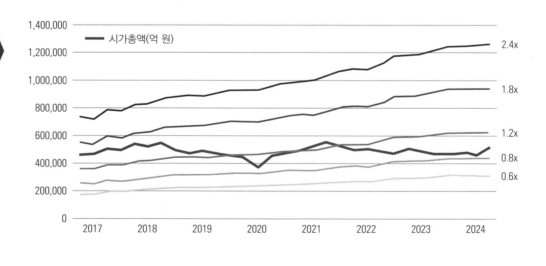

수출, 생존을 위한 필수 선택

2024년은 음식료 업종 중 삼양식품의 해라고 해도 과언이 아니다. 불닭볶음면 열풍이 동남아시아에 이어 북미와 유럽 등 세계 곳곳으로 확산되며 분기마다 놀라운 어닝서프라이즈를 기록하고 있기 때문이다. 불닭볶음면은 라면의 한 종류가 아니라 '한국'의 이미지를 대표하는 브랜드로 변모하는 중이다.

라면에서 시작한 인기는 만두, 김밥, 김 등으로 확산되어 K-푸드로 불리고 있다. 삼양식품이 수출 기업으로 변신하면서 음식료 업종에 여러 시사점을 던졌다. 음식료 업종의 한계와 나아가야 할 방향을 보여주었다는 점에서 그렇다.

음식료 업종은 국내 시장을 수요로 한 태생적인 내수 산업의 특성이 있다. 나라마다 음식 문화가 다르고 식자재는 물론 선호하는 음식이 제각각이다. 그러므로 음식료 업종에서 가장 탄탄하고 지속적인 소비자는 내국인일 수밖에 없고, 국내 시장의 규모와 점유율이 음식료 기업의 핵심 경쟁력이다.

그런데 대한민국은 출산율 0.72명(2023년 기준)이라는 인구절벽을 앞두고 있다. 통계청은 〈2022년 기준 장래인구추계를 반영한 세계와 한국의 인구 현황 및 전망〉 보고서에서, 한국 인구가 2024년 5,200만 명에서 2072년 3,600만 명으로 감소하리라고 전망했다.

또한 통계청은 2023년 우리나라 인구주택총조사를 분석한 결과 2023년 대한민국 중위연령(정중앙에 있는 연령)이 45.7세이며, 2025년에 초고령사회(65세 인구 비율 20% 이상)에 진입할 것으로 내다보았다. 더구나 고령화 추세가 빨라서 2030년이면 중위연령이 50세가 될 것으로 전망했다.

음식 섭취량은 활동량이 풍부한 20~30대가 가장 많고 50대 이후부터는

[그림 3-78] 음식료 기업 주력 제품의 해외 매출 비중(2024년 2분기 기준)

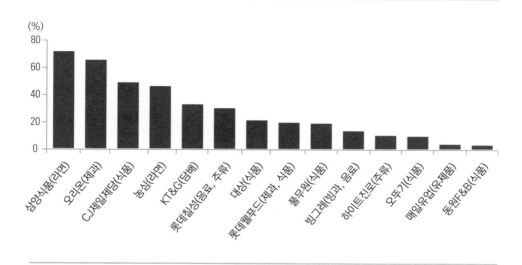

자료: 각 사, 메리츠증권 리서치센터

급격히 줄어든다. 음식료를 소비하는 인구가 감소하는 것은 물론 급속히 고령화됨에 따라 소비 능력이 줄어듦을 예측하는 강력한 지표다.

음식료 기업은 당장의 성장성은 물론 영속성을 걱정해야 하는 상황에 처했다. 이러한 우울한 전망을 극복하는 유일한 길은 해외 진출이다.

이러한 상황에서 삼양식품이 수출 기업으로 성공한 것은 한국 음식료 기업의 훌륭한 사례일 뿐 아니라 한국 음식료에 대한 세계인의 관심과 신뢰를 동시에 끌어올렸다는 점에서 찬사를 받아 마땅하다. 메리츠증권 자료에 의하면 2024년 기준 국내 음식료 업종의 상장기업 중 수출 비중이 20%를 상회하는 기업은 '삼양식품, 오리온, CJ제일제당, 농심, KT&G, 롯데칠성, 대상'의 7개여서, 음식료 업종 상장기업 94개의 10%에도 미치지 못한다.

하지만 이제 시작 단계일 수 있다. 라면에서 시작된 K-푸드의 열풍은 당분간 이어질 것으로 보인다. CJ제일제당의 만두, 풀무원의 두부, 사조대림의 김밥, 빙그레의 아이스크림과 우유 등 더욱 많은 제품이 SNS와 관광객을 통해 알려지고 있다. 내수의 한계를 극복하는 기업만이 성장과 생존을 동시에 달성할 수 있을 것이다. 이제껏 경험하지 못했던 인구절벽과 K-푸드로 브랜드화되고 있는 영업 환경을 활용하는 길은 수출이다.

가공식품의 필수 원재료인 밀과 옥수수

가공식품은 자연 재료를 여러 과정을 거쳐 가공한다. 밀과 옥수수는 가공식품의 대표적인 원재료에 해당한다. 따라서 가공식품 제조사와 사료 업체는 이들 가격 변동에 따라 이익이 변동하는 특성을 지닌다. 음식료 업종의 업종 지도에서 '기호식품, 생육, 사료, 제당, 제분'으로 분류된 기업이 이에 해당한다.

음식료 제품에 쓰이는 원재료는 많지만 가공식품에 가장 많이 쓰이는 밀을 사례로 원재료 가격과 이익의 상관관계를 살펴보자. 밀은 가루로 만들어 빵과 과자, 라면의 재료로 사용되므로 국내 1위 제분 기업 '대한제당'과 라면 제조사 '농심'을 사례로 선택했다.

대한제분은 밀을 100% 원재료로 사용하며 미국, 호주, 캐나다 등에서 수입하고 가공해 '곰표' 밀가루를 제조하고 판매한다. 농심은 밀가루를 주 원재료로 사용해 라면을 제조하고 판매한다.

먼저 밀의 가격 추이를 보자([그림 3-79] 참조). 밀 가격은 2020년 말까지 별다른 변동을 보이지 않다가 2021년부터 슬금슬금 상승해서 2022년 최고치를 기록했다. 이후 2024년에는 예전 가격 수준으로 돌아왔다.

2022년의 밀 가격 상승은 밀을 원재료로 사용하는 대한제분의 매출총이익률에 어떤 영향을 주었을까? 역시 2022년에 최저치였다([그림 3-80] 참

[그림 3-79] 밀 가격(2014~2024)

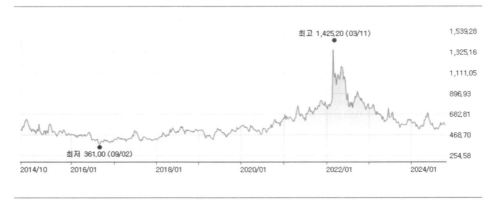

최고 1,425.20 (03/11)

최저 361.00 (09/02)

1,539.28
1,325.16
1,111.05
896.93
682.81
468.70
254.58

2014/10   2016/01   2018/01   2020/01   2022/01   2024/01

자료: 네이버 증권

조). 2015년부터 2021년까지 쭉 30%를 웃돌았는데 2022년에 그 밑으로 떨어진 것은 밀 가격 급등에 따른 원가율 상승 때문이라고 해석된다.

이런 원재료 가격 급등은 대한제분의 제품인 밀가루의 가격 상승으로 이어진다. 밀가루 가격은 2021년 톤당 57만 6,647원에서 2022년 77만 7,043원으로 35% 상승했다. 밀가루 가격 인상은 라면 제조사인 농심에 영향을 미쳐, 농심 매출총이익률도 2022년에 비교 기간 내 최저치를 기록했다. '밀 가격 상승 – 밀가루 가격 상승 – 이익률 하락'의 연쇄 고리를 대한제분과 농심의 매출총이익률 추이를 통해 확인할 수 있다.

또 다른 주요 원재료인 옥수수도 같은 현상이 일어났다. 옥수수는 돼지 등의 주요 사료로 쓰이므로 '옥수수 – 사료 – 가공육'의 흐름을 따라 가격 변동의 영향이 전파되었다.

이렇게 공급사슬을 확인하는 것은 단순히 원재료 가격 변동이 이익률 변동으로 이어지는지 확인하기 위해서가 아니다. 이를 확장해서 기업이 제품 가격에 전가하는 능력을 보유했는지 분석하는 것이 더 중요하다. 기업의

[그림 3-80] 대한제분과 농심의 매출총이익률(2015~2023)

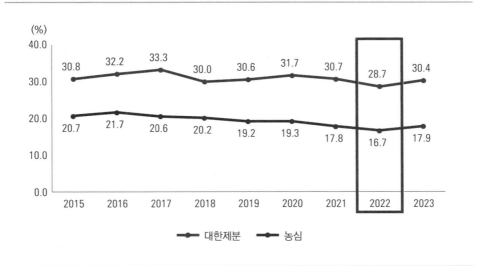

경쟁력이 강할수록 가격 전가 능력이 뛰어나다. 이를 파악하는 것이 주식 투자 성공의 열쇠다.

참치

참치는 원양어선을 갖추어 참치를 어획하고 판매하는 기업과, 참치를 사들여 캔이나 횟감으로 가공하는 기업으로 나누어 살피는 것이 적절하다. 참치 가격 변동이 두 부문에 상반된 영향을 주기 때문이다. 참치 가격이 오르면 참치 어획 기업은 판매 이익이 증가하지만, 참치 가공 기업은 원재료 가격이 올라 이익이 감소한다. 참치 관련 기업을 원양어업과 참치 가공 부문으로 구분해서 보면 [표 3-52]와 같다.

[표 3-52] 참치 관련 기업의 부문별 분류

	원양어업	참치 가공
기업	동원산업, 동원수산, 사조산업, 신라교역	동원F&B, 사조씨푸드
원재료	선박, 인건비	참치
제품	참치	횟감, 캔

　원양어업은 어족 자원 보존을 위해 참치 어선 수 제한과 어업 쿼터 등의 규제를 받기 때문에 신규 기업이 진입하기 어렵고, 엘니뇨 등 기후 변화에 어획량이 좌우된다. 또한 참치를 얼마나 많이 잡는지, 참치 가격이 얼마나 좋은지에 업황이 좌우된다.

　원양어업 선박은 주낙 방식을 사용하는 참치 연승선과, 그물을 사용하는 참치 선망선으로 나뉜다. 참치 연승선은 횟감용 참치를 주로 잡고, 참치 선망선은 통조림용 참치를 주로 잡는다. 원양어업 기업의 매출과 이익에 영향을 미치는 요소는 참치 가격, 환율, 유가다. 참치가 주요 제품이므로 당연히 참치 가격이 상승해야 좋다. 환율은 주요 수출 대상 국가인 일본과 미국의 영향을 받는다.

　반면에 참치를 원재료로 하고 참치 캔 등의 제품으로 가공하는 기업은 참치 가격이 상승하면 매출원가가 높아져 이익이 감소한다.

　한국 참치 산업은 동원그룹과 사조그룹이 큰 비중을 차지한다. 동원그룹은 '동원산업 - 참치, 동원F&B - 캔'으로 수직계열화 구조를 갖추었다. 참치 가격 상승에 주안점을 둔다면 동원산업이 적정하고, B2C 기업으로 참치 캔 소비에 주안점을 둔다면 동원F&B가 적정하다.

　[그림 3-81]에 '사조산업, 사조씨푸드, 사조대림, 사조동아원'의 지배구조를 정리했다. 지분율은 2024년 2분기 기준이다.

[그림 3-81] 사조그룹의 지배구조(2024년 2분기 기준)

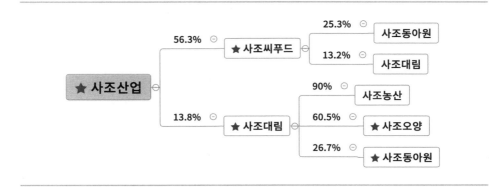

생육시장을 지배하는 이지홀딩스와 하림지주

참치와 수산물 외에도 생육 분야에는 돈육, 닭고기, 오리고기 등이 포함되며, 이 부문에서는 이지홀딩스와 하림지주가 주요 기업이다. 이지홀딩스와 하림지주는 가축 사료에서 유통까지 수직계열화를 통해 관련 시장을 지배하고 있다. 두 기업의 2024년 2분기 기준 지분 관계는 [그림 3-82], [그림 3-83]과 같다.

[그림 3-82] 이지홀딩스의 지배구조(2024년 2분기 기준)

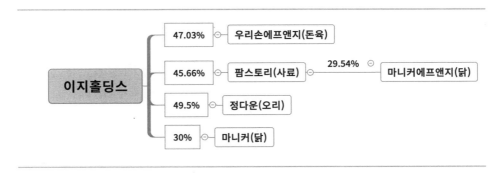

[그림 3-83] 하림지주의 지배구조(2024년 2분기 기준)

시가총액 상위 20개 종목의 지표 현황

연번	종목	주가 (원)	시가총액 (억 원)	자본총계 (억 원)	매출액 (억 원)	순이익 (억 원)	차입금 비율 (%)	PER (배)	PBR (배)	ROE (%)	배당수익률 (%)
1	KT&G	119,500	151,421	93,693	58,470	10,305	10.1	14.7	1.6	11.0	4.4
2	삼양식품	584,000	43,993	6,951	14,722	2,061	74.3	21.3	6.3	29.7	0.4
3	오리온	100,800	39,852	30,969	30,023	3,908	0.7	10.2	1.3	12.6	1.2
4	CJ제일제당	264,500	39,818	76,506	291,875	5,034	169.4	7.9	0.5	6.6	2.1
5	동서	26,400	26,321	16,294	4,845	1,663	0.3	15.8	1.6	10.2	3.0
6	농심	364,500	22,171	25,534	34,459	1,686	2.5	13.1	0.9	6.6	1.4
7	오뚜기	404,500	16,212	19,988	34,863	1,669	44.3	9.7	0.8	8.3	2.2
8	하이트진로	20,200	14,167	11,056	25,615	873	96.0	16.2	1.3	7.9	4.7
9	동원시스템즈	47,050	13,640	7,983	12,679	712	62.7	19.2	1.7	8.9	1.3
10	동원산업	34,450	12,410	28,102	88,713	2,324	92.8	5.3	0.4	8.3	3.2
11	롯데웰푸드	116,300	10,972	21,326	40,614	1,196	65.9	9.2	0.5	5.6	2.6
12	롯데칠성	116,200	10,782	14,697	37,849	1,409	121.0	7.7	0.7	9.6	2.9
13	율촌화학	28,300	7,018	3,229	4,394	75	107.4	94.0	2.2	2.3	0.9
14	대상	20,000	6,930	13,446	42,128	704	110.0	9.8	0.5	5.2	4.0
15	동원F&B	33,000	6,368	10,227	44,086	1,256	56.3	5.1	0.6	12.3	2.4
16	빙그레	64,600	6,364	6,760	14,204	945	8.7	6.7	0.9	14.0	4.0
17	삼양사	50,900	5,250	16,240	26,674	1,252	57.2	4.2	0.3	7.7	3.4
18	SPC삼립	48,350	4,172	4,613	34,198	820	98.4	5.1	0.9	17.8	3.5
19	풀무원	10,290	3,923	2,785	30,704	186	439.6	21.1	1.4	6.7	1.0
20	사조대림	42,250	3,872	6,526	22,319	984	68.6	3.9	0.6	15.1	0.8

음식료

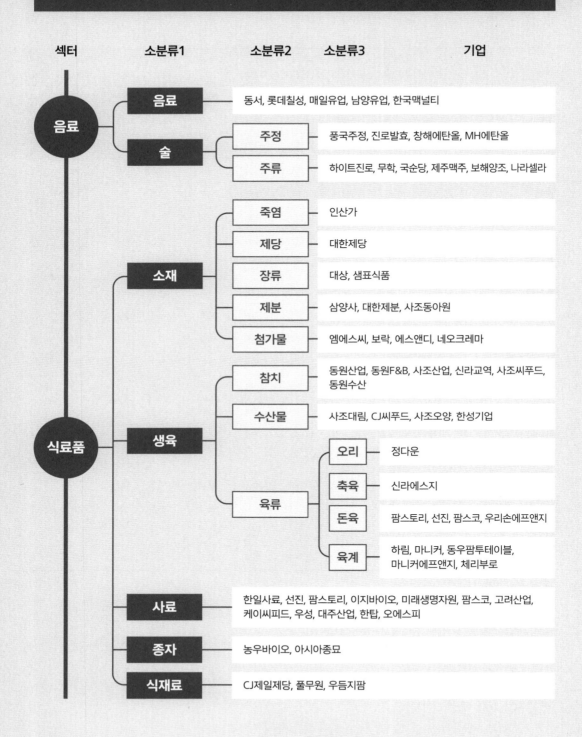

섹터	소분류1	소분류2	소분류3	기업
음료	음료			동서, 롯데칠성, 매일유업, 남양유업, 한국맥널티
	술	주정		풍국주정, 진로발효, 창해에탄올, MH에탄올
		주류		하이트진로, 무학, 국순당, 제주맥주, 보해양조, 나라셀라
식료품	소재	죽염		인산가
		제당		대한제당
		장류		대상, 샘표식품
		제분		삼양사, 대한제분, 사조동아원
		첨가물		엠에스씨, 보락, 에스앤디, 네오크레마
	생육	참치		동원산업, 동원F&B, 사조산업, 신라교역, 사조씨푸드, 동원수산
		수산물		사조대림, CJ씨푸드, 사조오양, 한성기업
		육류	오리	정다운
			축육	신라에스지
			돈육	팜스토리, 선진, 팜스코, 우리손에프앤지
			육계	하림, 마니커, 동우팜투테이블, 마니커에프앤지, 체리부로
	사료			한일사료, 선진, 팜스토리, 이지바이오, 미래생명자원, 팜스코, 고려산업, 케이씨피드, 우성, 대주산업, 한탑, 오에스피
	종자			농우바이오, 아시아종묘
	식재료			CJ제일제당, 풀무원, 우듬지팜

음식료

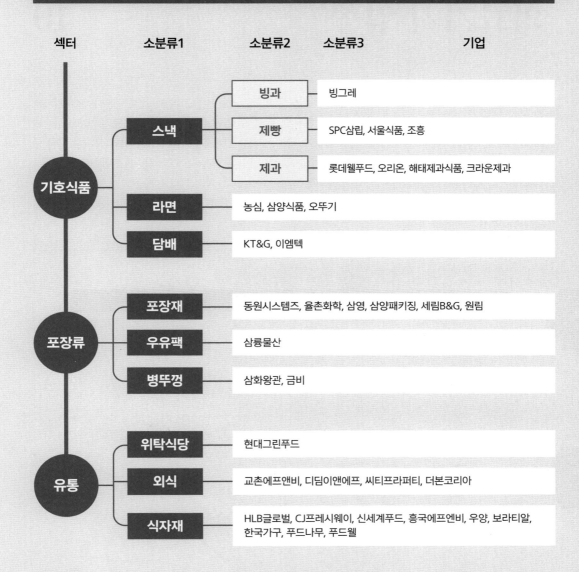

섹터	소분류1	소분류2	소분류3	기업
기호식품	스낵		빙과	빙그레
			제빵	SPC삼립, 서울식품, 조흥
			제과	롯데웰푸드, 오리온, 해태제과식품, 크라운제과
	라면			농심, 삼양식품, 오뚜기
	담배			KT&G, 이엠텍
포장류	포장재			동원시스템즈, 율촌화학, 삼영, 삼양패키징, 세림B&G, 원림
	우유팩			삼륭물산
	병뚜껑			삼화왕관, 금비
유통	위탁식당			현대그린푸드
	외식			교촌에프앤비, 디딤이앤에프, 씨티프라퍼티, 더본코리아
	식자재			HLB글로벌, CJ프레시웨이, 신세계푸드, 흥국에프엔비, 우양, 보라티알, 한국가구, 푸드나무, 푸드웰

의료기기 업종

19

의료기기는 의료의 하드웨어에 해당한다. 의학 기술은 의료기기의 발달과 함께 진보해왔다. 의료기기는 질병 예방부터 수술에 이르기까지 필요한 각종 장비와 소재, 의료 공간을 담당한다. 의료기기법에서는 의료기기를 '사람이나 동물에게 단독 또는 조합해 사용되는 기구·기계·장치·재료 또는 이와 유사한 제품'으로 정의했다. 기계와 장치뿐 아니라 뼈 이식재, 수술용 소재, 인공 관절, 치과 소재 등도 포함된다.

의료기기 업종은 '기기, 용품, 솔루션, 병원'의 4개 섹터로 구성했다. 기기 섹터는 사용되는 분야에 따라 분류했고, 용품 섹터의 치과 부문은 소재와 장비, 임플란트로 재분류했으며, 용품 섹터의 치료 부문은 주로 정형외과에서 사용하는 물품과 관련된 기업을 담았다.

업종	섹터	종목 수	소분류
의료기기	기기	79	진단, 영상, 치료, 미용, 실험, 안과, 헬스케어, 기타
	용품	30	치과, 치료, 기타
	솔루션	13	
	병원	1	

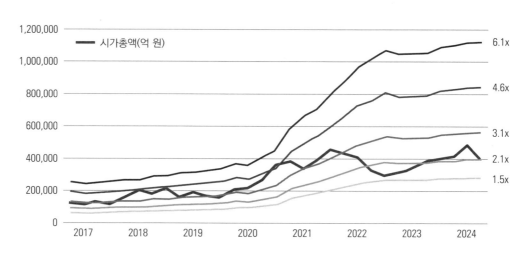

생산액으로 살펴본 의료기기 현황

2020년 코로나19 사태는 한국 의료기기 분야에 전례 없는 기회를 제공했다. 바이러스가 빠르게 전이해서 온 인류가 생명의 위협을 받는 지경에서 가장 필요한 조치는 바이러스에 감염된 환자를 조기에 찾아 격리하는 것이었고, 이때 가장 필요한 의료기기는 진단 키트였다.

한국 의료기기 진단 기업들은 신속하고 신뢰성 높은 진단 키트를 제조해 전 세계에 공급했고 한국 의료기기의 신뢰도가 한 차원 높아졌다. 통계청 자료에 의하면 2019년 국내 의료기기 총생산액은 7조 2,794억 원이었지만 코로나19 사태가 한창이던 2021년 생산액은 12조 8,831억 원으로 77%나 급증했다. 당시 물류와 제조 현장이 제대로 가동되지 않았던 점을 상기하면 정말 놀라운 증가율이다.

[그림 3-84] 한국 의료기기 생산액(2014~2023)

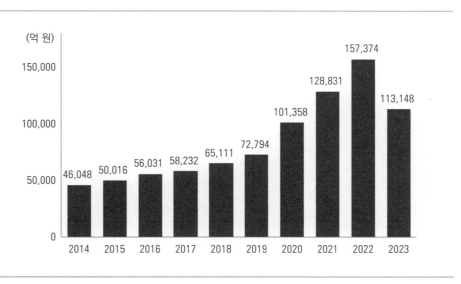

자료: 통계청

이 증가율은 진단기기 생산에 의한 효과였다. 진단기기는 2019년까지 생산이 전혀 없었으나 2021년에는 3조 5,000억 원을 달성했다. 하지만 코로나19가 진정되며 진단기기 생산액이 축소(전년 대비 60~90%)되자 2023년 의료기기 생산액은 전년 대비 28%나 급감했다. 2024년 진단기기 생산액은 8,000억 원으로 쪼그라들었다.

진단기기 생산의 효과가 사라진 2024년, 의료기기를 지탱하는 핵심 분야는 어디일까? 2023년 기준 국내 생산액 상위 10위에는 '치과 3개, 진단 3개, 초음파 2개, 미용 1개, 온열기 1개' 기업이 포진해 있고, 금액으로는 치과 2조 6,694억 원, 진단 6,314억 원, 초음파 5,778억 원의 순서다. 이 수치는 의료기기 업종 내 주요 분야를 드러낸다는 점에서 의미가 있다. 치과

[표 3-53] 한국 의료기기 생산액 상위 10위 기업(2022~2023)

	2022		2023		
	기업	생산액(억 원)	기업	생산액(억 원)	분야
1	에스디바이오센서	27,542	오스템임플란트	21,155	치과
2	오스템임플란트	20,384	삼성메디슨	4,337	초음파
3	씨젠	7,052	덴티움 용인공장	3,138	치과
4	한국애보트진단	6,013	씨젠	2,680	진단
5	래피젠	4,434	메가젠임플란트	2,400	치과
6	삼성메디슨	4,236	에스디바이오센서	2,345	진단
7	휴마시스	3,294	원텍	1,569	미용
8	덴티움 용인공장	3,135	한국지이초음파	1,441	초음파
9	메가젠임플란트	2,028	지멘스헬시니어스	1,289	진단
10	세라젬	1,974	세라젬	1,274	온열기

자료: 통계청

분야의 생산 규모가 압도적이고, 오스템임플란트는 비상장으로 전환했고, 메가젠임플란트는 장외시장에서 거래 가능하며, 덴티움은 코스닥에 상장되어 있다.

반면 진단 기업인 에스디바이오센서는 2022년 생산액 1위에서 2023년 6위로 하락했고, [표 3-53]에 기재되어 있듯이 생산액이 전년 대비 91%나 감소했다. 코로나19 변이 등의 상황이 발생하지 않는 한 진단 기업들의 생산액은 감소 추세를 이어가고, 치과와 미용 분야는 안정적인 성장세를 이어갈 것으로 예상한다.

진입장벽이 높은 의료기기

의료기기 업종은 타 업종에 비해 규제가 심하다. 인체를 대상으로 하는 만큼 안전을 최우선으로 고려한다. 아무리 좋은 기술과 경제성을 갖추어도 정부의 허가가 나지 않으면 사업을 진행할 수 없다.

모든 의료기기의 유통은 규제 기관의 인허가 과정을 거쳐야 하는데, 의료 규제 기관은 세상에서 가장 보수적인 집단 중 하나다. 의료기기는 국민의 생명과 관련되기 때문이다. 특히 기존에 없던 기술이나 기기를 검증하는 일은 쉬운 일이 아니다.

거꾸로 보면 허가를 받은 제품이나 기술을 보유한 기업은 신생 기업이 넘볼 수 없는 강력한 진입장벽을 가지고 있다. 따라서 의료기기 업종에 투자할 때는 생산하는 기업의 제품과 소재가 정부의 강한 규제를 받는 분야인지, 보유한 제품이나 기술이 특허 등의 보호를 받는지 살피는 것이 좋다.

의료기기가 가진 또 하나의 특징은 전환하는 데 드는 비용이 높다는 것이다. 이미 사용 중인 제품의 안전성 신뢰도와 제품 관련자의 숙련도는 쉽게 버릴 수 없다. 특히 상위 기업이 과점한 품목은 의존 정도가 심하다. 예를 들어 어떤 기업의 임플란트 소재를 사용하는 병원은 기존 제품보다 싼 제품이 나왔다 해서 소재를 쉽게 바꾸지 않는다. 제품의 안전성이 더 중요하기 때문이다. 기기 또한 익숙한 기기를 버리고 사용법을 새로 배워야 하는 신제품으로 바꾸기가 쉽지 않다. 따라서 의료기기 업종은 시장 진입이 어렵고, 시장을 선점한 기업의 영향력이 크다. 성능뿐 아니라 기업과 의료진이 쌓은 신뢰 관계가 중요하기 때문이다.

전례없는 신기술을 도입한 의료기기가 출시되었다 하더라도 곧바로 판매로 이어질 거라고 생각하면 안 된다. 해당 기기의 안전성과 효능 등에 대한 경험이 없으니 일선 의료 현장에 시범 사용을 권고하는 마케팅을 진행해야 하고, 이에 따라 제품 홍보에 들어가는 판매관리비 지출이 증가할 수 있다는 것을 고려해야 한다. 한 분야에 성공적으로 진입하면 곧바로 진입 장벽을 얻게 되므로, 지금까지 잘 해온 기업들을 주목해야 한다.

치과 의료기기는 중국이 중요하다

치과 의료기기의 대표 제품은 임플란트다. 2023년 5억 2,500만 달러를 수출해 의료기기 수출 1위를 달성했고, 고령화 사회의 가장 큰 수혜 업종이기도 하다.

임플란트의 글로벌 시장은 2024년 6조 9,000억 원으로 추정된다. 덴티움 사업보고서에 따르면 2020년 기준 스위스의 스트라우만이 26%로 시장 점유율 1위, 오스템임플란트(상장폐지)가 8%, 덴티움이 5%를 차지했다. 우리나라는 인구 1만 명당 임플란트 보급률이 전 세계에서 가장 높아서 임플란트시장이 성숙기에 접어들었지만 중국은 시장 규모 확대와 높은 성장률이 기대된다.

중국 정부는 2023년부터 대량집중구매(VBP) 제도를 시행하고 있다. 중국 정부가 낮은 가격에 의약품을 대량 구매하는 제도로서 국공립 의료 기관을 대상으로 시행한다. 이 제도가 시행되면 한국 임플란트 기업들의 실적이 악화되리라고 우려했지만 효과는 미미하리라고 예상된다. 한국 임플란트 기업들은 국공립 의료 기관보다는 민간 의료 기관향 매출 비중이 높아서 타격이 제한적일 것으로 보기 때문이다. 오히려 판매 단가가 낮아진 단점은 있지만 시장 규모가 커지는 효과를 기대한다.

중국 임플란트 시장점유율은 '오스템임플란트 33%, 덴티움 25%, 스트라우만 22%'다. 덴티움은 중국 매출 비중이 52.4%(2024년 2분기 기준)로 국내(23%)의 2배나 되니 중국 시장이 중요한 기업 중 하나다. 중국이 VBP를 시행한 후에도 덴티움의 매출액 상승세는 멈추지 않았다. 전년 대비 매출액 증가율이 2021년의 27%와 2022년의 22%에는 못 미치지만 2023년에도 11%를 기록했다.

의료 현장에 IT를 접목한 솔루션

솔루션 섹터는 의료 현장에 IT를 접목한 것이다. 종이 차트에 기록하던 인적 사항, 병력, 건강 상태를 비롯해 처방 정보, 처방 결과 등을 전산화한 전자 차트가 대표적이다. 미국 등은 의료 기관의 전자 차트와 클라우드 도입을 확대하고 있다.

우리나라는 의료법 시행 규칙이 개정되고 전자 의무 기록의 관리·보존에 필요한 시설과 장비에 관한 기준이 제정되면서, 병원이 아닌 외부 기관에서도 의료 데이터를 보관할 수 있게 되었다. 병원급 의료 기관은 전자 차트 도입률이 90%가 넘고, 중소형 병원과 요양 병원도 서비스 경쟁이 점점 치열해지면서 전자 차트 도입이 높아지는 추세다. 전자 차트 사업을 영위하는 기업으로는 유비케어와 비트컴퓨터가 있다.

한국은 현행법상 원격 의료가 금지되어 있다. 그러나 2020년 코로나19로 대면 접촉이 불가한 상황을 경험하면서 비대면 의료에 대한 고민이 본격화되었다. 비대면 의료는 환자의 의료 정보를 전자화하고, 한 곳에 통합하며, 접근 권한 등에 대해 엄격한 기준을 제시해야 한다. 이러한 과정에서 솔루션 섹터의 기업에 사업 기회가 생겨날 것이다.

솔루션 부문의 기업들이 행하는 사업 내용은 종류가 다양하다. [표 3-54]에 각 기업의 주요 사업 내용을 정리했다.

[표 3-54] 솔루션 부문 기업의 주요 사업 내용

기업	사업 내용
루닛	의료 인공지능 솔루션
뷰노	의료 인공지능 솔루션
제이엘케이	의료 인공지능 솔루션
딥노이드	의료 인공지능 솔루션
유비케어	업무 관리, 약제 자동화
제이브이엠	약국 자동화 시스템
이지케어텍	의료 정보 시스템
인피니트헬스케어	의료 영상
비트컴퓨터	의료 정보 시스템
케어랩스	모바일 헬스케어 플랫폼, 바비톡
얼라인드	자동 세포 카운팅 시스템
라이프시맨틱스	디지털헬스 플랫폼

시가총액 상위 20개 종목의 지표 현황

연번	종목	주가 (원)	시가총액 (억 원)	자본총계 (억 원)	매출액 (억 원)	순이익 (억 원)	차입금 비율 (%)	PER (배)	PBR (배)	ROE (%)	배당수익률 (%)
1	HLB	61,000	80,146	4,934	447	-2,109	21.2	-38.0	16.2	-42.7	-
2	클래시스	48,500	31,770	3,249	2,044	896	19.7	35.5	9.8	27.6	0.4
3	파마리서치	219,000	23,016	4,808	2,966	907	8.5	25.4	4.8	18.9	0.4
4	에이피알	49,200	18,752	3,087	5,784	907	19.2	20.7	6.1	29.4	-
5	씨젠	23,550	12,299	10,403	3,825	231	15.0	53.2	1.2	2.2	3.4
6	루닛	39,800	11,492	2,427	260	-221	70.0	-52.1	4.7	-9.1	-
7	에스디바이오센서	8,700	10,830	29,166	6,545	-1,924	18.4	-5.6	0.4	-6.6	-
8	오스코텍	25,950	9,925	870	46	-263	33.8	-37.7	11.4	-30.2	-
9	차바이오텍	16,820	9,472	2,877	9,748	-233	242.3	-40.7	3.3	-8.1	-
10	덴티움	62,800	6,951	5,040	4,124	954	46.1	7.3	1.4	18.9	0.6
11	바이오다인	19,590	5,831	431	42	-9	0.0	-653.1	13.5	-2.1	-
12	바이오니아	22,450	5,794	2,191	2,955	-162	25.5	-35.8	2.6	-7.4	-
13	티앤엘	67,800	5,511	1,497	1,316	340	0.5	16.2	3.7	22.7	0.8
14	지씨셀	33,400	5,277	5,183	1,844	-107	19.4	-49.3	1.0	-2.1	0.3
15	아이센스	18,300	5,058	2,958	2,803	-35	62.9	-143.2	1.7	-1.2	0.5
16	원텍	5,520	4,932	1,082	1,082	284	28.3	17.4	4.6	26.2	0.9
17	비올	8,350	4,878	712	489	253	1.2	19.3	6.8	35.5	0.2
18	퓨쳐켐	21,900	4,840	585	149	-87	5.5	-55.5	8.3	-14.9	-
19	바이오노트	4,595	4,689	15,863	951	817	0.2	5.7	0.3	5.1	4.4
20	지노믹트리	16,350	3,983	1,286	20	-92	2.1	-43.4	3.1	-7.1	-

의료기기

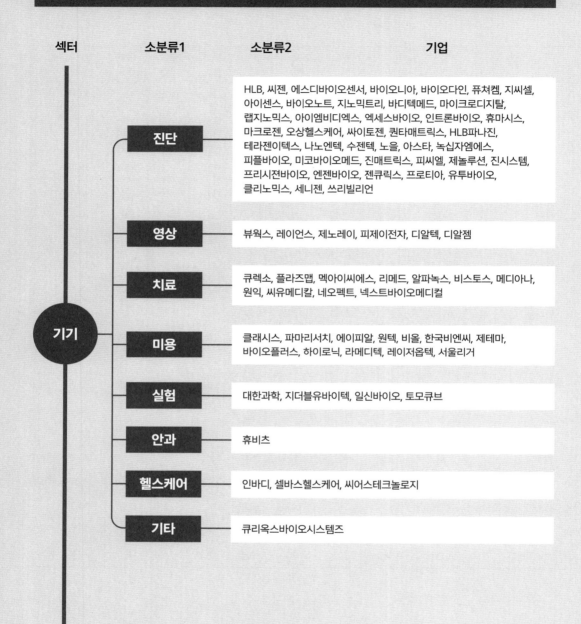

섹터	소분류1	소분류2	기업
기기	진단		HLB, 씨젠, 에스디바이오센서, 바이오니아, 바이오다인, 퓨쳐켐, 지씨셀, 아이센스, 바이오노트, 지노믹트리, 바디텍메드, 마이크로디지탈, 랩지노믹스, 아이엠비디엑스, 엑세스바이오, 인트론바이오, 휴마시스, 마크로젠, 오상헬스케어, 싸이토젠, 퀀타매트릭스, HLB파나진, 테라젠이텍스, 나노엔텍, 수젠텍, 노을, 아스타, 녹십자엠에스, 피플바이오, 미코바이오메드, 진매트릭스, 피씨엘, 제놀루션, 진시스템, 프리시젼바이오, 엔젠바이오, 젠큐릭스, 프로티아, 유투바이오, 클리노믹스, 세니젠, 쓰리빌리언
	영상		뷰웍스, 레이언스, 제노레이, 피제이전자, 디알텍, 디알젬
	치료		큐렉소, 플라즈맵, 멕아이씨에스, 리메드, 알파녹스, 비스토스, 메디아나, 원익, 씨유메디칼, 네오펙트, 넥스트바이오메디컬
	미용		클래시스, 파마리서치, 에이피알, 원텍, 비올, 한국비엔씨, 제테마, 바이오플러스, 하이로닉, 라메디텍, 레이저옵텍, 서울리거
	실험		대한과학, 지더블유바이텍, 일신바이오, 토모큐브
	안과		휴비츠
	헬스케어		인바디, 셀바스헬스케어, 씨어스테크놀로지
	기타		큐리옥스바이오시스템즈

의료기기

섹터	소분류1	소분류2	기업
용품	**치과**	장비	바텍, 레이
		임플란트	덴티움, 디오, 덴티스
		소재	오스코텍, 나이벡, 신흥, 석경에이티, 메타바이오메드, 하스
	치료		티앤엘, 엘앤씨바이오, 엠아이텍, 티앤알바이오팹, 엘앤케이바이오, 시지메드텍, 세운메디칼, 코렌텍, 오스테오닉, 한스바이오메드, 원바이오젠, SCL사이언스, 시너지이노베이션
	기타		이오플로우, 한컴라이프케어, 서린바이오, 오리엔트바이오, 휴엠앤씨, 아이빔테크놀로지
솔루션			루닛, 뷰노, 딥노이드, 제이엘케이, 제이브이엠, 유비케어, 이지케어텍, 코어라인소프트, 인피니트헬스케어, 케어랩스, 비트컴퓨터, 얼라인드, 라이프시맨틱스
병원			차바이오텍

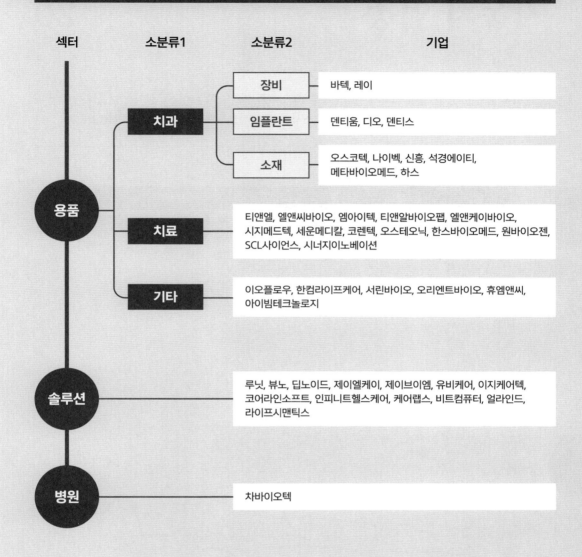

자동차 업종 20

자동차 업종은 '부품'과 '종류'의 2개 섹터로 구성했다. 부품 섹터는 자동차를 구성하는 부품을 종류에 따라 재분류했고, 종류 섹터는 전기차 등장으로 제조사와 전기차, 특수차, 유통 분야를 포함했다.

업종 분류

업종	섹터	종목 수	소분류
자동차	부품	129	모듈, 보디, 섀시, 전자 장치, 공조 장치, 인포테인먼트, 기타
	종류	64	제조사, 전기차, 유통, 특수차

PBR 밴드

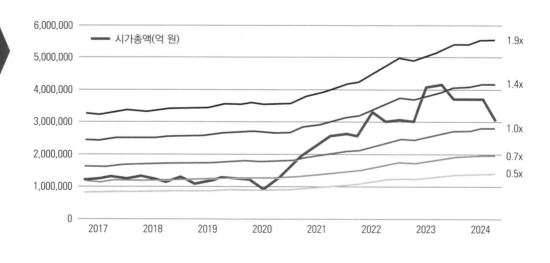

'내연기관-배터리' 공존의 시대

한국 자동차 업종은 신구 교대가 활발한 곳 중 하나다. 석유를 동력원으로 하는 내연기관 자동차와, 전기를 동력원으로 하는 전기차가 공존하며 점유율 경쟁을 하고 있다.

시장 조사 기업인 BNEF에 따르면 2023년 글로벌 전기차 판매량은 1,400만 대로, 토요타의 판매량 1,115만 대를 추월했다. 2021~2023년에는 전기차 판매 증가율이 50% 이상으로 높았지만 2024년에는 20%로 하락하리라고 전망되어 성장세가 둔화될 것으로 보인다. 그럼에도 불구하고 전기차는 '확고한 미래의 자동차'라는 데 이견이 없고, 기업들도 전기차를 한 축의 사업으로 추진하고 있다.

내연기관 자동차와 전기차는 동력원이 달라서 자동차를 구성하는 부품이 적지 않은 차이를 보인다. 첫째, 동력 장치로 내연기관 자동차는 엔진을, 전기차는 배터리를 장착한다. 2024년 기준 리튬이온배터리를 양산하는 LG에너지솔루션을 필두로 한 전기차 섹터 기업들의 시가총액은 184조 원이어서 전체 자동차 업종 334조 원의 55%를 차지한다. 국내 자동차 산업에서 전기차는 엔진 부품사를 이미 압도했다. 전기차 섹터는 배터리 소재와 장비, 충전 인프라, 리사이클링의 생태계를 구성하고 있으며 2024년 기준 54개 기업이 상장되어 있다.

둘째, 내연기관 자동차와 전기차 모두에 쓰이지만 구별되는 부품은 타이어와 공조 장치다. 전기차는 배터리 무게 때문에 내연기관 자동차보다 무겁고, 가속과 제동이 더 빠르다. 따라서 전기차용 타이어가 별도로 제작되고 사용된다. 전기차용 타이어는 내연기관 자동차용 타이어보다 비싸서 타이어 제조사의 이익률을 높이는 데 일조하고 있다. 한국타이어앤테크놀로지는 2022~2023년에 높은 영업이익 증가율을 기록했다. 전기차용 타이어 판매가 늘어난 결과다. 공조 장치는 배터리를 사용해 가동하므로 효율이 좋아야 하는 중요한 부품이다.

셋째, 내연기관 자동차와 전기차 모두 구별 없이 사용되는 부품은 보디와 음향, 영상 장치, 전자 장치다. 보디는 자동차의 내부와 외부를 구성하는 부품으로 내외장재, 시트, 헤드램프, 고무 등이다. 고가 자동차일수록 고가 제품을 차용하므로 납품사의 판매량을 파악하는 것이 좋다. 현대차는 제네시스와 RV 판매 증가로 이익률 개선 효과를 누리고 있다. 2021년까지 6% 미만에 머물렀던 영업이익률이 2022년부터 6~9%로 상향되었다.

한국 주식시장에서 자동차 업종은 시가총액이 전체의 14%로 2위를 차지하고, 상장기업은 207개(업종 지도 자체 분류 기준에 의한 것)로 가장 많다. 자동차 업종은 내연기관 자동차에서 전기차로 전환을 맞이하고 있다. 매출액은 아직 전기차의 비중이 낮지만 투자 규모는 전기차가 압도적이다. 2024년 2분기 기준 전체 자동차 업종의 매출액은 534조 원이었고, 그중 전기차 섹터의 매출액은 73조 원으로 13.6%를 차지했다. 하지만 현대차의 전기차 부문 매출액을 고려하면 비중은 상향될 것이다.

전기차 섹터로 좁혀서 보면 소재 부문 매출액이 18조 원으로 81.6%를 차

[표 2-55] 자동차의 구분과 전기차 섹터의 실적(2024년 2분기 연환산 기준)

		시가총액		매출액	
		금액(억 원)	비중	금액(억 원)	비중
구분	전체	3,341,309	100.0%	5,341,038	100.0%
	전기차	1,843,503	55.2%	726,158	13.6%
전기차 섹터	소재 기업	538,669	91.8%	184,877	81.6%
	장비 기업	48,043	8.2%	41,700	18.4%

지하고 장비 부문 매출액은 4조 원이다. 소재 부문이 장비 부문의 규모를 압도한다.

전기차에 닥친 캐즘

전기차는 화재가 발생하면 진화가 어렵다. 특히 리튬이온배터리를 사용한 차가 그렇다. 그래서 불이 나면 인명 피해와 물적 피해가 상상을 초월한다. 2024년 8월 인천에서 발생한 전기차 화재는 파괴적인 결과를 보여주는 상징적인 사건이었다. 글로벌 전기차 판매가 2024년부터 주춤한 와중에 국내에서도 전기차 구매가 흔들리게 만들기에 충분했다.

이 사건 이후로 '전기차 캐즘(chasm)'이 언론에 더욱 많이 등장했다. 캐즘이란 새로운 제품의 수요가 후퇴하거나 정체되는 현상을 뜻하며, 전기차 판매량이 정체되고 있음을 의미한다.

2024년 들어 독일 폭스바겐과 미국 GM 등 글로벌 자동차 기업들이 전기차 프로젝트를 취소하거나 축소하는 움직임이 많아지고 있다. 전기차 판매량이 예상보다 정체되기 때문이다. 소비자들이 전기차 구매를 꺼리는 주요 요인은 긴 충전 시간과 충전 인프라 부족, 화재 위험이다. 이러한 요소를 해결하지 않으면 전기차 캐즘 현상은 당분간 이어질 것으로 예상된다.

배터리 제조사인 LG에너지솔루션은 2024년 2분기 매출액이 2023년 4분기 대비 23% 감소했고 삼성SDI 역시 20% 감소했다. 배터리의 주요 소재인 양극재와 음극재를 제조하는 에코프로비엠은 31%, 포스코퓨처엠은 20% 감소했다. 국내 대표 배터리 제조사들의 실적이 감소하면 소재와 장비 기업들의 매출 역시 타격이 클 수밖에 없다.

전기차에 대한 기대는 2023년까지의 놀라운 성장세로 충족되어왔지만

2024년에는 우려와 반신반의로 바뀌었다. 가장 주요한 요인은 전기차 선택을 막는 요인을 극복할 기술의 발전이 아직은 부족하다는 점이다. 하지만 환경 보호 측면에서 세계적으로 탄소 배출량 감소를 위한 규제가 지속되니 전기차로의 전환은 의심의 여지가 없다. 주식 투자에서 전기차 섹터에 대한 관심은 지속하되, 속도를 조절해야 할 시기다.

리튬이온배터리의 주요 소재

현재 전기차에 쓰이는 배터리는 리튬이온배터리다. 양극재, 음극재, 분리막, 전해질(전해액)로 구성된 배터리에 외부 전기를 주입하면 양극에 있던 리튬 이온과 전자가 음극으로 이동하면서 배터리가 충전되고, 전기 주입 없이 양극과 음극을 도선으로 연결하면 리튬 이온과 전자가 양극으로 이동하면서 배터리가 방전된다. 리튬 이온은 크기가 작아서 양극과 음극 사이의 분리

[그림 3-85] 리튬이온배터리의 구조

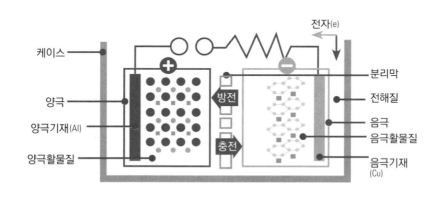

자료: LG화학

막을 통과하지만, 전자는 통과하지 못하므로 외부 도선을 통해 흐른다.

양극재는 배터리의 용량과 출력을 결정하는 주요 소재다. 사용되는 금속 성분에 따라 LCO(리튬 코발트 산화물), NCM(니켈, 코발트, 망간), NCA(니켈, 코발트, 알루미늄), NCMA(니켈, 코발트, 망간, 알루미늄), LMO(리튬 망간 산화물), LFP(리튬, 인산, 철) 등으로 구분된다. 니켈은 용량 제고, 망간과 코발트는 안전성 향상, 알루미늄은 출력 향상을 담당한다. 전기차의 성능은 한 번 충전해서 달릴 수 있는 거리가 핵심이므로 이를 늘리려면 양극재 중 니켈의 함량을 늘려 배터리의 에너지 밀도를 높여야 한다. 그래서 니켈 농도 80% 이상의 '하이 니켈' 배터리가 대세가 되고 있다. 양극재는 에코프로비엠이 선두 주자이고 포스코퓨처엠과 엘앤에프가 동참했다.

음극재는 충전할 때 양극에서 나오는 리튬 이온을 받아들이는 소재다. 흑연계와 실리콘계가 있으며, 최근에는 흑연보다 에너지 밀도가 월등히 높은 실리콘에 주목하고 있다.

전해질(전해액)은 리튬 이온이 이동할 수 있게 하는 매개체로서 배터리의 충전과 방전 기능을 담당한다. 액체 형태로 배터리에 담겨 있는데 양극재와 음극재가 섞이면 불이 붙는다. 가연성 소재여서, 배터리에 충격이 가해지거나 온도가 과도하게 높아지면 불이 붙거나 폭발할 수 있다.

분리막은 양극과 음극을 분리하고 리튬 이온만 통과하도록 만든 얇은 막이다. 양극재와 음극재가 접촉하면 폭발할 가능성이 있으므로 이를 제어하는 것이 중요하다. 분리막이 얇으면 양극재와 음극재를 더 담아 배터리 용량을 늘릴 수 있기 때문에 분리막 두께를 줄이는 것이 중요하다.

전지박은 양극과 음극에 씌우는 얇은 박이다. 양극에 사용하는 알루미늄박은 DI동일과 삼아알미늄이, 음극에 사용하는 구리박은 롯데에너지머티리얼즈와 솔루스첨단소재가 생산한다.

리튬이온배터리 생산 장비

리튬이온배터리의 생산 공정은 크게 '전극 – 조립 – 활성화 – 테스트'로 나뉜다. 전극 공정은 양극과 음극 전극판을 만드는 과정이다. 배터리 성능을 높이기 위해서는 양극재와 음극재를 많이 넣어야 한다. 이때 전극 코팅 밀도를 높이고 소재 변형을 최소화하는 기술이 '롤투롤' 기술인데 회전하는 롤에 소재 물질을 감아 도포하는 것이다.

조립 공정은 배터리 형태를 만드는 것으로 노칭, 스태킹, 용접, 패키징 등의 과정을 거친다. 장비 제조사에는 하나기술과 엠플러스, 유일에너테크, 나인테크 등이 있다. 활성화 공정은 배터리에 전기적 특성을 부여하는 것으로, 이 과정을 거쳐야 비로소 양극과 음극을 구성하는 물질이 전기를 발생시키는 활동을 시작한다. 장비 제조사로는 원익피앤이와 에이프로가 있다. 테스트 공정은 엑스레이 장비를 통해 배터리 불량 여부를 검사하는 것으로 엔시스와 브이원텍, 자비스와 이노메트리 등이 있다.

[표 3-56] 배터리 제조 공정

구분	내용	장비
전극	양극재, 음극재, 분리막 제조	· 양극재, 음극재: 코팅, 압착, 절단 · 분리막: 코팅, 절단
조립	전극과 원재료를 가공하고 조립	· 리튬폴리머: 노칭, 스태킹, 용접, 파우치 포밍, 실링 등 · 각형, 원통형: 와인딩, 젤리롤 삽입, 용접, 파일링, 워싱 등
충전·방전	전기적 특성 부여	포메이션(활성화 장비)
디개싱	전지 내에 축적된 가스 배출	디개싱, 폴딩, 압착
테스트	각종 성능과 수명 테스트	사이클러, 모듈·팩 테스터

자료: 에이프로 사업보고서

시가총액 상위 20개 종목의 지표 현황

연번	종목	주가 (원)	시가총액 (억 원)	자본총계 (억 원)	매출액 (억 원)	순이익 (억 원)	차입금 비율 (%)	PER (배)	PBR (배)	ROE (%)	배당수익률 (%)
1	LG에너지솔루션	398,500	932,490	206,487	285,154	-1,681	66.7	-554.7	4.5	-0.8	-
2	현대차	203,500	426,162	995,340	1,683,395	126,159	139.8	3.4	0.4	12.7	5.6
3	기아	93,000	371,868	508,232	1,036,543	96,039	7.1	3.9	0.7	18.9	6.0
4	현대모비스	244,500	227,373	427,298	574,270	35,072	7.6	6.5	0.5	8.2	1.8
5	삼성SDI	284,500	195,635	194,566	210,939	17,056	41.8	11.5	1.0	8.8	0.4
6	포스코퓨처엠	212,000	164,222	23,908	44,855	-15	154.9	-10,864.3	6.9	-0.1	0.1
7	에코프로비엠	160,600	157,069	14,016	47,636	-1,571	145.5	-100.0	11.2	-11.2	-
8	에코프로머티	114,100	78,810	7,676	5,743	-134	38.3	-589.8	10.3	-1.7	-
9	한국타이어앤테크놀로지	37,400	46,329	103,647	90,172	11,623	11.9	4.0	0.4	11.2	3.5
10	엘앤에프	114,300	41,487	9,093	31,035	-4,141	228.7	-10.0	4.6	-45.5	-
11	엔켐	159,600	33,176	4,359	3,487	-3,706	133.3	-9.0	7.6	-85.0	-
12	코스모신소재	85,600	27,829	4,877	5,505	274	18.1	101.7	5.7	5.6	-
13	한온시스템	4,040	21,566	24,554	97,544	-1,260	186.0	-17.1	0.9	-5.1	7.8
14	SK아이이테크놀로지	30,100	21,461	23,857	4,628	-676	62.5	-31.7	0.9	-2.8	-
15	HL만도	36,500	17,139	24,546	85,643	1,925	93.9	8.9	0.7	7.8	1.6
16	롯데에너지머티리얼즈	33,200	15,309	13,166	9,516	55	19.0	279.5	1.2	0.4	0.6
17	에스엘	31,600	14,678	21,514	49,179	3,765	16.3	3.9	0.7	17.5	2.8
18	대주전자재료	92,400	14,304	1,654	2,063	133	206.0	107.5	8.6	8.0	-
19	금호타이어	4,380	12,582	14,756	42,149	2,754	147.8	4.6	0.9	18.7	-
20	피엔티	50,200	11,919	5,183	7,926	918	30.0	13.0	2.3	17.7	-

자동차 부품

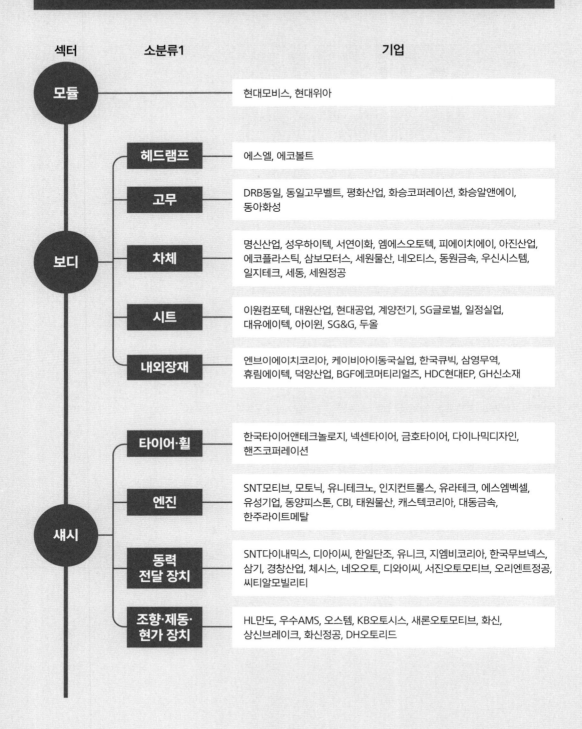

섹터	소분류1	기업
모듈		현대모비스, 현대위아
보디	헤드램프	에스엘, 에코볼트
	고무	DRB동일, 동일고무벨트, 평화산업, 화승코퍼레이션, 화승알앤에이, 동아화성
	차체	명신산업, 성우하이텍, 서연이화, 엠에스오토텍, 피에이치에이, 아진산업, 에코플라스틱, 삼보모터스, 세원물산, 네오티스, 동원금속, 우신시스템, 일지테크, 세동, 세원정공
	시트	이원컴포텍, 대원산업, 현대공업, 계양전기, SG글로벌, 일정실업, 대유에이텍, 아이윈, SG&G, 두올
	내외장재	엔브이에이치코리아, 케이비아이동국실업, 한국큐빅, 삼영무역, 휴림에이텍, 덕양산업, BGF에코머티리얼즈, HDC현대EP, GH신소재
섀시	타이어·휠	한국타이어앤테크놀로지, 넥센타이어, 금호타이어, 다이나믹디자인, 핸즈코퍼레이션
	엔진	SNT모티브, 모토닉, 유니테크노, 인지컨트롤스, 유라테크, 에스엠벡셀, 유성기업, 동양피스톤, CBI, 태원물산, 캐스텍코리아, 대동금속, 한주라이트메탈
	동력 전달 장치	SNT다이내믹스, 디아이씨, 한일단조, 유니크, 지엠비코리아, 한국무브넥스, 삼기, 경창산업, 체시스, 네오오토, 디와이씨, 서진오토모티브, 오리엔트정공, 씨티알모빌리티
	조향·제동· 현가 장치	HL만도, 우수AMS, 오스템, KB오토시스, 새론오토모티브, 화신, 상신브레이크, 화신정공, DH오토리드

자동차 부품

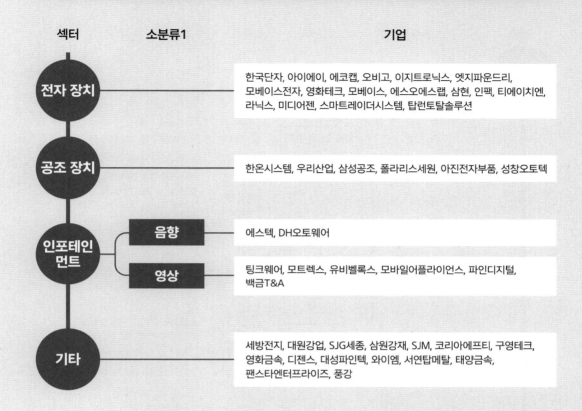

섹터	소분류1	기업
전자 장치		한국단자, 아이에이, 에코캡, 오비고, 이지트로닉스, 엣지파운드리, 모베이스전자, 영화테크, 모베이스, 에스오에스랩, 삼현, 인팩, 티에이치엔, 라닉스, 미디어젠, 스마트레이더시스템, 탑런토탈솔루션
공조 장치		한온시스템, 우리산업, 삼성공조, 폴라리스세원, 아진전자부품, 성창오토텍
인포테인먼트	음향	에스텍, DH오토웨어
	영상	팅크웨어, 모트렉스, 유비벨록스, 모바일어플라이언스, 파인디지털, 백금T&A
기타		세방전지, 대원강업, SJG세종, 삼원강재, SJM, 코리아에프티, 구영테크, 영화금속, 디젠스, 대성파인텍, 와이엠, 서연탑메탈, 태양금속, 팬스타엔터프라이즈, 풍강

자동차 종류

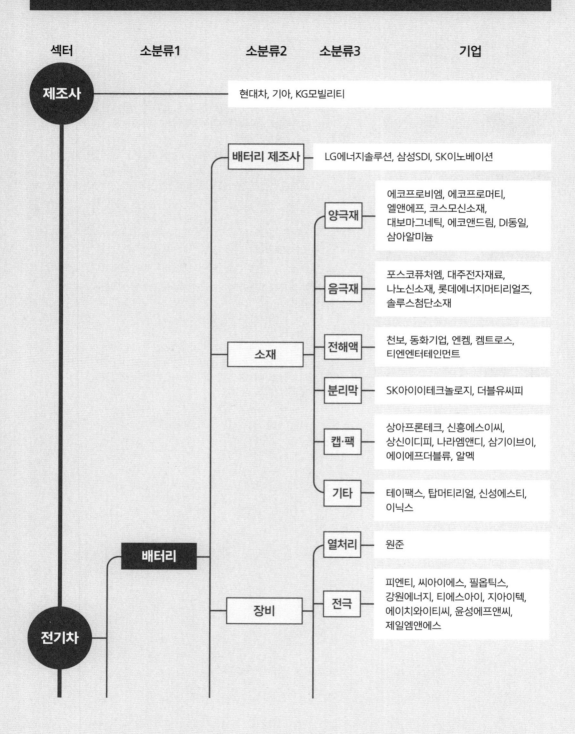

섹터	소분류1	소분류2	소분류3	기업
제조사				현대차, 기아, KG모빌리티
전기차	배터리	배터리 제조사		LG에너지솔루션, 삼성SDI, SK이노베이션
		소재	양극재	에코프로비엠, 에코프로머티, 엘앤에프, 코스모신소재, 대보마그네틱, 에코앤드림, DI동일, 삼아알미늄
			음극재	포스코퓨처엠, 대주전자재료, 나노신소재, 롯데에너지머티리얼즈, 솔루스첨단소재
			전해액	천보, 동화기업, 엔켐, 켐트로스, 티엔엔터테인먼트
			분리막	SK아이이테크놀로지, 더블유씨피
			캡·팩	상아프론테크, 신흥에스이씨, 상신이디피, 나라엠앤디, 삼기이브이, 에이에프더블류, 알멕
			기타	테이팩스, 탑머티리얼, 신성에스티, 이닉스
		장비	열처리	원준
			전극	피엔티, 씨아이에스, 필옵틱스, 강원에너지, 티에스아이, 지아이텍, 에이치와이티씨, 윤성에프앤씨, 제일엠앤에스

자동차 종류

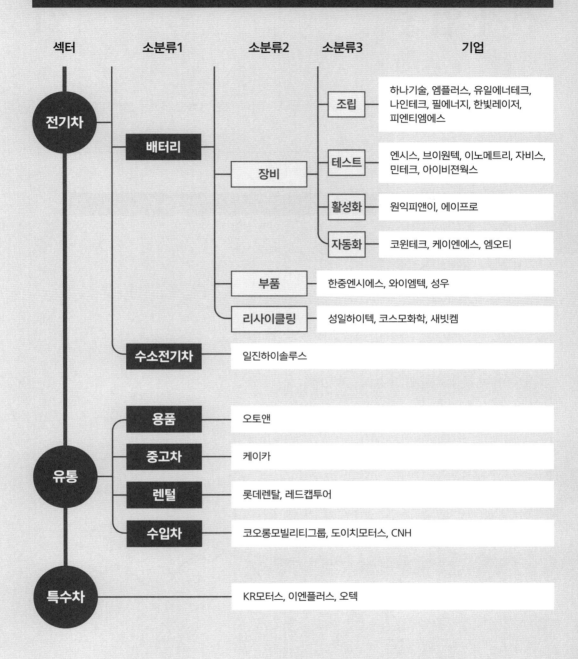

섹터	소분류1	소분류2	소분류3	기업
전기차	배터리	장비	조립	하나기술, 엠플러스, 유일에너테크, 나인테크, 필에너지, 한빛레이저, 피엔티엠에스
			테스트	엔시스, 브이원텍, 이노메트리, 자비스, 민테크, 아이비전웍스
			활성화	원익피앤이, 에이프로
			자동화	코윈테크, 케이엔에스, 엠오티
		부품		한중엔시에스, 와이엠텍, 성우
		리사이클링		성일하이텍, 코스모화학, 새빗켐
	수소전기차			일진하이솔루스
유통	용품			오토앤
	중고차			케이카
	렌털			롯데렌탈, 레드캡투어
	수입차			코오롱모빌리티그룹, 도이치모터스, CNH
특수차				KR모터스, 이엔플러스, 오텍

전자 업종 21

전자 업종은 '제품, 부품, 유통'의 3개 섹터로 구성했다. 제품과 부품 섹터는 쓰이는 장소에 따라 '가전, 산업, 사무'로 분류했다.

업종	섹터	종목 수	소분류
전자	제품	77	가전, 산업, 사무
	부품	33	가전, 산업
	유통	5	

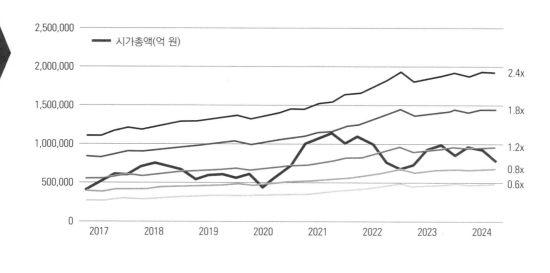

콘덴서와 MLCC

콘덴서(capacitor)는 직류를 차단하고 교류만 허용해서 전자제품에 전류가 일정하게 흐르도록 제어하는 부품이다. 저수지에 물을 모으듯 콘덴서는 전기를 모아 공급하는 역할을 한다.

콘덴서에는 알루미늄 전해 콘덴서, 단층 세라믹 콘덴서, 적층 세라믹 콘덴서(MLCC), 전력용 콘덴서가 있다. 알루미늄 전해 콘덴서는 낮은 가격, 대용량, 빠른 충전이 특징이다. 주로 가전제품에 사용되는데 근래에는 자동차 전자 장치와 신재생 에너지 분야의 에너지 저장 장치로 영역을 넓히고 있다. 태양광과 풍력 발전은 일조량과 풍력이 일정하지 않아서 전력 공급이 불규칙하기 때문에 에너지 저장 장치의 사용량이 늘어난다. 콘덴서를 제조하는 대표적인 기업은 삼화전기와 삼영전자다.

세라믹 콘덴서는 절연율이 높은 세라믹 박막을 사용하고 부피가 작으면서 정밀도가 높다. 그중 MLCC는 전극 층과 전기가 통하지 않는 세라믹 절연체 층을 겹겹이 쌓아 만든 것이다. 스마트폰 업종에서 설명한 것처럼 많이 쌓을수록 용량이 커지므로 적층 수는 늘리고 크기는 작게 만드는 것이 핵심 기술이다. MLCC는 스마트폰과 전기차 등에 사용된다. 일본의 무라타가 글로벌 시장점유율 1위이며 삼성전기가 그 뒤를 이어 시장점유율 2위다.

MLCC는 그동안 스마트폰과 컴퓨터 등의 수요에 의존해왔지만 전기차와 자율주행차가 등장하면서 기대감이 높아졌다. 전기차와 자율주행차는 매우 많은 전장 부품을 탑재해서 그만큼 MLCC가 많이 필요하다. 삼성전기는 MLCC 사업부 매출액이 가장 크니, 실적을 전망하거나 분석할 때 스마트폰 업종뿐만 아니라 자동차 업종도 함께 봐야 한다.

FC-BGA로 거듭나는 PCB

컴퓨터 본체를 열면 CPU를 비롯해 각종 전자 부품을 실은 기판이 보인다. 잘 정돈된 도심처럼 기능이 다른 부품들을 한데 모아 정렬하고 연결해 놓았다. 각 부품이 각자의 역할을 수행하기 위해 전기가 통하도록 연결하는 기판을 PCB라 한다.

PCB는 딱딱한 PCB와 휘어지는 FPCB로 구분한다. PCB는 통신, 자동차, 디스플레이 등 사용되는 곳이 다양하지만 FPCB는 스마트폰 디스플레이에 주로 쓰이므로 스마트폰 판매량에 매출과 이익이 좌우된다. 그래서 이 책에서는 FPCB를 스마트폰의 주요 부품으로 보아 스마트폰 업종으로 분류했다.

PCB는 기술 장벽이 높지 않고, 다품종 소량 생산 특성을 지녀 완전 자동화가 불가능하며, 인건비 비중이 높다. 중국의 저가 물량 공세에 의해 한국 제조사들이 이익을 내기가 어려운 상황이다. 2019년에는 국내에서 가장 큰 PCB 제조사인 LG이노텍과 삼성전기가 가격 경쟁에 따른 사업 부진으로 PCB의 일종인 HDI(스마트폰 등에 쓰임) 기판 사업에서 철수했다. 이제 한국 PCB 제조사들은 HDI와 FPCB에서 반도체 기판(package substrate)으로 사업 영역을 옮기고 있다.

반도체 기판은 반도체 칩을 패키징할 때 쓰이며 솔더볼을 붙여서 PCB와 연결한다. '반도체 칩 – 반도체 기판 – 솔더볼, 와이어 – PCB'로 연결되는 구조다. 이해하기 쉽도록 컴퓨터를 예로 들면 CPU는 '반도체 칩-반도체 기판'에 해당하고, PCB는 회로 위에 칩, 콘덴서, 저항기 등 여러 부품을 올려놓는 메인보드에 해당한다. 이때 반도체 칩은 솔더볼이나 와이어를 이용해 PCB에 연결한다.

반도체 기판과 칩을 연결하는 패키징 방식은 와이어 본딩과 플립 칩(Flip

Chip)이 있다. 와이어 본딩은 칩과 반도체 기판을 연결하는 데 와이어를 사용하고, 플립 칩은 솔더 범프를 사용한다. 이 중 플립 칩 방식의 반도체 기판을 FC-BGA(Ball Gray Array)라 일컫는다. FC-BGA는 부가가치가 높아서 국내 PCB 제조사들의 주력 제품으로 떠오르고 있다.

반도체를 패키징하는 기술이 발전하면서 PCB가 필요 없는 FOWLP(Fan Out Wafer Level Package), 기판 위에 반도체 칩 여러 개를 동시에 얹는 Sip(System in Package) 등 새로운 제품이 속속 등장하고 있다. 반도체 기술 발전과 함께 PCB도 변하는 만큼 기술에 대한 이해가 필요하다.

PCB 부문의 소재 기업으로는 와이엠티가 유일하다. 와이엠티는 PCB 표면 처리 공정에 사용하는 화학 소재를 제조한다. 또한 PCB 도금 등을 수행하는 와이피티를 종속회사로 두어 도금 공정을 함께 처리한다.

PCB 표면 처리는 기판 위의 회로를 보호하고 전기가 잘 통하도록 구리 등으로 표면을 가공하는 공정이다. 도금 소재인 구리는 전도성이 좋고 가격도 싸다는 장점이 있는 반면 잘 부식되기 때문에, 이를 방지하기 위한 추가 공정이 필요하다. 와이엠티의 소재와 공정은 위와 같은 공정에서 사용한다.

삼성전기, 주력 사업이 뭐야?

삼성전기는 특정하기 어려운 기업이다. 세 개 사업 부문을 영위하는데 각 영역에서 주도적 사업자다. 2024년 2분기 기준 매출액에서 차지하는 비중이 MLCC 42.0%, 카메라 모듈 40.2%, 반도체 기판 17.8%다([그림 3-86] 참조).

각 사업 부문의 매출액은 매년 달라지며 최근 2~3년은 MLCC 사업부의

[그림 3-86] 삼성전기 사업부별 매출 비중(2024년 2분기 기준)

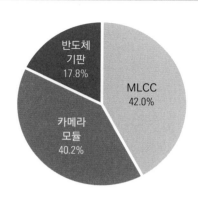

[그림 3-87] 삼성전기 사업부별 매출 비중(2022~2024/06)

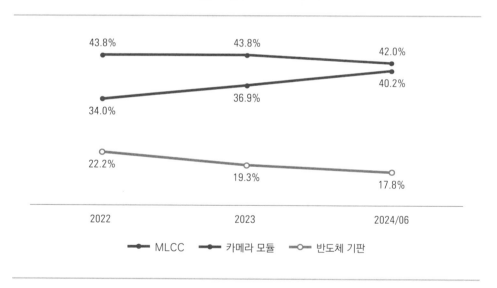

매출 비중이 가장 높은 40%대를 유지하고 있다.

　MLCC는 앞에서 설명한 바와 같이 스마트폰을 비롯한 자동차 등 전자 장치에 필수적인 부품이며 해당 산업의 업황에 따라 변동한다. 카메라 모듈은 2024년 들어 매출 비중이 상승했는데 폴디드줌 등 고사양 스마트폰의 채용 확대와, 자동차 첨단운전자보조시스템(ADAS) 등의 전장 카메라 수요 증가에 힘입은 것으로 생각된다.

반면 반도체 기판은 2022년부터 줄곧 하향세를 보이고 있다. AI가 등장해 반도체 칩 성능이 향상되며 패키지 기판의 수요는 증가했지만, 금리 인상 등에 의한 경기 침체로 IT 제품 판매량이 감소했기 때문이다.

MLCC와 반도체 기판은 스마트폰과 자율주행 성능을 향상한 자동차 등의 판매량에 영향을 받고, 카메라 모듈은 고사양 스마트폰 판매량과 직결된다. 이들 업황을 주의 깊게 봐야 할 이유다.

가전제품 현황

전자 제품 중에서 산업 현장에서 쓰이는 것은 제품에 따라 분류했지만 가정에서 쓰이는 제품과 부품은 한데 묶어 분류했다. 각 기업의 주력 제품(매출액이 가장 많은 제품)이 다양해서 분류하기가 효율적이지 않기 때문이다. 업종 지도만으로는 각 기업의 주력 제품을 알 수가 없어서 [표 3-57]에 정리했다.

[표 3-57] 가전제품 제조 기업의 주력 제품(2024년 2분기 기준)

기업	제품	기업	부품
파세코	난방 기기	솔루엠	TV용 파워 모듈
위닉스	공기청정기	신성델타테크	가전
아남전자	오디오	새로닉스	TV 케이스
인터엠	음향 기기	엔시트론	TV용 오디오앰프 칩
신일전자	선풍기	한솔테크닉스	파워보드
LK삼양	카메라 렌즈	대동전자	내외장 부품
에브리봇	로봇청소기	에스씨디	냉장고
하츠	레인지 후드	삼진	리모컨
인터엠	음향 기기	경인전자	리모컨
남성	오디오, 비디오		
PN풍년	압력솥		
자이글	주방용 조리기		

시가총액 상위 20개 종목의 지표 현황

연번	종목	주가 (원)	시가총액 (억 원)	자본총계 (억 원)	매출액 (억 원)	순이익 (억 원)	차입금 비율 (%)	PER (배)	PBR (배)	ROE (%)	배당수익률 (%)
1	LG전자	91,200	149,247	212,168	866,038	11,134	178.5	13.4	0.7	5.2	0.9
2	삼성전기	116,800	87,242	82,811	98,716	5,545	24.9	15.7	1.1	6.7	1.0
3	이수페타시스	31,750	20,081	2,995	7,439	560	120.0	35.8	6.7	18.7	0.3
4	신성델타테크	42,850	11,777	2,045	8,426	-13	151.7	-919.1	5.8	-0.6	0.3
5	LS머트리얼즈	14,710	9,952	1,821	1,376	81	7.6	122.6	5.5	4.5	0.1
6	솔루엠	19,360	9,681	4,348	16,268	677	70.1	14.3	2.2	15.6	-
7	대덕전자	18,250	9,019	8,677	9,251	241	1.9	37.5	1.0	2.8	1.6
8	태성	31,700	8,185	390	457	21	24.2	385.7	21.0	5.4	-
9	고영	9,620	6,605	3,143	2,145	202	5.6	32.7	2.1	6.4	1.5
10	심텍	14,690	4,679	4,411	11,898	-1,060	110.3	-4.4	1.1	-24.0	1.1
11	신도리코	41,250	4,158	10,233	3,743	557	1.5	7.5	0.4	5.4	3.6
12	삼화콘덴서	32,400	3,368	2,606	2,882	234	1.6	14.4	1.3	9.0	1.5
13	에스에이엠티	3,090	3,090	4,055	25,792	583	59.6	5.3	0.8	14.4	6.5
14	에스티큐브	6,060	2,830	257	77	-223	5.7	-12.7	11.0	-86.7	
15	삼화전기	36,900	2,440	845	2,118	129	0.9	18.9	2.9	15.3	0.8
16	코리아써키트	9,890	2,336	4,213	13,931	-321	65.4	-7.3	0.6	-7.6	-
17	비나텍	36,100	2,197	679	599	37	122.0	60.0	3.2	5.4	-
18	AJ네트웍스	4,780	2,163	4,240	10,410	202	298.2	10.7	0.5	4.8	5.6
19	삼영전자	10,340	2,068	5,406	1,637	120	0.0	17.2	0.4	2.2	2.9
20	에브리봇	16,060	1,964	656	317	13	73.6	147.1	3.0	2.0	-

전자

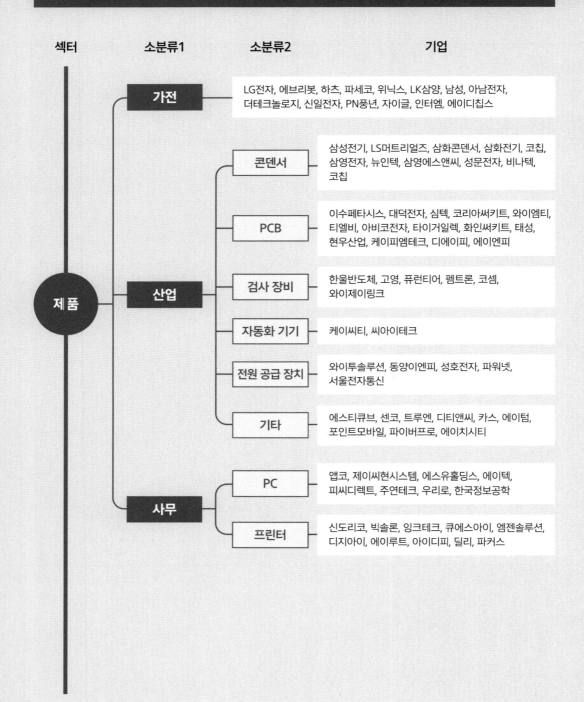

섹터	소분류1	소분류2	기업
제품	가전		LG전자, 에브리봇, 하츠, 파세코, 위닉스, LK삼양, 남성, 아남전자, 더테크놀로지, 신일전자, PN풍년, 자이글, 인터엠, 에이디칩스
	산업	콘덴서	삼성전기, LS머트리얼즈, 삼화콘덴서, 삼화전기, 코칩, 삼영전자, 뉴인텍, 삼영에스앤씨, 성문전자, 비나텍, 코칩
		PCB	이수페타시스, 대덕전자, 심텍, 코리아써키트, 와이엠티, 티엘비, 아비코전자, 타이거일렉, 화인써키트, 태성, 현우산업, 케이피엠테크, 디에이피, 에이엔피
		검사 장비	한울반도체, 고영, 퓨런티어, 펨트론, 코셈, 와이제이링크
		자동화 기기	케이씨티, 씨아이테크
		전원 공급 장치	와이투솔루션, 동양이엔피, 성호전자, 파워넷, 서울전자통신
		기타	에스티큐브, 센코, 트루엔, 디티앤씨, 카스, 에이텀, 포인트모바일, 파이버프로, 에이치시티
	사무	PC	앱코, 제이씨현시스템, 에스유홀딩스, 에이텍, 피씨디렉트, 주연테크, 우리로, 한국정보공학
		프린터	신도리코, 빅솔론, 잉크테크, 큐에스아이, 엠젠솔루션, 디지아이, 에이루트, 아이디피, 딜리, 파커스

전자

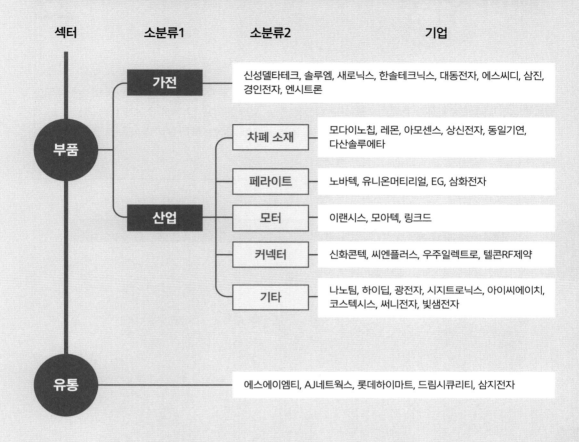

섹터	소분류1	소분류2	기업
부품	가전		신성델타테크, 솔루엠, 새로닉스, 한솔테크닉스, 대동전자, 에스씨디, 삼진, 경인전자, 엔시트론
	산업	차폐 소재	모다이노칩, 레몬, 아모센스, 상신전자, 동일기연, 다산솔루에타
		페라이트	노바텍, 유니온머티리얼, EG, 삼화전자
		모터	이랜시스, 모아텍, 링크드
		커넥터	신화콘텍, 씨엔플러스, 우주일렉트로, 텔콘RF제약
		기타	나노팀, 하이딥, 광전자, 시지트로닉스, 아이씨에이치, 코스텍시스, 써니전자, 빛샘전자
유통			에스에이엠티, AJ네트웍스, 롯데하이마트, 드림시큐리티, 삼지전자

제약 업종

22

제약 업종은 '전문 의약품, 일반 의약품, 원료 의약품, 분야'의 4개 섹터로 구성했다. 전문 의약품 섹터는 제약사가 취급하는 약품의 종류가 다양하고 목표로 하는 치료 분야도 다양하다. 여기 속한 기업이 65개 나 되지만 별도의 기준을 적용하기가 어려워 한데 묶었다. 분야 섹터는 특정 분야의 제품을 생산하는 기업 중심으로 별도 분류했다.

업종 분류

업종	섹터	종목 수	소분류
제약	전문 의약품	65	
	일반 의약품	6	
	원료 의약품	12	
	분야	19	동물용, 주사제, 패치제, 유통, 기타

PBR 밴드

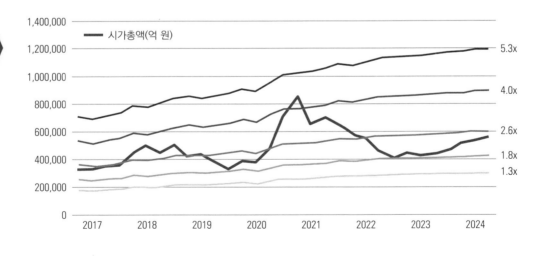

다 같은 의약품이 아니다

식약처 자료에 의하면 2022년 기준으로 제약사가 판매하는 의약품은 2만 7,661개다. 그런데 다 같은 의약품이 아니다. 약사법 제2조 9항에 따르면 일반 의약품은 의사나 치과의사의 처방 없이 사용할 수 있는 의약품이고, 전문 의약품은 일반 의약품이 아닌 의약품이다. 즉 의사의 처방 유무에 따라 전문 의약품과 일반 의약품으로 분류하는 것이 핵심이다.

이러한 분류는 2000년부터 시행된 의약 분업의 결과로 더욱 확고해졌다. 질병의 진단과 처방은 의사가, 처방된 약물의 제공은 약사가 행하도록 하는 분업 시스템이 도입됨에 따라 전문 의약품은 의사의 진단과 처방을 필수적으로 거쳐야 하며, 약사는 의사의 처방전 없이 의약품을 임의로 판매할 수 없다.

전문 의약품과 일반 의약품으로 구별된 의약품시장은 어떻게 구성될까? 식품의약품안전처가 발표한 자료에 의하면 2023년 기준 생산액은 전문 의약품 23조 153억 원, 일반 의약품 3조 8,554억 원이었다. 둘을 합친 생산액에서 전문 의약품은 85.7%를 차지해서 압도적으로 크다.

[표 3-58] 의약품별 생산액 현황(2023년 기준)

구분	분류	생산액(억 원)		연평균 증가율
		2014년	2023년	
완제 의약품	소계	142,805	268,707	7.3%
	일반 의약품	24,130	38,554	5.3%
	전문 의약품	118,675	230,153	7.6%
원료 의약품	원료 의약품	21,389	37,689	6.5%

자료: 식품의약품안전처

[그림 3-88] 한국 의약품시장 규모(2017~2023)

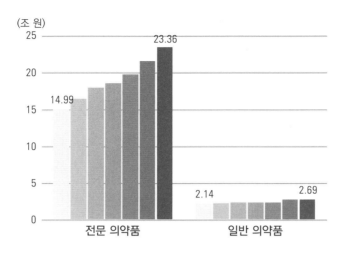

자료: 종근당

2017~2023년의 생산액 증가율도 전문 의약품은 7.6%여서 일반 의약품의 5.3%보다 높았다. 국내 상장 제약사의 주요 품목은 전문 의약품이다.

이렇게 높은 전문 의약품 점유율은 의사의 처방이 절대적으로 중요함을 암시한다. 특히나 국내 상장 제약사들은 오리지널 신약보다는 복제약인 제네릭이나 합성신약을 판매한다. 제네릭은 제조가 쉬워서 경쟁이 치열하니 시장을 선점하고 판매 이력을 쌓아야만 하는 태생적 한계가 있다. 왜냐하면 의약품은 생명을 다루는 제품인 만큼 의사들의 처방은 약효에 대한 신뢰가 절대적일 수밖에 없기 때문이다.

그래서 국내 제약사들은 제조도 중요하지만 의약품 유통망을 제대로 관리하는 것이 경쟁력의 한 축으로 작용한다. 기존 리베이트 관행은 이러한 유통망 관리에서 파생되어 나온 결과가 아닐까 싶다. 제약사의 유통망 관리는 곧 비용으로 연결된다. 제약사의 손익을 분석할 때 손익계산서의 판매관리비 항목 중 판매비와 관리비를 봐야 할 이유다.

전문 의약품은 처방 이력이 쌓일수록 안정적인 수익으로 연결되는 장점이 있다. 반면 일반 의약품은 소비자의 인식이 중요하다. 물론 약사의 권유로 구입하기도 하지만 소비자가 특정 제품을 요구하는 경우가 많다. 따라서 광고를 통해 노출되어 소비자의 인식이 높은 제품이 선택될 가능성이 높다. 일반 의약품은 일반 제품의 브랜드와 같은 특성을 지녀서 일반 의약품 제조사는 광고비 지출이 높다.

'까스활명수, 후시딘, 판콜에이'로 익숙한 동화약품의 2015~2023년 광고선전비는 판매관리비의 20~25%를 차지했고 2015년 193억 원에서 2023년 349억 원으로 81.4% 증가했다. 같은 기간 매출액은 2,232억 원에서 3,611억 원으로 61.8% 증가하는 데 그쳤다. 광고선전비 증가율이 매출 증가율을 앞질렀다. 광고가 그만큼 중요하기 때문이다.

제약사들은 독점적으로 판매하는 의약품을 보유하기를 원한다. 그러기 위해서는 제조가 쉬운 제네릭이 아니라 오리지널 신약을 원한다. 그러나 알려진 것처럼 신약 개발에 드는 기간과 비용은 국내 제약사의 규모로는 감당이 쉽지 않다.

국내 허가된 신약의 현황을 살펴보자. 국내 신약 1호는 1999년 SK케미칼의 항암제이고, 이후 2024년 4월까지 총 37개 신약이 등록되었다. 신약으로 허가되었다고 해서 성공이 보장되는 것은 아니다. 시장에서 팔려야 한다. 〈이데일리〉 2021년 기사에서는 2021년 기준 유의미한 매출을 기록한 제품으로 '제미글로정(LG화학의 당뇨병 치료제), 카나브정(보령제약의 고혈압 치료제), 케이캡정(CJ헬스케어의 위식도 역류 질환 치료제)'을 꼽았다. 그 외는 시장성이 없어 판매가 미미했고, 품목 허가가 취소된 것도 있다. 신약은 개발도 어렵지만 허가의 관문을 넘어선 후에도 시장성의 허들을 넘어야 하는 가시밭길이다.

제약사의 신약 개발 임상 파이프라인 보유는 중요하다. 하지만 그것만으로 기업 가치를 올리지는 못한다. 충분한 자금력과 인적 자원을 보유한 글로벌 빅파마도 자체 개발에 그치지 않고 바이오텍(전문 연구개발기업)의 기술을 이전받거나 아예 인수하는 등의 방식을 이용한다. 국내 제약사들이 보유한 파이프라인의 기술 수출 가능성을 염두에 둬야 한다.

그럼에도 국내 대형 제약사들은 꾸준히 임상 개발을 하고 있다. 2024년 8월 유한양행의 항암제가 한국 제약사 최초로 미국 FDA 승인을 받는 쾌거를 이루었다. 국내 승인도 어렵지만 FDA 승인은 더더욱 그렇다.

더욱 악화한 원료 의약품

원료 의약품은 신약과 제네릭 완제 의약품을 제조하기 위한 원료 물질로, 가공과 성형이 되지 않은 의약품이다. 원료 의약품의 최대 생산국은 중국과 인도이며 저렴한 가격을 내세워 글로벌 시장을 장악하고 있다. 이는 국내 원료 의약품시장에도 영향을 미치고 있다.

[표 3-59] 완제 의약품 기업의 원료 의약품 계열사 현황

완제 의약품 기업	원료 의약품 기업(계열사)
한미약품	한미정밀화학(비상장)
유한양행	유한화학(비상장)
대웅제약	대웅바이오(비상장)
종근당	경보제약, 종근당바이오
동아쏘시오홀딩스	에스티팜

식품의약품안전처의 통계 연보에 따르면 국내 원료 의약품 자급률은 2021년 24.4%에서 2022년 11.9%로 1년 만에 10%포인트 넘게 줄었다. 자급률은 국내 생산 원료 의약품으로 완제 의약품을 만든 비율이며, 11.9%를 제외한 나머지 88%가량은 수입에 의존한다는 의미다. 원료 의약품 수입은 중국(9억 1,000만 달러), 인도(3억 달러), 일본(2억 4,000만 달러) 순이었다. 《2023 상장기업 업종 지도》에서 원료 의약품 기업을 '고독사'로 진단했던 것보다 상황이 더욱 악화되었다.

원료 의약품은 저임금을 경쟁력으로 내세우는 섬유 업종과 유사한 점이 많다. 중국과 인도와의 경쟁으로 국내 원료 의약품 기업들의 영업 환경은 더욱 어려워질 것으로 전망된다.

신약과 복제약 사이, 개량 신약

개량 신약은 오리지널 신약의 효과를 개선하기 위해 물성을 변하거나, 편의를 위해 투여 방법을 바꾸는 등 개량을 꾀한 약품이다. 식품의약품안전처가 2008년에 도입했고 '허가의약품에 비해 안전성, 유효성, 유용성이 개선되었거나 의약기술에 있어 진보성이 있다고 식약처장이 인정한 의약품'으로 규정한다. 신약에 비해 제출해야 하는 자료의 범위가 적고 독성시험 자료 대부분, 일반 약리시험과 임상시험 자료 일부를 면제받을 수 있다. 그래서 신약에 비해 개발 부담이 적고, 연구비가 비교적 적게 들며, 짧은 기간에 성과를 거둘 수 있다.

그뿐만 아니라 제네릭 의약품과 달리 오리지널 의약품의 특허권을 침해하지 않아서 특허 기간 중에도 출시가 가능하다는 장점이 있다. 신약은 완전히 새로운 물질로 만드는 것이므로 개발에 오랜 시간과 많은 비용이 필요하다. 반면 개량 신약은 오리지널 신약을 기반으로 하기 때문에 임상 기간이 4~5년으로 비교적 짧고 개발 비용이 신약의 5분의 1 수준에 불과하다.

개량 신약의 특징을 요약하면 다음과 같다. 첫째, 두 가지 이상의 약을 섞어 만든 복합 제제다. 함께 복용해야 하는 여러 성분을 하나의 약으로 만들어 편의성을 도모한 것이다.

둘째, 롱액팅(long-acting) 제제로 복용 횟수는 줄이고 약효는 동일하게 유지하는 것이다. 약국에서 약을 주면서 약사가 안내하는 것 중 하나가 "하루 세 번 식후에 드세요"다. 약이 효능을 발휘하려면 일정 기간 동안 일정 시각에 복용해야 하는데 복용 횟수를 줄이면 환자의 불편이 크게 감소한다. 가끔 아픈 사람에게는 그리 크게 다가오지 않지만 꾸준히 복용해야 하는 환자에게는 매우 중요한 이슈다. 예를 들어 매일 혹은 일주일에 한 번씩 맞아야 하는 주사제는 환자에게 끔찍한 고통이다. 약효 지속 시간을 늘리면 약물의 복용과 투여 횟수를 줄일 수 있다.

셋째, 복용 편의성을 높이기 위해 주사제를 먹는 약으로, 알약을 패치로 바꾸는 것이다. 국내 개량 신약 1호는 한미약품의 고혈압 치료제 아모잘탄이다. 기존 고혈압 치료제 성분 2개(암로디핀+로사르탄)를 합친 것으로 2009년 출시되었고, 2021년에 국내 최초로 누적 처방액 1조 원을 넘어섰다. 한미약품은 이렇게 벌어들인 수익을 연구개발에 투입해, 2022년 기준 국내 신약 후보 물질 최다 보유 기업이라는 타이틀을 얻을 수 있었다.

시가총액 상위 20개 종목의 지표 현황

연번	종목	주가 (원)	시가총액 (억 원)	자본총계 (억 원)	매출액 (억 원)	순이익 (억 원)	차입금 비율 (%)	PER (배)	PBR (배)	ROE (%)	배당수익률 (%)
1	유한양행	132,500	106,277	20,508	18,931	1,499	14.9	70.9	5.2	7.3	0.3
2	SK바이오팜	112,000	87,711	3,382	4,651	338	61.3	259.5	25.9	10.0	-
3	한미약품	323,000	41,380	10,565	15,688	1,844	71.6	22.4	3.9	17.5	0.2
4	삼천당제약	135,600	31,808	2,765	2,043	-56	48.8	-568.9	11.5	-2.0	-
5	셀트리온제약	61,300	25,501	3,810	4,027	115	43.6	221.9	6.7	3.0	-
6	한올바이오파마	44,950	23,482	1,703	1,304	-62	0.7	-379.3	13.8	-3.6	-
7	녹십자	154,200	18,021	12,574	16,185	-382	72.2	-47.2	1.4	-3.0	1.0
8	대웅제약	151,700	17,577	7,726	13,991	909	75.1	19.3	2.3	11.8	0.4
9	종근당	104,600	13,780	8,724	16,665	2,128	24.8	6.5	1.6	24.4	1.0
10	HK이노엔	47,650	13,499	12,229	8,716	576	37.9	23.4	1.1	4.7	0.7
11	HLB생명과학	8,410	9,981	3,589	929	-92	34.3	-108.4	2.8	-2.6	-
12	동국제약	17,750	7,892	5,586	7,647	545	13.7	14.5	1.4	9.8	1.0
13	보령	11,090	7,618	5,902	9,287	646	34.9	11.8	1.3	10.9	0.9
14	동아에스티	75,300	6,903	6,403	6,754	-67	92.7	-103.4	1.1	-1.0	0.9
15	신풍제약	11,790	6,247	2,674	2,088	-439	16.9	-14.2	2.3	-16.4	-
16	JW중외제약	26,600	6,194	2,835	7,421	357	56.2	17.4	2.2	12.6	1.5
17	HLB제약	18,050	5,740	1,155	1,376	-36	14.3	-161.0	5.0	-3.1	-
18	영진약품	2,225	4,069	923	2,508	6	71.5	683.6	4.4	0.6	-
19	일동제약	13,070	3,668	1,638	6,039	-487	150.5	-7.5	2.2	-29.7	-
20	유나이티드제약	20,500	3,348	3,866	2,858	322	4.6	10.4	0.9	8.3	2.0

제약

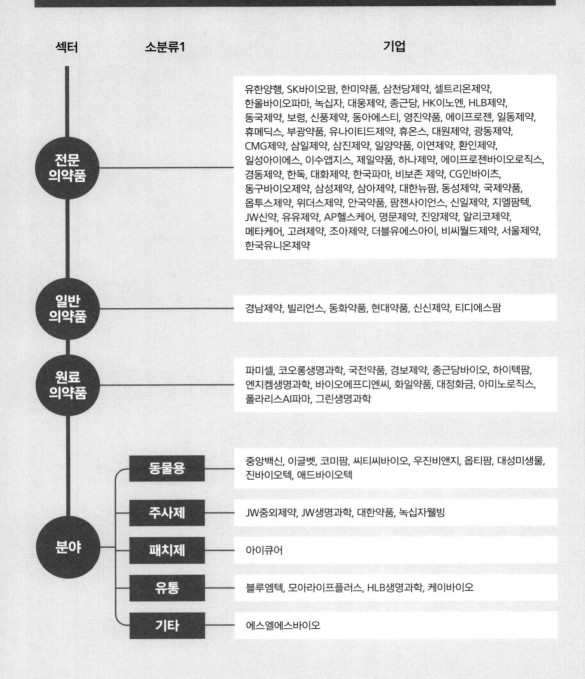

섹터	소분류1	기업
전문 의약품		유한양행, SK바이오팜, 한미약품, 삼천당제약, 셀트리온제약, 한올바이오파마, 녹십자, 대웅제약, 종근당, HK이노엔, HLB제약, 동국제약, 보령, 신풍제약, 동아에스티, 영진약품, 에이프로젠, 일동제약, 휴메딕스, 부광약품, 유나이티드제약, 휴온스, 대원제약, 광동제약, CMG제약, 삼일제약, 삼진제약, 일양약품, 이연제약, 환인제약, 일성아이에스, 이수앱지스, 제일약품, 하나제약, 에이프로젠바이오로직스, 경동제약, 한독, 대화제약, 한국파마, 비보존 제약, CG인바이츠, 동구바이오제약, 삼성제약, 삼아제약, 대한뉴팜, 동성제약, 국제약품, 옵투스제약, 위더스제약, 안국약품, 팜젠사이언스, 신일제약, 지엘팜텍, JW신약, 유유제약, AP헬스케어, 명문제약, 진양제약, 알리코제약, 메타케어, 고려제약, 조아제약, 더블유에스아이, 비씨월드제약, 서울제약, 한국유니온제약
일반 의약품		경남제약, 빌리언스, 동화약품, 현대약품, 신신제약, 티디에스팜
원료 의약품		파미셀, 코오롱생명과학, 국전약품, 경보제약, 종근당바이오, 하이텍팜, 엔지켐생명과학, 바이오에프디엔씨, 화일약품, 대정화금, 아미노로직스, 폴라리스AI파마, 그린생명과학
분야	동물용	중앙백신, 이글벳, 코미팜, 씨티씨바이오, 우진비앤지, 옵티팜, 대성미생물, 진바이오텍, 애드바이오텍
	주사제	JW중외제약, JW생명과학, 대한약품, 녹십자웰빙
	패치제	아이큐어
	유통	블루엠텍, 모아라이프플러스, HLB생명과학, 케이바이오
	기타	에스엘에스바이오

조선 업종 23

조선 업종은 선박을 제조하는 '선박'과, 부품 등을 공급하는 '기자재' 섹터로 분류했다. 기자재는 '엔진'과 '설비'로 구분하고 설비는 재차 '보냉제, 통신 장비, 조명 등'으로 구분했다. 기자재 중 철강(후판 등)과 도료는 각각 금속과 건자재 업종에 포함했다.

해운업은 조선업의 전방산업으로 공급사슬 측면에선 함께 묶어 살펴보아야 하지만, 업무 성격이 동일한 유통·운수 업종의 운수 섹터로 분류했다.

업종
분류

업종	섹터	종목 수	소분류
조선	선박	5	.
	기자재	21	엔진, 설비

PBR
밴드

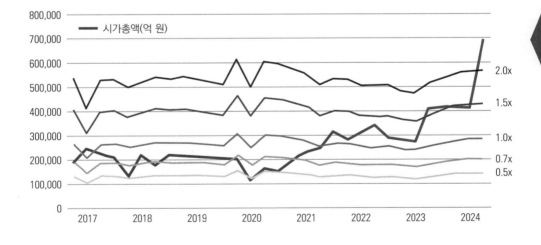

조선 업종의 이해

조선업은 선박을 이용해 물류 사업을 펼치는 해운사가 주요 고객이다. 따라서 해상 물류가 번창할 때 조선업도 활황을 맞는다. 바다를 사이에 두고 대륙 간에 물류를 이동하는 방법은 하늘길과 바닷길뿐이다. 실어 나르는 양과 비용 측면에서 해상 물류가 압도적이다. 세계 물동량의 85%를 차지하며, 한국은 2021년 해상 물동량이 99.7%에 달했다.

해상 물동량은 세계 경제의 바로미터다. 경제가 활황이면 원재료는 물론 제품의 대륙 간 이동이 왕성해지고 해운사의 이익도 커진다.

해운사는 향후 물동량이 늘어날 것으로 전망하면 추가 선박 주문에 나선다. 해운사로부터 선박을 수주한 조선사는 2~3년의 건조 기간을 거치는데 이때 선박 제조에 투입되는 원재료 공급사와 부품 제조사가 수혜를 입는다. 철강, 엔진, 배관 등 각종 설비와 기계 부품, 내관과 외관에 쓰이는 도료가 이에 해당한다. [그림 3-89]에 조선업과 전후방 산업의 관계를 나타냈다.

[그림 3-89] 조선업과 전후방 산업의 관계

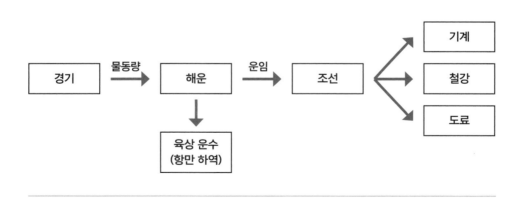

그럼 조선업의 특징을 살펴보자.

첫째, 조선업은 선박의 설계와 제조 능력을 함께 갖추어야 수주 경쟁에서 앞설 수 있다. 대체로 산업이 태동할 때는 모방으로 시작한다. 이미 누군가 만들어놓은 제품은 설계도가 있으면 그대로 따라 하면 된다. 제조 과정을 모방하는 것도 쉬운 일은 아니지만 설계가 없으면 그조차도 불가능하다. 한국 조선 산업은 설계도를 구해 출발했고, 이후 제조업의 경쟁력을 강화하고 설계 능력을 습득해서 현재는 글로벌 1, 2위의 선박 제조 강국으로 우뚝 섰다. 최대 경쟁국인 중국은 제조 능력에서 수위를 다투지만 설계 능력에서 격차를 보인다. 이 차이가 오늘날 LNG 운반선과 LNG 추진선 분야에서 한국 조선사의 압도적인 수주량으로 드러난다.

둘째, 선박 제조사의 매출과 이익을 전망하기가 쉽지 않다. 선박은 제조 기간이 길어 자산과 손익에 뜻하지 않은 영향을 받는 경우가 있다. 선박 제조사는 선박 수주 대금을 계약금과 중도금, 잔금으로 나눠 받고 이를 재무상태표와 손익계산서에 인식한다. 이때 사용하는 항목이 '계약자산, 계약부채, 대손충당금, 대손상각비' 등이다. 선박 제조사의 매출과 이익을 이해하려면 반드시 알아야 할 항목들이다.

계약자산은 계약에 따라 미래에 받을 수 있다고 가정할 때 사용하는 재무상태표의 자산 항목이다. 가령 선박 제조사가 공정의 80%를 달성하면 대금을 받을 수 있는데 공정의 60%만 달성한다면 대금을 받지 못한다. 하지만 당장은 아니어도 미래에 공정을 달성해 받을 수 있다고 가정하면 계약자산으로 인식한다. 이후 공정률을 달성해 발주처에 대금 지불을 요청하면 계약자산을 매출채권으로 변경해 인식한다. 건설 업종의 미청구공사금과 동일한 개념으로 보면 이해가 빠르다.

계약부채는 계약금으로 미리 수취한 대금(선수금)을 인식하는 재무상태표 계정이다. 선박을 인도하기 전 수취한 대금은 자산이 아니라 부채로 인식한다. 채권자에게 갚아야 할 빚으로 보는 것이다. 그래서 선박 제조사는 선박 수주를 늘리면 부채비율이 증가하는 아이러니가 발생한다. 수주 증가에 따른 이익 증가를 기대하지만 재무상태표는 오히려 나빠진 것처럼 보인다. 따라서 선박 제조사는 부채비율이 아니라 차입금 비율을 봐야 한다. 차입금 비율은 전체 부채가 아니라 이자가 발생하는 차입금만을 대상으로 계산한다. 기업의 이자비용 감당이나 재무 건전성 등을 따진다면 부채비율보다 차입금 비율이 합당한 지표라고 생각한다.

대손충당금과 대손상각비는 미래에 발생할 손해에 따른 자산과 수익을 반영하는 것으로 대손충당금은 재무상태표에서, 대손상각비는 손익계산서에서 인식한다. 매출채권과 계약자산 등 미래에 받을 수 있다고 생각한 채권이었지만 상황이 바뀌어 받을 수 없다고 판단할 경우, 재무상태표의 자산에서 이를 차감하기 위해 대손충당금을 설정한다. 그리고 실제로 받지 못하면 손익계산서에 대손상각비로 인식해 이익에서 차감한다. 선박은 여느 상품과 달라서 완성품을 구매자가 인수하지 않는 등의 일이 생기고, 제조 기간

[그림 3-90] 계약자산의 재무제표 인식 방식

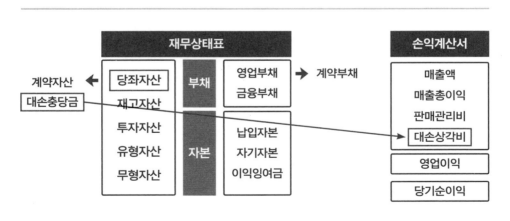

중 발생하는 여러 이슈로 인해 대손충당금이 발생하는 경우가 적지 않다.

조선업 호황을 부르는 조건 3가지

한국 조선업이 10년이 넘는 긴 불황의 터널을 빠져나와 재도약기를 맞고 있다. 국내 빅3 조선사(HD한국조선해양, 삼성중공업, 한화오션)의 '수주잔고'가 급증하고 있고, '신조선가'는 2007년 호황기 시절에 근접했으며, '미·중 분쟁' 격화로 한국 조선사에 유리한 환경이 조성되고 있다. 하나씩 살펴보자.

첫째, 수주잔고가 급증했다. 불황이던 2017년 당시 한국 조선사의 수주잔고는 겨우 1억 8,100만 CGT였지만 2023년에는 4억 700만 CGT로 125%나 증가했다. 선박 건조에 2~3년 걸리는 만큼 이 수주잔고는 향후 조

[그림 3-91] 한국 조선업 수주잔고(2016~2024)

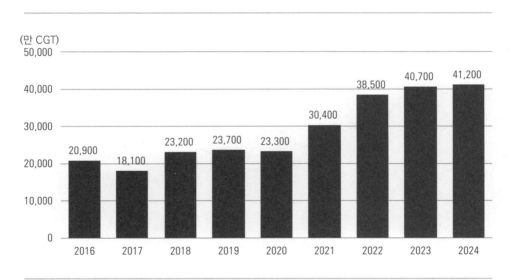

자료: 중앙일보

선사 실적에 반영될 것이다.

둘째, 신조선가가 고공행진하고 있다. 신조선가는 새로 짓는 선박의 가격이다. 선주가 조선소에 선박을 발주할 때 보는 가격 척도이며 클락슨리서치에서 지수를 발표한다. 2024년 기준 신조선가는 한국 조선업이 최대 호황을 구가했던 2007년 당시의 가격에 근접했다. 더욱 고무적인 사실은 2024년 수주잔고가 2007년 수준에 못 미치는데도 신조선가가 고공행진하고 있다는 점이다.

신조선가는 조선사의 이익에 절대적인 영향을 미치는 요인이다. 수주잔고(Q)는 매출액에 기여하고, 신조선가는 영업이익에 기여한다. 조선업은 고정비가 높은 산업이어서 매출액이 늘면 이익이 늘고 더불어 판매 가격이 상승하면 이익은 더욱 극대화된다. 조선업의 이익을 좌우하는 Q와 P가 좋은 호시절을 맞이한 것이다.

[그림 3-92] 신조선가지수와 세계 수주잔고(2006~2024)

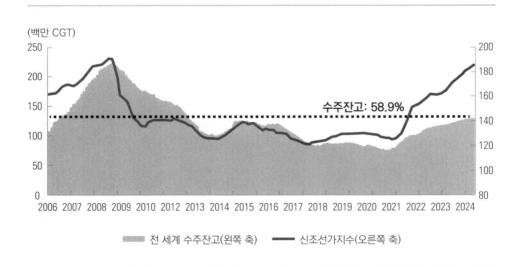

자료: 하이투자증권

셋째, 미·중 분쟁에 한국 조선업이 혜택을 볼 전망이다. 미국과 중국의 갈등이 반도체를 넘어 조선업에까지 번지고 있다. 2024년 전미철강노조를 포함한 미국 내 5개 노조는 해양·물류·조선 분야에서 중국의 불합리하고 차별적인 관행을 조사해달라고 요구하는 청원서를 미국무역대표부에 제출했다. 이러한 미국의 중국 조선업 규제 움직임은 한국 조선업에 긍정적일 것으로 전망된다. 하지만 수혜의 정도가 크지 않을 것으로 보는 의견도 많다. 왜냐하면 미국의 세계 수주잔고 비중이 10% 이하 수준이기 때문이다. 글로벌 리더의 역할을 하고 있는 미국의 중국 규제 움직임은 장기적으로 중국 조선업에 영향을 미칠 것으로 보인다.

또한 미국의 조선업이 침체하며 미 해군 함정의 유지·보수에 심각한 문제가 발생하자 이를 한국 조선사가 담당할 것으로 전망된다. 한화오션이 필라델피아 해군 기지 바로 옆에 있는 필리 조선소를 인수한 것이 그 예다.

한국 빅3 조선사 현황

한국에 상장된 조선사는 HD그룹 3개사(HD한국조선해양, HD현대중공업, HD현대미포), 삼성중공업, 한화오션(구 대우조선해양)이라는 빅3로 압축된다. 빅3 조선사의 매출액과 당기순이익은 [표 3-60]과 같아서, HD그룹 3개사의 합산 매출액이 40조 원대로 두 기업을 압도한다. 삼성중공업과 한화오션은 매출액 규모가 비슷하지만 당기순이익은 상반된 양상으로 나타난다.

2024년 2분기 기준 수주량은 한화오션이 전체의 27%로 1위를 기록했지만 그전에는 HD현대중공업이 가장 많은 양을 수주했다([표 3-61] 참조).

HD그룹은 HD한국조선해양이 지주사 격으로서 HD현대중공업과 HD현대미포, HD현대삼호(비상장)를 계열사로 두고 있다([그림 3-93] 참조).

[표 3-60] 한국 조선사 빅3 현황(2024년 2분기 연환산 기준)

	매출액(억 원)	당기순이익(억 원)
HD한국조선해양	231,313	7,928
HD현대중공업	131,384	2,039
HD현대미포	42,261	-722
삼성중공업	93,383	-988
한화오션	89,675	5,410

[표 3-61] 한국 조선사들의 수주량 시장점유율(2022~2024/06)

	2022		2023		2024 반기	
	수주량 (천 GT)	점유율	수주량 (천 GT)	점유율	수주량 (천 GT)	점유율
HD현대중공업	6,627	27.0%	5,304	33.2%	1,532	14.1%
HD현대미포	1,280	5.2%	1,327	8.3%	1,347	12.4%
HD현대삼호(비상장)	50,778	20.7%	3,883	24.3%	2,168	19.9%
삼성중공업	5,683	23.1%	3,775	23.6%	2,305	21.2%
한화오션	5,108	20.8%	828	5.2%	2,939	27.0%
기타	786	3.2%	856	5.4%	595	5.4%
합계	24,562	100.0%	15,973	100.0%	10,886	100.0%

자료: 삼성중공업

[그림 3-93] HD그룹의 지배구조(2024년 2분기 기준)

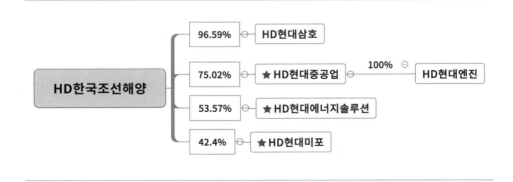

시가총액 상위 20개 종목의 지표 현황

연번	종목	주가 (원)	시가총액 (억 원)	자본총계 (억 원)	매출액 (억 원)	순이익 (억 원)	차입금 비율 (%)	PER (배)	PBR (배)	ROE (%)	배당수익률 (%)
1	HD현대중공업	209,500	185,980	53,823	131,384	2,039	228.8	91.2	3.5	3.8	–
2	HD한국조선해양	194,000	137,300	105,182	231,313	7,928	189.4	17.3	1.3	7.5	–
3	한화오션	36,200	110,922	43,329	89,675	5,410	111.0	20.5	2.6	12.5	–
4	삼성중공업	11,010	96,888	39,558	93,383	-988	140.6	-98.1	2.4	-2.5	–
5	HD현대마린솔루션	150,500	66,897	6,345	–	–	14.9	–	10.5	–	1.7
6	HD현대미포	110,000	43,936	20,033	42,261	-722	26.6	-60.9	2.2	-3.6	–
7	한화엔진	15,000	12,517	3,417	10,458	227	65.4	55.1	3.7	6.6	–
8	HD현대마린엔진	19,700	6,683	2,383	2,962	419	39.0	16.0	2.8	17.6	–
9	한국카본	11,040	5,731	4,592	7,346	-97	27.0	-58.8	1.2	-2.1	1.0
10	현대힘스	14,610	5,169	2,264	2,144	134	32.1	38.5	2.3	5.9	–
11	STX엔진	20,200	4,648	2,746	6,628	251	118.9	18.5	1.7	9.1	–
12	세진중공업	7,210	4,099	1,777	3,595	94	134.5	43.6	2.3	5.3	2.8
13	동성화인텍	11,550	3,464	1,736	5,384	300	24.5	11.5	2.0	17.3	2.2
14	인화정공	23,250	2,236	2,500	1,080	487	49.7	4.6	0.9	19.5	9.7
15	오리엔탈정공	3,880	1,768	954	1,800	130	55.4	13.6	1.9	13.6	1.3
16	케이에스피	4,370	1,756	639	849	166	43.4	10.6	2.7	25.9	0.2
17	케이프	5,180	1,601	2,093	5,077	192	75.7	8.3	0.8	9.2	5.8
18	대양전기공업	12,350	1,182	2,337	1,786	136	0.1	8.7	0.5	5.8	–
19	한라IMS	6,900	1,181	1,655	852	103	7.2	11.5	0.7	6.2	4.3
20	일승	3,400	1,045	356	461	11	76.9	96.8	2.9	3.0	–

조선

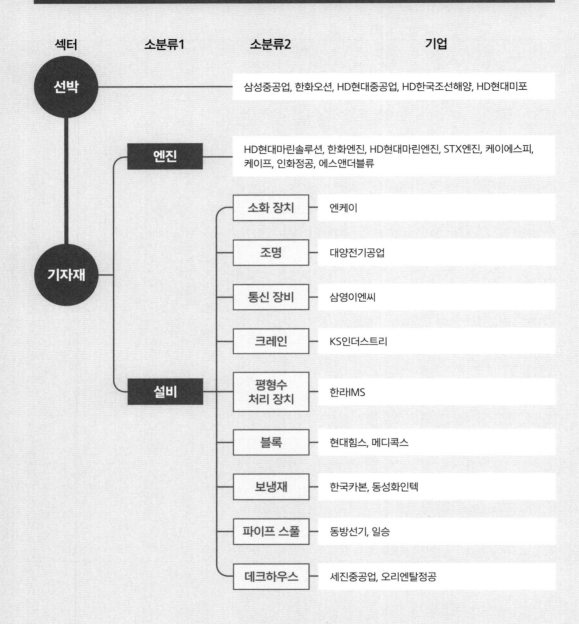

섹터	소분류1	소분류2	기업
선박			삼성중공업, 한화오션, HD현대중공업, HD한국조선해양, HD현대미포
기자재	엔진		HD현대마린솔루션, 한화엔진, HD현대마린엔진, STX엔진, 케이에스피, 케이프, 인화정공, 에스앤더블류
	설비	소화 장치	엔케이
		조명	대양전기공업
		통신 장비	삼영이엔씨
		크레인	KS인더스트리
		평형수 처리 장치	한라IMS
		블록	현대힘스, 메디콕스
		보냉재	한국카본, 동성화인텍
		파이프 스풀	동방선기, 일승
		데크하우스	세진중공업, 오리엔탈정공

통신 업종 24

통신 업종은 '사업자, 장비, 솔루션, 컨택센터'의 4개 섹터로 구성했다.

업종 분류

업종	섹터	종목 수	소분류
통신	사업자	4	
	장비	41	유선, 무선, 위성, 기타
	솔루션	6	
	컨택센터	6	

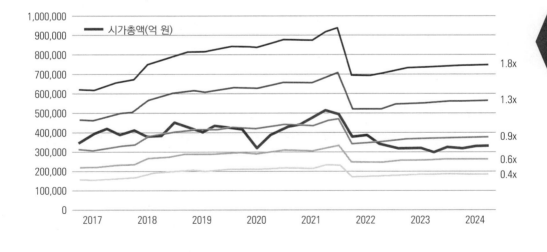

보릿고개를 맞은 통신 장비 제조사

케이엠더블유는 무선 통신 장비 중 RRH 부품을, 에이스테크는 RF와 안테나를 제조하는 상장기업이다. 2024년 두 기업에 심상치 않은 분위기가 감돈다. 에이스테크는 자본잠식 위기에 처하며 전환사채 등 자금 수혈에 분주하고, 케이엠더블유는 구조조정에 나선 것이다.

에이스테크는 2024년 2분기 기준 총자산 2,410억 원 대비 (지배지분)자본금이 65억 원에 불과하다. 당기순손실이 누적되어 자본 항목인 이익잉여금에서 1,047억 원이 차감되었다. 2024년 2분기의 당기순손실 121억 원을 감안하면 자본잠식을 피하기 어려워 보인다. 케이엠더블유 역시 지속된 적자 누적과 영업 환경 악화에 따라 인원 감축과 공장의 해외 이전 등을 모색하고 있다.

케이엠더블유는 2021년부터 2023년까지 3년 연속 적자를 냈고, 에이스테크는 2019년부터 5년 연속 적자에 허덕이고 있다. 반면에 무선 장비 중 중계기를 제조하는 쏠리드는 2020년 한 해를 제외하고는 안정적인 흑자를 내고 있다. 왜 이런 일이 발생할까?

우리나라는 2018년 5G 주파수 할당을 시작으로 2019년 인프라 투자를 개시했다. 이에 따라 통신 업종이 2019년 가장 핫한 업종으로 떠오르며 일

[표 3-62] 무선 통신 장비 3사의 당기순이익(2018~2023)

(단위: 억 원)

	2018	2019	2020	2021	2022	2023
케이엠더블유	-313	1,037	266	-37	-267	-653
에이스테크	31	-92	-831	-317	-301	-789
쏠리드	91	57	-115	239	298	409

명 '10루타'(주가 10배 상승) 주식이 등장했다. 그 종목이 케이엠더블유와 에이스테크다.

5G를 실현하기 위해서는 전국 곳곳에 무선 장비를 촘촘하게 설치해야 하며 RF와 RRH, 안테나 등이 대표적이다. 두 기업은 해당 부품을 제조한다. 주식시장의 기대와 달리 위 기업들의 2019년 실적은 상이했는데 케이엠더블유만 어닝서프라이즈를 달성했을 뿐, 에이스테크는 오히려 적자로 전환했고 쏠리드는 순이익이 전년보다 감소했다. 케이엠더블유는 2019년 10배 상승 주식에 등극했고, 에이스테크와 쏠리드는 실적은 감소했지만 주가는 오히려 상승했다.

통신 기업들의 주가 상승은 2020년이 하이라이트다. 2020년은 코로나19로 전 세계가 봉쇄되고 산업 전반이 붕괴할 위기에 처해 있었다. 그러나 통신 기업들의 주가는 사상 최고의 상승률을 보였다. 에이스테크는 5,000원

[그림 3-94] 통신 업종의 이벤트와 케이엠더블유 주가(2018~2024)

대에서 3만 원대로, 쏠리드는 4,000원대에서 1만 2,000원대로 상승하는 기염을 토했다. 그러나 실적은 최악을 기록했다. 에이스테크는 831억 원이라는 사상 최대의 적자를 냈고, 쏠리드 역시 115억 원 적자로 전환했다.

실적과 주가가 상반된 움직임을 보인 것은 다름 아닌 성장에 대한 기대감 때문이었다. 2020년은 미국 시장이 통신 업종의 최대 화두였다. 중국 최대 통신 기업 화웨이에 대한 제재를 시작으로 중국 기업의 미국 진출이 금지되었고, 미국이 5G 주파수 경매를 개시했다. 이에 따라 삼성전자 네트워크 사업부가 화웨이의 빈자리를 차지하고 한국 통신 장비 기업들에 수혜가 집중될 것이라는 기대감이 한층 고조되며 주가 상승으로 나타난 것이다.

그러나 2021년에 통신 업종의 보릿고개가 시작되었다. 2020년 미국 시장 개화에 따른 기대감은 한국 통신 기업들의 실적으로 연결되지 않았고, 국내에서도 5G시장이 성숙 단계에 접어들어 수요 감소에 직면한 것이다. 2024년 기준 국내 5G 침투율이 70%에 접근했고, 5G 설비 투자에 나섰던 통신사들은 투자를 멈추고 이익 회수기를 맞고 있다.

세계에서 가장 큰 시장인 미국과 인도는 통신 장비 투자의 기대감이 여전하다. 그럼에도 불구하고 삼성전자를 비롯한 한국 통신 장비 기업들에 온기가 전해지고 있지 않다. 삼성전자 네트워크 사업부는 2020년부터 2022년까지 매출액 증가율이 매년 두 자릿수였지만 2023년에는 전년 대비 30% 가까이 급감했다. 인력 재배치 등 구조조정에 나서서 성장 기대감이 사라진 것을 확인할 수 있다.

5G를 대체하는 차세대 통신 6G는 2028년이나 2030년 도입될 것으로 예측한다. 향후 4~5년 이상 신규 설비 투자를 기대하기 어려운 영업 환경이다. 국내 통신 장비 기업들의 규모와 글로벌 기업과의 기술 격차를 감안하면, 글로벌 통신 수요를 통해 활로를 모색하는 것 역시 만만치 않아 보인다.

그러나 이러한 보릿고개를 극복하는 쏠리드와 같은 예외적인 기업도 있다. 쏠리드는 2021년부터 타 기업과 달리 안정적인 흑자를 거두고 있고, 2023년에는 큰 폭의 이익 성장을 기록했다. 유럽 시장 판로 개척에 나서 성과를 거두었고, 차세대 기술인 '오픈랜(O-RAN, 개방형 무선 접속망)' 사업을 진행하고 있다.

오픈랜은 소프트웨어로 이동통신 기지국을 구현하는 방식으로, 네트워크 장비의 제조사가 달라도 호환할 수 있게 해준다. 오픈랜이 실현되면 통신시장의 주도권이 장비 업체에서 소프트웨어를 소유한 통신사로 이동할 가능성이 농후하다. 그렇기 때문에 장비 업체들은 오픈랜 사업에 적극 대응하는 것이 필요한 시점이다. 6G는 오픈랜 기반이 될 것으로 추측되기 때문이다.

이익 회수기에 돌입한 통신 사업자

통신 사업자는 통신 세대가 바뀌면 이를 실현하기 위한 인프라 투자를 신규로 집행해야 한다. 통신사의 설비 투자는 당해 연도의 이익 성장을 가로막는다. 설비 투자에 따른 감가상각비가 매출원가에 포함되어 매출총이익률을 낮출 수 있기 때문이다.

그러나 통신사는 투자해야만 성장할 수 있다. 2018년 5G 주파수 할당을 시작으로 2019년부터 국내 통신 3사는 설비 투자를 본격화했다. 통신사의 설비 투자와 영업이익이 어떻게 움직였는지 비교해보자. [그림 3-95]에 'SK텔레콤, KT, LG유플러스'의 자본적지출(CAPEX)과 영업이익(연결)을 나타냈다.

이들의 자본적지출은 2018년 6조 1,181억 원에서 2019년 8조 8,832억 원으로 전년 대비 45%나 급증했고 이후 2023년까지 8~9조 원대를 유지했다. 다만 2023년에 전년 대비 크게 증가했는데, 클라우드와 데이터센터

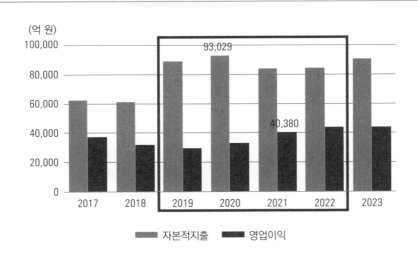

[그림 3-95] 통신 3사의 자본적지출과 영업이익(2017~2023)

(억 원)

93,029

40,380

자본적지출   영업이익

등의 투자가 합산된 점을 고려하면 5G 분야는 전년 수준을 유지했다고 생각된다.

이처럼 5G 도입을 위한 설비 투자가 증가하자 통신사의 영업이익이 주춤했다가 재차 회복하는 흐름을 나타냈다. 전년 대비 영업이익이 2019년에는 7.8% 감소했지만 이듬해인 2020년에 예전 수준을 회복했다. 2024년 기준 통신사는 5G 관련 설비 투자를 마무리하고 이익 회수 단계에 접어들었음을 확인할 수 있다. 차세대 통신인 6G가 개막할 때까지 통신사는 안정적인 이익을 거두어들일 것으로 전망된다.

2024년 기준 통신 업종에 투자를 고려한다면 통신 장비사보다는 통신사가 더욱 유망해 보인다. 통신 3사는 안정된 이익 회수로 높은 배당성향(40~70%)에 따른 배당수익을 기대할 수 있고, 주가도 PER 10배 미만이어서 주가 하락의 위험보다는 추가 상승을 기대할 수 있는 것이 장점이다.

통신 세대 5G

한국은 2018년 6월 18일 통신 3사에 5G 주파수를 할당하며 세계 최초 상용화의 축포를 쏘아 올렸다. 새로운 통신 세대의 시작을 알린 것이다. 통신 기술은 1984년 1세대로 불리는 음성 서비스를 시작한 이래 지금의 5G까지 발전을 거듭해왔다.

5G의 정식 명칭은 'IMT-2020'으로, 국제전기통신연합(ITU)에서 정의한 5세대통신규약이다. ITU가 정의한 5G는 최대 다운로드 속도가 20Gbps, 최저 다운로드 속도가 100Mbps인 이동통신 기술이다. 초고속·초저지연·초연결 등의 특징을 가지며 이를 토대로 가상·증강현실(VR·AR), 자율주행, 사물인터넷(IoT) 기술 등을 구현할 수 있다고 알려졌다. 특히 앞서의 CDMA(2세대), WCDMA(3세대), LTE(4세대)가 휴대폰과 연결하는 통신망에 불과했던 반면 5G는 휴대폰의 영역을 넘어 모든 전자 기기를 연결하는 기술이라는 특징이 있다.

국내 5G 주파수 대역은 3.5GHz의 중대역과 28GHz의 고주파 대역으로 나뉜다. 3.5GHz 대역은 28GHz에 비해 전파 도달 범위는 넓지만 속도가 LTE의 4~5배 수준이어서 28GHz에 비해 느리다. 반면 28GHz 대역은 LTE보다 20배가량 빠르지만 직진성이 강해서 산이나 건물 등 장애물을 통과할 때 손실률이 높으므로 이용 범위가 제한적이다. ITU의 표준 기준에 의한 세대별 특징 통신 기술을 정리하면 [표 3-63]과 같다.

새로운 통신 세대를 도입하면 엄청난 규모의 통신 장비 교체 수요가 촉발되어 통신 장비 제조사의 부흥을 이끈다. 3G에서 4G로 넘어올 때처럼 5G도 순차적으로 도입된다. 5G는 3.5~28GHz의 고주파 대역을 활용하기 때문에 기지국 등의 통신 장비를 4G보다 촘촘하게 구축해야 한다. 고주파는 직진성이 강해서 산이나 건물 등의 장애물을 만나면 끊길 가능성이 높

[표 3-63] 통신 세대별 주요 특징

세대	도입 연도	내용
1G	1984년	음성 서비스
2G	1996년	문자 메시지
3G	2002년	사진, 동영상 송수신
4G	2011년	속도 향상
5G	2019년	초고속, 초연결

기 때문이다. 그래서 무선기지국의 RRH, 스몰셀, 빌딩과 실내 공간 등의 중계기 수요가 급증했고 전국 통신망에 우선 설치되었다. 이러한 무선 기지국 장비뿐 아니라 유선통신 장비도 교체해야 한다. 기지국에서 유선통신인 서버(통신국사)를 거쳐야 하기 때문이다.

통신망과 제조사

통신 장비 제조사를 살펴보려면 통신망 구조에 대한 이해가 필요하다. 통신망은 '무선망, 네트워크망, 가입자망'으로 연결되며 각 망 사이를 무선과 유선통신이 교차한다. 통신은 네트워크망인 통신국사에서 무선망과 가입자망으로 전달된다. 무선망에는 무선통신 장비가 설치되는데 안테나, 전력 증폭기, RRH, 스몰셀, 중계기 등이 해당한다.

전력 증폭기는 전파 도달 거리가 짧은 고주파의 신호를 증폭하는 부품이고, 중계기는 빌딩과 지하 등 신호 전달이 어려운 장소에 신호를 연결하는 장비다. 유선망에는 유선통신 장비가 설치되는데 광전송과 네트워크 장비

[그림 3-96] 통신망의 구조

가 여기 해당한다. 광전송 장비는 광케이블을 비롯해 전기 신호를 광신호로 바꾸는 광트랜시버 등을 포함한다. 네트워크 장비는 서로 다른 네트워크를 연결하고 정보를 주고받는 장비이며 라우터와 스위치 등이 대표적이다. 이 시장은 글로벌 기업인 시스코(Cisco)가 전 세계의 70% 가까이를 독점하고 있다. 계측기는 통신 장비 설치 과정에 사용한다.

5G 도입 첫해에 통신 사업자의 수주가 집중되었고 통신 장비 제조사의 실적이 크게 증가했다. 통신 장비 제조사는 수주가 지연되거나 한꺼번에 몰리는 등 수주에 따른 실적 변동성이 매우 커서, 일시적 인기에 편승해 움직이는 테마주처럼 주가 변동성도 크다. 따라서 각 기업의 고유 장점을 확인하고 실제 수주로 연결될 가능성이 있는지 점검해야 한다.

그리고 통신 세대 변화에 따른 설비 투자 수요에 의해 매출과 이익이 특정 시기에 발생한다. 설비 투자 수요가 마무리되면 한동안 매출 감소를 감내해야 한다. 그러므로 통신 장비 제조사에 투자를 결정한다면 어려운 시기를 감당할 재무적 체력과 기술적 경쟁력을 지닌 기업을 찾는 것이 좋다.

시가총액 상위 20개 종목의 지표 현황

연번	종목	주가 (원)	시가총액 (억 원)	자본총계 (억 원)	매출액 (억 원)	순이익 (억 원)	차입금 비율 (%)	PER (배)	PBR (배)	ROE (%)	배당수익률 (%)
1	SK텔레콤	56,400	121,142	117,796	178,269	11,643	143.2	10.4	1.0	9.9	6.3
2	KT	41,100	103,581	171,144	265,860	10,873	71.9	9.5	0.6	6.4	4.8
3	LG유플러스	9,950	43,443	86,232	144,726	5,526	93.4	7.9	0.5	6.4	6.5
4	인텔리안테크	54,200	5,817	2,674	2,715	-34	50.6	-172.7	2.2	-1.3	0.2
5	쎄트렉아이	49,600	5,432	2,191	1,418	421	9.1	12.9	2.5	19.2	0.3
6	RFHIC	14,000	3,708	3,111	1,080	420	29.0	8.8	1.2	13.5	0.7
7	케이엠더블유	8,860	3,528	1,533	814	-566	40.3	-6.2	2.3	-36.9	-
8	쏠리드	5,000	3,055	2,947	3,256	492	34.2	6.2	1.0	16.7	1.0
9	AP위성	15,200	2,293	979	585	146	0.2	15.7	2.3	14.9	0.5
10	자람테크놀로지	32,150	1,993	371	193	14	5.0	142.1	5.4	3.8	-
11	광무	3,445	1,895	2,561	161	1,294	3.0	1.5	0.7	50.5	-
12	인스코비	1,462	1,745	267	1,050	-454	101.4	-3.8	6.5	-170.3	-
13	효성ITX	12,650	1,462	717	5,035	137	36.0	10.7	2.0	19.0	5.9
14	유비쿼스	13,830	1,417	1,657	1,241	217	0.8	6.5	0.9	13.1	3.7
15	다산네트웍스	3,580	1,414	2,873	1,842	-176	52.5	-8.1	0.5	-6.1	-
16	이노와이어리스	18,220	1,385	1,582	1,698	26	19.3	52.4	0.9	1.7	1.9
17	KTcs	2,980	1,272	1,835	11,480	35	31.2	36.8	0.7	1.9	3.4
18	에이스테크	950	1,207	66	1,204	-575	2,303.3	-2.1	18.3	-873.0	-
19	에치에프알	9,060	1,206	1,538	1,594	-232	48.3	-5.2	0.8	-15.1	2.4
20	오이솔루션	10,820	1,150	937	361	-341	36.2	-3.4	1.2	-36.4	0.9

통신

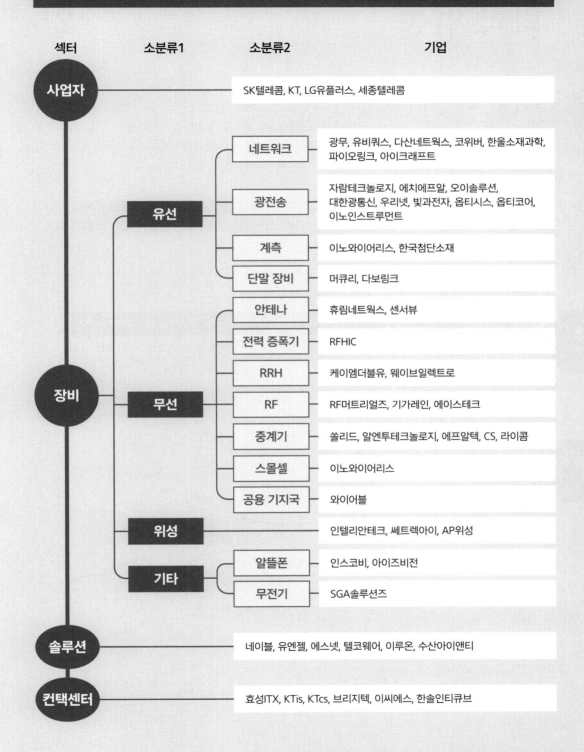

섹터	소분류1	소분류2	기업
사업자			SK텔레콤, KT, LG유플러스, 세종텔레콤
장비	유선	네트워크	광무, 유비쿼스, 다산네트웍스, 코위버, 한울소재과학, 파이오링크, 아이크래프트
		광전송	자람테크놀로지, 에치에프알, 오이솔루션, 대한광통신, 우리넷, 빛과전자, 옵티시스, 옵티코어, 이노인스트루먼트
		계측	이노와이어리스, 한국첨단소재
		단말 장비	머큐리, 다보링크
	무선	안테나	휴림네트웍스, 센서뷰
		전력 증폭기	RFHIC
		RRH	케이엠더블유, 웨이브일렉트로
		RF	RF머트리얼즈, 기가레인, 에이스테크
		중계기	쏠리드, 알엔투테크놀로지, 에프알텍, CS, 라이콤
		스몰셀	이노와이어리스
		공용 기지국	와이어블
	위성		인텔리안테크, 쎄트렉아이, AP위성
	기타	알뜰폰	인스코비, 아이즈비전
		무전기	SGA솔루션즈
솔루션			네이블, 유엔젤, 에스넷, 텔코웨어, 이루온, 수산아이앤티
컨택센터			효성ITX, KTis, KTcs, 브리지텍, 이씨에스, 한솔인티큐브

화학 업종　　　　　　　　　　　　　　　　　　　　25

화학 업종은 'NCC, 방향족 제품'의 32개 섹터로 구성했다. 화학 업종은 원재료에서 제품까지 공급사슬로
이어지는 대표적 업종이다. 따라서 공급사슬의 흐름에 맞춰 섹터를 구분하고 각 섹터는 제품별로 추가 분
류했다. 화학 업종에 속한 기업의 공급사슬 내 위치, 원재료와 제품의 특성 등을 드러내는 데 효과적이다.
화학 분야의 전문 지식이 없더라도 공급사슬을 따라가면 특정 제품이 화학 업종에서 어떤 위치에 있고 어
떤 역할을 하는지 대략 파악할 수 있다.
화학 업종의 기업 대부분은 단일 제품이 아니라 다양한 제품을 생산한다. 소분류의 '에틸렌'과 같은 하나
의 제품으로 기업을 분류하기가 어려우므로, 각 기업의 생산 제품 중 매출액 비중이 높거나 대표적이라고
판단하는 제품에 연결했고, 여러 제품에 중복 분류한 기업도 다수 있다.

**업종
분류**

업종	섹터	종목 수	소분류
화학	NCC	8	종합, 정유, 에틸렌, 프로필렌, C4혼합물
	방향족	12	종합, 벤젠, 톨루엔, 자일렌
	제품	68	제품, 정밀화학, 유통

**PBR
밴드**

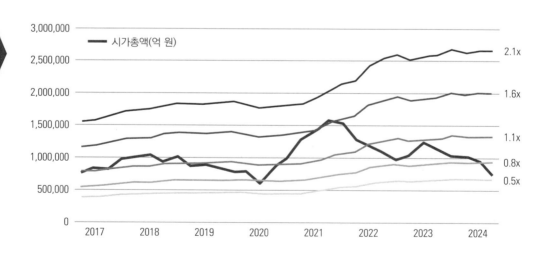

공정별 공급사슬

화학 업종은 원유를 정제해 얻은 나프타를 이용해 합성섬유, 합성수지, 합성고무 등의 화학제품을 만드는 분야다. 화학제품은 종류가 다양하므로 특성을 이해하려면 제조 과정을 이해해야만 한다. 화학제품 제조 공정은 '원유 – 나프타 – 기초유분 – 중간 원료 – 화학제품'으로 이어지는 공급사슬로 구성된다. 그럼 공급사슬을 분석해보자.

화학제품은 최초의 원재료로 원유를 사용한다(가스나 석탄을 사용하기도 하지만 여기서는 원유를 대상으로 설명한다). 원유를 가열하면 끓는점에 따라 여러

[그림 3-97] 화학 업종의 공정별 공급사슬

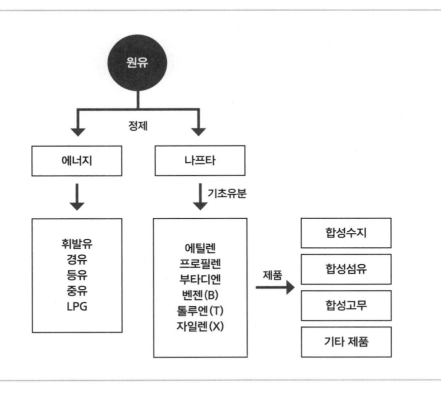

제품을 얻는데 이를 정제 공정이라 한다. 이 공정에서 에너지원으로 사용하는 휘발유, 등유, 경유, 중유와 나프타를 얻는다. 나프타를 고온으로 분해해 탄화수소 계열(에틸렌, 프로필렌, 부타디엔, 벤젠, 톨루엔, 자일렌)의 기초유분을 얻는다. 최종으로 기초유분을 활용해 합성수지와 합성고무, 합성섬유, 기타 화학제품을 만든다. 그럼 각 공정을 세부적으로 알아보자.

정제(정유사)

원유에서 나프타와 휘발유, 경유, 중유, 등유 등의 제품을 얻는 과정이다. 원유는 중동, 미국, 북유럽 등에서 생산되므로, 정제 공정을 수행하는 기업은 선박으로 원유를 수입, 운반해 와서 국내 설비를 이용해 정제한다. 이처럼 원유를 정제하는 기업을 정유사라 부른다.

2024년 기준 상장 정유사로는 'SK이노베이션(SK에너지), S-Oil, HD현대(비상장 자회사 현대오일뱅크), GS(비상장 자회사 GS칼텍스)'가 있다. 정유사의 이익은 정제 제품 가격에서 원유 수입 가격과 정제 비용을 차감한 것이며 이를 정제 마진이라 한다.

정제 제품의 40%는 벙커C유로 가격이 다른 제품에 비해 매우 낮다. 30℃ 정도에서도 굳고, 황을 많이 함유하며, 주로 선박유로 사용된다. 벙커C유는 IMO 2000에 의해 규제가 강화되면서 사용에 제약이 많아졌다. 그래서 정유사는 정제 마진이 적고 사용 규제가 큰 벙커C유를 휘발유나 경유 등 고부가가치 제품으로 만들어 활로를 모색한다. 이러한 재처리 시설을 고도화 설비라 한다. 정유사가 고도화 설비를 갖추어 가격이 낮은 벙커C유 판매량을 줄이고 고부가가치 제품 판매량을 늘리면 정제 마진이 향상된다. 고도화 설비에 따른 정제 마진은 [표 3-64]와 같이 구분하며, 국내 정유사는 싱가포르 복합 정제 마진을 기준으로 삼는다.

정유사의 이익은 정제 마진에 의해 결정되고, 정제 마진은 원재료인 유

[표 3-64] 정제 마진의 종류

종류	내용
단순 정제 마진	벙커C유, 휘발유, 등유, 경유 등의 평균 가격과 원유 가격의 차이
크랙 마진	고도화 설비를 통해 벙커C유를 휘발유, 경유 등으로 뽑으면서 발생하는 가격의 차이
복합 정제 마진	최종 제품 가격과 원유 가격의 차이

가에 직접적인 영향을 받는다. 유가가 상승하면 정제 마진이 확대될 뿐 아니라 유류 비축분의 재고 자산 평가 이익이 발생한다. 이미 보유 중인 원유에서 상승한 가격만큼의 이익이 발생하는 것이다.

기초유분(석유화학 기업)

이 공정은 나프타를 이용해 에틸렌, 프로필렌, 부타디엔, 벤젠, 톨루엔, 자일렌 등의 기초유분을 얻는 것으로, 나프타 분해 설비(Naphta Cracking Center, NCC)와 방향족 설비를 갖추어야 한다.

기초유분 중 '에틸렌, 프로필렌, 부타디엔'은 올레핀계로, '벤젠(B), 톨루엔(T), 자일렌(X)'은 방향족계(아로마틱)로 부른다. 기초유분은 합성수지, 합성섬유, 합성고무, 기타 화학제품의 원재료로 사용된다. 이를 제조하는 상장기업은 '롯데케미칼, LG화학, SK이노베이션, S-Oil, 대한유화'로 위 제품을 고루 생산한다.

기초유분은 가스와 석탄에서도 생산하지만, 나프타를 이용한 NCC 설비는 가스와 석탄에 비해 다양한 제품을 생산한다. 미국의 가스를 이용하는 ECC(Ethanol Cracking Center) 설비는 에틸렌 생산량이 많다. 석탄과 메탄올을 이용한 CTO/MTO(Coal/Methanol to Olefin) 설비는 중국에서 가동되며 환경 오염 우려가 크다. 원료에 따른 기초유분 생산량을 정리하면

[표 3-65] 원료에 따른 기초유분 생산량

	원재료	기초유분			
		에틸렌	프로필렌	부타디엔	벤젠, 톨루엔, 자일렌
NCC	나프타	31%	16%	10%	23%
ECC	가스	75%	2%	3%	5%
CTO/MTO	석탄/메탄올	50%	50%	생산 불가	

[표 3-66] 원재료에 따른 제품과 기업 분류

원재료	제품	제조사
원유	나프타, 휘발유, 경유, 등유, 중유, LPG	SK이노베이션, S-Oil, GS칼텍스(비상장), 현대오일뱅크(비상장)
나프타	에틸렌, 프로필렌, 부타디엔, 벤젠, 톨루엔, 자일렌	LG화학, SK이노베이션, S-Oil, 롯데케미칼, 대한유화

[표 3-67] NCC와 방향족 구분

종류	원재료	제품	
정유	원유	나프타, 휘발유, 경유, 등유, 중유, LPG	
석유화학	나프타	NCC	에틸렌, 프로필렌, 부타디엔
		방향족	벤젠, 톨루엔, 자일렌

[표 3-65]와 같다. 원재료에 따른 제품과 제조 기업 현황은 [표 3-66]에 정리했다.

기초유분은 모노머와 폴리머의 중간 제품 과정을 거쳐 합성수지, 합성섬유, 합성고무, 기타 화학제품으로 탄생한다. 기초유분 제조 기업의 이익은 원재료인 나프타와 제품인 기초유분의 가격 차이에서 발생하므로 이들 가격 스프레드를 잘 살펴야 한다.

제품별 공급사슬

    화학 공정을 이해하려면 단계별 공급사슬뿐 아니라 제품별 공급사슬도 알아야 한다. 화학 기업은 제품별로 각기 다른 공급사슬을 형성하기 때문이다. 화학제품에는 플라스틱 등으로 대표되는 합성수지, 합성섬유, 합성고무가 있고 이 외에 접착제, 도료, 염료, 농약, 비료, 의약품 등이 있다. 이들 제품은 각기 원재료가 다르니 제품별 공급사슬을 알아보자

합성수지
    합성수지는 기초유분을 사용해 만들어지며 플라스틱으로 많이 알려져 있다. 플라스틱은 열이나 압력을 가해 성형이 가능한 고분자 화합물로 제

[그림 3-98] 합성수지 공급사슬

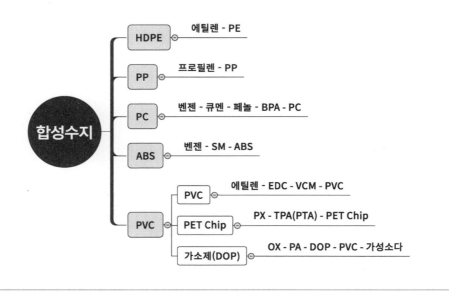

품명은 PE, HDPE, PP, PC, ABS, PVC, PET 칩 등이다. 가소제(DOP)는 딱딱한 플라스틱에 유연성을 주어 성형하기 쉽도록 첨가하는 물질로서 롯데정밀화학과 한화케미칼이 생산한다. PET 칩의 원재료인 PX는 합성수지뿐 아니라 합성섬유의 주요 원재료다.

각 제품의 공급사슬 맨 앞단에 있는 것이 원재료이고, PC와 PVC처럼 중간 가공 공정을 수차례 걸치는 제품들은 연결 고리 앞뒤가 원재료와 제품에 해당한다.

합성섬유

합성섬유는 화합물을 합성해 만든 인조섬유이며 나일론과 아크릴, 폴리에스터, 스판덱스가 가장 많이 사용된다. 각 합성섬유는 원재료가 다르므로 해당 공급사슬을 알아야 원재료와 제품의 관계를 이해할 수 있다.

나일론은 의류 소재 중 가장 가볍고 부드러우며 광택이 풍부해 스타킹,

[그림 3-99] 합성섬유 공급사슬

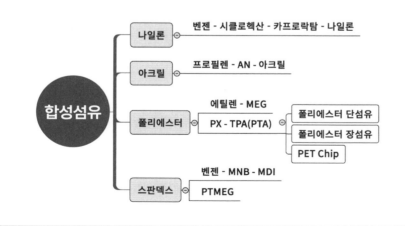

넥타이, 벨트, 가방 등에 사용된다. 카프로락탐을 원재료로 하는데 국내에서 카프로락탐을 생산하는 기업은 카프로가 유일하다.

폴리에스터는 에틸렌계의 MEG와 방향족인 PX(파라자일렌)계의 TPA를 합성해 생산한다. 신축성은 없지만 구김이 없고 빠르게 마르는 특성이 있어 의류 대부분에 사용된다.

스판덱스는 폴리우레탄 계열의 섬유로 신축성이 뛰어나 운동복, 속옷, 청바지 등에 사용된다.

합성고무

합성고무 제품인 BR과 SBR, 라텍스 등은 나프타에서 추출한 C4유분(탄소가 4개인 유분)에서 다시 부타디엔을 추출해 생산한다.

부타디엔은 NCC 설비를 갖춘 롯데케미칼, 대한유화, LG화학, 여천 NCC(비상장) 등에서 추출하고, BR과 SBR, 라텍스 등의 합성고무는 금호석유가 주력 기업이다.

[그림 3-100] 합성고무 공급사슬

화학 업종을 분석하는 기술

화학 업종은 앞에서 보았듯이 단계별, 제품별 공정이 복잡하게 얽혀 있어 이해하기가 쉽지 않다. 길을 제대로 찾지 않으면 헤매기 십상이고 잘못된 결론에 이를 수도 있다. 화학 업종에 투자하기 위해서는 다음 사항에 유의해야 한다.

첫째, 수요와 공급을 파악한다. 화학 공장을 대규모로 증설한다거나 정기 보수에 들어갔다거나 하는 뉴스는 화학 제품의 수요와 공급이 변화함을 의미한다. 제품 가격에도 영향을 미치는 이 변화를 제대로 추적하지 못하면 투자가 어려워진다. 석유화학의 대표 제품인 에틸렌의 경우, 한국은 비산유국임에도 세계 4위 생산 능력, 시장점유율 6.2%로 1990년 말부터 석유화학 순수출 국가로 거듭났다.

석유화학 부문 최대 공급 국가는 미국과 중국이니 이들의 공급량 변화에 주목해야 한다. 특히 사우디는 석유화학 부문을 확장하기 위해 설비 증설

[그림 3-101] 에틸렌 국가별 생산 능력(2021년 기준)

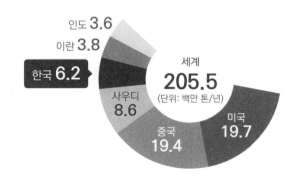

인도 3.6
이란 3.8
한국 6.2
사우디 8.6
중국 19.4
미국 19.7
세계 205.5
(단위: 백만 톤/년)

자료: 한국석유화학협회

을 추진 중이다. 석유화학 공급량을 늘린다는 신호다. 중국은 공급뿐만 아니라 수요도 가장 많다. 최근에는 인도가 중국을 추월할 만큼 수요가 폭발하고 있다. 중국과 인도, 사우디의 공급량에 주목하고 중국과 인도의 수요 변화를 체크해야 한다.

둘째, 단계별·제품별 공급사슬과 가격 스프레드를 확인한다. 앞에서 보았듯이 각 화학제품은 원재료가 다르고 전방산업이 다르다. 합성섬유와 합성수지는 같은 화학제품이지만 수요처가 전혀 다르다. 따라서 원재료와 제품의 가격과 수요·공급이 다르게 움직인다.

셋째, 기업마다 매출 비중이 높은 제품을 확인한다. 정유사와 NCC는 생산 제품이 많으니 이들 가운데 주력 부문이 무엇인지를 살펴야 한다. S-Oil은 '정유, 윤활, 석유화학' 부문을 영위하고 있지만 2024년 2분기 기준 정유 부문이 78.9%로 대부분을 차지한다. 따라서 S-Oil은 원유를 정제해 석유제품을 판매하는 정유사로 규정할 수 있고, 원유 가격이 영업이익에 중요한 변수다. 하지만 석유화학 부문이 비중은 12.8%로 작지만 매출액이 2조 4,000억 원으로 국내 석유화학 산업에 영향력이 있다고 판단되므로, 업종 지도에는 '나프타'와 '방향족'에도 표기했다.

넷째, 1위 또는 독점적 지위를 가진 기업에 주목하는 것이 좋다. 예를 들면 SK케미칼의 PETG, 애경케미칼의 PA, 카프로의 카프로락탐, 효성티앤

[표 3-68] S-Oil의 사업 부문(2024년 2분기)

	정유 부문	윤활 부문	석유화학 부문	합계
주요 제품	휘발유, 경유, 항공유 등	윤활기유, 윤활유 등	방향족, 올레핀계 제품	-
매출액(%)	14,896,219백만원 (78.9%)	1,577,831백만 원 (8.3%)	2,405,277백만 원 (12.8%)	18,879,327백만 원 (100.0%)

자료: S-Oil 사업보고서

[그림 3-102] 롯데케미칼의 주가(2014~2024)

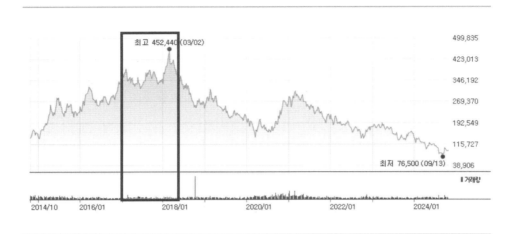

씨의 스판덱스, 국도화학의 에폭시 등이 그렇다. 독점적 지위의 기업은 업황이 좋을 때 큰 이익을 거둔다. 화학 기업들은 하나의 제품이 아니라 다양한 제품을 생산하기 때문에 주요 제품을 확인하는 것이 필요하다. 업종 지도는 주요 제품 비중이 높은 곳에 기업을 연결했다.

다섯째, 화학 업종은 경기 순환 업종이니 고PER 전략을 사용할 것을 권한다. PER이 높거나 영업이익이 적자일 때 매수하고 PER이 낮을 때 매도하는 전략이다. 화학 업종은 불황이거나 실적이 최악일 때 PER이 높고 영업이익이 적자를 기록할 것이고, 업황이 최고조로 달아오르면 이익이 증가해 PER이 낮게 형성될 것이다. 즉 낮은 PER은 이익이 최고점이라는 신호로 해석하고, 높은 PER은 이익이 최악이라고 해석하는 방식이다.

롯데케미칼을 사례로 보면 2016~2018년에 주가 상승 추세를 이어가다가 최고점을 기록했다. 하지만 PER은 10배 미만의 낮은 수준에 그쳤다. 반면 2022~2024년에는 주가 하락 추세가 이어졌지만 PER은 70배 이상으로 높아졌고 영업이익은 적자를 기록했다.

[표 3-69] 롯데케미칼의 PER과 영업이익(2015~2023)

	PER(배)		영업이익 (억 원)
	최저	최고	
2015	4.9	10.3	16,111
2016	4.5	6.8	25,443
2017	4.9	6.3	29,297
2018	5.5	10.2	19,462
2019	10.0	15.7	11,073
2020	25.1	61.9	3,569
2021	5.1	8.4	15,356
2022	79.3	127.8	-7,626
2023	N/A	N/A	-3,477

2016~2018년의 저PER와 2022~2023년의 고PER는 당기순이익 증감에 따른 것이다. 2015~2017년에는 영업이익이 증가했고, 2022~2023년에는 영업이익이 적자였다. 주식시장이 영업 실적 증가를 확인하자 주가도 덩달아 상승했지만, 이익 증가 속도가 더 빨라서 PER이 오히려 낮아졌다.

따라서 화학 업종은 주식시장의 오랜 격언인 '전망이 가장 어두울 때 매수'를 고려해야 한다. 하지만 이 또한 쉽지만은 않다. 왜냐면 언제 흑자로 전환할지 기약할 수 없기 때문이다. 쉬운 방법은 흑자 전환을 확인하고 주가가 상승 추세로 전환한 후 투자하는 것이다.

여섯째, 화학 업종은 장기 투자 전략에 맞지 않는다. 장기적으로 이익이 우상향하는 분야가 아니기 때문이다. 앞에서 보았듯이 경기 순환 업종은 매출액과 이익이 순환한다. 장기 우상향하는 성장형 산업이 아니다. 주가도 이러한 순환에 따라 변동하므로, 단지 주가의 수준만 보고 매수하면 크게 후회할 일이 생길 수 있다.

롯데케미칼의 경우 장기 보유하기로 맘먹고 2014년 12만 원대에 매수했다면 10년이 지난 2024년 주가는 8만 원대로 큰 손실을 기록했을 것이다. 화학 업종은 경기 순환에 따라 적절한 시점에 매수와 매도를 실행하는 전략이 성공적일 수 있다.

S-Oil과 롯데케미칼의 실적이 다른 이유

유가 변동이 화학 업종의 기업에 미치는 영향은 저마다 다르다. 원유는 화학 업종의 첫 원재료지만 공정마다 수요와 공급, 원재료와 제품 등이 달라지기 때문이다. 유가가 오르면 원유를 정제하는 정유 기업의 이익은 증가한다. 정제 제품인 휘발유 등의 가격과 함께 나프타의 가격도 오른다. 이러한 가격 상승 흐름은 기초유분 등 중간 제품에 전가된다. 중간 제품을 원재료로 사용하는 페인트와 섬유 등 전방산업에 해당하는 기업의 수익성이 악화할 여지가 발생한다. 유가의 상승과 하락이 정유사와 기초유분 제조사, 화학제품 기업에 차별적인 영향을 미친다.

휘발유, 경유 등을 주요 제품으로 하는 정유사인 S-Oil(2024년 2분기 기준 78.9% 매출 비중)과 에틸렌, 프로필렌, 부타디엔 등을 주요 제품으로 하는 석유화학사인 롯데케미칼의 지난 실적을 비교하면 차이를 알 수 있다. [그림 3-103]에 두 기업의 2020~2023년 영업이익을 비교했다.

2021년을 제외한 기간의 영업이익이 정반대다. 2020년에 롯데케미칼이 영업이익 흑자일 때 S-Oil은 엄청난 적자였고, 2022년과 2023년에는 반대로 S-Oil이 흑자인 반면 롯데케미칼은 적자를 냈다. 차이는 왜 날까?

화학 산업의 첫 출발점인 유가를 살펴봐야 한다. 정유사는 원유를 대량

[그림 3-103] S-Oil과 롯데케미칼의 영업이익(2020~2023)

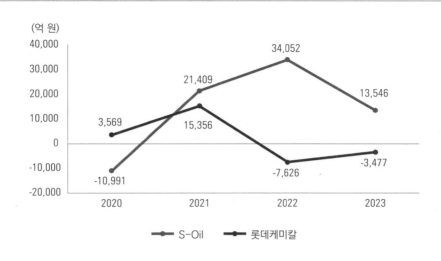

보유해서 재고자산으로 인식하고, 분기마다 가격 변동에 따라 '재고자산 평가손익'을 손익계산서에 반영한다. 따라서 유가는 정유사의 손익에 큰 영향을 미치는 주요 변수다. 2020년 S-Oil이 1조 원가량의 적자를 기록할 당시, 유가가 배럴당 60달러에서 15달러까지 떨어지는 유례없는 폭락 사태가 벌어졌다([그림 3-104] 참조). S-Oil의 적자는 유가 하락에 따라 재고자산 평가 손실이 커졌기 때문이다.

그러나 유가는 2021년에 상승 추세로 전환했고 2022년에 배럴당 123달러를 기록하는 상승장을 연출했다. 이때 S-Oil은 영업이익이 비교 기간 내 최대인 3조 4,000억 원을 달성했다. 즉 정유사인 S-Oil은 유가 등락에 동일한 방향으로 반응한다.

반면 석유화학 기업인 롯데케미칼은 이와 반대다. 유가가 최고점을 기록한 2022년, 롯데케미칼은 영업이익이 7,626억 원이라는 대규모 적자를 기

[그림 3-104] WTI 가격(2015~2024)

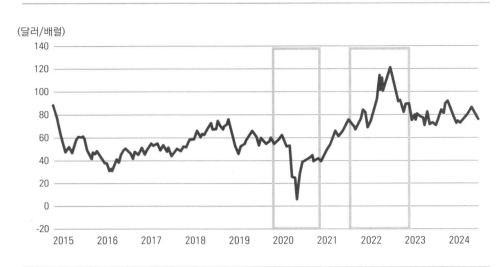

(달러/배럴)

자료: 농촌경제연구원

록했다. 롯데케미컬은 적자 이유를 사업보고서에 다음과 같이 밝혔다. "주원료인 납사, MX 가격의 상승과 석유화학제품의 수요 둔화 등으로 수익성이 악화되었습니다." 즉 원유 가격 상승이 정유사의 나프타 가격 상승으로 이어졌고, 나프타를 원재료로 하는 NCC 기업인 롯데케미칼에 제조원가 상승의 결과로 이어졌다. 게다가 제품의 수요 둔화까지 겹쳐 어려움이 증폭되었음을 알 수 있다.

석유화학 기업은 제품의 공급과 경기 흐름에 따른 수요에 민감하게 반응한다. 2024년 2분기 기준 유가는 70달러에서 60달러대로 하향 안정화되었음에도 롯데케미칼은 여전히 적자에 허덕이고 있다. 2020년 당시와 비교하면 영업이익이 안정화되어야 하지만 2023년 4분기부터 3분기 연속 적자였다. 중국 기업의 공급 과잉과 경기 침체에 따른 수요 감소 때문이다.

시가총액 상위 20개 종목의 지표 현황

연번	종목	주가 (원)	시가총액 (억 원)	자본총계 (억 원)	매출액 (억 원)	순이익 (억 원)	차입금 비율 (%)	PER (배)	PBR (배)	ROE (%)	배당수익률 (%)
1	LG화학	303,000	213,895	326,758	505,387	1,586	78.5	134.8	0.7	0.5	1.2
2	SK이노베이션	111,100	106,362	226,248	770,726	-360	152.8	-295.7	0.5	-0.2	-
3	S-Oil	59,300	66,762	90,085	377,088	8,508	70.5	7.8	0.7	9.4	2.9
4	SKC	127,100	48,131	13,848	15,252	-3,244	264.9	-14.8	3.5	-23.4	-
5	롯데케미칼	87,900	37,600	156,207	201,620	-2,769	75.5	-13.6	0.2	-1.8	4.0
6	금호석유	121,000	33,075	59,481	65,431	4,308	16.7	7.7	0.6	7.2	2.4
7	금양	41,400	24,033	1,595	1,527	-919	393.2	-26.2	15.1	-57.6	-
8	KCC	249,000	22,127	51,087	65,023	5,529	116.9	4.0	0.4	10.8	3.2
9	효성티앤씨	311,000	13,459	13,662	75,987	1,308	95.0	10.3	1.0	9.6	3.2
10	이수스페셜티케미컬	38,500	11,630	1,174	2,426	-36	116.3	-318.8	9.9	-3.1	-
11	롯데정밀화학	40,350	10,410	24,594	16,340	1,235	6.0	8.4	0.4	5.0	5.0
12	미원상사	198,800	9,443	3,913	4,271	594	0.0	15.9	2.4	15.2	1.0
13	HS효성첨단소재	209,000	9,363	7,141	32,288	301	261.4	31.1	1.3	4.2	3.1
14	코오롱인더	31,000	8,531	29,260	50,600	412	80.4	20.7	0.3	1.4	4.2
15	SK케미칼	46,000	7,937	21,635	18,078	394	71.8	20.2	0.4	1.8	1.4
16	TKG휴켐스	18,810	7,689	8,535	10,397	1,012	3.7	7.6	0.9	11.9	5.3
17	태광산업	660,000	7,348	38,204	22,198	168	2.6	43.7	0.2	0.4	0.3
18	미원에스씨	133,200	6,660	3,900	4,683	384	8.7	17.4	1.7	9.8	1.6
19	대한유화	97,600	6,344	18,112	27,434	58	10.8	109.8	0.4	0.3	1.0
20	PI첨단소재	18,010	5,289	3,299	2,403	190	38.8	27.8	1.6	5.8	-

화학 - NCC

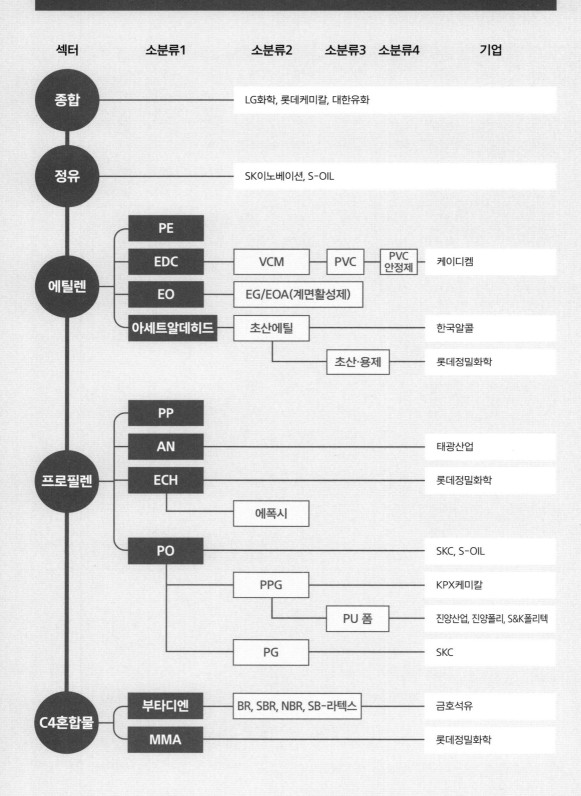

섹터	소분류1	소분류2	소분류3	소분류4	기업
종합					LG화학, 롯데케미칼, 대한유화
정유					SK이노베이션, S-OIL
에틸렌	PE				
	EDC	VCM	PVC	PVC 안정제	케이디켐
	EO	EG/EOA(계면활성제)			
	아세트알데히드	초산에틸			한국알콜
		초산·용제			롯데정밀화학
프로필렌	PP				
	AN				태광산업
	ECH				롯데정밀화학
		에폭시			
	PO				SKC, S-OIL
		PPG			KPX케미칼
			PU 폼		진양산업, 진양폴리, S&K폴리텍
		PG			SKC
C4혼합물	부타디엔	BR, SBR, NBR, SB-라텍스			금호석유
	MMA				롯데정밀화학

화학 - 방향족

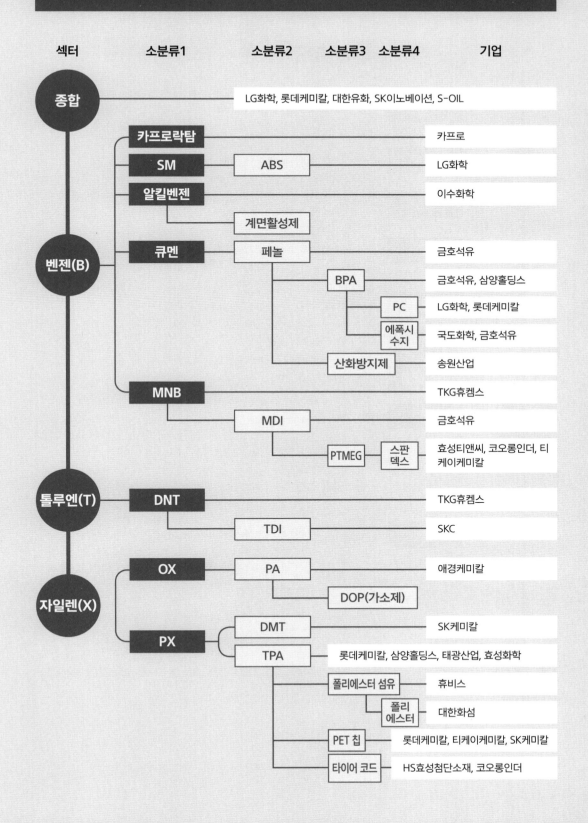

섹터	소분류1	소분류2	소분류3	소분류4	기업
종합					LG화학, 롯데케미칼, 대한유화, SK이노베이션, S-OIL
벤젠(B)	카프로락탐				카프로
	SM	ABS			LG화학
	알킬벤젠				이수화학
		계면활성제			
	큐멘	페놀			금호석유
			BPA		금호석유, 삼양홀딩스
				PC	LG화학, 롯데케미칼
				에폭시 수지	국도화학, 금호석유
			산화방지제		송원산업
	MNB				TKG휴켐스
		MDI			금호석유
			PTMEG	스판덱스	효성티앤씨, 코오롱인더, 티케이케미칼
톨루엔(T)	DNT				TKG휴켐스
		TDI			SKC
자일렌(X)	OX	PA			애경케미칼
			DOP(가소제)		
	PX	DMT			SK케미칼
		TPA			롯데케미칼, 삼양홀딩스, 태광산업, 효성화학
			폴리에스터 섬유		휴비스
				폴리에스터	대한화섬
			PET 칩		롯데케미칼, 티케이케미칼, SK케미칼
			타이어 코드		HS효성첨단소재, 코오롱인더

화학 - 제품

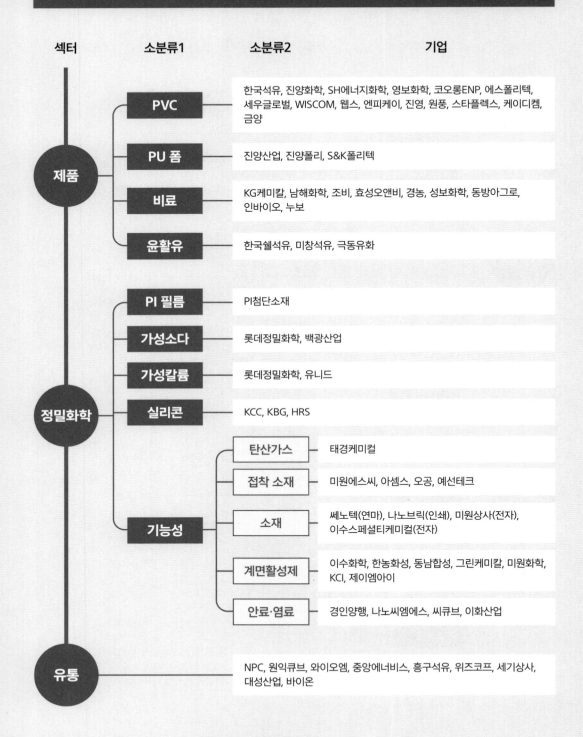

섹터	소분류1	소분류2	기업
제품	PVC		한국석유, 진양화학, SH에너지화학, 영보화학, 코오롱ENP, 에스폴리텍, 세우글로벌, WISCOM, 웹스, 엔피케이, 진영, 원풍, 스타플렉스, 케이디켐, 금양
	PU 폼		진양산업, 진양폴리, S&K폴리텍
	비료		KG케미칼, 남해화학, 조비, 효성오앤비, 경농, 성보화학, 동방아그로, 인바이오, 누보
	윤활유		한국쉘석유, 미창석유, 극동유화
정밀화학	PI 필름		PI첨단소재
	가성소다		롯데정밀화학, 백광산업
	가성칼륨		롯데정밀화학, 유니드
	실리콘		KCC, KBG, HRS
	기능성	탄산가스	태경케미컬
		접착 소재	미원에스씨, 아셈스, 오공, 예선테크
		소재	쎄노텍(연마), 나노브릭(인쇄), 미원상사(전자), 이수스페셜티케미컬(전자)
		계면활성제	이수화학, 한농화성, 동남합성, 그린케미칼, 미원화학, KCI, 제이엠아이
		안료·염료	경인양행, 나노씨엠에스, 씨큐브, 이화산업
유통			NPC, 원익큐브, 와이오엠, 중앙에너비스, 흥구석유, 위즈코프, 세기상사, 대성산업, 바이온

지주사

26

지주사는 자회사의 지배를 목적으로 하는 기업으로, 산하에 많은 자회사를 거느리고 있다. 이 책에서는 매출액이 큰 부문을 핵심 사업으로 인식해서 해당 업종으로 분류하는 방식을 택했기에 지주사는 업종 기준에 적합하지 않다. 따라서 따로 모아 사업회사의 성격을 지닌 25개 업종과 대비했다.

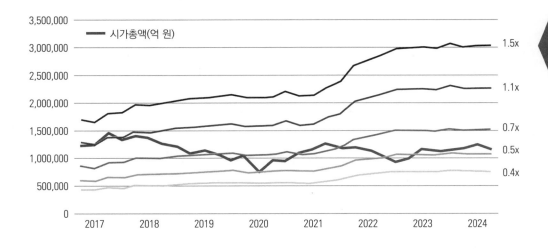

사업회사와 지주사를 동등하게 비교하면 곤란하다. 지주사를 분할할 때 영업활동에 쓰이는 유형자산 등은 사업회사로 떼어내고 현금성자산이나 무형자산 등을 지주사의 자산으로 취하는 경우가 많다. 자산과 영업활동, 수익 활동 등에서 사업회사와는 전혀 다른 기반에 서 있다. 따라서 지주사는 지주사끼리, 사업회사는 사업회사끼리 비교해야 합당하다고 생각한다. 특히 주가의 수준을 상대적으로 평가하는 지표인 PER, PBR을 사용할 때, 지주사는 지주사끼리 비교하는 것이 좋다.

지주사는 다른 기업의 주식 소유를 목적으로 한다. 자회사를 여럿 거느린 기업은 이들을 효과적으로 지배하기 위한 지분 관계가 필요하다. 지주사는 지분 관계를 한 곳으로 모아 지주사에서 자회사로, 자회사에서 손자회사로 이어지는 구조를 만들기 위한 최상위 기업이다.

지주사는 '순수 지주사'와 '사업 지주사'로 구분할 수 있다. 순수 지주사는 독립적인 사업을 영위하지 않고, 다른 기업의 주식을 소유함으로써 그 기업들에서 받는 배당금 등을 주된 수입원으로 한다. 사업 지주사는 다른 기업의 주식을 소유하면서 직접 사업 활동을 한다.

정부가 국내 기업집단의 지주사 전환을 유도하고 있어 지주사 체제로 전환한 상장기업이 많다. 아직 지주사 체제로 전환하지 못한 대표적인 기업집단은 삼성전자와 현대차그룹이다.

지주사로 전환할 때 반드시 거쳐야 하는 과정이 있다. 바로 분할이다. 여러 기업을 합치고 나누는 과정에서 분할 방식의 차이가 존재한다. 분할은 인적 분할과 물적 분할로 구분한다.

우선 인적 분할은 분할된 회사의 주식을 기존 지분율만큼 나누어 가지는 것이다. 기업 자산을 존속회사(지주사)와 신설회사(사업회사)로 분할해야 하므로 자산과 주식의 합병과 분할 과정을 거친다. 이 과정에서 지주사와 사업회사의 기업 가치가 달라지고 주가도 반대로 가는 경우가 많다.

[그림 3-105] 인적 분할 사례

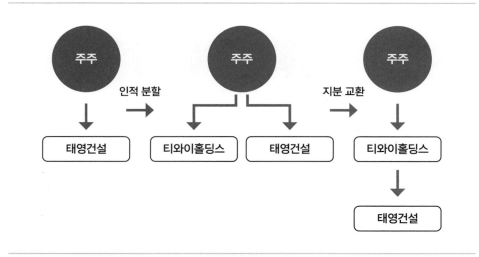

태영건설이 인적 분할의 사례로, 태영건설을 지주사(신설회사)인 티와이홀딩스와 사업회사(존속회사)인 태영건설로 분할했다. 주주는 분할 비율대로 두 기업의 주식을 배정받는다. 태영건설의 대주주는 지주사인 티와이홀딩스를 통해 태영건설을 지배하는 것이 목적이므로, 분할이 완료된 후에는 대주주에게 배정된 태영건설의 지분과 태영건설에 배정된 티와이홀딩스의 지분을 교환한다(주식 스왑). 이 과정을 끝내면 주주가 티와이홀딩스를 통해 태영건설을 지배하는 구조가 완성된다.

물적 분할은 기업의 특정 사업부를 떼어내 계열사로 분할하는 방법이다([그림 3-106] 참조). 이때 주주의 소유 주식과 지분율이 달라지지 않기 때문에 분할 전후의 기업 가치가 동일하고 연결재무제표에 미치는 영향도 없다. 기업의 지배 형태만 바뀌었기 때문이다. 그러나 기업의 핵심 자산을 소유한 기업을 물적 분할한 후 상장을 추진할 경우, 분할 전 주주들이 피해를 입을 수 있다. 상장 과정에서 주식 수가 늘어나 주식 가치가 희석될 수 있기

[그림 3-106] 물적 분할 사례

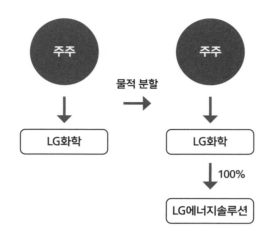

때문이다.

　LG화학은 물적 분할의 사례로 사업부 중 배터리사업부를 따로 떼어내 자회사 LG에너지솔루션으로 만들었다. 이때 LG화학은 분할되는 LG에너지솔루션의 주식 100%를 소유한다. 과정이 끝난 후 주주의 LG화학 주식 수에는 변화가 없고, LG화학은 LG에너지솔루션의 지분 100%를 소유하는 지배기업으로 올라섰다.

　지주사 체제는 계열사 간 지배구조를 투명하게 할 뿐만 아니라 대주주가 지분율을 확보하는 데도 유리하다. 지주사 체제로 전환하기 위해서는 일정 요건이 필요하다. 지주사의 자산 총액이 5,000억 원을 넘어야 하고 자회사 지분을 20%(비상장사는 40%) 이상 보유해야 한다.

　또한 독점 규제 및 공정 거래에 관한 법률(약칭 공정거래법) 8조에 의한, 다음과 같은 지주사 금지 조항을 따라야 한다. 첫째, 자본의 두 배를 초과하는 부채를 보유해서는 안 된다. 둘째, 계열사가 아닌 다른 회사를 소유할 수 없다. 셋째, 금융업이나 보험업을 영위하는 자회사를 소유하는 지주회사는 금융업이나 보험업 외의 회사 주식을 소유해서는 안 된다. 넷째, 일반 지주회사는 금융업이나 보험업을 영위하는 회사의 주식을 소유할 수 없다. 만약 주식을 소유하고 있다면 지주회사 전환일부터 2년 이내에 소유 주식을 처분해야 한다. 금융산업의 구조개선에 관한 법률(약칭 금산법)뿐 아니라 공정거래법에서도 지주회사가 금융과 산업의 소유를 분리하도록 규정한 것이다. 예를 들어 2017년 10월 지주사로 전환한 롯데지주는 롯데카드 지분 93.78%를 2019년에 전부 매각했다.

지주사 체제는 대주주의 지분율을 높일 뿐 아니라 지배구조를 투명하게 해서, 재무 구조를 왜곡하는 순환 출자를 해소하는 장점이 있다. 이에 따라 지주사 체제로 전환하는 기업에 대한 투자자의 반응도 긍정적이다.

그렇다면 지주사 체제로 전환하는 경우, 주식 투자의 관점에서 지주회사와 사업회사 중 어느 쪽이 더 유리할까?

지주사 체제로 전환할 때 영업활동에 투입하는 자산 대부분은 사업회사로 귀속된다. 따라서 기업의 본질 가치 측면에서 보면 실질적인 영업활동을 벌이는 사업회사가 투자자에게 매력적일 수 있다. 반면 지주회사는 사업회사를 지배하기 위한 기업이기 때문에 대주주에게 필요하다. 대주주는 사업회사의 지분을 지주회사의 지분과 교환해 최종으로 지주회사의 지분만을 보유하는 경우가 대부분이다. 그러므로 지주회사는 일반 투자자에게는 실물 가치가 없는 기업일 수 있다.

시가총액 상위 20개 종목의 지표 현황

연번	종목	주가 (원)	시가총액 (억 원)	자본총계 (억 원)	매출액 (억 원)	순이익 (억 원)	차입금 비율 (%)	PER (배)	PBR (배)	ROE (%)	배당수익률 (%)
1	SK스퀘어	95,100	128,147	163,208	10,308	10,238	3.6	12.5	0.8	6.3	–
2	LG	75,200	118,290	266,387	73,447	10,072	2.6	11.7	0.4	3.8	4.1
3	SK	150,900	109,407	218,258	1,316,659	-4,196	409.9	-26.1	0.5	-1.9	3.3
4	에코프로	79,600	105,978	16,118	50,633	-1,203	220.5	-88.1	6.6	-7.5	–
5	HD현대	73,700	58,218	85,817	645,053	5,262	239.4	11.1	0.7	6.1	5.0
6	한진칼	80,000	53,410	29,764	2,872	4,908	23.1	10.9	1.8	16.5	0.4
7	GS	42,150	39,164	139,597	255,194	12,994	120.8	3.0	0.3	9.3	5.9
8	두산	234,500	38,748	16,616	188,652	-2,538	529.8	-15.3	2.3	-15.3	0.9
9	LS	115,500	37,191	48,282	252,323	4,891	180.9	7.6	0.8	10.1	1.4
10	CJ	102,800	29,994	55,774	424,037	4,318	408.9	6.9	0.5	7.7	2.9
11	한미사이언스	37,100	25,373	8,322	12,705	1,180	28.4	21.5	3.0	14.2	0.5
12	롯데지주	23,350	24,496	68,561	156,870	-2,879	142.9	-8.5	0.4	-4.2	6.4
13	한화	29,100	21,813	94,769	518,238	-3,066	290.0	-7.1	0.2	-3.2	2.6
14	아모레G	23,750	19,584	33,278	39,938	2,753	11.9	7.1	0.6	8.3	1.0
15	한국앤컴퍼니	16,860	16,006	42,629	13,280	3,411	9.2	4.7	0.4	8.0	4.2
16	대웅	24,300	14,129	9,773	18,257	1,182	59.8	12.0	1.4	12.1	0.4
17	영원무역홀딩스	87,000	11,863	25,022	41,569	3,788	29.1	3.1	0.5	15.1	4.6
18	OCI홀딩스	61,000	11,668	39,305	31,505	3,009	50.7	3.9	0.3	7.7	5.4
19	오리온홀딩스	16,110	10,092	22,622	31,070	1,096	6.0	9.2	0.4	4.8	4.7
20	솔브레인홀딩스	45,000	9,434	13,324	5,868	947	29.3	10.0	0.7	7.1	0.4

지주사

업종	기업
복합	SK, LG, SK스퀘어, GS, 한화, CJ, 효성, HS효성, LF, 코오롱, 한솔홀딩스
IT	슈프리마에이치큐, 아이디스홀딩스, NICE
건강·미용	콜마홀딩스, 아모레G, 코스맥스비티아이
건설·건자재	HD현대, DL, 티와이홀딩스, HDC, 두산, 아세아, 이건홀딩스, 한일홀딩스, 노루홀딩스, 홈센타홀딩스
금속	세아제강지주, 세아홀딩스, 풍산홀딩스, KISCO홀딩스, DSR, 동국홀딩스, CR홀딩스
금융	나우데이타
레저	골프존뉴딘홀딩스, 네오위즈홀딩스, 이녹스, NHN
반도체	솔브레인홀딩스, APS, 원익홀딩스, 한국전자홀딩스, 피에스케이홀딩스
섬유·패션	부방, 영원무역홀딩스, F&F홀딩스
생활	쿠쿠홀딩스, 현대지에프홀딩스, 해성산업
유통·운수	롯데지주, BGF, 한세예스24홀딩스, 한진칼, AK홀딩스, LX홀딩스
에너지	LS, 대성홀딩스, 웅진, 일진홀딩스, 경동인베스트, KC그린홀딩스, SK디스커버리, OCI홀딩스
엔터테인먼트	휴맥스홀딩스
음식료	샘표, 농심홀딩스, 하이트진로홀딩스, 신송홀딩스, 오리온홀딩스, 하림지주, 이지홀딩스, 큐로홀딩스, 현대지에프홀딩스, 대상홀딩스, 크라운해태홀딩스, 매일홀딩스, 현대코퍼레이션홀딩스
자동차	성창기업지주, SJM홀딩스, SNT홀딩스, 한국앤컴퍼니, 넥센, HL홀딩스, 평화홀딩스, 티피씨글로벌, 디와이, 서연, 우리산업홀딩스, 유수홀딩스, 엘브이엠씨홀딩스, 에코프로
전자	대덕, 심텍홀딩스
제약	녹십자홀딩스, JW홀딩스, 휴온스글로벌, 종근당홀딩스, 제일파마홀딩스, 대웅, 솔본, 동아쏘시오홀딩스, 한미사이언스, 일동홀딩스
조선	한진중공업홀딩스, CS홀딩스
통신	유비쿼스홀딩스
화학	KPX홀딩스, 삼양홀딩스, 미원홀딩스, 진양홀딩스, 동성케미컬

종목	업종	종목	업종	종목	업종
넥센	지주사	다올투자증권	금융/증권	대웅제약	제약/전문 의약품
넥센타이어	자동차/부품	다우기술	금융/기타	대원	건설/건설
넥스턴바이오	기계/산업용	다우데이타	지주사	대원강업	자동차/부품
넥스트바이오메디컬	의료기기/기기	다원넥스뷰	반도체/장비	대원미디어	엔터테인먼트/콘텐츠
넥스트아이	디스플레이/장비	다원시스	기계/산업용	대원산업	자동차/부품
넥스트칩	반도체/분야	다이나믹디자인	자동차/부품	대원전선	에너지/전기
넥스틴	반도체/장비	닷밀	엔터테인먼트/콘텐츠	대원제약	제약/전문 의약품
넥스틸	금속/철강	대교	생활/교육	대원화성	섬유·패션/피혁
넥슨게임즈	레저/게임	대구백화점	유통·운수/유통	대유에이텍	자동차/부품
넵튠	레저/게임	대덕	지주사	대정화금	제약/원료 의약품
넷마블	레저/게임	대덕전자	전자/제품	대주산업	음식료/식료품
노랑풍선	레저/여행	대동	기계/산업용	대주전자재료	자동차/종류
노루페인트	건자재/내외장재	대동금속	자동차/부품	대창	금속/비철금속
노루홀딩스	지주사	대동기어	기계/부품	대창단조	기계/건설용
노머스	엔터테인먼트/플랫폼	대동스틸	금속/철강	대창솔루션	기계/부품
노바렉스	건강·미용/건기식	대륙제관	금속/철강	대창스틸	금속/철강
노바텍	전자/부품	대림B&Co	건자재/자재	대한과학	의료기기/기기
노브랜드	섬유·패션/의류	대림제지	생활/제지	대한광통신	통신/장비
노을	의료기기/기기	대림통상	건자재/자재	대한뉴팜	제약/전문 의약품
녹십자	제약/전문 의약품	대명소노시즌	유통·운수/유통	대한방직	섬유·패션/섬유
녹십자엠에스	의료기기/기기	대명에너지	에너지/발전	대한약품	제약/분야
녹십자웰빙	제약/분야	대모	기계/건설용	대한유화	화학/NCC
녹십자홀딩스	지주사	대보마그네틱	자동차/종류	대한전선	에너지/전기
농심	음식료/기호식품	대봉엘에스	건강·미용/화장품	대한제강	금속/철강
농심홀딩스	지주사	대상	음식료/식료품	대한제당	음식료/식료품
농우바이오	음식료/식료품	대상홀딩스	지주사	대한제분	음식료/식료품
누리플랜	건설/건설	대성미생물	제약/분야	대한항공	유통·운수/운수
누리플렉스	에너지/전기	대성산업	화학/제품	대한해운	유통·운수/운수
누보	화학/제품	대성에너지	에너지/가스	대한화섬	화학/방향족
뉴로메카	기계/자동화	대성창투	금융/기타	대현	섬유·패션/의류
뉴보텍	건자재/내외장재	대성파인텍	자동차/부품	대호에이엘	금속/비철금속
뉴온	스마트폰/기타	대성하이텍	기계/산업용	대호특수강	금속/철강
뉴인텍	전자/제품	대성홀딩스	지주사	대화제약	제약/전문 의약품
뉴트리	건강·미용/건기식	대신정보통신	IT/서비스	더네이쳐홀딩스	섬유·패션/의류
뉴파워프라즈마	반도체/장비	대신증권	금융/증권	더라미	금속/철강
뉴프렉스	스마트폰/부품	대아티아이	기계/산업용	더본코리아	음식료/유통
다날	IT/결제	대양금속	금속/철강	더블유게임즈	레저/게임
다보링크	통신/장비	대양전기공업	조선/기자재	더블유씨피	자동차/종류
다산네트웍스	통신/장비	대영포장	생활/제지	더블유에스아이	제약/전문 의약품
다산솔루에타	전자/부품	대우건설	건설/건설	더존비즈온	IT/소프트웨어
다스코	건자재/자재	대웅	지주사	더코디	반도체/장비

종목	업종	종목	업종	종목	업종
더테크놀로지	전자/제품	동양에스텍	금속/철강	디아이티	디스플레이/장비
덕산네오룩스	디스플레이/소재	동양이엔피	전자/제품	디알젬	의료기기/기기
덕산테코피아	디스플레이/소재	동양철관	금속/철강	디알텍	의료기기/기기
덕산하이메탈	반도체/소재	동양파일	건자재/자재	디앤디파마텍	바이오/의약품
덕성	섬유·패션/피혁	동양피스톤	자동차/부품	디앤디플랫폼리츠	금융/부동산
덕신이피씨	건자재/자재	동우팜투테이블	음식료/식료품	디앤씨미디어	엔터테인먼트/콘텐츠
덕양산업	자동차/부품	동운아나텍	반도체/분야	디어유	엔터테인먼트/플랫폼
덕우전자	스마트폰/부품	동원F&B	음식료/식료품	디에스케이	디스플레이/장비
데브시스터즈	레저/게임	동원개발	건설/건설	디에이피	전자/제품
데이타솔루션	IT/서비스	동원금속	자동차/부품	디엔에이링크	바이오/의약품
덱스터	엔터테인먼트/콘텐츠	동원산업	음식료/식료품	디엔에프	반도체/소재
덴티스	의료기기/용품	동원수산	음식료/식료품	디오	의료기기/용품
덴티움	의료기기/용품	동원시스템즈	음식료/포장류	디와이	지주사
도이치모터스	자동차/유통	동인기연	섬유·패션/잡화	디와이디	건강·미용/화장품
도화엔지니어링	건설/건설	동일고무벨트	자동차/부품	디와이씨	자동차/부품
동구바이오제약	제약/전문 의약품	동일금속	기계/건설용	디와이파워	기계/건설용
동국S&C	에너지/발전	동일기연	전자/부품	디와이피엔에프	기계/자동화
동국산업	금속/철강	동일산업	금속/철강	디이엔티	디스플레이/장비
동국씨엠	금속/철강	동일제강	금속/철강	디젠스	자동차/부품
동국알앤에스	금속/철강	동일철강	금속/철강	디지아이	전자/제품
동국제강	금속/철강	동진쎄미켐	반도체/소재	디지캡	엔터테인먼트/인프라
동국제약	제약/전문 의약품	동화기업	건자재/내외장재	디지털대성	생활/교육
동국홀딩스	지주사	동화약품	제약/일반 의약품	디지틀조선	엔터테인먼트/콘텐츠
동남합성	화학/제품	두산	지주사	디케이락	기계/부품
동방	유통·운수/운수	두산로보틱스	기계/자동화	디케이앤디	섬유·패션/피혁
동방선기	조선/기자재	두산밥캣	기계/건설용	디케이티	스마트폰/부품
동방아그로	화학/제품	두산에너빌리티	기계/건설용	디티씨	디스플레이/소재
동부건설	건설/건설	두산테스나	반도체/분야	디티앤씨	전자/제품
동서	음식료/음료	두산퓨얼셀	에너지/전기	디티앤씨알오	바이오/의약품
동성제약	제약/전문 의약품	두올	자동차/부품	딜리	전자/제품
동성케미컬	지주사	듀오백	생활/가구	딥노이드	의료기기/솔루션
동성화인텍	조선/기자재	드림시큐리티	전자/유통	딥마인드	유통·운수/유통
동신건설	건설/건설	드림씨아이에스	바이오/의약품	라닉스	자동차/부품
동아쏘시오홀딩스	지주사	드림어스컴퍼니	엔터테인먼트/플랫폼	라메디텍	의료기기/기기
동아에스티	제약/전문 의약품	드림인사이트	엔터테인먼트/콘텐츠	라온시큐어	IT/보안
동아엘텍	디스플레이/장비	드림텍	스마트폰/부품	라온테크	반도체/장비
동아지질	건설/건설	디모아	IT/소프트웨어	라온텍	반도체/분야
동아화성	자동차/부품	디바이스이엔지	디스플레이/장비	라온피플	IT/서비스
동양	건자재/자재	디씨엠	금속/철강	라이온켐텍	건자재/자재
동양고속	유통·운수/운수	디아이	반도체/장비	라이콤	통신/장비
동양생명	금융/보험	디아이씨	자동차/부품	라이프시맨틱스	의료기기/솔루션

종목	업종	종목	업종	종목	업종
라파스	건강·미용/화장품	린드먼아시아	금융/기타	모나리자	생활/제지
램테크놀러지	반도체/소재	링네트	IT/서비스	모나미	생활/교육
랩지노믹스	의료기기/기기	링크드	전자/부품	모나용평	레저/여행
러셀	반도체/장비	링크제니시스	IT/소프트웨어	모니터랩	IT/보안
레드캡투어	자동차/종류	마녀공장	건강·미용/화장품	모다이노칩	전자/부품
레몬	전자/부품	마니커	음식료/식료품	모델솔루션	기계/산업용
레뷰코퍼레이션	유통·운수/유통	마니커에프앤지	음식료/식료품	모두투어	레저/여행
레이	의료기기/용품	마스턴프리미어리츠	금융/부동산	모바일어플라이언스	자동차/부품
레이언스	의료기기/기기	마음AI	IT/서비스	모베이스	자동차/부품
레이저쎌	반도체/장비	마이크로디지탈	의료기기/기기	모베이스전자	자동차/부품
레이저옵텍	의료기기/기기	마이크로컨텍솔	반도체/소재	모비데이즈	엔터테인먼트/콘텐츠
레이크머티리얼즈	반도체/소재	마이크로투나노	반도체/소재	모비릭스	레저/게임
레인보우로보틱스	기계/자동화	마크로젠	의료기기/기기	모비스	바이오/의약품
로보로보	생활/교육	만호제강	금속/철강	모아데이타	IT/서비스
로보스타	기계/자동화	매일유업	음식료/음료	모아라이프플러스	제약/분야
로보티즈	기계/자동화	매일홀딩스	지주사	모아텍	전자/부품
로지시스	IT/결제	매커스	반도체/분야	모코엠시스	IT/소프트웨어
로체시스템즈	반도체/장비	맥스트	엔터테인먼트/콘텐츠	모토닉	자동차/부품
롯데관광개발	레저/여행	머큐리	통신/장비	모트렉스	자동차/부품
롯데렌탈	자동차/유통	멀티캠퍼스	생활/교육	모헨즈	건자재/자재
롯데리츠	금융/부동산	메가스터디	생활/교육	무림P&P	생활/제지
롯데손해보험	금융/보험	메가스터디교육	생활/교육	무림SP	생활/제지
롯데쇼핑	유통·운수/유통	메가엠디	생활/교육	무림페이퍼	생활/제지
롯데에너지머티리얼즈	자동차/종류	메가터치	반도체/소재	무학	음식료/음료
롯데웰푸드	음식료/기호식품	메드팩토	바이오/의약품	문배철강	금속/철강
롯데이노베이트	IT/서비스	메디아나	의료기기/기기	미래나노텍	디스플레이/소재
롯데정밀화학	화학/제품	메디앙스	생활/가정용품	미래반도체	반도체/분야
롯데지주	지주사	메디콕스	조선/기자재	미래산업	반도체/장비
롯데칠성	음식료/음료	메디톡스	바이오/보톡스	미래생명자원	음식료/식료품
롯데케미칼	화학/NCC	메디포스트	바이오/의약품	미래아이앤지	IT/소프트웨어
롯데하이마트	전자/유통	메리츠금융지주	금융/증권	미래에셋글로벌리츠	금융/부동산
루닛	의료기기/솔루션	메쎄이상	엔터테인먼트/인프라	미래에셋맵스리츠	금융/부동산
루멘스	디스플레이/LED	메이슨캐피탈	금융/기타	미래에셋벤처투자	금융/기타
루미르	기계/방위산업	메지온	바이오/의약품	미래에셋생명	금융/보험
리가켐바이오	바이오/의약품	메카로	반도체/소재	미래에셋증권	금융/증권
리노공업	반도체/소재	메타랩스	섬유·패션/의류	미래컴퍼니	디스플레이/장비
리더스코스메틱	생활/제지	메타바이오메드	의료기기/용품	미스터블루	엔터테인먼트/콘텐츠
리드코프	금융/기타	메타케어	제약/전문 의약품	미원상사	화학/제품
리메드	의료기기/기기	멕아이씨에스	의료기기/기기	미원에스씨	화학/제품
리튬포어스	스마트폰/기타	명문제약	제약/전문 의약품	미원홀딩스	지주사
리파인	IT/서비스	명신산업	자동차/부품	미원화학	화학/제품

종목	업종	종목	업종	종목	업종
미창석유	화학/제품	보라티알	음식료/유통	비올	의료기기/기기
미코	반도체/장비	보락	음식료/식료품	비츠로셀	에너지/전기
미코바이오메드	의료기기/기기	보령	제약/전문 의약품	비츠로시스	IT/소프트웨어
미투온	레저/게임	보로노이	바이오/의약품	비츠로테크	에너지/전기
민테크	자동차/종류	보성파워텍	에너지/전기	비케이홀딩스	반도체/소재
밀리의서재	유통·운수/유통	보해양조	음식료/음료	비큐AI	IT/서비스
바디텍메드	의료기기/기기	본느	건강·미용/화장품	비투엔	IT/서비스
바른손	건강·미용/화장품	부광약품	제약/전문 의약품	비트나인	IT/소프트웨어
바른손이앤에이	엔터테인먼트/콘텐츠	부국증권	금융/증권	비트컴퓨터	의료기기/솔루션
바이넥스	바이오/CMO	부국철강	금속/철강	비피도	건강·미용/건기식
바이브컴퍼니	IT/서비스	부방	지주사	빅솔론	전자/제품
바이오노트	의료기기/기기	부산산업	건자재/자재	빅텍	기계/방위산업
바이오니아	의료기기/기기	부스타	기계/부품	빅텐츠	엔터테인먼트/콘텐츠
바이오다인	의료기기/기기	뷰노	의료기기/솔루션	빌리언스	제약/일반 의약품
바이오그디바이스	스마트폰/부품	뷰웍스	의료기기/기기	빙그레	음식료/음료
바이오솔루션	바이오/의약품	뷰티스킨	건강·미용/화장품	빛과전자	통신/장비
바이오스마트	금속/비철금속	브랜드엑스코퍼레이션	섬유·패션/의류	빛샘전자	전자/부품
바이오에프디엔씨	제약/원료 의약품	브레인즈컴퍼니	IT/서비스	삐아	건강·미용/화장품
바이오인프라	바이오/의약품	브리지텍	통신/컨택센터	사람인	IT/서비스
바이오톡스텍	바이오/의약품	브릿지바이오테라퓨틱스	바이오/의약품	사이냅소프트	IT/소프트웨어
바이오플러스	의료기기/기기	브이씨	레저/스포츠	사조대림	음식료/식료품
바이온	화학/제품	브이엠	반도체/장비	사조동아원	음식료/식료품
바이젠셀	바이오/의약품	브이원텍	자동차/종류	사조산업	음식료/식료품
바텍	의료기기/용품	브이티	건강·미용/화장품	사조씨푸드	음식료/식료품
박셀바이오	바이오/의약품	블루엠텍	제약/분야	사조오양	음식료/식료품
방림	섬유·패션/섬유	블루콤	스마트폰/기타	사피엔반도체	반도체/분야
배럴	섬유·패션/의류	블리츠웨이스튜디오	엔터테인먼트/인프라	산돌	IT/소프트웨어
백광산업	화학/제품	비나텍	전자/제품	산일전기	에너지/전기
백금T&A	자동차/부품	비보존 제약	제약/전문 의약품	삼기	자동차/부품
백산	섬유·패션/피혁	비비씨	생활/가정용품	삼기이브이	자동차/종류
밸로프	레저/게임	비비안	섬유·패션/의류	삼륭물산	음식료/포장류
뱅크웨어글로벌	IT/소프트웨어	비상교육	생활/교육	삼목에스폼	건자재/자재
버넥트	IT/소프트웨어	비스토스	의료기기/기기	삼보모터스	자동차/부품
범양건영	건설/건설	비씨엔씨	반도체/소재	삼보산업	금속/비철금속
범한퓨얼셀	에너지/전기	비씨월드제약	제약/전문 의약품	삼보판지	생활/제지
베노티앤알	건설/전문	비아이매트릭스	IT/소프트웨어	삼부토건	건설/건설
베뉴지	유통·운수/유통	비아트론	디스플레이/장비	삼성E&A	건설/건설
베셀	디스플레이/장비	비에이치	스마트폰/부품	삼성FN리츠	금융/부동산
벨로크	IT/보안	비에이치아이	에너지/발전	삼성SDI	자동차/종류
벽산	건자재/내외장재	비엘팜텍	건강·미용/건기식	삼성공조	자동차/부품
보광산업	건자재/자재	비엠티	기계/부품	삼성물산	유통·운수/유통

종목	업종	종목	업종	종목	업종
세아제강지주	지주사	수산인더스트리	에너지/발전	신성델타테크	전자/부품
세아특수강	금속/철강	수산중공업	기계/건설용	신성에스티	자동차/종류
세아홀딩스	지주사	수성웹툰	기계/건설용	신성이엔지	반도체/장비
세우글로벌	화학/제품	수젠텍	의료기기/기기	신성통상	섬유·패션/의류
세운메디칼	의료기기/용품	슈어소프트테크	IT/소프트웨어	신세계	유통·운수/유통
세원물산	자동차/부품	슈프리마	IT/보안	신세계 I&C	IT/서비스
세원정공	자동차/부품	슈프리마에이치큐	지주사	신세계건설	건설/건설
세이브존I&C	유통·운수/유통	슈피겐코리아	스마트폰/기타	신세계인터내셔날	섬유·패션/의류
세종텔레콤	통신/사업자	스마트레이더시스템	자동차/부품	신세계푸드	음식료/유통
세중	IT/소프트웨어	스맥	기계/산업용	신송홀딩스	지주사
세진중공업	조선/기자재	스카이라이프	엔터테인먼트/플랫폼	신스틸	금속/철강
세진티에스	디스플레이/소재	스코넥	엔터테인먼트/콘텐츠	신시웨이	IT/보안
세코닉스	스마트폰/부품	스킨앤스킨	건강·미용/화장품	신신제약	제약/일반 의약품
세화피앤씨	건강·미용/화장품	스타에스엠리츠	금융/부동산	신영와코루	섬유·패션/의류
센서뷰	통신/장비	스타코링크	레저/게임	신영증권	금융/증권
센코	전자/제품	스타플렉스	화학/제품	신원	섬유·패션/의류
셀레믹스	바이오/의약품	스톤브릿지벤처스	금융/기타	신원종합개발	건설/건설
셀루메드	건자재/자재	스톰테크	기계/부품	신일전자	전자/제품
셀리드	바이오/의약품	스튜디오드래곤	엔터테인먼트/콘텐츠	신일제약	제약/전문 의약품
셀바스AI	IT/서비스	스튜디오미르	엔터테인먼트/콘텐츠	신진에스엠	기계/부품
셀바스헬스케어	의료기기/기기	스튜디오삼익	생활/가구	신테카바이오	바이오/의약품
셀바이오휴먼텍	건강·미용/화장품	스틱인베스트먼트	금융/기타	신풍	생활/제지
셀비온	바이오/의약품	스페코	기계/건설용	신풍제약	제약/전문 의약품
셀트리온	바이오/의약품	승일	금속/철강	신한글로벌액티브리츠	금융/부동산
셀트리온제약	제약/전문 의약품	시공테크	건설/전문	신한서부티엔디리츠	금융/부동산
소니드	디스플레이/장비	시그네틱스	반도체/분야	신한알파리츠	금융/부동산
소룩스	디스플레이/LED	시너지이노베이션	의료기기/용품	신한지주	금융/은행
소마젠	바이오/의약품	시노펙스	스마트폰/부품	신화인터텍	디스플레이/소재
소프트센	IT/서비스	시디즈	생활/가구	신화콘텍	전자/부품
소프트캠프	IT/보안	시지메드텍	의료기기/용품	신흥	의료기기/용품
손오공	엔터테인먼트/콘텐츠	시지트로닉스	전자/부품	신흥에스이씨	자동차/종류
솔루스첨단소재	자동차/종류	시큐브	IT/보안	실리콘투	건강·미용/화장품
솔루엠	전자/부품	시큐센	IT/소프트웨어	심텍	전자/제품
솔본	지주사	시프트업	레저/게임	심텍홀딩스	지주사
솔브레인	반도체/소재	신대양제지	생활/제지	싸이맥스	반도체/장비
솔브레인홀딩스	지주사	신도기연	디스플레이/장비	싸이버원	IT/보안
솔트룩스	IT/서비스	신도리코	전자/제품	싸이토젠	의료기기/기기
솔트웨어	IT/소프트웨어	신라교역	음식료/식료품	쌍용정보통신	IT/서비스
송원산업	화학/방향족	신라섬유	금융/부동산	써니전자	전자/부품
쇼박스	엔터테인먼트/콘텐츠	신라에스지	음식료/식료품	썸에이지	레저/게임
수산아이앤티	통신/솔루션	신라젠	바이오/의약품	쎄노텍	화학/제품

종목	업종	종목	업종	종목	업종
쎄니트	금속/철강	아미코젠	바이오/효소	아이윈플러스	반도체/장비
쎄트렉아이	통신/장비	아바코	디스플레이/장비	아이즈비전	통신/장비
쎌바이오텍	건강·미용/건기식	아바텍	디스플레이/장비	아이진	바이오/의약품
쏘닉스	스마트폰/부품	아비코전자	전자/제품	아이컴포넌트	디스플레이/소재
쏘카	유통·운수/운수	아세아	지주사	아이퀘스트	IT/소프트웨어
쏠리드	통신/장비	아세아시멘트	건자재/자재	아이큐어	제약/분야
쓰리빌리언	의료기기/기기	아세아제지	생활/제지	아이크래프트	통신/장비
씨메스	기계/자동화	아세아텍	기계/산업용	아이텍	반도체/분야
씨싸이트	섬유·패션/패션	아센디오	엔터테인먼트/콘텐츠	아이톡시	유통·운수/유통
씨씨에스	엔터테인먼트/플랫폼	아셈스	화학/제품	아이티센	금속/비철금속
씨아이에스	자동차/종류	아스타	의료기기/기기	아이티아이즈	IT/소프트웨어
씨아이테크	전자/제품	아스트	기계/방위산업	아이티엠반도체	스마트폰/부품
씨앤씨인터내셔널	건강·미용/화장품	아스플로	반도체/소재	아이패밀리에스씨	건강·미용/화장품
씨앤지하이테크	반도체/장비	아시아경제	엔터테인먼트/플랫폼	아주IB투자	금융/기타
씨앤투스	생활/가정용품	아시아나IDT	IT/서비스	아주스틸	금속/철강
씨어스테크놀로지	의료기기/기기	아시아나항공	유통·운수/운수	아즈텍WB	섬유·패션/섬유
씨에스베어링	에너지/발전	아시아종묘	음식료/식료품	아진산업	자동차/부품
씨에스윈드	에너지/발전	아우딘퓨처스	건강·미용/화장품	아진엑스텍	반도체/장비
씨엔알리서치	바이오/의약품	아이디스	IT/보안	아진전자부품	자동차/부품
씨엔플러스	전자/부품	아이디스홀딩스	지주사	아크솔루션스	생활/가정용품
씨유메디칼	의료기기/기기	아이디피	전자/제품	아톤	IT/보안
씨유박스	IT/서비스	아이마켓코리아	유통·운수/유통	아티스트스튜디오	엔터테인먼트/콘텐츠
씨유테크	스마트폰/부품	아이비김영	생활/교육	아티스트유나이티드	엔터테인먼트/콘텐츠
씨이랩	IT/서비스	아이비전웍스	자동차/종류	안국약품	제약/전문 의약품
씨젠	의료기기/기기	아이빔테크놀로지	의료기기/용품	안랩	IT/보안
씨큐브	화학/제품	아이센스	의료기기/기기	안트로젠	바이오/의약품
씨티씨바이오	제약/분야	아이스크림미디어	생활/교육	알로이스	엔터테인먼트/인프라
씨티알모빌리티	자동차/부품	아이스크림에듀	생활/교육	알루코	금속/비철금속
씨티케이	건강·미용/화장품	아이쓰리시스템	기계/방위산업	알리코제약	제약/전문 의약품
씨티프라퍼티	음식료/유통	아이씨디	디스플레이/장비	알멕	자동차/종류
씨피시스템	기계/자동화	아이씨에이치	전자/부품	알비더블유	엔터테인먼트/플랫폼
아가방컴퍼니	섬유·패션/의류	아이씨티케이	IT/보안	알서포트	IT/소프트웨어
아나패스	반도체/분야	아이앤씨	반도체/분야	알에스오토메이션	기계/자동화
아난티	레저/여행	아이언디바이스	반도체/분야	알에프텍	스마트폰/부품
아남전자	전자/제품	아이에스동서	건설/건설	알엔투테크놀로지	통신/장비
아모그린텍	스마트폰/부품	아이에이	자동차/부품	알체라	IT/보안
아모레G	지주사	아이엘사이언스	디스플레이/LED	알테오젠	바이오/의약품
아모레퍼시픽	건강·미용/화장품	아이엠	스마트폰/부품	알톤	레저/스포츠
아모센스	전자/부품	아이엠비디엑스	의료기기/기기	알티캐스트	엔터테인먼트/인프라
아모텍	스마트폰/부품	아이엠티	반도체/장비	알파녹스	의료기기/기기
아미노로직스	제약/원료 의약품	아이윈	자동차/부품	알피바이오	건강·미용/건기식

종목	업종	종목	업종	종목	업종
압타머사이언스	바이오/의약품	에스엘에스바이오	제약/분야	에이직랜드	반도체/분야
압타바이오	바이오/의약품	에스엠	엔터테인먼트/플랫폼	에이치브이엠	금속/비철금속
애경산업	건강·미용/화장품	에스엠벡셀	자동차/부품	에이치시티	전자/제품
애경케미칼	화학/방향족	에스엠코어	기계/자동화	에이치엔에스하이텍	디스플레이/소재
애니젠	바이오/효소	에스오에스랩	자동차/부품	에이치엘사이언스	건강·미용/건기식
애니플러스	엔터테인먼트/플랫폼	에스와이	건자재/내외장재	에이치와이티씨	자동차/종류
애드바이오텍	제약/분야	에스와이스틸텍	건자재/자재	에이치이엠파마	바이오/효소
애머릿지	섬유·패션/의류	에스원	IT/보안	에이치케이	기계/산업용
액션스퀘어	레저/게임	에스유홀딩스	전자/제품	에이치피오	건강·미용/건기식
액토즈소프트	레저/게임	에스제이그룹	섬유·패션/잡화	에이텀	전자/제품
액트로	스마트폰/부품	에스켐	디스플레이/소재	에이테크솔루션	기계/부품
앤디포스	스마트폰/부품	에스코넥	스마트폰/부품	에이텍	전자/제품
앤씨앤	반도체/분야	에스텍	자동차/부품	에이텍모빌리티	유통·운수/운수
앱코	전자/제품	에스트래픽	유통·운수/운수	에이티넘인베스트	금융/기타
앱클론	바이오/의약품	에스티아이	반도체/장비	에이팩트	반도체/분야
야스	디스플레이/장비	에스티오	섬유·패션/의류	에이프로	자동차/종류
양지사	생활/교육	에스티큐브	전자/제품	에이프로젠	제약/전문 의약품
어보브반도체	반도체/분야	에스티팜	바이오/CMO	에이프로젠바이오로직스	제약/전문 의약품
얼라인드	의료기기/솔루션	에스폴리텍	화학/제품	에이프릴바이오	바이오/의약품
에너토크	기계/부품	에스퓨얼셀	에너지/전기	에이플러스에셋	금융/보험
에넥스	생활/가구	에스피소프트	IT/소프트웨어	에이피알	의료기기/기기
에브리봇	전자/제품	에스피시스템스	기계/자동화	에치에프알	통신/장비
에스넷	통신/솔루션	에스피지	기계/자동화	에코마케팅	섬유·패션/의류
에스디바이오센서	의료기기/기기	에쎈테크	기계/부품	에코바이오	에너지/발전
에스디시스템	유통·운수/유통	에쓰씨엔지니어링	건설/건설	에코볼트	자동차/부품
에스바이오메딕스	바이오/의약품	에어레인	에너지/발전	에코아이	유통·운수/유통
에스비비테크	기계/자동화	에어부산	유통·운수/운수	에코앤드림	자동차/종류
에스씨디	전자/부품	에이디테크놀로지	반도체/분야	에코캡	자동차/부품
에스씨엠생명과학	바이오/의약품	에이럭스	생활/교육	에코프로	지주사
에스아이리소스	에너지/발전	에이루트	전자/제품	에코프로머티	자동차/종류
에스앤더블류	조선/기자재	에이블씨엔씨	건강·미용/화장품	에코프로비엠	자동차/종류
에스앤디	음식료/식료품	에이비엘바이오	바이오/의약품	에코프로에이치엔	반도체/소재
에스앤에스텍	반도체/소재	에이비온	바이오/의약품	에코플라스틱	자동차/부품
에스에너지	에너지/발전	에이비프로바이오	기계/산업용	에프알텍	통신/장비
에스에스알	IT/보안	에이스침대	생활/가구	에프앤가이드	금융/기타
에스에이엠티	전자/유통	에이스테크	통신/장비	에프에스티	반도체/장비
에스에이티	스마트폰/부품	에이스토리	엔터테인먼트/콘텐츠	에프엔씨엔터	엔터테인먼트/플랫폼
에스에이티이엔지	디스플레이/장비	에이에스텍	건강·미용/화장품	에프엔에스테크	디스플레이/장비
에스에프에이	기계/자동화	에이에프더블류	자동차/종류	엑사이엔씨	반도체/장비
에스엔유	디스플레이/장비	에이엔피	전자/제품	엑세스바이오	의료기기/기기
에스엘	자동차/부품	에이엘티	반도체/분야	엑셀세라퓨틱스	바이오/효소

종목	업종	종목	업종	종목	업종
엑셈	IT/서비스	엠아이텍	의료기기/용품	오상헬스케어	의료기기/기기
엑스게이트	IT/보안	엠에스씨	음식료/식료품	오성첨단소재	디스플레이/소재
엑스큐어	스마트폰/부품	엠에스오토텍	자동차/부품	오스코텍	의료기기/용품
엑스페릭스	IT/보안	엠젠솔루션	전자/제품	오스테오닉	의료기기/용품
엑스플러스	스마트폰/기타	엠케이전자	반도체/소재	오스템	자동차/부품
엑시온그룹	유통·운수/유통	엠투아이	IT/소프트웨어	오에스피	음식료/식료품
엑시콘	반도체/장비	엠투엔	금속/철강	오이솔루션	통신/장비
엔바이오니아	생활/가정용품	엠플러스	자동차/종류	오킨스전자	반도체/소재
엔브이에이치코리아	자동차/부품	엣지파운드리	자동차/부품	오텍	자동차/특수차
엔비티	엔터테인먼트/콘텐츠	영림원소프트랩	IT/소프트웨어	오토앤	자동차/유통
엔시스	자동차/종류	영보화학	화학/제품	오파스넷	IT/서비스
엔시트론	전자/부품	영우디에스피	디스플레이/장비	오픈놀	IT/서비스
엔씨소프트	레저/게임	영원무역	섬유·패션/의류	오픈베이스	IT/서비스
엔에스이엔엠	엔터테인먼트/플랫폼	영원무역홀딩스	지주사	오픈엣지테크놀로지	반도체/분야
엔에프씨	건강·미용/화장품	영진약품	제약/전문 의약품	오하임앤컴퍼니	생활/가구
엔젠바이오	의료기기/기기	영풍	금속/비철금속	온타이드	섬유·패션/의류
엔젤로보틱스	기계/자동화	영풍정밀	기계/부품	올리패스	바이오/의약품
엔젯	디스플레이/장비	영풍제지	생활/제지	올릭스	바이오/의약품
엔지켐생명과학	제약/원료 의약품	영화금속	자동차/부품	옴니시스템	에너지/전기
엔케이	조선/기자재	영화테크	자동차/부품	옵투스제약	제약/전문 의약품
엔켐	자동차/종류	영흥	금속/철강	옵트론텍	스마트폰/부품
엔텔스	IT/소프트웨어	예림당	생활/교육	옵티시스	통신/장비
엔투텍	엔터테인먼트/콘텐츠	예선테크	화학/제품	옵티코어	통신/장비
엔피	엔터테인먼트/콘텐츠	예스24	유통·운수/유통	옵티팜	제약/분야
엔피디	스마트폰/부품	예스코홀딩스	에너지/가스	와이랩	엔터테인먼트/콘텐츠
엔피케이	화학/제품	예스티	디스플레이/장비	와이바이오로직스	바이오/의약품
엘디티	반도체/분야	오공	화학/제품	와이솔	스마트폰/부품
엘브이엠씨홀딩스	지주사	오디텍	반도체/분야	와이씨	반도체/장비
엘앤씨바이오	의료기기/용품	오뚜기	음식료/기호식품	와이씨켐	반도체/소재
엘앤에프	자동차/종류	오로라	엔터테인먼트/콘텐츠	와이어블	통신/장비
엘앤케이바이오	의료기기/용품	오로스테크놀로지	반도체/장비	와이엔텍	유통·운수/운수
엘엠에스	디스플레이/소재	오르비텍	에너지/발전	와이엠	자동차/부품
엠오티	자동차/종류	오리엔탈정공	조선/기자재	와이엠씨	디스플레이/소재
엘오티베큠	반도체/장비	오리엔트바이오	의료기기/용품	와이엠텍	자동차/종류
엘컴텍	스마트폰/부품	오리엔트정공	자동차/부품	와이엠티	전자/제품
엘티씨	디스플레이/소재	오리온	음식료/기호식품	와이오엠	화학/제품
엠게임	레저/게임	오리온홀딩스	지주사	와이제이링크	전자/제품
엠로	IT/소프트웨어	오리콤	엔터테인먼트/콘텐츠	와이즈버즈	엔터테인먼트/콘텐츠
엠브레인	IT/서비스	오브젠	IT/소프트웨어	와이지엔터테인먼트	엔터테인먼트/플랫폼
엠씨넥스	스마트폰/부품	오비고	자동차/부품	와이지-원	기계/부품
엠아이큐브솔루션	IT/소프트웨어	오상자이엘	IT/서비스	와이투솔루션	전자/제품

종목	업종	종목	업종	종목	업종
와이팜	스마트폰/부품	원텍	의료기기/기기	유니테스트	반도체/장비
와토스코리아	건자재/자재	원티드랩	IT/서비스	유니테크노	자동차/부품
우듬지팜	음식료/식료품	원풍	화학/제품	유니트론텍	반도체/분야
우리금융지주	금융/은행	원풍물산	섬유·패션/의류	유라클	스마트폰/유통
우리기술	에너지/발전	월덱스	반도체/소재	유라테크	자동차/부품
우리기술투자	금융/기타	웨이버스	IT/소프트웨어	유바이오로직스	바이오/의약품
우리넷	통신/장비	웨이브일렉트로	통신/장비	유비벨록스	자동차/부품
우리로	전자/제품	웨이비스	기계/방위산업	유비온	생활/교육
우리바이오	디스플레이/LED	웰크론	건설/건설	유비케어	의료기기/솔루션
우리산업	자동차/부품	웰크론한텍	건설/건설	유비쿼스	통신/장비
우리산업홀딩스	지주사	웰킵스하이텍	반도체/분야	유비쿼스홀딩스	지주사
우리손에프앤지	음식료/식료품	웹스	화학/제품	유성기업	자동차/부품
우리엔터프라이즈	디스플레이/LED	웹젠	레저/게임	유성티엔에스	유통·운수/운수
우리이앤엘	디스플레이/LED	웹케시	IT/소프트웨어	유수홀딩스	지주사
우림피티에스	기계/부품	위닉스	전자/제품	유신	건설/건설
우성	음식료/식료품	위더스제약	제약/전문 의약품	유아이디	디스플레이/소재
우수AMS	자동차/부품	위드텍	반도체/장비	유아이엘	스마트폰/부품
우신시스템	자동차/부품	위메이드	레저/게임	유안타증권	금융/증권
우양	음식료/유통	위메이드맥스	레저/게임	유에스티	금속/철강
우원개발	건설/건설	위메이드플레이	레저/게임	유엔젤	통신/솔루션
우정바이오	바이오/의약품	위세아이텍	IT/서비스	유유제약	제약/전문 의약품
우주일렉트로	전자/부품	위즈코프	화학/제품	유일로보틱스	기계/자동화
우진	기계/부품	위지윅스튜디오	엔터테인먼트/콘텐츠	유일에너테크	자동차/종류
우진비앤지	제약/분야	위지트	디스플레이/소재	유진기업	건자재/자재
우진아이엔에스	건설/건설	위츠	스마트폰/부품	유진로봇	기계/자동화
우진엔텍	에너지/발전	윈스	IT/보안	유진테크	반도체/장비
우진플라임	기계/산업용	윈팩	반도체/분야	유진테크놀로지	기계/부품
웅진	지주사	윈하이텍	건자재/자재	유진투자증권	금융/증권
웅진씽크빅	생활/교육	윌비스	섬유·패션/의류	유투바이오	의료기기/기기
워트	반도체/장비	윙스풋	섬유·패션/잡화	유티아이	스마트폰/부품
원림	음식료/포장류	유나이티드제약	제약/전문 의약품	유틸렉스	바이오/의약품
원바이오젠	의료기기/용품	유니드	화학/제품	유한양행	제약/전문 의약품
원익	의료기기/기기	유니드비티플러스	건자재/내외장재	유화증권	금융/증권
원익IPS	반도체/장비	유니셈	반도체/장비	육일씨엔에쓰	스마트폰/부품
원익QnC	반도체/소재	유니슨	에너지/발전	윤성에프앤씨	자동차/종류
원익머트리얼즈	반도체/소재	유니온	건자재/자재	율촌	금속/철강
원익큐브	화학/제품	유니온머티리얼	전자/부품	율촌화학	음식료/포장류
원익피앤이	자동차/종류	유니온커뮤니티	IT/보안	율호	IT/서비스
원익홀딩스	지주사	유니켐	섬유·패션/피혁	이건산업	건자재/내외장재
원일특강	금속/철강	유니퀘스트	반도체/분야	이건홀딩스	지주사
원준	자동차/종류	유니크	자동차/부품	이구산업	금속/비철금속

종목	업종	종목	업종	종목	업종
이글루	IT/보안	이엠코리아	기계/방위산업	인텔리안테크	통신/장비
이글벳	제약/분야	이엠텍	스마트폰/기타	인트론바이오	의료기기/기기
이노뎁	IT/보안	이연제약	제약/전문 의약품	인팩	자동차/부품
이노룰스	IT/소프트웨어	이오테크닉스	반도체/장비	인포바인	IT/보안
이노메트리	자동차/종류	이오플로우	의료기기/용품	인포뱅크	IT/서비스
이노션	엔터테인먼트/콘텐츠	이원컴포텍	자동차/부품	인피니트헬스케어	의료기기/솔루션
이노스페이스	기계/방위산업	이월드	섬유·패션/잡화	인화정공	조선/기자재
이노시뮬레이션	엔터테인먼트/콘텐츠	이지바이오	음식료/식료품	일동제약	제약/전문 의약품
이노와이어리스	통신/장비	이지스레지던스리츠	금융/부동산	일동홀딩스	지주사
이노인스트루먼트	통신/장비	이지스밸류리츠	금융/부동산	일성건설	건설/건설
이노진	건강·미용/화장품	이지케어텍	의료기기/솔루션	일성아이에스	제약/전문 의약품
이녹스	지주사	이지트로닉스	자동차/부품	일승	조선/기자재
이녹스첨단소재	디스플레이/소재	이지홀딩스	지주사	일신바이오	의료기기/기기
이니텍	IT/소프트웨어	이크레더블	금융/기타	일신방직	섬유·패션/섬유
이닉스	자동차/종류	이퓨처	생활/교육	일신석재	건자재/자재
이랜시스	전자/부품	이화공영	건설/건설	일양약품	제약/전문 의약품
이랜텍	스마트폰/부품	이화산업	화학/제품	일정실업	자동차/부품
이렘	금속/철강	인디에프	섬유·패션/의류	일지테크	자동차/부품
이루온	통신/솔루션	인바디	의료기기/기기	일진다이아	금속/비철금속
이리츠코크렙	금융/부동산	인바이오	화학/제품	일진디스플	디스플레이/소재
이마트	유통·운수/유통	인베니아	디스플레이/장비	일진전기	에너지/전기
이미지스	반도체/분야	인벤티지랩	바이오/의약품	일진파워	에너지/발전
이브이첨단소재	스마트폰/부품	인산가	음식료/식료품	일진하이솔루스	자동차/종류
이삭엔지니어링	IT/소프트웨어	인선이엔티	건설/환경	일진홀딩스	지주사
이상네트웍스	유통·운수/유통	인성정보	IT/서비스	잇츠한불	건강·미용/화장품
이수스페셜티케미컬	화학/제품	인스웨이브시스템즈	IT/소프트웨어	잉글우드랩	건강·미용/화장품
이수앱지스	제약/전문 의약품	인스코비	통신/장비	잉크테크	전자/제품
이수페타시스	전자/제품	인스피언	IT/소프트웨어	자람테크놀로지	통신/장비
이수화학	화학/제품	인지디스플레	디스플레이/소재	자비스	자동차/종류
이스타코	금융/부동산	인지소프트	IT/보안	자연과환경	건설/전문
이스트소프트	IT/보안	인지컨트롤스	자동차/부품	자이글	전자/제품
이스트에이드	IT/인터넷	인천도시가스	에너지/가스	자이언트스텝	엔터테인먼트/콘텐츠
이씨에스	통신/컨택센터	인카금융서비스	금융/보험	자이에스앤디	건설/건설
이에이트	IT/소프트웨어	인콘	IT/보안	자화전자	스마트폰/부품
이엔셀	바이오/CMO	인크레더블버즈	건강·미용/화장품	재영솔루텍	스마트폰/부품
이엔에프테크놀로지	반도체/소재	인크로스	엔터테인먼트/콘텐츠	저스템	반도체/장비
이엔플러스	자동차/특수차	인탑스	스마트폰/부품	전방	섬유·패션/섬유
이엘씨	디스플레이/소재	인터엠	전자/제품	전진건설로봇	기계/건설용
이엘피	디스플레이/장비	인터지스	유통·운수/운수	전진바이오팜	생활/가정용품
이엠넷	엔터테인먼트/콘텐츠	인터플렉스	스마트폰/부품	정다운	음식료/식료품
이엠앤아이	디스플레이/소재	인텍플러스	반도체/장비	정상제이엘에스	생활/교육

종목	업종	종목	업종	종목	업종
정원엔시스	IT/서비스	제주은행	금융/은행	지역난방공사	에너지/발전
제너셈	반도체/장비	제주항공	유통·운수/운수	지오릿에너지	에너지/발전
제넥신	바이오/의약품	제테마	의료기기/기기	지오엘리먼트	반도체/장비
제노레이	의료기기/기기	젠큐릭스	의료기기/기기	지투파워	에너지/전기
제노코	기계/방위산업	젬백스	반도체/소재	진도	섬유·패션/의류
제노포커스	바이오/효소	조광페인트	건자재/내외장재	진로발효	음식료/음료
제놀루션	의료기기/기기	조광피혁	섬유·패션/피혁	진매트릭스	의료기기/기기
제닉	건강·미용/화장품	조비	화학/제품	진바이오텍	제약/분야
제닉스	기계/자동화	조선내화	금속/철강	진성티이씨	기계/건설용
제로투세븐	건강·미용/화장품	조선선재	금속/철강	진시스템	의료기기/기기
제룡산업	에너지/전기	조아제약	제약/전문 의약품	진양산업	화학/제품
제룡전기	에너지/전기	조이시티	레저/게임	진양제약	제약/전문 의약품
제우스	반도체/장비	조일알미늄	금속/비철금속	진양폴리	화학/제품
제이브이엠	의료기기/솔루션	조흥	음식료/기호식품	진양홀딩스	지주사
제이스코홀딩스	금속/철강	종근당	제약/전문 의약품	진양화학	화학/제품
제이스텍	반도체/장비	종근당바이오	제약/원료 의약품	진에어	유통·운수/운수
제이씨케미칼	에너지/발전	종근당홀딩스	지주사	진영	화학/제품
제이씨현시스템	전자/제품	좋은사람들	섬유·패션/의류	진원생명과학	바이오/CMO
제이아이테크	반도체/소재	주성엔지니어링	반도체/장비	진흥기업	건설/건설
제이알글로벌리츠	금융/부동산	주연테크	전자/제품	차바이오텍	의료기기/병원
제이앤티씨	스마트폰/부품	중앙백신	제약/분야	차백신연구소	바이오/의약품
제이에스코퍼레이션	섬유·패션/잡화	중앙에너비스	화학/제품	차이커뮤니케이션	엔터테인먼트/콘텐츠
제이에스티나	섬유·패션/잡화	중앙첨단소재	기계/산업용	참엔지니어링	디스플레이/장비
제이엔비	반도체/장비	지노믹트리	의료기기/기기	참좋은여행	레저/여행
제이엔케이글로벌	건설/건설	지놈앤컴퍼니	바이오/의약품	창해에탄올	음식료/음료
제이엘케이	의료기기/솔루션	지누스	생활/가구	천보	자동차/종류
제이엠아이	화학/제품	지니너스	바이오/의약품	천일고속	유통·운수/운수
제이엠티	디스플레이/소재	지니뮤직	엔터테인먼트/플랫폼	청담글로벌	건강·미용/화장품
제이오	건설/건설	지니언스	IT/보안	체리부로	음식료/식료품
제이준코스메틱	건강·미용/화장품	지니틱스	반도체/분야	체시스	자동차/부품
제이투케이바이오	건강·미용/화장품	지란지교시큐리티	IT/보안	칩스앤미디어	반도체/분야
제이티	반도체/장비	지씨셀	의료기기/기기	카스	전자/제품
제일기획	엔터테인먼트/콘텐츠	지아이이노베이션	바이오/의약품	카이노스메드	바이오/의약품
제일약품	제약/전문 의약품	지아이텍	자동차/종류	카카오	IT/인터넷
제일엠앤에스	자동차/종류	지앤비에스 에코	반도체/장비	카카오게임즈	레저/게임
제일연마	기계/부품	지어소프트	유통·운수/유통	카카오뱅크	금융/은행
제일일렉트릭	에너지/전기	지에스이	에너지/가스	카카오페이	IT/결제
제일테크노스	건자재/자재	지엔씨에너지	에너지/전기	카티스	IT/보안
제일파마홀딩스	지주사	지엔코	섬유·패션/의류	카페24	유통·운수/유통
제주맥주	음식료/음료	지엘팜텍	제약/전문 의약품	캐리	에너지/발전
제주반도체	반도체/분야	지엠비코리아	자동차/부품	캐리소프트	엔터테인먼트/콘텐츠

종목	업종	종목	업종	종목	업종
캐스텍코리아	자동차/부품	케이피티유	금속/비철금속	코오롱인더	화학/방향족
캠시스	스마트폰/부품	케일럼	스마트폰/유통	코오롱티슈진	바이오/의약품
캡스톤파트너스	금융/기타	켄코아에어로스페이스	기계/방위산업	코웨이	생활/가정용품
컨텍	기계/방위산업	켐트로닉스	스마트폰/부품	코웰패션	유통·운수/운수
컴투스	레저/게임	켐트로스	자동차/종류	코위버	통신/장비
컴투스홀딩스	레저/게임	코나아이	IT/결제	코원테크	자동차/종류
컴퍼니케이	금융/기타	코난테크놀로지	IT/소프트웨어	코이즈	디스플레이/소재
케스피온	스마트폰/부품	코닉오토메이션	IT/소프트웨어	코츠테크놀로지	기계/방위산업
케어랩스	의료기기/솔루션	코데즈컴바인	섬유·패션/의류	코칩	전자/제품
케어젠	바이오/효소	코디	건강·미용/화장품	코콤	건설/전문
케이디켐	화학/제품	코람코더원리츠	금융/부동산	코텍	레저/카지노
케이바이오	제약/분야	코람코라이프인프라리츠	금융/부동산	코퍼스코리아	엔터테인먼트/인프라
케이비아이동국실업	자동차/부품	코렌텍	의료기기/용품	콘텐트리중앙	엔터테인먼트/플랫폼
케이사인	IT/보안	코리아나	건강·미용/화장품	콜마비앤에이치	건강·미용/건기식
케이쓰리아이	엔터테인먼트/콘텐츠	코리아써키트	전자/제품	콜마홀딩스	지주사
케이씨	반도체/장비	코리아에셋투자증권	금융/증권	콤텍시스템	IT/서비스
케이씨에스	IT/서비스	코리아에프티	자동차/부품	쿠콘	IT/서비스
케이씨텍	반도체/소재	코리안리	금융/보험	쿠쿠홀딩스	지주사
케이씨티	전자/제품	코메론	기계/부품	쿠쿠홈시스	생활/가정용품
케이씨피드	음식료/식료품	코미코	반도체/장비	퀀타매트릭스	의료기기/기기
케이아이엔엑스	IT/서비스	코미팜	제약/분야	퀀텀온	스마트폰/기타
케이알엠	반도체/분야	코세스	반도체/장비	퀄리타스반도체	반도체/분야
케이에스피	조선/기자재	코셈	전자/제품	큐라클	바이오/의약품
케이엔더블유	반도체/소재	코스맥스	건강·미용/화장품	큐라티스	바이오/의약품
케이엔솔	반도체/장비	코스맥스비티아이	지주사	큐렉소	의료기기/기기
케이엔알시스템	기계/자동화	코스맥스엔비티	건강·미용/건기식	큐로셀	바이오/의약품
케이엔에스	자동차/종류	코스메카코리아	건강·미용/화장품	큐로홀딩스	지주사
케이엔제이	반도체/소재	코스모신소재	자동차/종류	큐리언트	바이오/의약품
케이엘넷	유통·운수/운수	코스모화학	자동차/종류	큐리옥스바이오시스템즈	의료기기/기기
케이엠	섬유·패션/의류	코스텍시스	전자/부품	큐브엔터	엔터테인먼트/플랫폼
케이엠더블유	통신/장비	코아스	생활/가구	큐알티	반도체/분야
케이엠제약	생활/가정용품	코아스템켐온	바이오/의약품	큐에스아이	전자/제품
케이옥션	유통·운수/유통	코아시아	스마트폰/부품	큐캐피탈	금융/기타
케이웨더	IT/소프트웨어	코아시아씨엠	스마트폰/부품	크라우드웍스	IT/서비스
케이카	자동차/유통	코어라인소프트	의료기기/솔루션	크라운제과	음식료/기호식품
케이탑리츠	금융/부동산	코엔텍	건설/환경	크라운해태홀딩스	지주사
케이티알파	유통·운수/유통	코오롱	지주사	크래프톤	레저/게임
케이프	조선/기자재	코오롱ENP	화학/제품	크레버스	생활/교육
케이피에스	디스플레이/장비	코오롱글로벌	건설/건설	크레오에스지	IT/소프트웨어
케이피에프	기계/부품	코오롱모빌리티그룹	자동차/종류	크리스에프앤씨	섬유·패션/의류
케이피엠테크	전자/제품	코오롱생명과학	제약/원료 의약품	크린앤사이언스	생활/가정용품

종목	업종	종목	업종	종목	업종
클라우드에어	디스플레이/LED	토탈소프트	유통·운수/운수	파수	IT/보안
클래시스	의료기기/기기	톱텍	기계/자동화	파워넷	전자/제품
클로봇	기계/자동화	툴젠	바이오/의약품	파워로직스	스마트폰/부품
클리노믹스	의료기기/기기	트루엔	전자/제품	파이버프로	전자/제품
클리오	건강·미용/화장품	트윔	IT/소프트웨어	파이오링크	통신/장비
키네마스터	IT/소프트웨어	특수건설	건설/건설	파인디앤씨	디스플레이/소재
키다리스튜디오	엔터테인먼트/콘텐츠	티디에스팜	제약/일반 의약품	파인디지털	자동차/부품
키움증권	금융/증권	티라유텍	IT/소프트웨어	파인엠텍	스마트폰/부품
키이스트	엔터테인먼트/콘텐츠	티로보틱스	기계/자동화	파인테크닉스	스마트폰/부품
타이거일렉	전자/제품	티비씨	엔터테인먼트/플랫폼	파인텍	디스플레이/장비
탑런토탈솔루션	자동차/부품	티사이언티픽	유통·운수/유통	파커스	전자/제품
탑머티리얼	자동차/종류	티쓰리	레저/게임	파크시스템스	반도체/장비
탑엔지니어링	스마트폰/부품	티씨케이	반도체/소재	파트론	스마트폰/부품
탑코미디어	엔터테인먼트/인프라	티앤알바이오팹	의료기기/용품	판타지오	엔터테인먼트/플랫폼
태경비케이	금속/철강	티앤엘	의료기기/용품	팜스빌	건강·미용/건기식
태경산업	금속/철강	티에스넥스젠	기계/부품	팜스코	음식료/식료품
태경케미컬	화학/제품	티에스아이	자동차/종류	팜스토리	음식료/식료품
태광	기계/부품	티에스이	반도체/소재	팜젠사이언스	제약/전문 의약품
태광산업	화학/방향족	티에이치엔	자동차/부품	패션플랫폼	섬유·패션/의류
태림포장	생활/제지	티에프이	반도체/장비	팬스타엔터프라이즈	자동차/부품
태성	전자/제품	티엔엔터테인먼트	자동차/종류	팬엔터테인먼트	엔터테인먼트/콘텐츠
태양	금속/철강	티엘비	전자/제품	팬오션	유통·운수/운수
태양금속	자동차/부품	티와이홀딩스	지주사	팬젠	바이오/CMO
태영건설	건설/건설	티움바이오	바이오/의약품	팸텍	스마트폰/부품
태웅	에너지/발전	티웨이항공	유통·운수/운수	퍼스텍	기계/방위산업
태웅로직스	유통·운수/운수	티웨이홀딩스	건자재/자재	퍼시스	생활/가구
태원물산	자동차/부품	티이엠씨	반도체/소재	펄어비스	레저/게임
테고사이언스	바이오/의약품	티이엠씨씨엔에스	반도체/장비	펌텍코리아	건강·미용/화장품
테라젠이텍스	의료기기/기기	티케이케미칼	화학/방향족	페이퍼코리아	생활/제지
테스	반도체/장비	티플랙스	금속/철강	펨트론	전자/제품
테이팩스	자동차/종류	티피씨글로벌	지주사	펩트론	바이오/의약품
테크엘	반도체/분야	팅크웨어	자동차/부품	평화산업	자동차/부품
테크윙	반도체/장비	파두	반도체/분야	평화홀딩스	지주사
텔레칩스	반도체/분야	파라다이스	레저/카지노	포니링크	섬유·패션/의류
텔코웨어	통신/솔루션	파라텍	기계/산업용	포메탈	기계/부품
텔콘RF제약	전자/부품	파로스아이바이오	바이오/의약품	포바이포	엔터테인먼트/콘텐츠
토니모리	건강·미용/화장품	파루	에너지/발전	포스뱅크	IT/서비스
토마토시스템	IT/소프트웨어	파마리서치	의료기기/기기	포스코DX	기계/자동화
토모큐브	의료기기/기기	파미셀	제약/원료 의약품	포스코스틸리온	금속/철강
토박스코리아	섬유·패션/잡화	파버나인	금속/비철금속	포스코엠텍	금속/철강
토비스	레저/카지노	파세코	전자/제품	포스코인터내셔널	유통·운수/유통

종목	업종	종목	업종	종목	업종
포스코퓨처엠	자동차/종류	피노	레저/게임	하이소닉	스마트폰/부품
포시에스	IT/소프트웨어	피델릭스	반도체/분야	하이스틸	금속/철강
포인트모바일	전자/제품	피씨디렉트	전자/제품	하이젠알앤엠	기계/자동화
포인트엔지니어링	디스플레이/장비	피씨엘	의료기기/기기	하이즈항공	기계/방위산업
포커스에이치엔에스	IT/보안	피앤씨테크	에너지/전기	하이텍팜	제약/원료 의약품
폰드그룹	섬유·패션/패션	피앤에스미캐닉스	기계/자동화	하이트론	IT/보안
폴라리스AI	섬유·패션/잡화	피에스케이	반도체/장비	하이트진로	음식료/음료
폴라리스AI파마	제약/원료 의약품	피에스케이홀딩스	지주사	하이트진로홀딩스	지주사
폴라리스세원	자동차/부품	피에스텍	에너지/전기	하이퍼코퍼레이션	바이오/의약품
폴라리스오피스	IT/소프트웨어	피에이치에이	자동차/부품	하츠	전자/제품
폴라리스우노	건강·미용/화장품	피엔에이치테크	디스플레이/소재	한국가구	음식료/유통
푸드나무	음식료/유통	피엔케이피부임상연구센타	건강·미용/화장품	한국가스공사	에너지/가스
푸드웰	음식료/유통	피엔티	자동차/종류	한국경제TV	엔터테인먼트/플랫폼
푸른기술	IT/결제	피엔티엠에스	자동차/종류	한국공항	유통·운수/운수
푸른저축은행	금융/은행	피엠티	반도체/소재	한국금융지주	금융/증권
풀무원	음식료/식료품	피제이메탈	금속/철강	한국기업평가	금융/기타
풍강	자동차/부품	피제이전자	의료기기/기기	한국내화	금속/철강
풍국주정	음식료/음료	피코그램	생활/가정용품	한국단자	자동차/부품
풍산	금속/비철금속	피플바이오	의료기기/기기	한국맥널티	음식료/음료
풍산홀딩스	지주사	픽셀플러스	반도체/분야	한국무브넥스	자동차/부품
풍원정밀	디스플레이/소재	핀텔	IT/소프트웨어	한국비엔씨	의료기기/기기
퓨런티어	전자/제품	필에너지	자동차/종류	한국석유	화학/제품
퓨릿	반도체/소재	필옵틱스	자동차/종류	한국선재	금속/철강
퓨처켐	의료기기/기기	핌스	디스플레이/소재	한국수출포장	생활/제지
프럼파스트	건자재/자재	핑거	IT/서비스	한국쉘석유	화학/제품
프레스티지바이오로직스	바이오/의약품	핑거스토리	엔터테인먼트/콘텐츠	한국알콜	화학/NCC
프레스티지바이오파마	바이오/CMO	하나금융지주	금융/은행	한국앤컴퍼니	지주사
프로이천	디스플레이/장비	하나기술	자동차/종류	한국자산신탁	금융/부동산
프로텍	반도체/장비	하나마이크론	반도체/분야	한국전력	에너지/발전
프로티아	의료기기/기기	하나머티리얼즈	반도체/소재	한국전자금융	IT/결제
프롬바이오	건강·미용/건기식	하나제약	제약/전문 의약품	한국전자인증	IT/보안
프리시젼바이오	의료기기/기기	하나투어	레저/여행	한국전자홀딩스	지주사
프리엠스	기계/건설용	하림	음식료/식료품	한국정밀기계	기계/산업용
플라즈맵	의료기기/기기	하림지주	지주사	한국정보공학	전자/제품
플래티어	IT/서비스	하스	의료기기/용품	한국정보인증	IT/보안
플랜티넷	IT/소프트웨어	하이드로리튬	건설/건설	한국정보통신	IT/결제
플레이그램	유통·운수/유통	하이딥	전자/부품	한국제지	생활/제지
플레이디	엔터테인먼트/콘텐츠	하이로닉	의료기기/기기	한국종합기술	건설/건설
플레이위드	레저/게임	하이록코리아	기계/부품	한국주강	금속/철강
플루토스	금융/기타	하이브	엔터테인먼트/플랫폼	한국주철관	금속/철강
플리토	IT/서비스	하이비전시스템	스마트폰/기타	한국철강	금속/철강

종목	업종	종목	업종	종목	업종
한국첨단소재	통신/장비	한솔홀딩스	지주사	한화솔루션	에너지/발전
한국카본	조선/기자재	한솔홈데코	건자재/내외장재	한화시스템	기계/방위산업
한국캐피탈	금융/기타	한스바이오메드	의료기기/용품	한화에어로스페이스	기계/방위산업
한국컴퓨터	디스플레이/소재	한신공영	건설/건설	한화엔진	조선/기자재
한국콜마	건강·미용/화장품	한신기계	기계/부품	한화오션	조선/선박
한국큐빅	자동차/부품	한싹	IT/보안	한화인더스트리얼솔루션즈	기계/방위산업
한국타이어앤테크놀로지	자동차/부품	한양디지텍	반도체/장비	한화투자증권	금융/증권
한국토지신탁	금융/부동산	한양이엔지	반도체/장비	해성디에스	반도체/소재
한국특강	금속/철강	한양증권	금융/증권	해성산업	지주사
한국파마	제약/전문 의약품	한온시스템	자동차/부품	해성에어로보틱스	기계/자동화
한국팩키지	생활/제지	한올바이오파마	제약/전문 의약품	해성옵틱스	스마트폰/부품
한국항공우주	기계/방위산업	한울반도체	전자/제품	해태제과식품	음식료/기호식품
한국화장품	건강·미용/화장품	한울소재과학	통신/장비	핸디소프트	IT/소프트웨어
한국화장품제조	건강·미용/화장품	한익스프레스	유통·운수/운수	핸즈코퍼레이션	자동차/부품
한글과컴퓨터	IT/소프트웨어	한일단조	자동차/부품	헥토이노베이션	IT/결제
한네트	IT/결제	한일사료	음식료/식료품	헥토파이낸셜	IT/결제
한농화성	화학/제품	한일시멘트	건자재/자재	헬릭스미스	바이오/의약품
한독	제약/전문 의약품	한일철강	금속/철강	현대ADM	바이오/의약품
한독크린텍	생활/가정용품	한일현대시멘트	건자재/자재	현대건설	건설/건설
한라IMS	조선/기자재	한일홀딩스	지주사	현대공업	자동차/부품
한미글로벌	건설/건설	한일화학	금속/비철금속	현대그린푸드	음식료/유통
한미반도체	반도체/장비	한전KPS	에너지/발전	현대글로비스	유통·운수/운수
한미사이언스	지주사	한전기술	에너지/발전	현대로템	기계/산업용
한미약품	제약/전문 의약품	한전산업	에너지/발전	현대리바트	생활/가구
한빛레이저	자동차/종류	한주라이트메탈	자동차/부품	현대모비스	자동차/부품
한빛소프트	레저/게임	한주에이알티	스마트폰/부품	현대무벡스	기계/자동화
한샘	생활/가구	한중엔시에스	자동차/종류	현대바이오	건강·미용/화장품
한선엔지니어링	기계/부품	한진	유통·운수/운수	현대바이오랜드	건강·미용/화장품
한섬	섬유·패션/의류	한진중공업홀딩스	지주사	현대백화점	유통·운수/유통
한성기업	음식료/식료품	한진칼	지주사	현대비앤지스틸	금속/철강
한성크린텍	건설/환경	한창산업	금속/비철금속	현대약품	제약/일반 의약품
한세실업	섬유·패션/의류	한창제지	생활/제지	현대에버다임	기계/건설용
한세엠케이	섬유·패션/의류	한컴라이프케어	의료기기/용품	현대에이치티	건설/전문
한세예스24홀딩스	지주사	한컴위드	유통·운수/유통	현대엘리베이	기계/산업용
한솔PNS	생활/제지	한켐	디스플레이/소재	현대오토에버	IT/서비스
한솔로지스틱스	유통·운수/운수	한탑	음식료/식료품	현대위아	자동차/부품
한솔아이원스	반도체/장비	한화	지주사	현대이지웰	유통·운수/유통
한솔인티큐브	통신/컨택센터	한화갤러리아	유통·운수/유통	현대제철	금속/철강
한솔제지	생활/제지	한화리츠	금융/부동산	현대지에프홀딩스	지주사
한솔케미칼	반도체/소재	한화생명	금융/보험	현대차	자동차/제조사
한솔테크닉스	전자/부품	한화손해보험	금융/보험	현대차증권	금융/증권

종목	업종	종목	업종	종목	업종
GS리테일	유통·운수/유통	JTC	유통·운수/유통	LB루셈	반도체/분야
HB솔루션	디스플레이/장비	JW생명과학	제약/분야	LB세미콘	반도체/분야
HB인베스트먼트	금융/기타	JW신약	제약/전문 의약품	LB인베스트먼트	금융/기타
HB테크놀러지	디스플레이/소재	JW중외제약	제약/분야	LF	지주사
HDC	지주사	JW홀딩스	지주사	LG	지주사
HDC랩스	건설/전문	JYP Ent.	엔터테인먼트/플랫폼	LG디스플레이	디스플레이/제조사
HDC현대EP	자동차/부품	KBG	화학/제품	LG생활건강	건강·미용/화장품
HDC현대산업개발	건설/건설	KBI메탈	금속/비철금속	LG에너지솔루션	자동차/종류
HD한국조선해양	조선/선박	KB금융	금융/은행	LG유플러스	통신/사업자
HD현대	지주사	KB스타리츠	금융/부동산	LG이노텍	스마트폰/부품
HD현대건설기계	기계/건설용	KB오토시스	자동차/부품	LG전자	전자/제품
HD현대마린솔루션	조선/기자재	KCC	화학/제품	LG헬로비전	엔터테인먼트/플랫폼
HD현대마린엔진	조선/기자재	KCC건설	건설/건설	LG화학	화학/NCC
HD현대미포	조선/선박	KCC글라스	건자재/내외장재	LIG넥스원	기계/방위산업
HD현대에너지솔루션	에너지/발전	KCI	화학/제품	LK삼양	전자/제품
HD현대인프라코어	기계/건설용	KCTC	유통·운수/운수	LS	지주사
HD현대일렉트릭	에너지/전기	KC그린홀딩스	지주사	LS ELECTRIC	에너지/전기
HD현대중공업	조선/선박	KC코트렐	건설/환경	LS네트웍스	섬유·패션/잡화
HJ중공업	건설/건설	KD	건설/건설	LS마린솔루션	건설/전문
HK이노엔	제약/전문 의약품	KEC	반도체/분야	LS머트리얼즈	전자/제품
HL D&I	건설/건설	KG모빌리언스	IT/결제	LS에코에너지	에너지/전기
HLB	의료기기/기기	KG모빌리티	자동차/제조사	LS증권	금융/증권
HLB글로벌	음식료/유통	KG스틸	금속/철강	LX세미콘	반도체/분야
HLB바이오스텝	바이오/의약품	KG에코솔루션	금속/철강	LX인터내셔널	유통·운수/유통
HLB생명과학	제약/분야	KG이니시스	IT/결제	LX하우시스	건자재/내외장재
HLB이노베이션	반도체/소재	KG케미칼	화학/제품	LX홀딩스	지주사
HLB제약	제약/전문 의약품	KH바텍	스마트폰/부품	M83	엔터테인먼트/콘텐츠
HLB테라퓨틱스	바이오/의약품	KIB플러그에너지	건설/건설	MDS테크	IT/소프트웨어
HLB파나진	의료기기/기기	KISCO홀딩스	지주사	MH에탄올	음식료/음료
HL만도	자동차/부품	KNN	엔터테인먼트/플랫폼	NAVER	IT/인터넷
HL홀딩스	지주사	KPX케미칼	화학/NCC	NEW	엔터테인먼트/콘텐츠
HMM	유통·운수/운수	KPX홀딩스	지주사	NE능률	생활/교육
HPSP	반도체/장비	KR모터스	자동차/특수차	NHN	지주사
HRS	화학/제품	KSS해운	유통·운수/운수	NHN KCP	IT/결제
HS애드	엔터테인먼트/콘텐츠	KS인더스트리	조선/기자재	NHN벅스	엔터테인먼트/플랫폼
HS화성	건설/건설	KT	통신/사업자	NH올원리츠	금융/부동산
HS효성	지주사	KT&G	음식료/기호식품	NH투자증권	금융/증권
HS효성첨단소재	화학/방향족	KTcs	통신/컨택센터	NH프라임리츠	금융/부동산
iMBC	엔터테인먼트/인프라	KTis	통신/컨택센터	NICE	지주사
ISC	반도체/소재	KX	레저/스포츠	NICE평가정보	금융/기타
JB금융지주	금융/은행	KX하이텍	반도체/소재	NI스틸	금속/철강

종목	업종	종목	업종
NPC	화학/제품	SK스퀘어	지주사
OCI	에너지/발전	SK아이이테크놀로지	자동차/종류
OCI홀딩스	지주사	SK오션플랜트	에너지/발전
PI첨단소재	화학/제품	SK이노베이션	화학/제품
PN풍년	전자/제품	SK이터닉스	금융/부동산
POSCO홀딩스	금속/철강	SK증권	금융/증권
RFHIC	통신/장비	SK케미칼	화학/방향족
RF머트리얼즈	통신/장비	SK텔레콤	통신/사업자
RF시스템즈	기계/방위산업	SK하이닉스	반도체/분야
S&K폴리텍	화학/제품	SM C&C	엔터테인먼트/콘텐츠
SAMG엔터	엔터테인먼트/콘텐츠	SM Life Design	엔터테인먼트/인프라
SBI인베스트먼트	금융/기타	SNT다이내믹스	자동차/부품
SBI핀테크솔루션즈	IT/결제	SNT모티브	자동차/부품
SBS	엔터테인먼트/플랫폼	SNT에너지	건설/건설
SCI평가정보	금융/기타	SNT홀딩스	지주사
SCL사이언스	의료기기/용품	S-Oil	화학/제품
SDN	에너지/발전	SOOP	엔터테인먼트/플랫폼
SFA반도체	반도체/분야	SPC삼립	음식료/기호식품
SG	건자재/자재	STX	유통·운수/유통
SG&G	자동차/부품	STX그린로지스	유통·운수/운수
SGA	IT/서비스	STX엔진	조선/기자재
SGA솔루션즈	통신/장비	SUN&L	건자재/내외장재
SGC E&C	건설/건설	SV인베스트먼트	금융/기타
SGC에너지	에너지/발전	TBH글로벌	섬유·패션/의류
SG글로벌	자동차/부품	TCC스틸	금속/철강
SG세계물산	섬유·패션/의류	THE E&M	엔터테인먼트/플랫폼
SHD	금속/철강	TJ미디어	레저/음악
SH에너지화학	화학/제품	TKG애강	건자재/자재
SIMPAC	금속/철강	TKG휴켐스	화학/방향족
SJG세종	자동차/부품	TP	섬유·패션/의류
SJM	자동차/부품	TPC	기계/자동화
SJM홀딩스	지주사	TS인베스트먼트	금융/기타
SK	지주사	TYM	기계/산업용
SKC	화학/NCC	WISCOM	화학/제품
SK가스	에너지/가스	YBM넷	생활/교육
SK네트웍스	스마트폰/유통	YG PLUS	엔터테인먼트/플랫폼
SK디스커버리	지주사	YTN	엔터테인먼트/플랫폼
SK디앤디	금융/부동산	YW	유통·운수/유통
SK리츠	금융/부동산		
SK바이오사이언스	바이오/의약품		
SK바이오팜	제약/전문 의약품		

2025 상장기업 업종 지도

초판 1쇄 | 2025년 1월 1일

지은이　 | 박찬일

펴낸곳　 | 에프엔미디어
펴낸이　 | 김기호
편집　　 | 양은희
기획관리 | 문성조
디자인　 | 채홍디자인

신고　　 | 2016년 1월 26일 제2018-000082호
주소　　 | 서울시 용산구 한강대로 295, 503호
전화　　 | 02-322-9792
팩스　　 | 0303-3445-3030
이메일　 | fnmedia@fnmedia.co.kr
홈페이지 | http://www.fnmedia.co.kr

ISBN　　 | 979-11-94322-04-7
값　　　 | 23,000원

차례

IT

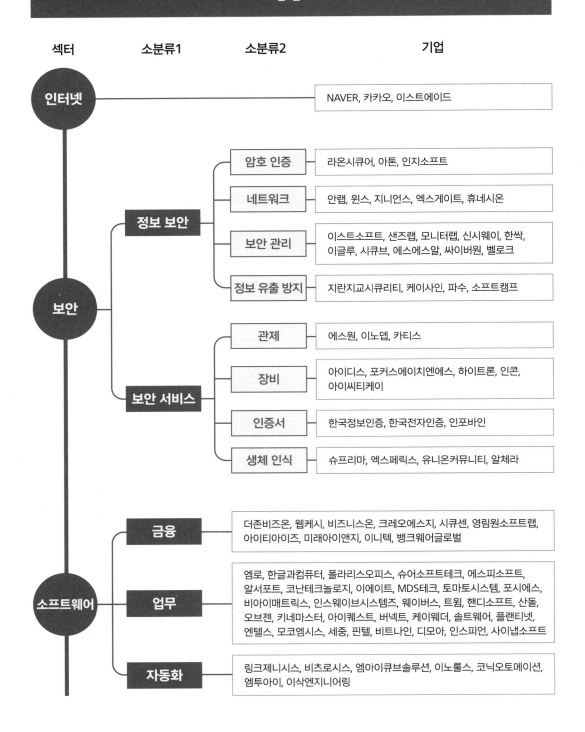

섹터	소분류1	소분류2	기업
인터넷			NAVER, 카카오, 이스트에이드
보안	정보 보안	암호 인증	라온시큐어, 아톤, 인지소프트
		네트워크	안랩, 윈스, 지니언스, 엑스게이트, 휴네시온
		보안 관리	이스트소프트, 샌즈랩, 모니터랩, 신시웨이, 한싹, 이글루, 시큐브, 에스에스알, 싸이버원, 벨로크
		정보 유출 방지	지란지교시큐리티, 케이사인, 파수, 소프트캠프
	보안 서비스	관제	에스원, 이노뎁, 카티스
		장비	아이디스, 포커스에이치엔에스, 하이트론, 인콘, 아이씨티케이
		인증서	한국정보인증, 한국전자인증, 인포바인
		생체 인식	슈프리마, 엑스페릭스, 유니온커뮤니티, 알체라
소프트웨어	금융		더존비즈온, 웹케시, 비즈니스온, 크레오에스지, 시큐센, 영림원소프트랩, 아이티아이즈, 미래아이앤지, 이니텍, 뱅크웨어글로벌
	업무		엠로, 한글과컴퓨터, 폴라리스오피스, 슈어소프트테크, 에스피소프트, 알서포트, 코난테크놀로지, 이에이트, MDS테크, 토마토시스템, 포시에스, 비아이매트릭스, 인스웨이브시스템즈, 웨이버스, 트윔, 핸디소프트, 산돌, 오브젠, 키네마스터, 아이퀘스트, 버넥트, 케이웨더, 솔트웨어, 플랜티넷, 엔텔스, 모코엠시스, 세중, 핀텔, 비트나인, 디모아, 인스피언, 사이냅소프트
	자동화		링크제니시스, 비츠로시스, 엠아이큐브솔루션, 이노룰스, 코닉오토메이션, 엠투아이, 이삭엔지니어링

IT

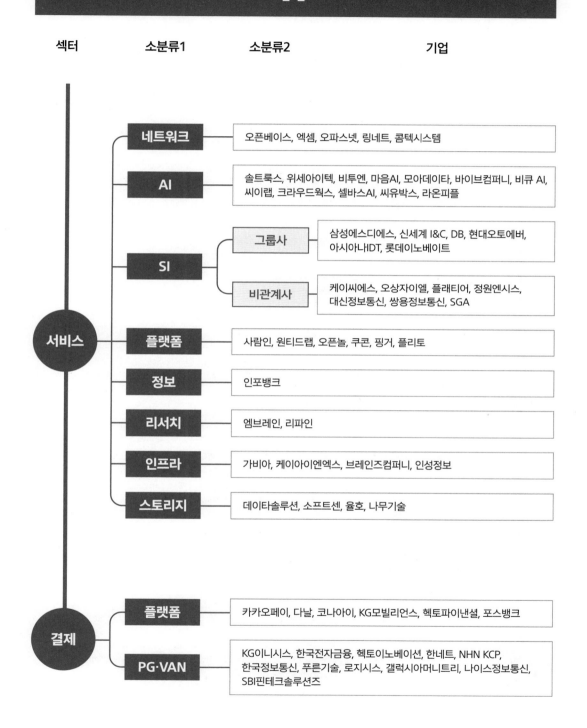

섹터	소분류1	소분류2	기업
서비스	네트워크		오픈베이스, 엑셈, 오파스넷, 링네트, 콤텍시스템
	AI		솔트룩스, 위세아이텍, 비투엔, 마음AI, 모아데이타, 바이브컴퍼니, 비큐 AI, 씨이랩, 크라우드웍스, 셀바스AI, 씨유박스, 라온피플
	SI	그룹사	삼성에스디에스, 신세계 I&C, DB, 현대오토에버, 아시아나IDT, 롯데이노베이트
		비관계사	케이씨에스, 오상자이엘, 플래티어, 정원엔시스, 대신정보통신, 쌍용정보통신, SGA
	플랫폼		사람인, 원티드랩, 오픈놀, 쿠콘, 핑거, 플리토
	정보		인포뱅크
	리서치		엠브레인, 리파인
	인프라		가비아, 케이아이엔엑스, 브레인즈컴퍼니, 인성정보
	스토리지		데이타솔루션, 소프트센, 율호, 나무기술
결제	플랫폼		카카오페이, 다날, 코나아이, KG모빌리언스, 헥토파이낸셜, 포스뱅크
	PG·VAN		KG이니시스, 한국전자금융, 헥토이노베이션, 한네트, NHN KCP, 한국정보통신, 푸른기술, 로지시스, 갤럭시아머니트리, 나이스정보통신, SBI핀테크솔루션즈

건강·미용

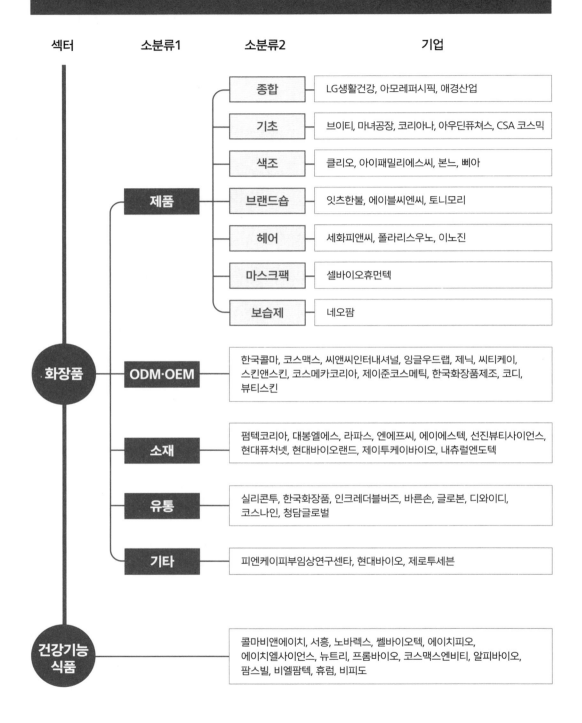

섹터	소분류1	소분류2	기업
화장품	**제품**	종합	LG생활건강, 아모레퍼시픽, 애경산업
		기초	브이티, 마녀공장, 코리아나, 아우딘퓨쳐스, CSA 코스믹
		색조	클리오, 아이패밀리에스씨, 본느, 삐아
		브랜드숍	잇츠한불, 에이블씨엔씨, 토니모리
		헤어	세화피앤씨, 폴라리스우노, 이노진
		마스크팩	셀바이오휴먼텍
		보습제	네오팜
	ODM·OEM		한국콜마, 코스맥스, 씨앤씨인터내셔널, 잉글우드랩, 제닉, 씨티케이, 스킨앤스킨, 코스메카코리아, 제이준코스메틱, 한국화장품제조, 코디, 뷰티스킨
	소재		펌텍코리아, 대봉엘에스, 라파스, 엔에프씨, 에이에스텍, 선진뷰티사이언스, 현대퓨처넷, 현대바이오랜드, 제이투케이바이오, 내츄럴엔도텍
	유통		실리콘투, 한국화장품, 인크레더블버즈, 바른손, 글로본, 디와이디, 코스나인, 청담글로벌
	기타		피엔케이피부임상연구센타, 현대바이오, 제로투세븐
건강기능식품			콜마비앤에이치, 서흥, 노바렉스, 쎌바이오텍, 에이치피오, 에이치엘사이언스, 뉴트리, 프롬바이오, 코스맥스엔비티, 알피바이오, 팜스빌, 비엘팜텍, 휴럼, 비피도

건설

섹터	소분류1	기업

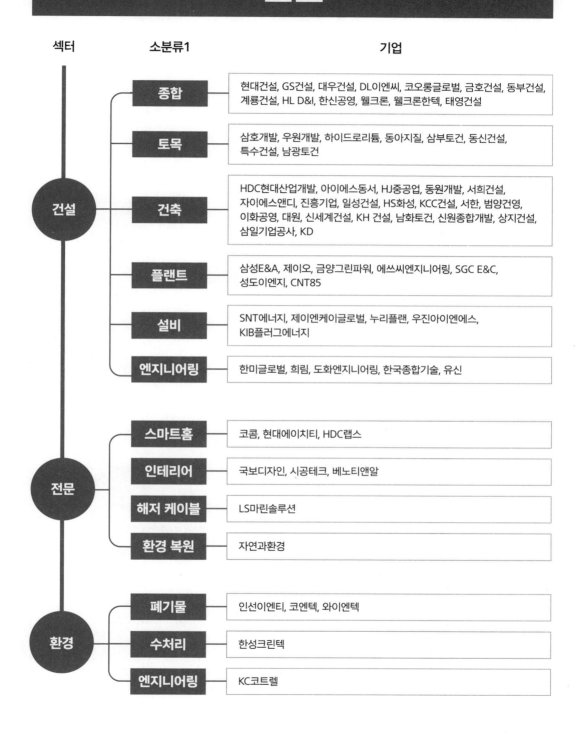

섹터 / 소분류1 / 기업

건설

종합 — 현대건설, GS건설, 대우건설, DL이엔씨, 코오롱글로벌, 금호건설, 동부건설, 계룡건설, HL D&I, 한신공영, 웰크론, 웰크론한텍, 태영건설

토목 — 삼호개발, 우원개발, 하이드로리튬, 동아지질, 삼부토건, 동신건설, 특수건설, 남광토건

건축 — HDC현대산업개발, 아이에스동서, HJ중공업, 동원개발, 서희건설, 자이에스앤디, 진흥기업, 일성건설, HS화성, KCC건설, 서한, 범양건영, 이화공영, 대원, 신세계건설, KH 건설, 남화토건, 신원종합개발, 상지건설, 삼일기업공사, KD

플랜트 — 삼성E&A, 제이오, 금양그린파워, 에쓰씨엔지니어링, SGC E&C, 성도이엔지, CNT85

설비 — SNT에너지, 제이엔케이글로벌, 누리플랜, 우진아이엔에스, KIB플러그에너지

엔지니어링 — 한미글로벌, 희림, 도화엔지니어링, 한국종합기술, 유신

전문

스마트홈 — 코콤, 현대에이치티, HDC랩스

인테리어 — 국보디자인, 시공테크, 베노티앤알

해저 케이블 — LS마린솔루션

환경 복원 — 자연과환경

환경

폐기물 — 인선이엔티, 코엔텍, 와이엔텍

수처리 — 한성크린텍

엔지니어링 — KC코트렐

건자재

섹터	소분류1	기업
	내장재	벽산, 에스와이
	창호	LX하우시스, 남선알미늄
내외장재	**유리**	KCC글라스, 국영지앤엠
	목재	동화기업, 한솔홈데코, 이건산업, SUN&L, 유니드비티플러스
	도료	삼화페인트, 노루페인트, 강남제비스코, 조광페인트
	거푸집	삼목에스폼, 금강공업
	아스콘	SG
	석재	라이온켐텍, 일신석재
	욕실	대림B&Co, 대림통상, 와토스코리아
자재	**배관재**	TKG애강, 프럼파스트, 뉴보텍, 셀루메드
	시멘트	한일시멘트, 아세아시멘트, 삼표시멘트, 한일현대시멘트, 성신양회, 강동씨앤엘, 유니온
	레미콘	유진기업, 동양, 보광산업, 부산산업, 모헨즈
	PC	삼일씨엔에스, 동양파일, 까뀨이앤씨, 서산, 티웨이홀딩스
	데크플레이트	덕신이피씨, 제일테크노스, 윈하이텍, 다스코, 에스와이스틸텍

금융

섹터	소분류1	소분류2	기업
은행	시중은행		KB금융, 신한지주, 하나금융지주, 우리금융지주, 기업은행, 카카오뱅크
	지방 은행		JB금융지주, BNK금융지주, DGB금융지주, 제주은행
	저축은행		푸른저축은행, 상상인
증권			메리츠금융지주, 미래에셋증권, NH투자증권, 한국금융지주, 삼성증권, 키움증권, 신영증권, 대신증권, 한화투자증권, 교보증권, 유안타증권, 유진투자증권, 부국증권, 현대차증권, LS증권, SK증권, DB금융투자, 다올투자증권, 한양증권, 유화증권, 상상인증권, 코리아에셋투자증권
보험	생명보험		삼성생명, 한화생명, 미래에셋생명, 동양생명
	손해보험		삼성화재, DB손해보험, 현대해상, 롯데손해보험, 한화손해보험, 흥국화재
	재보험		코리안리
	대리점		에이플러스에셋, 인카금융서비스
부동산	리츠	위탁 관리형	SK리츠, ESR켄달스퀘어리츠, 롯데리츠, 제이알글로벌리츠, 신한알파리츠, KB스타리츠, 코람코라이프인프라리츠, 삼성FN리츠, 한화리츠, 이지스밸류리츠, 디앤디플랫폼리츠, 코람코더원리츠, NH올원리츠, 이지스레지던스리츠, 신한글로벌액티브리츠, NH프라임리츠, 미래에셋맵스리츠, 마스턴프리미어리츠
		자기 관리형	케이탑리츠, 스타에스엠리츠, 신한서부티엔디리츠, 미래에셋글로벌리츠
		기업 구조조정형	이리츠코크렙
	신탁		한국토지신탁, 한국자산신탁
	개발 임대		SK디앤디, SK이터닉스, 이스타코, 신라섬유
기타	벤처캐피털		우리기술투자, 스틱인베스트먼트, 미래에셋벤처투자, 아주IB투자, 한국캐피탈, SBI인베스트먼트, 에이티넘인베스트, LB인베스트먼트, 나우IB, SV인베스트먼트, DSC인베스트먼트, 대성창투, 스톤브릿지벤처스, 린드먼아시아, HB인베스트먼트, 큐캐피탈, 컴퍼니케이, 메이슨캐피탈, TS인베스트먼트, 캡스톤파트너스, 플루토스
	카드		삼성카드
	금융		다우기술, 에프앤가이드, 고려신용정보, 리드코프
	신용정보		NICE평가정보, 한국기업평가, 이크레더블, 나이스디앤비, SCI평가정보

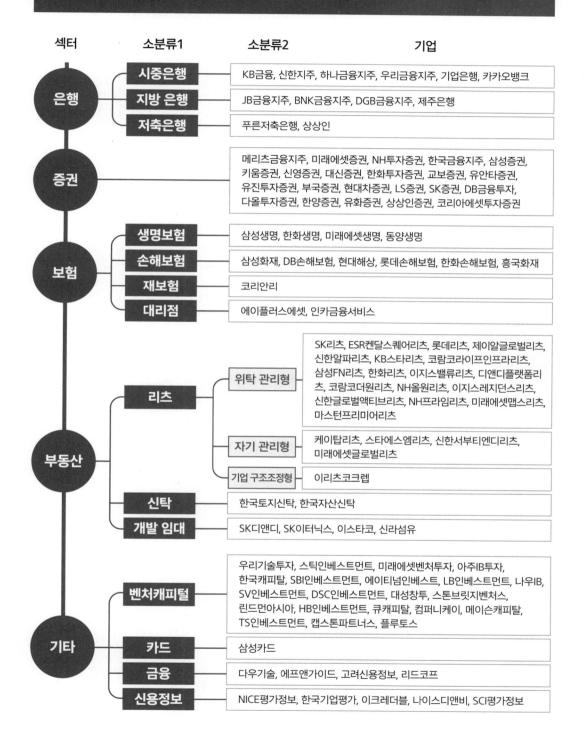

금속

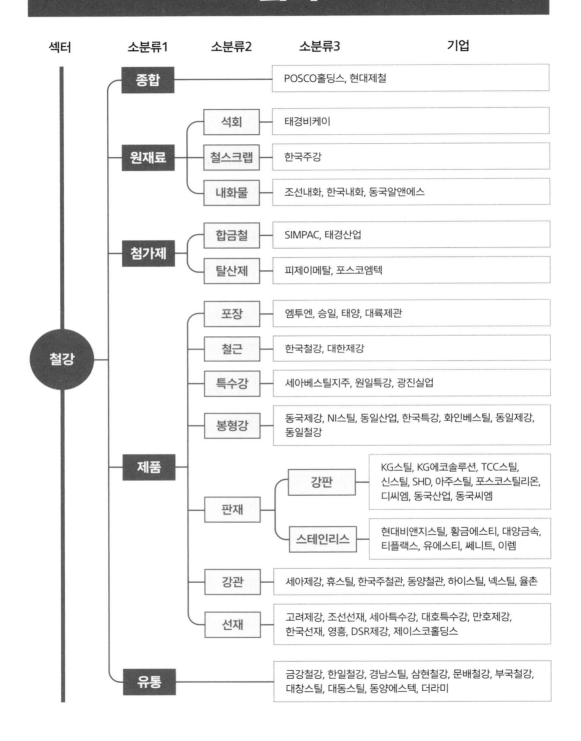

섹터	소분류1	소분류2	소분류3	기업
	종합			POSCO홀딩스, 현대제철
	원재료	석회		태경비케이
		철스크랩		한국주강
		내화물		조선내화, 한국내화, 동국알앤에스
	첨가제	합금철		SIMPAC, 태경산업
		탈산제		피제이메탈, 포스코엠텍
철강	**제품**	포장		엠투엔, 승일, 태양, 대륙제관
		철근		한국철강, 대한제강
		특수강		세아베스틸지주, 원일특강, 광진실업
		봉형강		동국제강, NI스틸, 동일산업, 한국특강, 화인베스틸, 동일제강, 동일철강
		판재	강판	KG스틸, KG에코솔루션, TCC스틸, 신스틸, SHD, 아주스틸, 포스코스틸리온, 디씨엠, 동국산업, 동국씨엠
			스테인리스	현대비앤지스틸, 황금에스티, 대양금속, 티플랙스, 유에스티, 쎄니트, 이렘
		강관		세아제강, 휴스틸, 한국주철관, 동양철관, 하이스틸, 넥스틸, 율촌
		선재		고려제강, 조선선재, 세아특수강, 대호특수강, 만호제강, 한국선재, 영흥, DSR제강, 제이스코홀딩스
	유통			금강철강, 한일철강, 경남스틸, 삼현철강, 문배철강, 부국철강, 대창스틸, 대동스틸, 동양에스텍, 더라미

금속

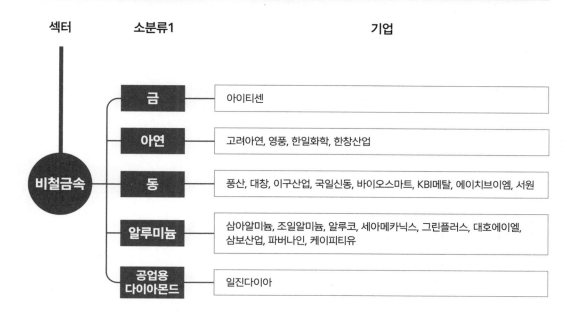

섹터	소분류1	기업
	금	아이티센
	아연	고려아연, 영풍, 한일화학, 한창산업
비철금속	동	풍산, 대창, 이구산업, 국일신동, 바이오스마트, KBI메탈, 에이치브이엠, 서원
	알루미늄	삼아알미늄, 조일알미늄, 알루코, 세아메카닉스, 그린플러스, 대호에이엘, 삼보산업, 파버나인, 케이피티유
	공업용 다이아몬드	일진다이아

기계

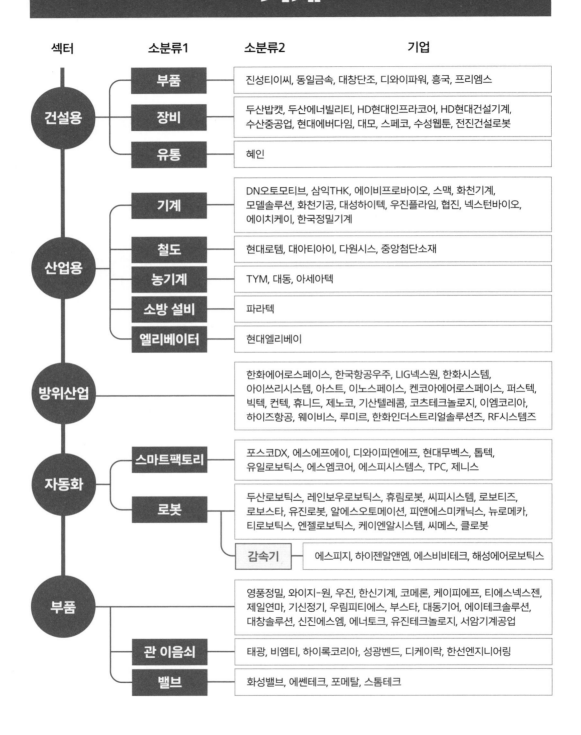

섹터	소분류1	소분류2	기업
건설용	부품		진성티이씨, 동일금속, 대창단조, 디와이파워, 흥국, 프리엠스
	장비		두산밥캣, 두산에너빌리티, HD현대인프라코어, HD현대건설기계, 수산중공업, 현대에버다임, 대모, 스페코, 수성웹툰, 전진건설로봇
	유통		혜인
산업용	기계		DN오토모티브, 삼익THK, 에이비프로바이오, 스맥, 화천기계, 모델솔루션, 화천기공, 대성하이텍, 우진플라임, 협진, 넥스턴바이오, 에이치케이, 한국정밀기계
	철도		현대로템, 대아티아이, 다원시스, 중앙첨단소재
	농기계		TYM, 대동, 아세아텍
	소방 설비		파라텍
	엘리베이터		현대엘리베이
방위산업			한화에어로스페이스, 한국항공우주, LIG넥스원, 한화시스템, 아이쓰리시스템, 아스트, 이노스페이스, 켄코아에어로스페이스, 퍼스텍, 빅텍, 컨텍, 휴니드, 제노코, 기산텔레콤, 코츠테크놀로지, 이엠코리아, 하이즈항공, 웨이비스, 루미르, 한화인더스트리얼솔루션즈, RF시스템즈
자동화	스마트팩토리		포스코DX, 에스에프에이, 디와이피엔에프, 현대무벡스, 톱텍, 유일로보틱스, 에스엠코어, 에스피시스템스, TPC, 제니스
	로봇		두산로보틱스, 레인보우로보틱스, 휴림로봇, 씨피시스템, 로보티즈, 로보스타, 유진로봇, 알에스오토메이션, 피앤에스미캐닉스, 뉴로메카, 티로보틱스, 엔젤로보틱스, 케이엔알시스템, 씨메스, 클로봇
		감속기	에스피지, 하이젠알앤엠, 에스비비테크, 해성에어로보틱스
부품			영풍정밀, 와이지-원, 우진, 한신기계, 코메론, 케이피에프, 티에스넥스젠, 제일연마, 기신정기, 우림피티에스, 부스타, 대동기어, 에이테크솔루션, 대창솔루션, 신진에스엠, 에너토크, 유진테크놀로지, 서암기계공업
	관 이음쇠		태광, 비엠티, 하이록코리아, 성광벤드, 디케이락, 한선엔지니어링
	밸브		화성밸브, 에쎈테크, 포메탈, 스톰테크

디스플레이

섹터	소분류1	기업
제조사		LG디스플레이
소재	공정	엘티씨, 와이엠씨, 유아이디
	패널	디티씨, 일진디스플, 인지디스플레
	필름	세진티이에스, HB테크놀러지, 오성첨단소재, 엘엠에스, 상보, 나노캠텍, 미래나노텍, GRT, 코이즈, 아이컴포넌트, 신화인터텍, 에이치엔에스하이텍
	OLED	덕산테코피아, 덕산네오룩스, 이녹스첨단소재, 피엔에이치테크, 풍원정밀, 이엠앤아이, 핌스, 한켐, 에스켐
	부품	파인디앤씨, 삼진엘앤디, 위지트
	SMT	한국컴퓨터, 제이엠티
장비	포토	나래나노텍
	열처리	비아트론, 예스티
	식각	포인트엔지니어링, 아이씨디, 인베니아
	세정	DMS, 에프엔에스테크, 디바이스이엔지
	증착	선익시스템, 야스, 아바코, HB솔루션
	패널	선익시스템, 야스, 아바코, HB솔루션
	패키징	신도기연, 에스에이티이엔지, 파인텍, 디에스케이
	OLED	AP시스템, 케이피에스, 힘스, 동아엘텍, 이엘피
	검사	디아이티, 에스엔유, 영우디에스피, 소니드, 프로이천, 넥스트아이, 디이엔티
	기타	참엔지니어링, 엔젯
LED	산업용	서울반도체, 서울바이오시스, 금호에이치티, 우리바이오, 루멘스, 클라우드에어, 우리이앤엘, 우리엔터프라이즈
	일반용	아이엘사이언스, 소룩스, 금호전기

레저

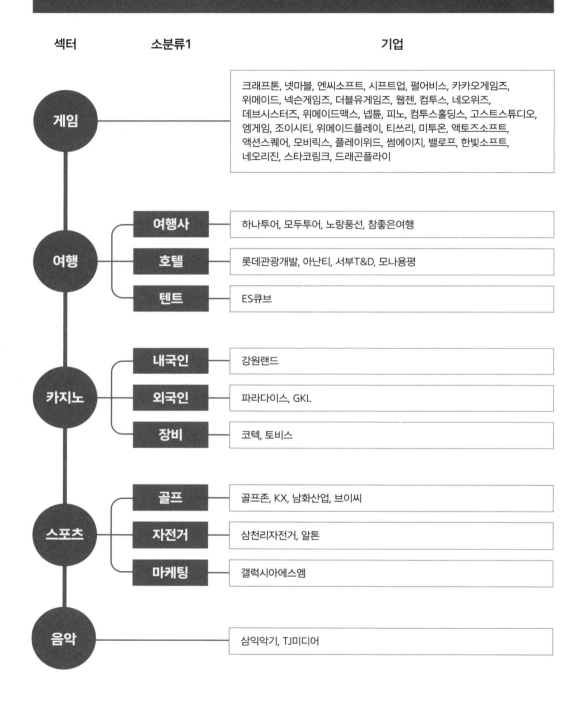

섹터 **소분류1** **기업**

게임
크래프톤, 넷마블, 엔씨소프트, 시프트업, 펄어비스, 카카오게임즈,
위메이드, 넥슨게임즈, 더블유게임즈, 웹젠, 컴투스, 네오위즈,
데브시스터즈, 위메이드맥스, 넵튠, 피노, 컴투스홀딩스, 고스트스튜디오,
엠게임, 조이시티, 위메이드플레이, 티쓰리, 미투온, 액토즈소프트,
액션스퀘어, 모비릭스, 플레이위드, 썸에이지, 밸로프, 한빛소프트,
네오리진, 스타코링크, 드래곤플라이

여행
- **여행사** — 하나투어, 모두투어, 노랑풍선, 참좋은여행
- **호텔** — 롯데관광개발, 아난티, 서부T&D, 모나용평
- **텐트** — ES큐브

카지노
- **내국인** — 강원랜드
- **외국인** — 파라다이스, GKL
- **장비** — 코텍, 토비스

스포츠
- **골프** — 골프존, KX, 남화산업, 브이씨
- **자전거** — 삼천리자전거, 알톤
- **마케팅** — 갤럭시아에스엠

음악 — 삼익악기, TJ미디어

바이오

섹터	소분류1	기업
바이오 의약품	항체 치료제	리가켐바이오, 에이비엘바이오, 메드팩토, 앱클론, 와이바이오로직스, 에이비온, 큐리언트, 카이노스메드, 샤페론, 브릿지바이오테라퓨틱스, 압타바이오, 하이퍼코퍼레이션, 압타머사이언스
	유전자 치료제	툴젠, 박셀바이오, 올릭스, 헬릭스미스, 네오이뮨텍, 유틸렉스, 소마젠, 지니너스, 디엔에이링크, 셀레믹스, 올리패스
	세포 치료제	코오롱티슈진, 큐로셀, 네이처셀, 메디포스트, 바이오솔루션, 테고사이언스, 안트로젠, 신라젠, 에스바이오메딕스, 바이젠셀, 에스씨엠생명과학
	단백질 의약품	제넥신, 지아이이노베이션, 아이진
	백신	SK바이오사이언스, HLB테라퓨틱스, 셀리드, 유바이오로직스, 큐라티스, 차백신연구소
	희귀 의약품	메지온, 티움바이오
	약물 전달	알테오젠, 펩트론, 에이프릴바이오, 인벤티직랩
	AI	보로노이, 큐라클, 파로스아이바이오, 지놈앤컴퍼니, 신테카바이오
	바이오시밀러	셀트리온, 프레스티지바이오파마, 선바이오
	CRO	코아스템켐온, HLB바이오스텝, 디티앤씨알오, 모비스, 강스템바이오텍, 바이오톡스텍, 드림씨아이에스, 디앤디파마텍, 씨엔알리서치, 현대ADM, 바이오인프라, 우정바이오, 셀비온
효소		케어젠, 아미코젠, 고바이오랩, CJ 바이오사이언스, DXVX, 애니젠, 엑셀세라퓨틱스, 제노포커스, 에이치이엠파마
CMO		삼성바이오로직스, 에스티팜, 바이넥스, 팬젠, 프레스티지바이오로직스, 진원생명과학, 이엔셀
보톡스		휴젤, 메디톡스

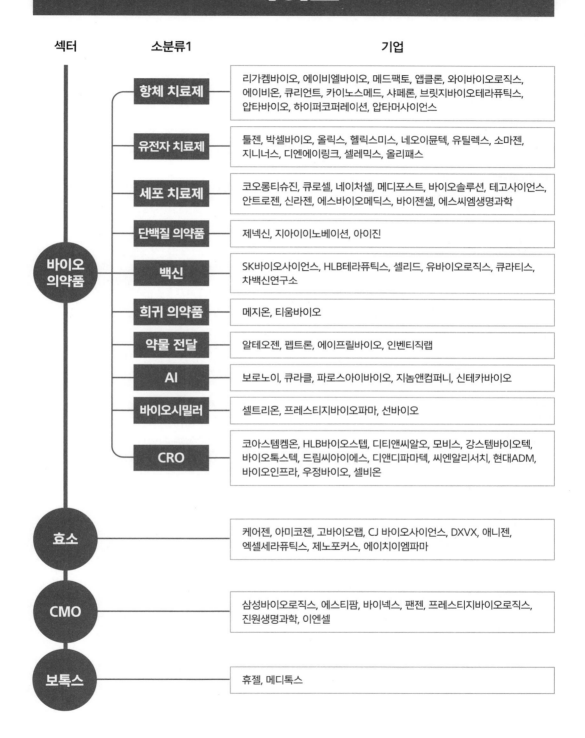

반도체 소재

섹터	소분류1	기업
웨이퍼 연마		케이씨텍, 솔브레인
세정	과산화수소	한솔케미칼
포토	펠리클	에프에스티
	마스크	에스앤에스텍
	케미컬	동진쎄미켐, 이엔에프테크놀로지, 와이씨켐, 퓨릿
식각	쿼츠	원익QnC, 비씨엔씨
	링	티씨케이, 하나머티리얼즈, 월덱스, 케이엔제이
	케미컬	솔브레인, 램테크놀러지, 이엔에프테크놀로지
증착	전구체	레이크머티리얼즈, 디엔에프, 메카로, 제이아이테크
	케미컬	한솔케미칼, 이엔에프테크놀로지, 램테크놀러지
테스트	세라믹	샘씨엔에스
	프로브 카드	피엠티, 티에스이, 마이크로투나노
	소켓	리노공업, 마이크로컨텍솔, ISC, 오킨스전자, 메가터치
패키징	와이어	엠케이전자
	솔더볼	덕산하이메탈, 비케이홀딩스
	리드 프레임	해성디에스, HLB이노베이션
기타	필터	젬백스, 에코프로에이치엔
	부품 소재	아스플로, KX하이텍, 그린리소스
	특수 가스	원익머트리얼즈, 후성, 케이엔더블유, 티이엠씨

16

반도체 장비

섹터	소분류1	기업
열처리		HPSP
현상		더코디, 워트
식각		피에스케이, 브이엠
세정		코미코, 미코, 제우스, 한솔아이원스, 아이엠티
증착		원익IPS, 주성엔지니어링, 유진테크, 테스, 뉴파워프라즈마, 지오엘리먼트
패키징		한미반도체, 아이윈플러스, 프로텍, 레이저쎌, 다원넥스뷰
검사		넥스틴, 유니테스트, 와이씨, 테크윙, 기가비스, 인텍플러스, 디아이, 네온테크, 네오셈, 엑시콘, 티에프이, 제이티, 제너셈, 성우테크론, 미래산업
설비		한양이엔지, 신성이엔지, 케이씨, 케이앤솔, 세보엠이씨, 엑사이엔씨
기타	진공	엘오티베큠, 제이엔비
	레이저	이오테크닉스, 코세스
	장비 중고 매매	서플러스글로벌, 러셀
	계측	오로스테크놀로지, 파크시스템스
	자동화	에스티아이, 라온테크, 씨앤지하이테크, 로체시스템즈, 싸이맥스, 티이엠씨씨앤에스, 아진엑스텍
	스크러버, 칠러	에프에스티, 유니셈, GST, 지앤비에스 에코
	기타	한양디지텍, 위드텍, 3S, 제이스텍, 저스템, 이엘씨

반도체 분야

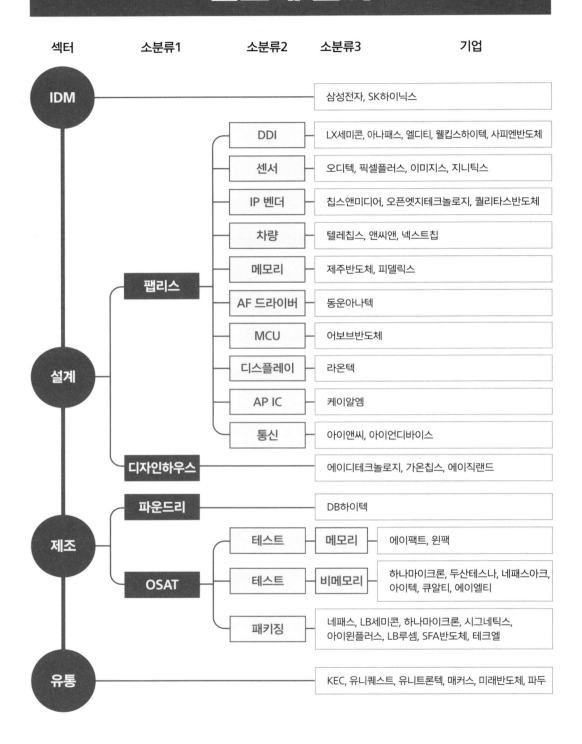

섹터	소분류1	소분류2	소분류3	기업
IDM				삼성전자, SK하이닉스
설계	팹리스	DDI		LX세미콘, 아나패스, 엘디티, 웰킵스하이텍, 사피엔반도체
		센서		오디텍, 픽셀플러스, 이미지스, 지니틱스
		IP 벤더		칩스앤미디어, 오픈엣지테크놀로지, 퀄리타스반도체
		차량		텔레칩스, 앤씨앤, 넥스트칩
		메모리		제주반도체, 피델릭스
		AF 드라이버		동운아나텍
		MCU		어보브반도체
		디스플레이		라온텍
		AP IC		케이알엠
		통신		아이앤씨, 아이언디바이스
	디자인하우스			에이디테크놀로지, 가온칩스, 에이직랜드
제조	파운드리			DB하이텍
	OSAT	테스트	메모리	에이팩트, 윈팩
		테스트	비메모리	하나마이크론, 두산테스나, 네패스아크, 아이텍, 큐알티, 에이엘티
		패키징		네패스, LB세미콘, 하나마이크론, 시그네틱스, 아이윈플러스, LB루셈, SFA반도체, 테크엘
유통				KEC, 유니퀘스트, 유니트론텍, 매커스, 미래반도체, 파두

18

섬유·패션

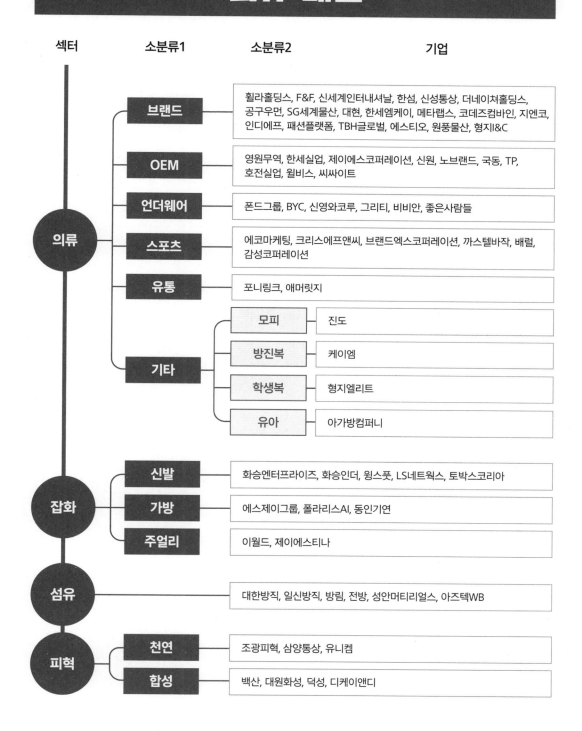

섹터	소분류1	소분류2	기업
의류	브랜드		휠라홀딩스, F&F, 신세계인터내셔날, 한섬, 신성통상, 더네이쳐홀딩스, 공구우먼, SG세계물산, 대현, 한세엠케이, 메타랩스, 코데즈컴바인, 지엔코, 인디에프, 패션플랫폼, TBH글로벌, 에스티오, 원풍물산, 형지I&C
	OEM		영원무역, 한세실업, 제이에스코퍼레이션, 신원, 노브랜드, 국동, TP, 호전실업, 윌비스, 씨싸이트
	언더웨어		폰드그룹, BYC, 신영와코루, 그리티, 비비안, 좋은사람들
	스포츠		에코마케팅, 크리스에프앤씨, 브랜드엑스코퍼레이션, 까스텔바작, 배럴, 감성코퍼레이션
	유통		포니링크, 애머릿지
	기타	모피	진도
		방진복	케이엠
		학생복	형지엘리트
		유아	아가방컴퍼니
잡화	신발		화승엔터프라이즈, 화승인더, 윙스풋, LS네트웍스, 토박스코리아
	가방		에스제이그룹, 폴라리스AI, 동인기연
	주얼리		이월드, 제이에스티나
섬유			대한방직, 일신방직, 방림, 전방, 성안머티리얼스, 아즈텍WB
피혁	천연		조광피혁, 삼양통상, 유니켐
	합성		백산, 대원화성, 덕성, 디케이앤디

생활

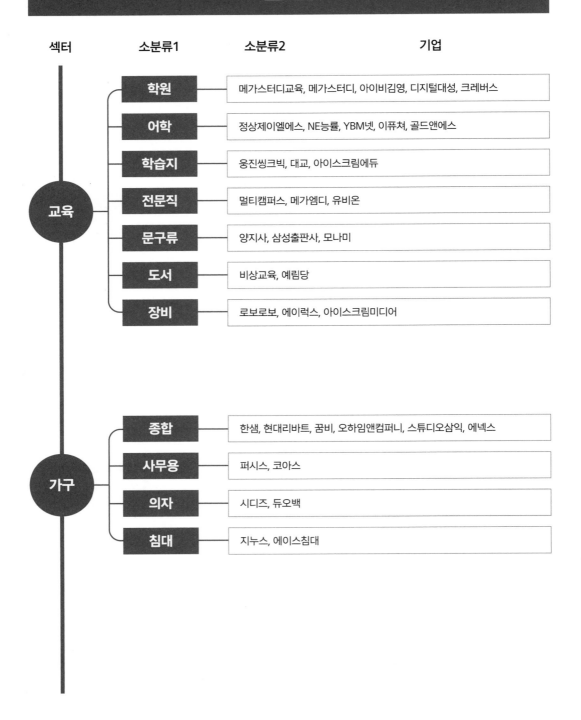

섹터	소분류1	소분류2	기업
교육	학원		메가스터디교육, 메가스터디, 아이비김영, 디지털대성, 크레버스
	어학		정상제이엘에스, NE능률, YBM넷, 이퓨쳐, 골드앤에스
	학습지		웅진씽크빅, 대교, 아이스크림에듀
	전문직		멀티캠퍼스, 메가엠디, 유비온
	문구류		양지사, 삼성출판사, 모나미
	도서		비상교육, 예림당
	장비		로보로보, 에이럭스, 아이스크림미디어
가구	종합		한샘, 현대리바트, 꿈비, 오하임앤컴퍼니, 스튜디오삼익, 에넥스
	사무용		퍼시스, 코아스
	의자		시디즈, 듀오백
	침대		지누스, 에이스침대

생활

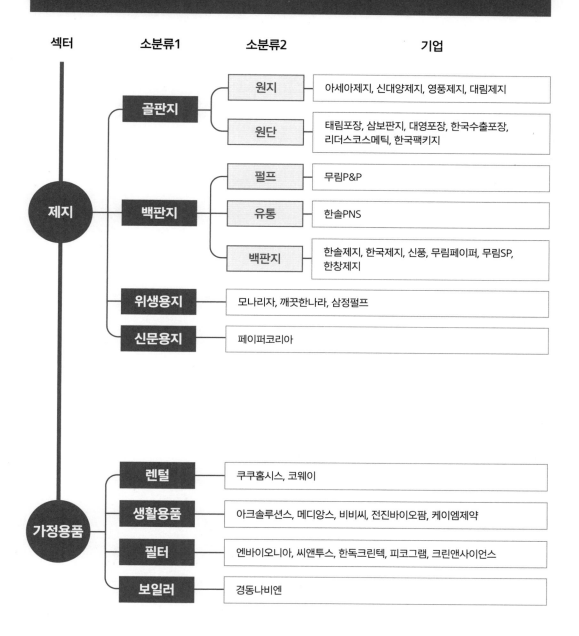

섹터	소분류1	소분류2	기업
제지	**골판지**	원지	아세아제지, 신대양제지, 영풍제지, 대림제지
		원단	태림포장, 삼보판지, 대영포장, 한국수출포장, 리더스코스메틱, 한국팩키지
	백판지	펄프	무림P&P
		유통	한솔PNS
		백판지	한솔제지, 한국제지, 신풍, 무림페이퍼, 무림SP, 한창제지
	위생용지		모나리자, 깨끗한나라, 삼정펄프
	신문용지		페이퍼코리아
가정용품	**렌털**		쿠쿠홈시스, 코웨이
	생활용품		아크솔루션스, 메디앙스, 비비씨, 전진바이오팜, 케이엠제약
	필터		엔바이오니아, 씨앤투스, 한독크린텍, 피코그램, 크린앤사이언스
	보일러		경동나비엔

스마트폰

섹터	소분류1	소분류2	기업
	카메라	모듈	LG이노텍, 엠씨넥스, 드림텍, 파트론, 팸텍, 파워로직스, 캠시스, 나무가, 홈캐스트, 코아시아, 덕우전자, 탑엔지니어링, 재영솔루텍, 코아시아씨엠
		AF	자화전자, 해성옵틱스, 아이엠, 액트로, 하이소닉
		렌즈	옵트론텍, 세코닉스, 엘컴텍
부품	FPCB		시노펙스, 비에이치, 인터플렉스, 디케이티, 뉴프렉스, 이브이첨단소재, 엔피디, 씨유테크, 바이오로그디바이스
	키패드		서원인텍
	배터리 보호 팩		아이티엠반도체
	케이스		인탑스, 이랜텍
	충전		켐트로닉스, 알에프텍, 위츠
	필름·시트		세경하이테크, 앤디포스, 아모그린텍
	커버 글라스		제이앤티씨, 유티아이, 육일씨엔에쓰
	금속		KH바텍, 파인엠텍, 유아이엘, 에스코넥, 성우전자, 에스에이티, 파인테크닉스, 한주에이알티
	통신		아모텍, 와이솔, 와이팜, 케스피온, 엑스큐어, 쏘닉스
유통			SK네트웍스, 케일럼, 퀀타피아, 유라클
기타	장비		하이비젼시스템, 뉴온
	액세서리		이엠텍, 엑스플러스, 퀀텀온, 블루콤, 슈피겐코리아, 리튬포어스, 휴먼테크놀로지

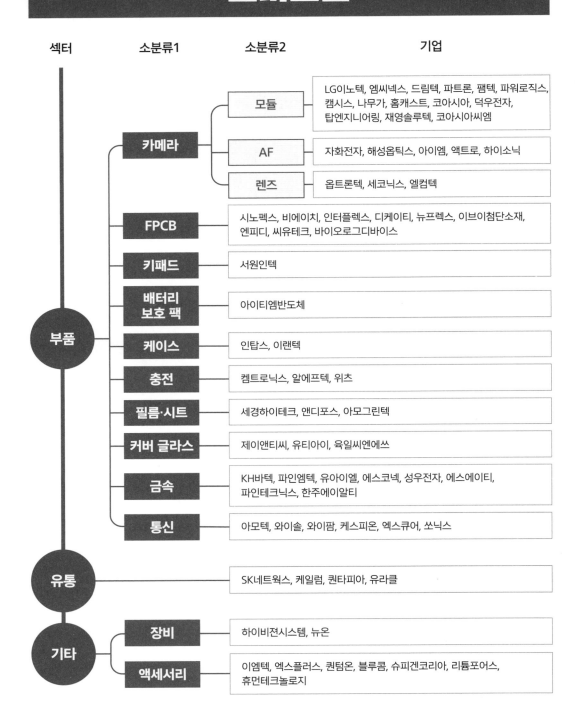

엔터테인먼트

섹터	소분류1	소분류2	소분류3	기업

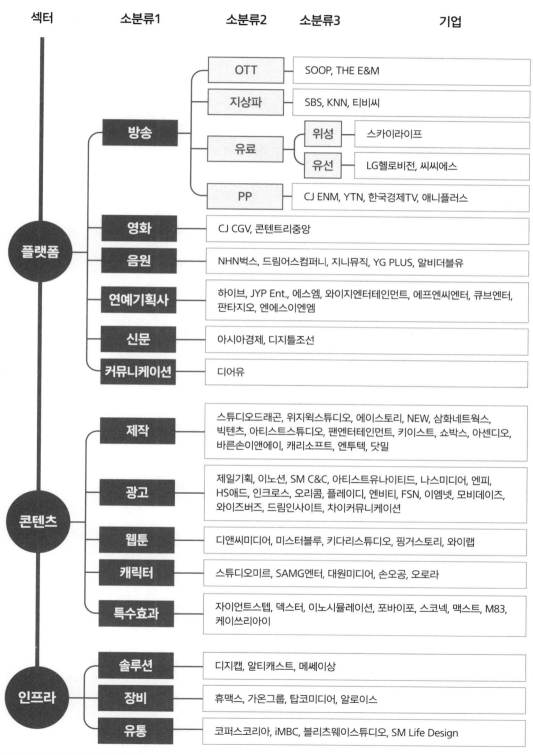

플랫폼

- **방송**
  - OTT — SOOP, THE E&M
  - 지상파 — SBS, KNN, 티비씨
  - 유료
    - 위성 — 스카이라이프
    - 유선 — LG헬로비전, 씨씨에스
  - PP — CJ ENM, YTN, 한국경제TV, 애니플러스
- **영화** — CJ CGV, 콘텐트리중앙
- **음원** — NHN벅스, 드림어스컴퍼니, 지니뮤직, YG PLUS, 알비더블유
- **연예기획사** — 하이브, JYP Ent., 에스엠, 와이지엔터테인먼트, 에프엔씨엔터, 큐브엔터, 판타지오, 엔에스이엔엠
- **신문** — 아시아경제, 디지틀조선
- **커뮤니케이션** — 디어유

콘텐츠

- **제작** — 스튜디오드래곤, 위지윅스튜디오, 에이스토리, NEW, 삼화네트웍스, 빅텐츠, 아티스트스튜디오, 팬엔터테인먼트, 키이스트, 쇼박스, 아센디오, 바른손이앤에이, 캐리소프트, 엔투텍, 닷밀
- **광고** — 제일기획, 이노션, SM C&C, 아티스트유나이티드, 나스미디어, 엔피, HS애드, 인크로스, 오리콤, 플레이디, 엔비티, FSN, 이엠넷, 모비데이즈, 와이즈버즈, 드림인사이트, 차이커뮤니케이션
- **웹툰** — 디앤씨미디어, 미스터블루, 키다리스튜디오, 핑거스토리, 와이랩
- **캐릭터** — 스튜디오미르, SAMG엔터, 대원미디어, 손오공, 오로라
- **특수효과** — 자이언트스텝, 덱스터, 이노시뮬레이션, 포바이포, 스코넥, 맥스트, M83, 케이쓰리아이

인프라

- **솔루션** — 디지캡, 알티캐스트, 메쎄이상
- **장비** — 휴맥스, 가온그룹, 탑코미디어, 알로이스
- **유통** — 코퍼스코리아, iMBC, 블리츠웨이스튜디오, SM Life Design

에너지

섹터	소분류1	소분류2	기업
발전	운영		한국전력, 지역난방공사, SGC에너지
	원자력		한전기술, 오르비텍, 우리기술
	태양광		한화솔루션, OCI, HD현대에너지솔루션, SDN, 에스에너지, 캐리, 파루
	풍력	플랜트	SK오션플랜트, 대명에너지, 유니슨, DGP
		부품	씨에스윈드, 동국S&C, 씨에스베어링, 태웅
	기자재		비에이치아이, 삼영엠텍, 에어레인
	바이오		제이씨케미칼, 지오릿에너지, 에코바이오, 에스아이리소스, DS단석
	정비·관리		한전KPS, 한전산업, 수산인더스트리, 일진파워, 금화피에스시, 우진엔텍

에너지

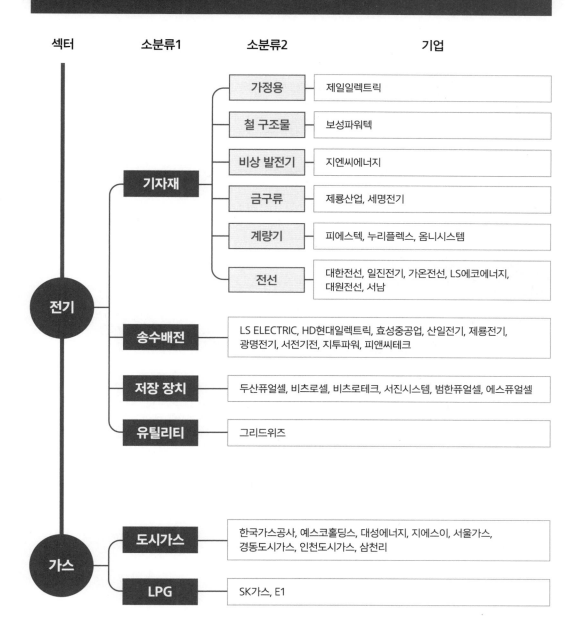

섹터	소분류1	소분류2	기업
전기	기자재	가정용	제일일렉트릭
		철 구조물	보성파워텍
		비상 발전기	지엔씨에너지
		금구류	제룡산업, 세명전기
		계량기	피에스텍, 누리플렉스, 옴니시스템
		전선	대한전선, 일진전기, 가온전선, LS에코에너지, 대원전선, 서남
	송수배전		LS ELECTRIC, HD현대일렉트릭, 효성중공업, 산일전기, 제룡전기, 광명전기, 서전기전, 지투파워, 피앤씨테크
	저장 장치		두산퓨얼셀, 비츠로셀, 비츠로테크, 서진시스템, 범한퓨얼셀, 에스퓨얼셀
	유틸리티		그리드위즈
가스	도시가스		한국가스공사, 예스코홀딩스, 대성에너지, 지에스이, 서울가스, 경동도시가스, 인천도시가스, 삼천리
	LPG		SK가스, E1

유통·운수

섹터	소분류1	소분류2	기업
유통	홈쇼핑		현대홈쇼핑, 케이티알파
	면세점	사전 면세점	호텔신라, 신세계
		사후 면세점	JTC
		택스 리펀드	글로벌텍스프리
	소매점	편의점	BGF리테일, GS리테일
		복합 쇼핑몰	롯데쇼핑, 이마트, 신세계, 현대백화점, 경방, 베뉴지, 한화갤러리아, 광주신세계, 대구백화점, 세이브존I&C
	무역		삼성물산, 포스코인터내셔널, LX인터내셔널, GS글로벌, 현대코퍼레이션, STX
	전자상거래		카페24, 서울옥션, 아이마켓코리아, 밀리의서재, 지어소프트, 그래디언트, 딥마인드, 아이톡시, 케이옥션, 엑시온그룹, 티사이언티픽, 예스24, 현대이지웰, 레뷰코퍼레이션, 플레이그램, 대명소노시즌, 이상네트웍스
	기타		한컴위드, YW, 에코아이

유통·운수

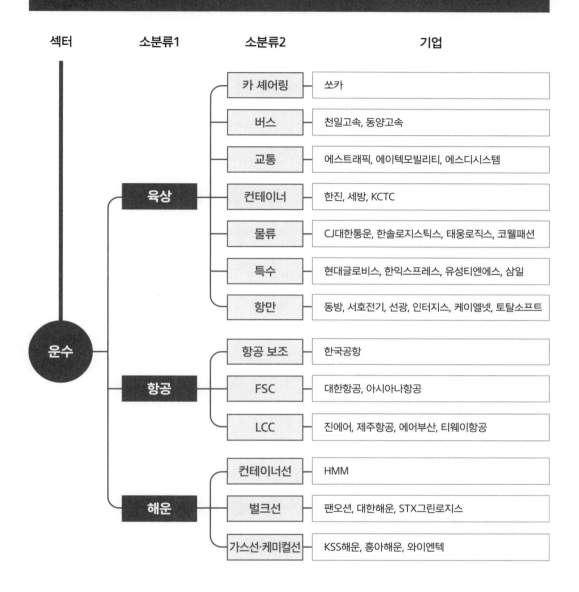

섹터	소분류1	소분류2	기업
운수	육상	카 셰어링	쏘카
		버스	천일고속, 동양고속
		교통	에스트래픽, 에이텍모빌리티, 에스디시스템
		컨테이너	한진, 세방, KCTC
		물류	CJ대한통운, 한솔로지스틱스, 태웅로직스, 코웰패션
		특수	현대글로비스, 한익스프레스, 유성티엔에스, 삼일
		항만	동방, 서호전기, 선광, 인터지스, 케이엘넷, 토탈소프트
	항공	항공 보조	한국공항
		FSC	대한항공, 아시아나항공
		LCC	진에어, 제주항공, 에어부산, 티웨이항공
	해운	컨테이너선	HMM
		벌크선	팬오션, 대한해운, STX그린로지스
		가스선·케미컬선	KSS해운, 흥아해운, 와이엔텍

음식료

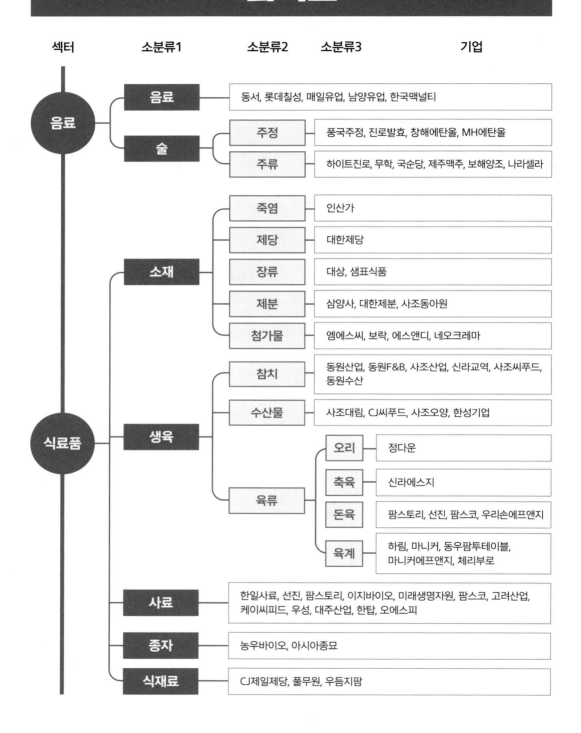

섹터	소분류1	소분류2	소분류3	기업
음료	음료			동서, 롯데칠성, 매일유업, 남양유업, 한국맥널티
	술	주정		풍국주정, 진로발효, 창해에탄올, MH에탄올
		주류		하이트진로, 무학, 국순당, 제주맥주, 보해양조, 나라셀라
식료품	소재	죽염		인산가
		제당		대한제당
		장류		대상, 샘표식품
		제분		삼양사, 대한제분, 사조동아원
		첨가물		엠에스씨, 보락, 에스앤디, 네오크레마
	생육	참치		동원산업, 동원F&B, 사조산업, 신라교역, 사조씨푸드, 동원수산
		수산물		사조대림, CJ씨푸드, 사조오양, 한성기업
		육류	오리	정다운
			축육	신라에스지
			돈육	팜스토리, 선진, 팜스코, 우리손에프앤지
			육계	하림, 마니커, 동우팜투테이블, 마니커에프앤지, 체리부로
	사료			한일사료, 선진, 팜스토리, 이지바이오, 미래생명자원, 팜스코, 고려산업, 케이씨피드, 우성, 대주산업, 한탑, 오에스피
	종자			농우바이오, 아시아종묘
	식재료			CJ제일제당, 풀무원, 우듬지팜

음식료

섹터	소분류1	소분류2	소분류3	기업
기호식품	스낵	빙과		빙그레
		제빵		SPC삼립, 서울식품, 조흥
		제과		롯데웰푸드, 오리온, 해태제과식품, 크라운제과
	라면			농심, 삼양식품, 오뚜기
	담배			KT&G, 이엠텍
포장류	포장재			동원시스템즈, 율촌화학, 삼영, 삼양패키징, 세림B&G, 원림
	우유팩			삼륜물산
	병뚜껑			삼화왕관, 금비
유통	위탁식당			현대그린푸드
	외식			교촌에프앤비, 디딤이앤에프, 씨티프라퍼티, 더본코리아
	식자재			HLB글로벌, CJ프레시웨이, 신세계푸드, 흥국에프엔비, 우양, 보라티알, 한국가구, 푸드나무, 푸드웰

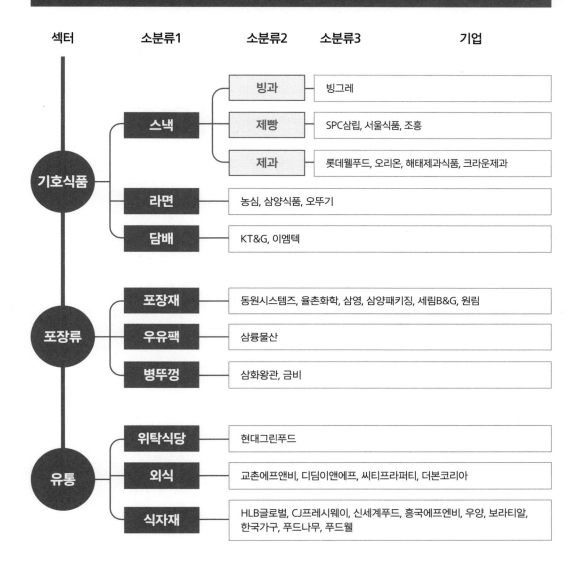

의료기기

섹터	소분류1	소분류2	기업
기기	진단		HLB, 씨젠, 에스디바이오센서, 바이오니아, 바이오다인, 퓨쳐켐, 지씨셀, 아이센스, 바이오노트, 지노믹트리, 바디텍메드, 마이크로디지탈, 랩지노믹스, 아이엠비디엑스, 엑세스바이오, 인트론바이오, 휴마시스, 마크로젠, 오상헬스케어, 싸이토젠, 퀀타매트릭스, HLB파나진, 테라젠이텍스, 나노엔텍, 수젠텍, 노을, 아스타, 녹십자엠에스, 피플바이오, 미코바이오메드, 진매트릭스, 피씨엘, 제놀루션, 진시스템, 프리시젼바이오, 엔젠바이오, 젠큐릭스, 프로티아, 유투바이오, 클리노믹스, 세니젠, 쓰리빌리언
	영상		뷰웍스, 레이언스, 제노레이, 피제이전자, 디알텍, 디알젬
	치료		큐렉소, 플라즈맵, 멕아이씨에스, 리메드, 알파녹스, 비스토스, 메디아나, 원익, 씨유메디칼, 네오펙트, 넥스트바이오메디컬
	미용		클래시스, 파마리서치, 에이피알, 원텍, 비올, 한국비엔씨, 제테마, 바이오플러스, 하이로닉, 라메디텍, 레이저옵텍, 서울리거
	실험		대한과학, 지더블유바이오텍, 일신바이오, 토모큐브
	안과		휴비츠
	헬스케어		인바디, 셀바스헬스케어, 씨어스테크놀로지
	기타		큐리옥스바이오시스템즈

의료기기

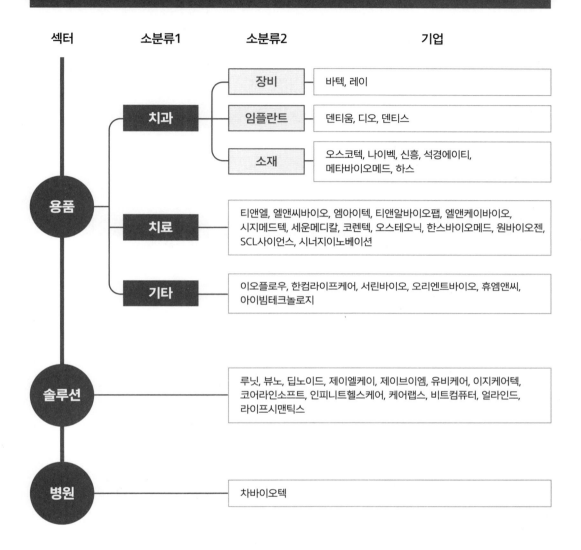

섹터	소분류1	소분류2	기업
용품	치과	장비	바텍, 레이
		임플란트	덴티움, 디오, 덴티스
		소재	오스코텍, 나이벡, 신흥, 석경에이티, 메타바이오메드, 하스
	치료		티앤엘, 엘앤씨바이오, 엠아이텍, 티앤알바이오팹, 엘앤케이바이오, 시지메드텍, 세운메디칼, 코렌텍, 오스테오닉, 한스바이오메드, 원바이오젠, SCL사이언스, 시너지이노베이션
	기타		이오플로우, 한컴라이프케어, 서린바이오, 오리엔트바이오, 휴엠앤씨, 아이빔테크놀로지
솔루션			루닛, 뷰노, 딥노이드, 제이엘케이, 제이브이엠, 유비케어, 이지케어텍, 코어라인소프트, 인피니트헬스케어, 케어랩스, 비트컴퓨터, 얼라인드, 라이프시맨틱스
병원			차바이오텍

자동차 부품

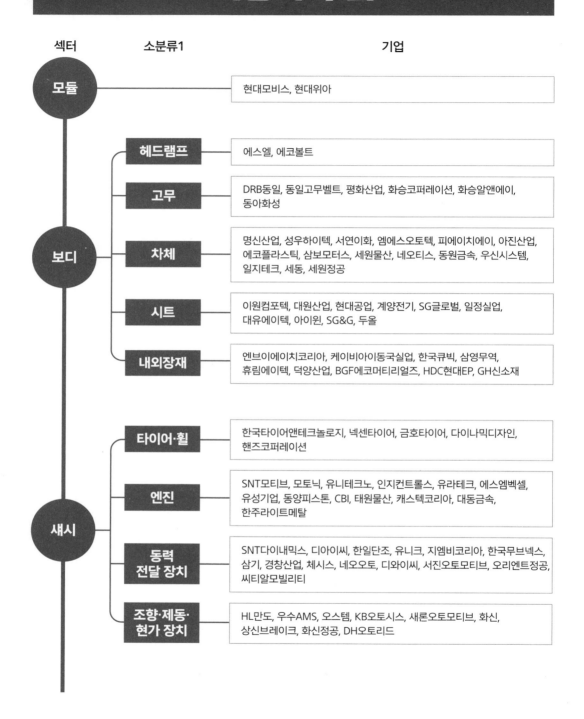

섹터	소분류1	기업
모듈		현대모비스, 현대위아
보디	헤드램프	에스엘, 에코볼트
	고무	DRB동일, 동일고무벨트, 평화산업, 화승코퍼레이션, 화승알앤에이, 동아화성
	차체	명신산업, 성우하이텍, 서연이화, 엠에스오토텍, 피에이치에이, 아진산업, 에코플라스틱, 삼보모터스, 세원물산, 네오티스, 동원금속, 우신시스템, 일지테크, 세동, 세원정공
	시트	이원컴포텍, 대원산업, 현대공업, 계양전기, SG글로벌, 일정실업, 대유에이텍, 아이윈, SG&G, 두올
	내외장재	엔브이에이치코리아, 케이비아이동국실업, 한국큐빅, 삼영무역, 휴림에이텍, 덕양산업, BGF에코머티리얼즈, HDC현대EP, GH신소재
섀시	타이어·휠	한국타이어앤테크놀로지, 넥센타이어, 금호타이어, 다이나믹디자인, 핸즈코퍼레이션
	엔진	SNT모티브, 모토닉, 유니테크노, 인지컨트롤스, 유라테크, 에스엠벡셀, 유성기업, 동양피스톤, CBI, 태원물산, 캐스텍코리아, 대동금속, 한주라이트메탈
	동력 전달 장치	SNT다이내믹스, 디아이씨, 한일단조, 유니크, 지엠비코리아, 한국무브넥스, 삼기, 경창산업, 체시스, 네오오토, 디와이씨, 서진오토모티브, 오리엔트정공, 씨티알모빌리티
	조향·제동· 현가 장치	HL만도, 우수AMS, 오스템, KB오토시스, 새론오토모티브, 화신, 상신브레이크, 화신정공, DH오토리드

자동차 부품

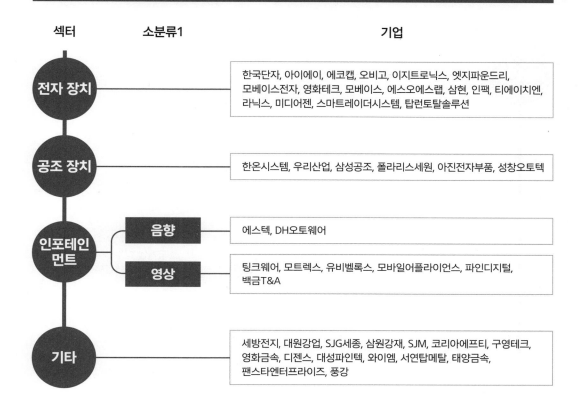

섹터	소분류1	기업
전자 장치		한국단자, 아이에이, 에코캡, 오비고, 이지트로닉스, 엔지파운드리, 모베이스전자, 영화테크, 모베이스, 에스오에스랩, 삼현, 인팩, 티에이치엔, 라닉스, 미디어젠, 스마트레이더시스템, 탑런토탈솔루션
공조 장치		한온시스템, 우리산업, 삼성공조, 폴라리스세원, 아진전자부품, 성창오토텍
인포테인먼트	음향	에스텍, DH오토웨어
	영상	팅크웨어, 모트렉스, 유비벨록스, 모바일어플라이언스, 파인디지털, 백금T&A
기타		세방전지, 대원강업, SJG세종, 삼원강재, SJM, 코리아에프티, 구영테크, 영화금속, 디젠스, 대성파인텍, 와이엠, 서연탑메탈, 태양금속, 팬스타엔터프라이즈, 풍강

자동차 종류

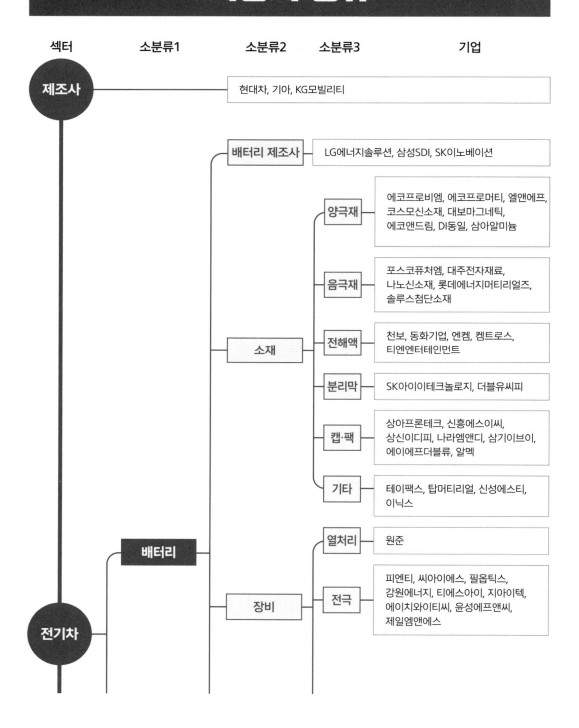

섹터	소분류1	소분류2	소분류3	기업
제조사				현대차, 기아, KG모빌리티
전기차	**배터리**	배터리 제조사		LG에너지솔루션, 삼성SDI, SK이노베이션
		소재	양극재	에코프로비엠, 에코프로머티, 엘앤에프, 코스모신소재, 대보마그네틱, 에코앤드림, DI동일, 삼아알미늄
			음극재	포스코퓨처엠, 대주전자재료, 나노신소재, 롯데에너지머티리얼즈, 솔루스첨단소재
			전해액	천보, 동화기업, 엔켐, 켐트로스, 티엔엔터테인먼트
			분리막	SK아이이테크놀로지, 더블유씨피
			캡·팩	상아프론테크, 신흥에스이씨, 상신이디피, 나라엠앤디, 삼기이브이, 에이에프더블류, 알멕
			기타	테이팩스, 탑머티리얼, 신성에스티, 이닉스
		장비	열처리	원준
			전극	피엔티, 씨아이에스, 필옵틱스, 강원에너지, 티에스아이, 지아이텍, 에이치와이티씨, 윤성에프앤씨, 제일엠앤에스

자동차 종류

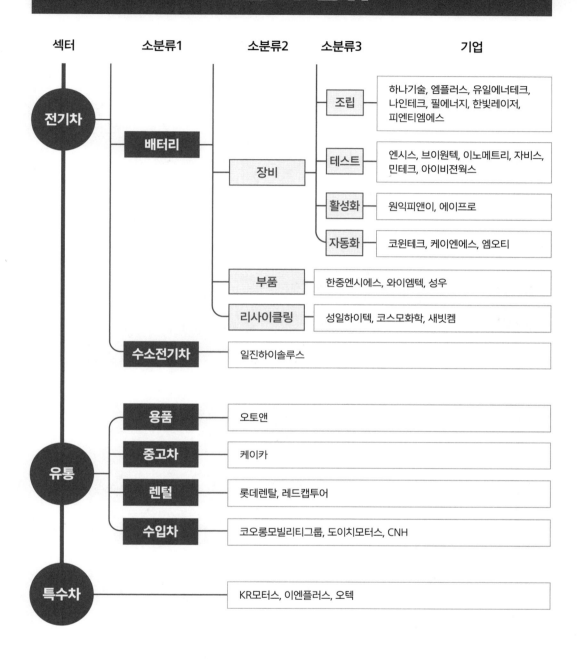

섹터	소분류1	소분류2	소분류3	기업
전기차	배터리	장비	조립	하나기술, 엠플러스, 유일에너테크, 나인테크, 필에너지, 한빛레이저, 피엔티엠에스
			테스트	엔시스, 브이원텍, 이노메트리, 자비스, 민테크, 아이비전웍스
			활성화	원익피앤이, 에이프로
			자동화	코윈테크, 케이엔에스, 엠오티
		부품		한중엔시에스, 와이엠텍, 성우
		리사이클링		성일하이텍, 코스모화학, 새빗켐
	수소전기차			일진하이솔루스
유통	용품			오토앤
	중고차			케이카
	렌털			롯데렌탈, 레드캡투어
	수입차			코오롱모빌리티그룹, 도이치모터스, CNH
특수차				KR모터스, 이엔플러스, 오텍

전자

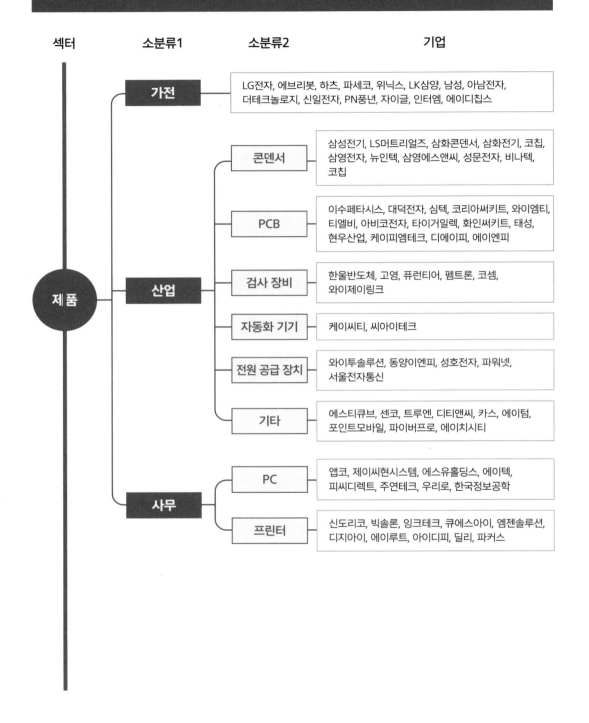

섹터	소분류1	소분류2	기업
제품	가전		LG전자, 에브리봇, 하츠, 파세코, 위닉스, LK삼양, 남성, 아남전자, 더테크놀로지, 신일전자, PN풍년, 자이글, 인터엠, 에이디칩스
	산업	콘덴서	삼성전기, LS머트리얼즈, 삼화콘덴서, 삼화전기, 코칩, 삼영전자, 뉴인텍, 삼영에스앤씨, 성문전자, 비나텍, 코칩
		PCB	이수페타시스, 대덕전자, 심텍, 코리아써키트, 와이엠티, 티엘비, 아비코전자, 타이거일렉, 화인써키트, 태성, 현우산업, 케이피엠테크, 디에이피, 에이엔피
		검사 장비	한울반도체, 고영, 퓨런티어, 펨트론, 코셈, 와이제이링크
		자동화 기기	케이씨티, 씨아이테크
		전원 공급 장치	와이투솔루션, 동양이엔피, 성호전자, 파워넷, 서울전자통신
		기타	에스티큐브, 센코, 트루엔, 디티앤씨, 카스, 에이텀, 포인트모바일, 파이버프로, 에이치시티
	사무	PC	앱코, 제이씨현시스템, 에스유홀딩스, 에이텍, 피씨디렉트, 주연테크, 우리로, 한국정보공학
		프린터	신도리코, 빅솔론, 잉크테크, 큐에스아이, 엠젠솔루션, 디지아이, 에이루트, 아이디피, 딜리, 파커스

전자

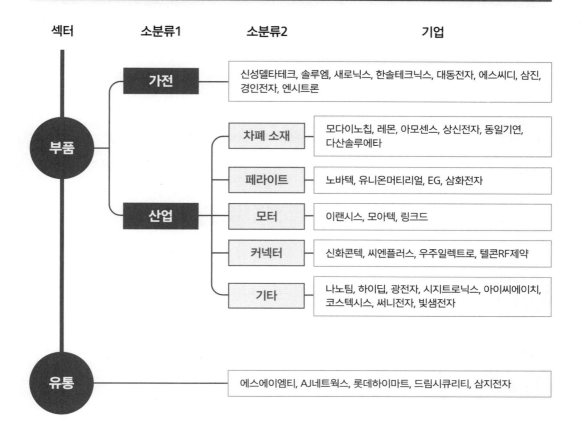

섹터	소분류1	소분류2	기업
부품	가전		신성델타테크, 솔루엠, 새로닉스, 한솔테크닉스, 대동전자, 에스씨디, 삼진, 경인전자, 엔시트론
	산업	차폐 소재	모다이노칩, 레몬, 아모센스, 상신전자, 동일기연, 다산솔루에타
		페라이트	노바텍, 유니온머티리얼, EG, 삼화전자
		모터	이랜시스, 모아텍, 링크드
		커넥터	신화콘텍, 씨엔플러스, 우주일렉트로, 텔콘RF제약
		기타	나노팀, 하이딥, 광전자, 시지트로닉스, 아이씨에이치, 코스텍시스, 써니전자, 빛샘전자
유통			에스에이엠티, AJ네트웍스, 롯데하이마트, 드림시큐리티, 삼지전자

제약

섹터	소분류1	기업

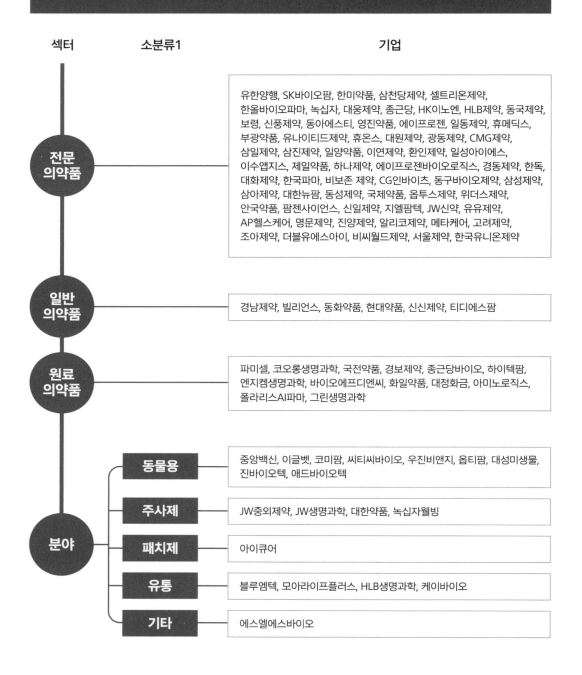

전문의약품

유한양행, SK바이오팜, 한미약품, 삼천당제약, 셀트리온제약, 한올바이오파마, 녹십자, 대웅제약, 종근당, HK이노엔, HLB제약, 동국제약, 보령, 신풍제약, 동아에스티, 영진약품, 에이프로젠, 일동제약, 휴메딕스, 부광약품, 유나이티드제약, 휴온스, 대원제약, 광동제약, CMG제약, 삼일제약, 삼진제약, 일양약품, 이연제약, 환인제약, 일성아이에스, 이수앱지스, 제일약품, 하나제약, 에이프로젠바이오로직스, 경동제약, 한독, 대화제약, 한국파마, 비보존 제약, CG인바이츠, 동구바이오제약, 삼성제약, 삼아제약, 대한뉴팜, 동성제약, 국제약품, 옵투스제약, 위더스제약, 안국약품, 팜젠사이언스, 신일제약, 지엘팜텍, JW신약, 유유제약, AP헬스케어, 명문제약, 진양제약, 알리코제약, 메타케어, 고려제약, 조아제약, 더블유에스아이, 비씨월드제약, 서울제약, 한국유니온제약

일반의약품

경남제약, 빌리언스, 동화약품, 현대약품, 신신제약, 티디에스팜

원료의약품

파미셀, 코오롱생명과학, 국전약품, 경보제약, 종근당바이오, 하이텍팜, 엔지켐생명과학, 바이오에프디엔씨, 화일약품, 대정화금, 아미노로직스, 폴라리스AI파마, 그린생명과학

분야

동물용
중앙백신, 이글벳, 코미팜, 씨티씨바이오, 우진비앤지, 옵티팜, 대성미생물, 진바이오텍, 애드바이오텍

주사제
JW중외제약, JW생명과학, 대한약품, 녹십자웰빙

패치제
아이큐어

유통
블루엠텍, 모아라이프플러스, HLB생명과학, 케이바이오

기타
에스엘에스바이오

조선

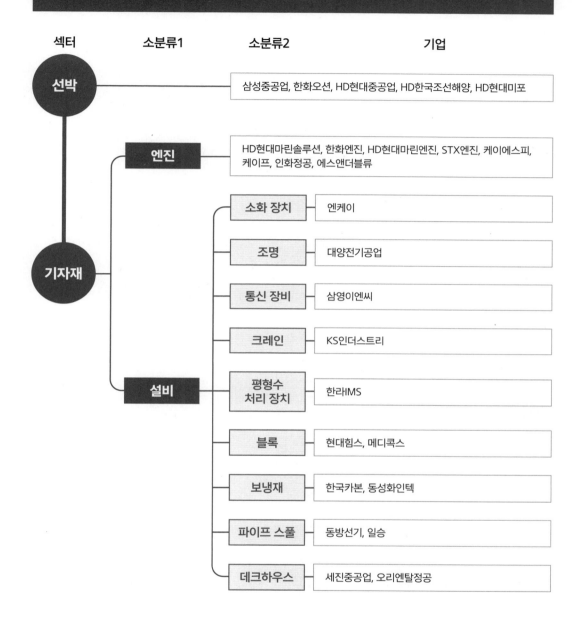

섹터	소분류1	소분류2	기업
선박			삼성중공업, 한화오션, HD현대중공업, HD한국조선해양, HD현대미포
기자재	엔진		HD현대마린솔루션, 한화엔진, HD현대마린엔진, STX엔진, 케이에스피, 케이프, 인화정공, 에스앤더블류
	설비	소화 장치	엔케이
		조명	대양전기공업
		통신 장비	삼영이엔씨
		크레인	KS인더스트리
		평형수 처리 장치	한라IMS
		블록	현대힘스, 메디콕스
		보냉재	한국카본, 동성화인텍
		파이프 스풀	동방선기, 일승
		데크하우스	세진중공업, 오리엔탈정공

통신

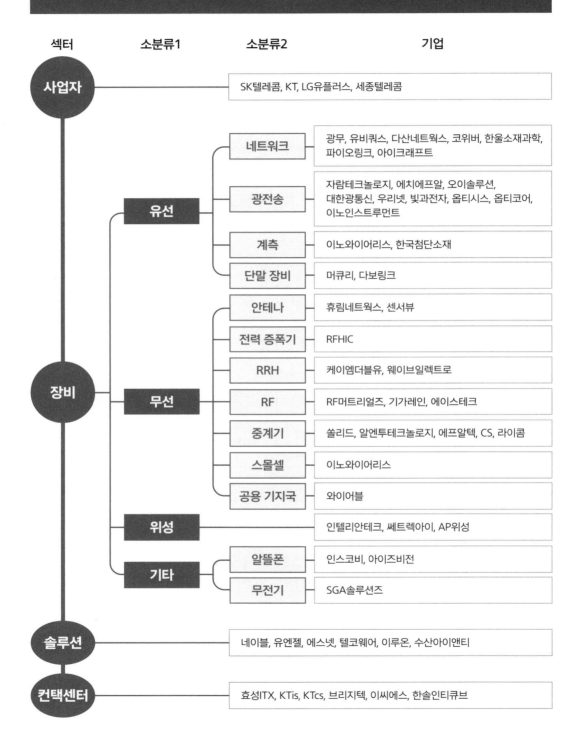

섹터	소분류1	소분류2	기업
사업자			SK텔레콤, KT, LG유플러스, 세종텔레콤
장비	**유선**	네트워크	광무, 유비쿼스, 다산네트웍스, 코위버, 한울소재과학, 파이오링크, 아이크래프트
		광전송	자람테크놀로지, 에치에프알, 오이솔루션, 대한광통신, 우리넷, 빛과전자, 옵티시스, 옵티코어, 이노인스트루먼트
		계측	이노와이어리스, 한국첨단소재
		단말 장비	머큐리, 다보링크
	무선	안테나	휴림네트웍스, 센서뷰
		전력 증폭기	RFHIC
		RRH	케이엠더블유, 웨이브일렉트로
		RF	RF머트리얼즈, 기가레인, 에이스테크
		중계기	쏠리드, 알엔투테크놀로지, 에프알텍, CS, 라이콤
		스몰셀	이노와이어리스
		공용 기지국	와이어블
	위성		인텔리안테크, 쎄트렉아이, AP위성
	기타	알뜰폰	인스코비, 아이즈비전
		무전기	SGA솔루션즈
솔루션			네이블, 유엔젤, 에스넷, 텔코웨어, 이루온, 수산아이앤티
컨택센터			효성ITX, KTis, KTcs, 브리지텍, 이씨에스, 한솔인티큐브

화학 – NCC

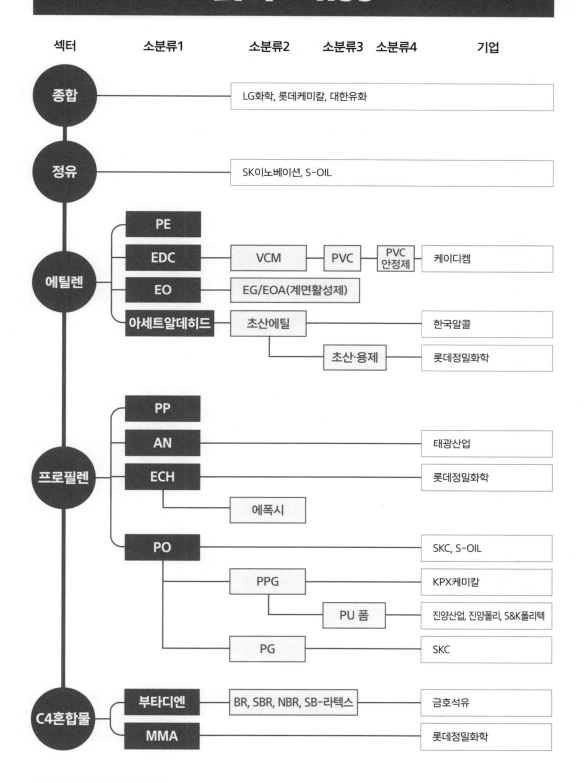

섹터	소분류1	소분류2	소분류3	소분류4	기업
종합					LG화학, 롯데케미칼, 대한유화
정유					SK이노베이션, S-OIL
에틸렌	PE				
	EDC	VCM	PVC	PVC 안정제	케이디켐
	EO	EG/EOA(계면활성제)			
	아세트알데히드	초산에틸			한국알콜
		초산·용제			롯데정밀화학
프로필렌	PP				
	AN				태광산업
	ECH				롯데정밀화학
		에폭시			
	PO				SKC, S-OIL
		PPG			KPX케미칼
			PU 폼		진양산업, 진양폴리, S&K폴리텍
		PG			SKC
C4혼합물	부타디엔	BR, SBR, NBR, SB-라텍스			금호석유
	MMA				롯데정밀화학

화학 - 방향족

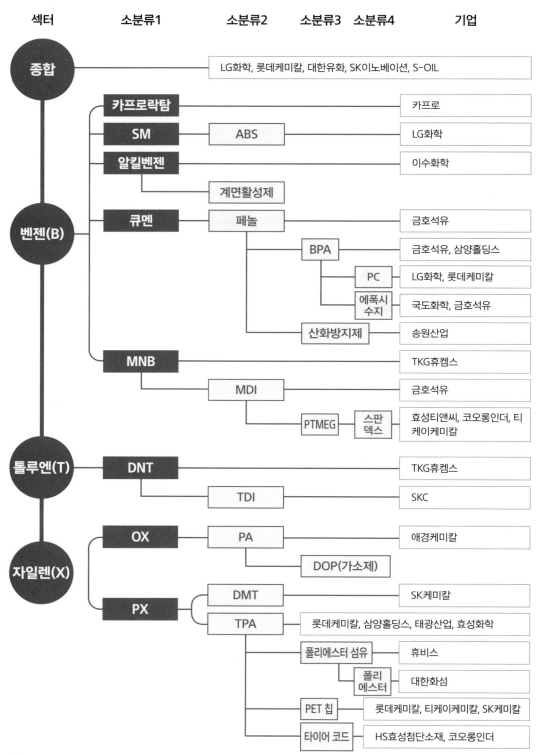

섹터	소분류1	소분류2	소분류3	소분류4	기업
종합					LG화학, 롯데케미칼, 대한유화, SK이노베이션, S-OIL
벤젠(B)	카프로락탐				카프로
	SM	ABS			LG화학
	알킬벤젠				이수화학
		계면활성제			
	큐멘	페놀			금호석유
			BPA		금호석유, 삼양홀딩스
				PC	LG화학, 롯데케미칼
				에폭시수지	국도화학, 금호석유
			산화방지제		송원산업
	MNB				TKG휴켐스
		MDI			금호석유
		PTMEG	스판덱스		효성티앤씨, 코오롱인더, 티케이케미칼
톨루엔(T)	DNT				TKG휴켐스
		TDI			SKC
자일렌(X)	OX	PA			애경케미칼
			DOP(가소제)		
	PX	DMT			SK케미칼
		TPA			롯데케미칼, 삼양홀딩스, 태광산업, 효성화학
			폴리에스터 섬유		휴비스
				폴리에스터	대한화섬
			PET 칩		롯데케미칼, 티케이케미칼, SK케미칼
			타이어 코드		HS효성첨단소재, 코오롱인더

화학 – 제품

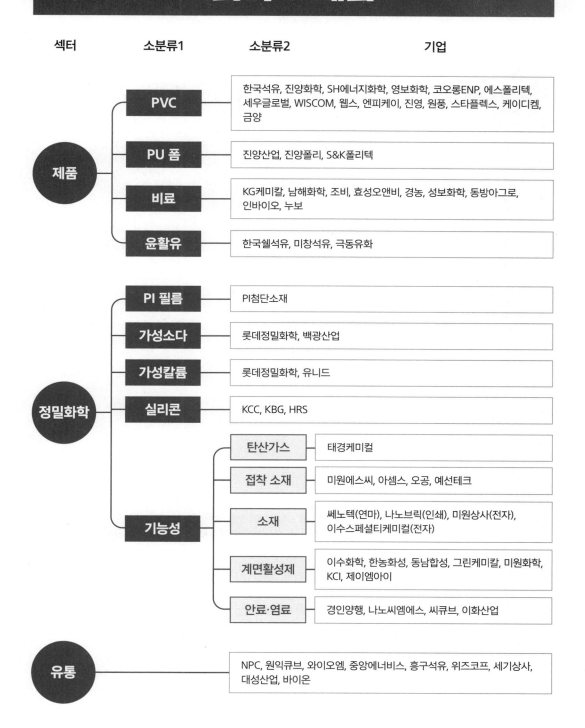

섹터	소분류1	소분류2	기업
제품	PVC		한국석유, 진양화학, SH에너지화학, 영보화학, 코오롱ENP, 에스폴리텍, 세우글로벌, WISCOM, 웹스, 엔피케이, 진영, 원풍, 스타플렉스, 케이디켐, 금양
	PU 폼		진양산업, 진양폴리, S&K폴리텍
	비료		KG케미칼, 남해화학, 조비, 효성오앤비, 경농, 성보화학, 동방아그로, 인바이오, 누보
	윤활유		한국쉘석유, 미창석유, 극동유화
정밀화학	PI 필름		PI첨단소재
	가성소다		롯데정밀화학, 백광산업
	가성칼륨		롯데정밀화학, 유니드
	실리콘		KCC, KBG, HRS
	기능성	탄산가스	태경케미컬
		접착 소재	미원에스씨, 아셈스, 오공, 예선테크
		소재	쎄노텍(연마), 나노브릭(인쇄), 미원상사(전자), 이수스페셜티케미컬(전자)
		계면활성제	이수화학, 한농화성, 동남합성, 그린케미칼, 미원화학, KCI, 제이엠아이
		안료·염료	경인양행, 나노씨엠에스, 씨큐브, 이화산업
유통			NPC, 원익큐브, 와이오엠, 중앙에너비스, 흥구석유, 위즈코프, 세기상사, 대성산업, 바이온

지주사

업종	기업
복합	SK, LG, SK스퀘어, GS, 한화, CJ, 효성, HS효성, LF, 코오롱, 한솔홀딩스
IT	슈프리마에이치큐, 아이디스홀딩스, NICE
건강·미용	콜마홀딩스, 아모레G, 코스맥스비티아이
건설·건자재	HD현대, DL, 티와이홀딩스, HDC, 두산, 아세아, 이건홀딩스, 한일홀딩스, 노루홀딩스, 홈센타홀딩스
금속	세아제강지주, 세아홀딩스, 풍산홀딩스, KISCO홀딩스, DSR, 동국홀딩스, CR홀딩스
금융	나우데이타
레저	골프존뉴딘홀딩스, 네오위즈홀딩스, 이녹스, NHN
반도체	솔브레인홀딩스, APS, 원익홀딩스, 한국전자홀딩스, 피에스케이홀딩스
섬유·패션	부방, 영원무역홀딩스, F&F홀딩스
생활	쿠쿠홀딩스, 현대지에프홀딩스, 해성산업
유통·운수	롯데지주, BGF, 한세예스24홀딩스, 한진칼, AK홀딩스, LX홀딩스
에너지	LS, 대성홀딩스, 웅진, 일진홀딩스, 경동인베스트, KC그린홀딩스, SK디스커버리, OCI홀딩스
엔터테인먼트	휴맥스홀딩스
음식료	샘표, 농심홀딩스, 하이트진로홀딩스, 신송홀딩스, 오리온홀딩스, 하림지주, 이지홀딩스, 큐로홀딩스, 현대지에프홀딩스, 대상홀딩스, 크라운해태홀딩스, 매일홀딩스, 현대코퍼레이션홀딩스
자동차	성창기업지주, SJM홀딩스, SNT홀딩스, 한국앤컴퍼니, 넥센, HL홀딩스, 평화홀딩스, 티피씨글로벌, 디와이, 서연, 우리산업홀딩스, 유수홀딩스, 엘브이엠씨홀딩스, 에코프로
전자	대덕, 심텍홀딩스
제약	녹십자홀딩스, JW홀딩스, 휴온스글로벌, 종근당홀딩스, 제일파마홀딩스, 대웅, 솔본, 동아쏘시오홀딩스, 한미사이언스, 일동홀딩스
조선	한진중공업홀딩스, CS홀딩스
통신	유비쿼스홀딩스
화학	KPX홀딩스, 삼양홀딩스, 미원홀딩스, 진양홀딩스, 동성케미컬